제주어 나들이

제주어 나들이

고재환

보고사
BOGOSA

| 머리말 |

이제 삶의 팔부능선에 오르고 보니, 지난날의 흔적을 더듬게 된다. 강단생활에 옹이가 박힌 터라, 남은 것이라곤 글 나부랭이 정도다. 그것도 세평 있는 문학작품이라면 모를까, 표준어 세대들에게는 제2외국어나 다름없는 쾨쾨한 방언인 제주어(濟州語)다. 일부 국어학자들은 '제주방언'이지, 왜 '제주어'냐고 못마땅해서 나무란다. 그래도 탐라국의 후예로서 제주인의 정체성이 돋보이는 제주어라는 명칭이 더 떳떳해서 좋다. 그래서 평생의 학업으로 붙들고, 길게 잡아 앞으로 10여 년 안팎에 불과한 삶의 무게를 황금처럼 아끼는지 모른다.

여기 엮어낸 글들은 학술적인 몇 개를 빼고는 일반 간행물에 실렸던 것들 중 제주어에 관련된 것만 간추려 그 일부를 첨삭하고, 강의자료와 라디오방송 원고를 그대로 옮겼다. 제1부는 '제주어의 가치와 보전' · '제주어표기법' · '제주어 활용의 실제' · '제주어의 구술첨사' · 'ᄋᆞ/ᄋᆡ 익히기' · '제주어의 어휘'에 대한 내용이고, 제2부는 '제주속담의 요체' · '제주속담의 윤리의식' · '한라산과 속담' · '속담을 통한 제주어 학습' · '제주의 계절속담' · '제주속담 산책' 등이 골격을 이루고 있다.

특히 제주어를 어떻게 적을 것이냐에 대한 〈제주어표기법〉 '제20개 항'은 2013년도 말에 제주발전연구원에서 만들어졌고, 그 해설서가 출간된 바 있다. 하지만 견해의 차이로 인한 불명확한 것들이 있거나, 다뤄져야 할 것들이 누락돼 있는 것이 한두 개가 아니다. 그것을 다소나마 보완하고 바로잡아야 할 것에 대응한 〈제주어표기법〉 '제54개 항'과 '부칙'은 제주어를 공부하려는 초보자들이 눈여겨봤으면 한다. 필자가 집필 중에 있는 『표준어 대역 제주어사전(가칭)』은 이 표기법에 따르고 있는데, 혼자서 하는 일이라 버거워서 바둥대기 부지기수다.

끝으로 출간을 맡아 주신 김홍국 사장님과 편집・교열에 어려움을 치렀던 이순민 선생께 고마운 말씀을 드립니다. 아울러 뒤섞인 자료를 한데 모아 컴퓨터 입력을 마다 않고 도와준 열세 살배기 손녀 혜민이도 고마워요!

2017년 6월
제주시 도남동 우거(寓居)에서
고 재 환

| 차례 |

제2부 제주속담의 이해

◆ 제1부 ◆

제주도의 언어

1. 제주어의 가치와 보전

지역어(地域語)인 방언은 그 지방 사람들이 전통적으로 두루 쓰는 말이다. 그러니 지방에 터를 잡고 대물림하며 살아온 주민들에게는 의사소통의 수단으로 삶의 유대를 끈끈히 접합시키는 거멀못이었다. 여기 유념할 것은 방언(方言)이라고 하면 교양이 없는 시골사람이나 쓰는 '사투리'라고 매도되기 일쑤라는 사실이다. 하지만 '방언'과 '사투리'는 표준어가 아닐 뿐, 같은 나라의 지역주민들이 즐겨 쓰는 생활용어이다. 특히 제주어(濟州語)인 제주방언인 경우, 그저 사투리로 몰아버릴 것이 못 된다. 옛말인 중세국어가 많을 뿐더러 표준어와 맥을 같이 하는 것도 꽤 많다. 더욱이 제주인들에게는 옛 탐라(耽羅)로부터 오늘로 이어준 가장 제주도적인 전통문화의 황금덩어리기 때문이다.

더욱이 지구상에 존재하는 6,700여 개의 언어 중 유네스코에 등록된 2,473개가 소멸위기를 맞고 있다고 한다. 그 중 제주어는 2010년도 말에, 인도의 '코로어(koro語)'와 함께 사라져 버릴 소멸위기에 처한 제4단계 언어로 분류된 바 있다. 그만큼 제주어의 존재가치가 크다는 것을 세계가 공인한 것이다.

1) 제주어의 가치

(1) 문화적 가치

국어가 그 나라 문화창달의 견인차 구실을 하는 것과 같이, 제주어는 제주도의 전통문화를 형성시킨 원형질인 뿌리이다. 또한 제주도의 오늘을 있게 만든 선인들의 숨결과 맥박이 꿈틀거리고 있는, 가장 제주도다운 문화적 특성과 가치를 가진 귀중한 자산이다. 그럼에도 표준어의 위상에서 보면 한낱 지역어인 방언이라고 경시하기 쉽다. 그것은 곧 그 지역의 전통과 문화를 무시한다는 것이나 다름없다. 한 나라의 문화는 중앙집권적 표준화가 전형일 수 없는, 다양하고 이채로운 지역문화가 결집돼서 그 국가의 특성과 정체성을 드러내게 된다.

이를테면 제주도가 아니면 찾아 볼 수 없는 토속적인 공연물인 경우, 표준어로 구연(口演)하느냐, 제주어로 구연하느냐에 따라 그 속에 담긴 의의와 감흥이 엄청나게 달라진다. 그러니 제주도만이 갖는 특유의 문화적 원형상징(原形象徵)을 부각하기 위해서는 토속어로 구현돼야 실감 있는 현장성과 함께 그 진가가 살아난다. 가장 지역적인 것이 그 나라의 특성에 직결됨과 동시에 가장 세계적인 것이라는 사실을 떠올려 볼 때 제주어가 갖는 문화적 의의와 가치는 사뭇 클 수밖에 없다.

(2) 어학적 가치

제주어는 서두에서 언급했듯이, 비표준어인 사투리로만 돼 있는 것이 아니다. 다른 지역의 방언도 마찬가지지만, 그들 가운데는 현대국어인 표준어뿐만 아니라, 없어져 버린 고어(古語)들도 상당수가 보존돼 있다. 다만 지역에 따라 발음의 강약과 속도, 억양이 다르거나 문자화할 때 표기법이 차이가 있을 뿐이다. 특히 제주어는 언어학적 측면에서 볼 때 희소가치가 큰 것으로 정평이 나 있다. 15세기 중세국어인 고어와 그 변천과정의 어형

(語形)을 가진 말들이 지금도 노년층에서는 씌어지고 있음이 그것이다.

그 두드러진 예가 아래아인 '·(ᄋᆞ)'와 쌍아래아인 '‥(ᄋᆢ)'이다. 두루 알고 있는 것처럼 '·(ᄋᆞ)'는 훈민정음 28자 가운데서 이미 없어졌지만, 제주어에는 'ᄆᆞᆯ[馬:말]'·'ᄀᆞ슬/ᄀᆞ을[秋:가을]'·'ᄒᆞ다[爲:하다]'·'ᄃᆞᆮ다[走:닫다]' … 등등 꽤 많다. 또 '‥(ᄋᆢ)'인 경우는 훈민정음 28자에는 없지만, '합자해(合字解)'에 보면, 'ㅣ'와 '·'의 겹소리인 'ᆢ'가 시골말과 아이들이 말에 쓰이고 있는 것으로 돼 있다. 그에 해당하는 것이, 'ᄋᆢ름[夏:여름]'·'ᄋᆢᄉᆞᆺ[六:여섯]'·'ᄋᆢ남은[十餘:여남은]'·'ᄒᆢᆺ다[하였다]'·'ᄋᆢ망지다[똘똘하다]'·'ᄋᆢᆨ다[약다]' … 등등 전국적으로 제주도가 아니면 찾아볼 수 없는 말들이다. 또 'ᄉᆞᄅᆞᆷ>사름>사람[人]'·'ᄇᆞᄅᆞᆷ>ᄇᆞ름>바람[風]' 등과 같이, 중세국어에서 현대국어로 변하는 과정의 고어들을 그대로 쓰고 있다. 그 밖에도 '가시어멍[丈母]'의 '가시'는 '계집/여인'이라는 고어이고, "어시 퀸 듸 새끼 퀸다.(에미 뛴 데 새끼 뛴다.)"의 '어시'는 현대국어의 '어미'와 '어버이'이라는 말의 어원을 추적해 볼 수 있는 귀한 언어유산이다. 또 "짓 박접ᄒᆞ민 줴짓나.(밥/음식 박대하면 죄짓는다.)"의 '짓'은 임금님이 드는 진지인 '수라[水剌]'와 같은 뜻으로 쓰이는 궁중용어도 항간에서 흔히 쓰였다. 그외도 전문직을 나타내는 접미사 '-바치'가 붙어 표준어의 '가죽신'을 만드는 사람을 '갖바치'라고 하는 것처럼 '사농바치[사냥꾼]'·'침바치[鍼術家]'·'소곰바치[소금장사]'·'동녕바치/동녕바치[동냥아치]'의 '-바치'가 그것이다.

이들은 한 예에 불과할 뿐이고, 여러 형태의 어형들이 그대로 보전되고 있다는 점에서 제주어의 국어학적 가치가 큼을 알 수 있다.

(3) 사회적 가치

나랏말인 국어는 그 나라의 특성과 국민성을 드러냄과 동시에 국민을 하나로 묶는 거멀쇠의 구실을 한다. 그와 마찬가지로 방언은 그 지방의 특성과 주민들의 정서에 직결돼 있다. 그렇다면 제주어가 갖는 향토적 가치는 무엇일까? 그에 대한 해답의 요체는 제주인의 정체성을 확인하고 떠받치는 버팀목이라는 데 있다. 비록 역사적 현실이 번창한 때도 있었지만, 고려시대 이후부터는 열악하고 침통한 인고의 역정에 부대끼면서 쪼들린 민생고를 무수히 겪었다. 그러면서도 억척 같이 삶을 포기하지 않았던 것은 서로를 다독거리며 끈끈한 정을 나눌 수 있는 투박한 어투에 배인 훈훈한 인정의 심지불이 꺼지지 않았기 때문이다.

"어떵 살아졈서?"
(어떻게 살아가고 있는가?)
"경정 살암주."
(그럭저럭 살고 있지.)
"촘으멍 살암시민 살아지메."
(참으면서 살고 있으면 살 수 있네.)

이처럼 주고받는 말은 제주인의 삶의 애환을 삭여 들어야 할 대목이다. 얼마나 아득바득 고달픈 삶이기에 이런 대화가 오갔을까. 하지만 이런 대화가 감정세척(感情洗滌)인 카타르시스로 이어지고, 그간에 쌓인 노고와 답답하고 암울한 현실을 이겨내는 활력소가 되었던 것이다. 보약이 저리 가라다. 지금도 외지에서 고향 사람을 만났을 때 격의(隔意) 없이 퉁겨나는 고향말의 흐뭇함 속에서 동질감을 의식케 된다. 그 순간 애향과 망향의 뜨거움이 북받치면서 울컥 고향이란 정체성이 붉어진다. "고양땅 가마귄 검어도 아깝나.(고향땅 까마귀는 검어도 귀엽다.)"고 한 말이나, "태 순 땅 못 버리다.(태반 사른 땅 못 버린다.)"는 말이 거저 나온 것이 아님을 절감하게 된다. 이는 편협된 애향심이 아니다. 재외동포들이 고국에 대한 애착을 져버리지 못하는 것도, 모국어를 통한 향수의 뜨거운 열기가 그대로 조국애로 번지는 뿌리의식과 맞닿기 때문이 아닐까. 이렇듯 제주어는 제주인의 정체성과 연대의식에 탄력을 불어넣는 활력소의 구실을 하고 있다는 데 재언의 여지가 없다.

2) 제주어의 보전책

(1) 의식의 강화

제주어의 가치에서도 여러 번 언급했듯이, 제주어는 제주도 전통문화의 뿌리이자 동맥이다. 외지인들에게는 생소하고 괴이할지라도 대물림해서 보전(保傳)해야 할 가장 제주도적인 문화유산의 제1순위로 꼽을 수 있다. 그런데도 표준어의 교육과 외래어에 밀려 제주어의 본모습이 사라져 버릴 위기를 맞고 있다. 그럼 어떻게 해야 심각한 소멸의 위기에서 벗어나 보전의 기틀을 다질 수 있을까?

그 해결책의 선행요건은 제주어가 귀중한 문화유산임을 인식하고, 꼭 보존해서 전승시켜야 하겠다는 마음가짐이다. 첨단과학 생활이 삶의 질을 겨루는 판국에 무슨 고리타분한 사투리인 토속어가 필요하겠느냐고 막말을 하면 할 말이 없다. 그러나 분명한 것은 물질적 풍요만으로는 결코 행복해질 수 없다는 사실이다. 우리의 값진 문화유산을 팽개친다는 것은 분별력 있는 현명한 처신일 수가 없다. 몸만 한국사람이고 제주도 사람일 뿐, 정신은 외국인이요 외지인일 때 과연 우리의 존재는 외래문화의 씨받이밖에 더 되겠는가. 그러니 내 삶의 정체성을 가늠하는 생명의 덩어리로 여기는 의식화가 절대적이다.

(2) 사용의 일상화

여기서 말하는 사용의 일상화는 표준어는 쓰지 말고 제주어만을 써야 한다는 말은 결코 아니다. 사생활을 할 때 가정에서 가족들이나 친지들과 어울 때를 전제로 한 것이다. 공적인 단체생활이나 장소에서는 특별히 제주어를 써야 할 경우가 아니면 표준어를 쓰는 게 마땅하다. 그런데 문제는 언어란 일상생활에서 자연스럽게 터득해야 그 전수도 수월해 진다. 그러니 말의 일차적인 배움터는 가정이요 선생은 부모이다. 선생인 부모가 의도적으로 제주어를 사용한다면 자녀들이 자연스럽게 따라 할 수 있게 된다. 고향말을 익히는 것이 부끄러운 일이 아니다. 자랑스럽고 떳떳한 일이다.

이렇듯 내가 태어난 고향의 토박이말을 가정에서부터 애용하지 않고는 그 보존은커녕 유네스코에서 분류한 〈심각한 소멸위기〉를 나타내는 제4단계가 아닌, 완전히 없어져 버릴 제5단계의 종말을 맞고 말 것이 뻔하다.

(3) 교육의 정규화

언어교육은 유소년기부터 실시해야 좋은 효과가 나타나는 것으로 돼 있다. 그렇다면 제주도의 전통문화교육을 위한 기초학습의 하나로 제주어교육은 필수적이다. 왜냐하면 전통문화교육은 놀이문화가 우선일 수는 없다. 그보다 우선돼야 할 것은 제주전통문화의 기층을 이루고 있는 말과 글에 대한 교육이 더 화급한 것이다. 그러자면 유지원과 초등하교에서부터 중·고등학교에 이르기까지 어떤 형태로든 정규화된 제주어교육 시간이 마련돼야 한다. 정규 교육과정이 여의치 않으면 특별활동 시간을 활용해도 된다. 그래야 학생들의 관심을 갖고 제주어의 중요성을 인식하게 됨으로써 왜 내 고향말이 중요한 가를 깨닫게 된다. 2000년대부터 시행된 제7차교육과정에서는 지역별 또는 학교별로 필요한 교육내용을 설정해서 지방자치화에 걸맞은 교육활동이 가능하도록 융통성을 부여하고 있다.

결국 제주어의 보전을 위한 저변확대의 비결은 제도권 안에서 정규화된 학교교육이 활성화가 이뤄져야 한다. 그러자면 제주어를 올바로 가르칠 수 있는 교사의 전문적인 직무연수가 선행돼야 하는 것도 중요과제이다.

(4) 전문기관의 상설화

제주어의 보전은 올바르게 이뤄져야 한다. 그러기 위해서는 전문가들로 구성된 연구기관이 설치가 필요하다. 그래야 체계적이고 유용한 학문적 연구는 물론이고 필요한 자료를 제작해 낼 수가 있고, 제주어를 가르칠 수 있는 인재양성도 가능해진다. 사실상 학교에서 제주어를 제대로 가르칠 수 있는 교사가 극히 드문 형편이다. 또한 현재 시중에 나돌고 있는 유인물이나 홍보용 표지판의 제주어 게시물은 물론이고, 요식업소의 상호와 차림표 등등 잘못 표기된 것들이 너무나 많다. 더구나 연례생사로 치러지는 '탐라문화제'를 비롯해서 '제주어경연대회'에 출연하는 대본들을 보면 그 어휘에서부터 표기까지 잘못된 것이 수두룩하다. 그런 대본을 보고 연습해서 출연한 일반인이나 학생들이 제대로운 제주어를 구사할 수가 있겠는가. 거기에다 언론매체의 표기도 예외일 수는 없다. 더 딱한 것은 외지에서 찾아온 관광객들에게 제공되는 홍보물에 실은 품위 없는 어휘나 표기가 눈살을 찌푸리게 하는 등등 오류투성이다.

이와 같은 현상은 따지고 보면 잘못을 범하는 쪽의 무책임이 크지만, 실제 그런 문제를 상의하고 자문을 구할 공식창구인 전문기관이 없다는 데 있다. 더구나 '국제자유도시'로 탈바꿈이 전제되고 있는 이마적에, 제주인의 정체성이 외래문화의 유입으로 흔들리면서 변질되거나 말살되고 있다. 제주어의 본연의 정통성을 보전하기 위해서는 전문연구기관이의 문이 열려 있어야 한다. 하긴 제주특별자치도 산하의 제주발전연구원의 제주학센터에 '제주어 담당부서'가 있다는 것은 천만다행한 일다. 하지만 사설연구기관과의 차별성이 있느냐가 문제다. 공신력 있는 관영연구기관은 편견이 없어야 하고, 그 명분에 어긋나지 말아야 한다는 사실이다. 어쩌다 학연중심의 운영이 돼 버릴 경우, 공신력 있는 제주어의 올바른 발전에 걸림돌로 작용하기 때문이다. 기존의 학문적 이론이나 관행이 잘못된 것은 과감히 내려놓을 수 있어야 하고, 당나귀의 귀를 가진 학문적 요람으로 거듭날 수 있도록 여러 연구자들로 구성된 합의체기관이라야 한다. 몇 사람의 학연에 의해 운영되는 것이 아닌, 관련학자들이 축적된 학리(學理)도 수용할 수 있는 연구기관의 상설화라야 한다. 그래서 학자들 간에 학리(學理)의 거리를 좁히고 공감대를 이뤄 함께 어우러져야 올바른 제주어보전의 산실로 자리잡을 수가 있다.

–『제주예총』 제13집, (사)한국예총제주도지회

2. 제주어표기법

제주어의 표기는 표준어표기법을 기준으로 해서 언어현실에 맞출 수밖에 없다. '한글맞춤법' 총칙 제1장 제1항을 보면 "한글맞춤법은 표준어를 소리대로 적되, 어법에 맞도록 함을 원칙으로 한다."로 돼 있다. 그에 따라 제주어의 어투에 맞도록 형태음소적 표기법을 기준으로 하면서 경우에 따라서는 음소적 표기법도 필요하다. 그러다 보아도 안 되는 것은 예외 조항을 두어 처리하는 것이 바람직하다는 것이 평소의 생각이다. 앞으로 제주어의 올바른 보전을 위해서는 '제주어표기법'이 제대로 마련돼야 한다. 다행이 그 첫 시도로 2013년 제주특별자치도가 『제주어표기법』을 내놓았지만, 앞으로 더 보완하기 위한 난상토론을 거쳐야 할 진통이 남아 있다.[1] 필자가 마련한 이 표기법은 '한글맞춤법'과 1995년도 제주도에서 발간된 『제주어사전』「부록1」에 있는 '제주어표기법'을 참고하고, 필자의 『제주어개론 상』(보고사,

---

1) 『제주어표기법』은 2013년 12월 제주특별자치도 제주발전연구원 제주학연구센터의 주관으로, '송상조 · 김지홍 · 고동호 · 문순덕 · 오창명 · 오승훈 · 고재환'에 의해 '20개 항'과 '부칙'이 제정되고, 그 해설서가 출간됐다. 하지만 여기 참여한 연구협의진간에 서로 견해를 달리하는 것들이 한두 가지가 아니었다. 그 대표적인 것이 1) 쌍아래아인 '‥(ᆢ)'의 사용. 2) 'ㅊ/ㅌ/ㅍ' 받침언간의 기본형을 표준어의 어간과 같게 할 것이냐, 원제주어의 어투를 그대로 살린 '츠/트/프'로 할 것이냐. 3) 선어말어미 '-앗-/-엇-/-엿-'과 '-암-/엄-/-염-' 다음에 이어지는 어미와의 표기의 문제, 4) 한자음 표기 등등 여려 개이다. 고심을 했지만 국어학의 문법이론과 맞물려 특유의 어투에 따른 어형을 살리려는 필자와 거리감이 너무도 컸다. 결국 다수의 견해에 맡겨진 게 되고 말았다. 해서 필자가 정한 이 표기법은 공동으로 만든 『제주어표기법(2013)』에 따를 것은 따르되, 누락됐거나 견해를 달리하는 것들을 집약해서 실었다.

2011)의 '제5장 표기법'과 『제주속담사전(개정증보판)』(민속원, 2013) 〈부록〉을 보완해서 재정리한 것이다.

[참고] '제1장 총칙' 이하 각 '장(章)·절(節)·항(項)·목(目)·첨부'는 재조정·배열할 수 있다. 《국어사전》의 어휘들을 제주어로 옮기는 《표준어 대역 제주어사전(가칭)》은 이 '표기법'에 따라 집필하고 있음.

제1장 총칙

제1항 : 제주어표기법은 '한글맞춤법'에 따라 소리대로 적되, 제주어의 어법/어투에 맞도록 형태음소적 표기를 원칙으로 한다.[2)]

제2항 : 제주어에서 한 단어가 두 개 이상의 형태로 나타날 경우에는 그 모두를 표기의 대상으로 삼는다.

제2장 자음과 모음

제3항 : 제주어표기에 쓰일 자음은 'ㄱ ㄴ ㄷ ㄹ ㅁ ㅂ ㅅ ㅇ ㅈ ㅊ ㅋ ㅌ ㅍ ㅎ ㄲ ㄸ ㅃ ㅆ ㅉ ㄺ ㄻ ㅭ ㅅㄱ 등 23자이고, 모음은

---

2) '형태음소적 표기(形態音素的表記)'라고 함은 음소적 표기(音素的表記)와 상반되는 것을 말한다. 즉, 형태소가 실현되는 환경에 따라 모습이 달라지더라도 그 달라지기 전의 원래대로 표기하는 분철법(分綴法)을 말한다. 이를테면 표준어의 체언에서 '잎[葉]'이 '입'으로, '멋나무[梾/柰]'가 '먼나무'로, '천리(千里)'가 '철리'로 소리 나도 그 원음대로 '잎', '멋나무', '천리'로 표기하고, 용언에서 '있다'가 '읻따'로, '없다'가 '업따'로, '앉다'가 '안따'로 소리 나도 원말인 '있다', '없다' '앉다'로 표기한다. 하지만 제주어인 경우는 '잎'은 소리 나는 '입'이 원음이므로 '입'으로, 용언인 '있다·없다·앉다'는 '잇다/싯다·엇다/웃다·앚다'로 표기한다. 또 '녹앗다'의 활용을 '녹아시난/아시민/아서라/아시냐'가 아닌, '녹앗이난/앗이민/앗어라/앗이냐'로 표기하는 따위가 그것이다.

기본자 'ㅏ ㅑ ㅓ ㅕ ㅗ ㅛ ㅜ ㅠ ㅡ ㅣ ㆍ ᆢ' 12자와 'ㅐ ㅒ ㅔ ㅖ ㅘ ᅭᅡ ㆇ ᅮᅥ ㅝ ㅞ ᆏ ᅲᅣ ᆑ ᅲᅧ ㅟ ㅢ' 16을 합한 28자다. 자음이 둘이 겹쳐진 'ㄲ ㅆ ㄳ ㄵ ㄶ ㄽ ㄼ ㄾ ㄿ ㅀ ㅄ'은 받침자인 종성으로는 쓰이지 않는 것으로 한다.[3]

제1절 자음표기

제4항 : 체언의 받침 'ㅊ/ㅌ/ㄲ'은 'ㅅ'으로, 'ㅋ'은 'ㄱ'으로 적는다.
(㉠은 택하고, ㉡은 버림)

㉠ ㅅ	㉡ ㅊ	㉠ ㅅ	㉡ ㅌ
국화ᄀᆞᆺ	국화ᄀᆞᆾ	끗자락	끝자락
ᄃᆞᆺ배	ᄃᆞᆾ배	밋둥치	밑둥치
ᄉᆞᆺᄀᆞᆺ	ᄉᆞᆾᄀᆞᆺ	무쉐솟	무쇠솥
ᄋᆞᆺ가락	ᄋᆞᆾ가락	보리밧	보리밭
ᄆᆡᆺᄆᆡᆺ	ᄆᆡᆾᄆᆡᆾ	ᄑᆞᆺ죽	ᄑᆞᇀ죽

㉠ ㅅ	㉡ ㄲ
밧거리	밖거리
밧ᄀᆞᆺ/밧걋//밧ᄀᆢᆺ/밧겻	밖ᄀᆞᆺ/밖걋//밖ᄀᆢᆺ/밖겻
안ᄑᆞᆺ	안ᄑᆞᆩ
안ᄑᆞᆺ거리	안ᄑᆞᆩ거리

㉠ ㄱ	㉡ ㅋ
동ᄂᆢᆨ/동녁	동ᄂᆢᆿ/동녘
남ᄂᆢᆨ-땅/남녁-땅	남ᄂᆢᆿ-땅/남녘-땅
서ᄂᆢᆨ/서녁	서ᄂᆢᆿ/서녘
북ᄂᆢᆨ-땅/북녁-땅	북ᄂᆢᆿ-땅/북녘-땅

3) 이들 자모의 수는 활용형태에 따른 표기를 어떻게 하느냐에 따라 그 수를 가감할 수 있다.

부억	부억
해질-ᄂᆞᆨ/해질-녁	해질-ᄂᆞᆿ/해질-녘
우ᄂᆞᆨ-집/우녁-집	우ᄂᆞᆿ-집/우녘-집
알ᄂᆞᆨ-밧/알녁-밧	알ᄂᆞᆨ-밭/알녘-밭

제5항 : 체언의 끝소리 받침으로 'ㅍ'은 'ㅂ'으로 적는다. (㉠은 택하고, ㉡은 버림)

㉠ ㅂ	㉡ ㅍ	㉠ ㅂ	㉡ ㅍ
입[葉]	잎	옷섭	옷섶
낭섭	낭섶	질섭	질섶
풀섭	풀섶		

[첨부] 방향이나 위치와 관련된 말인 경우는 'ㅍ'으로 적는다.

앞, 앞날, 앞일, 앞집, ᄋᆢᇁ구리, ᄋᆢᇁ눈질, ᄋᆢᇁ발질

제6항 : 모음과 유성자음(ㄴ/ㄹ/ㅁ/ㅇ) 다음에 오는 한자어의 'ㅎ'은 'ㅇ'으로 적는다. (㉠은 취하고 ㉡은 버림)

㉠ 모음+ㅇ	㉡ 모음+ㅎ	㉠ ㄴ+ㅇ	㉡ ㄴ+ㅎ
가운(家訓)	가훈	간오ᄒᆞᆨ과(看護學科)[4]	가호학과
시엄(試驗)	시험	은앵(銀行)	은행
위엄(危險)	위험	문아생(門下生)	문하생
고암치다(高喊--)	고함치다	곤옥(困惑)스럽다	곤혹스럽다
노우뒈다(老朽--)	노후되다	전와(電話)ᄒᆞ다	전화하다
페웨뒈다(閉會--)	폐회되다	헌ᄋᆞᆯ/열(獻血)ᄒᆞ다	헌혈ᄒᆞ다

4) '간오ᄒᆞᆨ과'는 자립어 '간호'와 '학과'가 결합된 합성어이므로, '간호'의 '호'는 유성자음 'ㄴ' 다음에 오므로 '오'로 적지만, 'ᄒᆞᆨ과'의 'ᄒᆞᆨ'은 애래 [첨부]에 해당하지 않는 실사/자립어의 두음이므로 'ᄋᆞᆨ'이 아닌, 원음 'ᄒᆞᆨ'으로 적은 것이다.

㉠ ㄹ+ㅇ	㉡ ㄹ+ㅎ	㉠ ㅁ+ㅇ	㉡ ㅁ+ㅎ
괄오(括弧)	괄호	남안(南韓)	남한
질융와복(吉凶禍福)	길흉화복	담와(談話)	담화
밀앙선(密航船)	밀항선	암윽(暗黑)	암흑
알<u>ᄋᆢᆫ/연</u>(謁見)ᄒᆞ다	알현ᄒᆞ다	담압(談合)ᄒᆞ다	담합하다
출<u>ᄋᆢᆯ/열</u>(出血)뒈다	출혈되다	점와(點火)ᄒᆞ다	점화하다
탈완(奪還)ᄒᆞ다	탈환하다	폠아(貶下)뒈다	폄하되다

㉠ ㅇ+ㅇ	㉡ ㅇ+ㅎ
강앵군(强行軍)	강행군
황온(黃昏)	황혼
융와책(融和策)	융화책
송완(送還)뒈다	송환되다
충<u>ᄋᆢᆯ/열</u>(充血)뒈다	충혈되다

[첨부] 'ㅎ'이 'ㅑ/ㅕ/ㅛ/ㅠ/ㅣ'와 결합된 두음일 때 'ㅅ'으로 구개음화할 경우는 'ㅅ'으로 적는다. 제16항 (2)와 [첨부] 참조.

제7항 : 어간의 끝소리 받침 'ㄲ/ㅊ/ㅌ/ㅍ'은 분리해서 '끄/츠/트/프'로 적는다.

㉠ 끄	㉡ ㄲ	㉠ 츠	㉡ ㅊ
가끄다	갂다/깍으다	조츠다	좇다/좇으다
나끄다	낚다/낚으다	쪼츠다	쫓다/쫓으다
다끄다	닦다/닦으다	조차가다	좇아가다
무끄다	묶다/묶으다	조차오다	좇아오다
보끄다	볶다/볶으다		
서끄다	섞다/섞으다		
ᄋᆢ끄다	엮다/엮으다		

㉠ 트/뜨	㉡ ㅌ	㉠ 프	㉡ ㅍ
ᄀ트다/ᄀ뜨다	ᄀᆮ다/ᄀᇀ으다	노프다	높다/높으다
부트다/부뜨다	붇다/붙으다	더프다	덮다/덮으다
마트다	맏다/맡으다	어프다	엎다/엎으다
야트다	얃다/얕으다	시프다	싶다/싶으다
흐트다/허트다	ᄒᆮ다/ᄒᇀ으다	지프다	짚다/짚으다

제8항 : 선어말어미 '-았/었/였-'·'-겠-'의 'ㅆ' 받침은 'ㅅ'으로 적
는다. (㉠은 택하고, ㉡은 버림)

㉠ 양성모음어간+앗	㉡ 양성모음어간+았
ᄌᆞᆯ앗곡/ᄌᆞᆯ앗이난/ᄌᆞᆯ앗이민/	ᄌᆞᆯ았곡/ᄌᆞᆯ았이난/ᄌᆞᆯ았이민/
ᄌᆞᆯ앗주만/ᄌᆞᆯ앗저/ᄌᆞᆯ앗이냐/	ᄌᆞᆯ았주만/ᄌᆞᆯ았저/ᄌᆞᆯ았이냐/
ᄌᆞᆯ앗이라/ᄌᆞᆯ앗게/ᄌᆞᆯ앗구나	ᄌᆞᆯ았이라/ᄌᆞᆯ았게/ᄌᆞᆯ았구나
닮앗곡/닮앗이난/닮앗이민/	닮았곡/닮았이난/닮았이민/
닮앗주만/닮앗저/닮앗이냐/	닮았주만/닮았저/닮았이냐/
닮앗이라/닮앗게/닮앗구나	닮았이라/닮았게/닮았구나
고왓곡/고왓이난/고왓이민/	고왔곡/고왔이난/고왔이민/
고왓주만/고왓저/고왓이냐/	고왔주만/고왔저/고왔이냐/
고왓이라/고왓게/고왓구나	고왔이라/고왔게/고왔구나

㉠ 음성모음어간+엇	㉡ 음성모음어간+었
누엇곡/누엇이난/누엇이민/	누었곡/누었이난/누었이민/
누엇주만/누엇저/누엇이냐/	누었주만/누었저/누었이냐/
누엇이라/누엇게/누엇구나	누었이라/누었게/누었구나
쉬엇곡/쉬엇이난/쉬엇이민/	쉬었곡/쉬었이난/쉬었이민/
쉬엇주만/쉬엇저/쉬엇이냐/	쉬었주만/쉬었저/쉬었이냐/
쉬엇이라/쉬엇게/쉬엇구나	쉬었이라/쉬었게/쉬었구나
붉엇곡/붉엇이난/붉엇이민/	붉었곡/붉었이난/붉었이민/
붉엇주만/붉엇저/붉엇이냐/	붉었주만/붉었저/붉었이냐/
붉엇이라/붉엇게/붉엇구나	붉었이라/붉었게/붉었구나

㉠ ᄒᆞ+ᄋᆞᆺ/엿[5]		㉡ ᄒᆞ+였	
ᄒᆞᄋᆞᆺ/엿곡	ᄒᆞᄋᆞᆺ/엿이난	ᄒᆞ였곡	ᄒᆞ였이난
ᄒᆞᄋᆞᆺ/엿이민	ᄒᆞᄋᆞᆺ/엿주만	ᄒᆞ였이민	ᄒᆞ/였주만
ᄒᆞᄋᆞᆺ/엿저	ᄒᆞᄋᆞᆺ/엿이냐	ᄒᆞ였저	ᄒᆞ였이냐
ᄒᆞᄋᆞᆺ/엿이라	ᄒᆞᄋᆞᆺ/엿게	ᄒᆞ였이라	ᄒᆞ였게
ᄒᆞᄋᆞᆺ/엿구나		ᄒᆞ였구나	

㉠ 어간+겟	㉡ 어간+겠
낫겟다/낫겟구나	낫겠다/낫겠구나
받겟다/받겟구나	받겠다/바겠구나
좋겟다/좋겟구나	좋겠다/좋겠구나
ᄒᆞ겟다/ᄒᆞ겟구나	ᄒᆞ겠다/ᄒᆞ겠구나

[첨부] '있다'는 '잇다/싯다'로 적는다.

잇다 : 잇곡/잇이난/잇이민/잇주
잇어/잇엉(언)/잇저/잇이냐/잇수다/잇수가(과)/잇이라
잇엇저/잇엇이냐/잇엇수다/이엇수가(과)/이엇구나
잇엄저/잇엄시냐/잇엄수다/잇엄수가(과)/잇엄구나
싯다 : 싯곡/시난/시민/싯주 [ㅅ-불규칙]
시어/시엉(언)/싯저/시냐/싯수다/싯수가(과)/시라
시엇저/시엇이냐/시엇수다/시엇수가(과)/시엇구나
시엄저/시엄시냐/시엄수다/시엄수가(과)/시엄구나

제9항 : 'ㅁㄱ'과 'ㅅㄱ'은 곡용어로 활용할 때만 쓰인다.[6] (㉠은 취하고 ㉡은 버림.)

---

5) 선어말어미 'ᄋᆞᆺ/엿'의 'ᄋᆞᆺ'은 '엿'의 고형(古形)으로서 1950년대까지만 해도 흔히 쓰던 것이 표준어 사용의 활성화에 따라 '엿'으로 변하고 말았다. 원래의 제주어를 되살리려면 쌍아래아 '‥(ᄋᆢ)'의 사용과 함께 보전돼야 할 귀중한 시제형형태소의 하나이다.

6) 'ㅁㄱ'과 'ㅅㄱ'은 '나ᇚ[木]'과 '바ᇧ[外]'과 같이 받침자로 썼지만 단독체로는 안 썼고, 격조사 '이/은/을/에/으로' 따위와 결합할 때 '남기/남근/남글/남게/남그로'와 같이 ㄱ곡용형태

㉠ 남[木]/밧[外]+기/근/글/게/그로
남기/남근/남글/남게/남그로
밧기/밧근/밧글/밧게/밧그로

㉡ 낡/밝+이/은/을/에/으로
낡이/낡은/낡을/낡에/낡으로
밝이/밝은/밝을/밝에/밝으로

[첨부] '남기/남근/남글/남게/남그로'는 그 변이형인 '낭기/낭근/낭글/낭게/낭그로'도, '밧기/밧근/밧글/밧게/밧그로'는 아래와 같이도 곡용된다.

밧ᄀᆞᆽ이/밧ᄀᆞᆽ은/밧ᄀᆞᆽ을/밧갓<u>에/이</u>/밧ᄀᆞᆽ으로
밧ᄀᆞᆽ디/밧ᄀᆞᆽ든/밧ᄀᆞᆽ들/밧갓<u>데/디</u>/밧ᄀᆞᆽ<u>더레/드레/디레</u>
밧갓이/밧갓은/밧갓을/밧갓<u>에/이</u>/밧ᄀᆞᆽ으로
밧갓디/밧갓든/밧갓들/밧갓<u>데/디</u>/밧갓<u>더레/드레/디레</u>
밧ᄀᆞᆾ이/밧ᄀᆞᆾ은/밧ᄀᆞᆾ을/밧ᄀᆞᆾ에/밧ᄀᆞᆾ으로
밧ᄀᆞᆾ디/밧ᄀᆞᆾ든/밧ᄀᆞᆾ들/밧ᄀᆞᆾ<u>데/디</u>/밧ᄀᆞᆾ<u>더레/드레/디레</u>
밧겻이/밧겻은/밧겻을/밧겻에/밧겻으로
밧겻디/밧겻든/밧겻들/밧겻<u>데/디</u>/밧겻<u>더레/드레/디레</u>

제10항 : 중자음 'ㄳ'은 'ㄱ'으로, 'ㄵ'은 'ㅈ'으로, 'ㄶ'은 'ㄴ'으로, 'ㄼ'은 'ㅂ/ㄹㄹ'로, 'ㄾ/ㄿ/ㅀ'은 'ㄹ'로, 'ㄽ/ㅄ'은 'ㅅ'으로 적는다. (㉠은 택하고 ㉡은 버림)

㉠ ㄱ	㉡ ㄳ
넉 : 넉이/넉을/넉으로/넉도/넉만	넋 : 넋이/넋을/넋으로/넋도/넋만
목 : 목이/목을/목으로/목도/목만	몫 : 몫이/몫을/몫으로/몫도/몫만

를 취했다. 또 변칙곡용 '낭기/낭근/낭글/낭게/낭그로'인 경우는 'ㅇㄱ'을 받침자로 한 '나ㅇㄱ'일 수도 있으나 '낡'의 변이형으로 봐야 한다.

㉠ ㅈ	㉡ ㄵ
앚다 : 앚앙(안)/앚곡/앚이난/ 앚이민/앚앗저/앚이라/ 앚앗이냐/앚앗수다/앚입서/ 앚암수과/앚암수다/앚암구나	앉다 : 앉앙(안)/앉곡/앉이난/ 앉이민/앉았저/앉이라/ 앉았이냐/앉았수다/앉입서/ 앉암수과/앉암수다/앉암구나

㉠ ㄴ	㉡ ㄶ
안ᄒᆞ다 : 안ᄒᆞᄋᆞᆼ(ᄋᆞᆫ)/안ᄒᆞ영(연), 안ᄒᆞ곡/안ᄒᆞ난/안ᄒᆞ민 안ᄒᆞᄋᆞᆺ저/안ᄒᆞ엿저, 안ᄒᆞᄋᆞᆷ저/안ᄒᆞ염저, 안ᄒᆞ쿠다, 안ᄒᆞᄋᆞᆷ수과/안ᄒᆞ염수과, 안ᄒᆞᄋᆞᆷ구낭/안ᄒᆞ염구낭	않다 : 않ᄋᆞᆼ(ᄋᆞᆫ)/않영(연), 않곡/않으난/않으민 않ᄋᆞᆺ저/않였저, 않ᄋᆞᆷ쩌/않염쩌, 않쿠다, 않ᄋᆞᆷ수과/않염수과, 않ᄋᆞᆷ구낭/않염구낭

㉠ ㅂ/ㄹㄹ	㉡ ㄼ
ᄇᆞᆸ다[7] : ᄇᆞᆸ곡/ᄇᆞᆸ게/ᄇᆞᆸ지	ᄇᆞᆲ다 : ᄇᆞᆲ곡/ᄇᆞᆲ게/ᄇᆞᆲ지
ᄇᆞᆯ르다 : ᄇᆞᆯ라/ᄇᆞᆯ랑(란)/ᄇᆞᆯ르곡/ᄇᆞᆯ르 난/ᄇᆞᆯ르민/ᄇᆞᆯ랏저/ᄇᆞᆯ랏이냐/ ᄇᆞᆯ랏인가/ᄇᆞᆯ랏수다/ᄇᆞᆯ랏수과 /ᄇᆞᆯ람수과/ᄇᆞᆯ르라/ᄇᆞᆯ람구나	ᄇᆞᆲ다 : ᄇᆞᆲ아/ᄇᆞᆲ앙(안)/ᄇᆞᆲ곡/ᄇᆞᆲ으난/ ᄇᆞᆲ으민/ᄇᆞᆲ았저/ᄇᆞᆲ았이냐/ᄇᆞᆲ 았인가/ᄇᆞᆲ았수다/ᄇᆞᆯ바았수과 /ᄇᆞᆲ암수과/ᄇᆞᆲ으라/ᄇᆞᆲ암구나
넙다 : 넙엉(언)/넙게/넙곡/넙으난/ 넙으민/넙지/넙엇저/넙엄저/ 넙으냐/넙엄시냐/넙엄수과/ 넙엇인가/넙엄구낭	넓다 : 넓엉(언)/넓게/넓곡/넓으난/ 넓으민/넓지/넓었저/넓엄쩌/ 넓으냐/넓엄시냐/넓엄수과/ 넓었인가/넓엄구낭

널르다 : 널러/널렁(런)/널르곡/널르난/널르민
널럿저/널럿이냐/널럿인가/널럿수다
널럿수과/널럼수과/널럿인가/널럼구낭

7) 'ᄇᆞᆲ다'의 제주어는 'ᄇᆞᆸ다'와 'ᄇᆞᆯ르다'인데, 'ᄇᆞᆸ다'는 자음으로 시작되는 어미 '-고/-게/-지' 따위가 붙을 때만 활용되는 불구동사이다.

㉠ ㅅ	㉡ ㄽ
돗 : 돗이/돗은/돗을/돗도 곳 : 웨곳이/웨곳은/웨곳을/웨곳으로	돐 : 돐이/돐은/돐을/돐도 외곬 : 외곬이/외곬은/외곬을/외곬으로

㉠ ㄹ트	㉡ ㄾ
홀트다 : 홀탕(탄)/홀트곡/홀트난/홀트민/홀트지/홀탓저/홀탐저/홀트느냐/홀탓이냐/홀탐시냐/홀탓수다/홀탐수다/홀트게/홀탐구낭	홅다 : 홅앙(안)/홅으곡/홅으난/홅으민/홅으지/홅았저/홅암쩌/홅으느냐/홅았이냐/홆암시냐/홅았수다/홅암수다/홅으게/홅암구낭
훌트다 : 훌텅(턴)/훌트곡/훌트난/훌트민/훌트지/훌텃저/훌텀저/훌트느냐/훌텃이냐/훌텀시냐/훌텃수다/훌텀수다/훌트게/훌텀구낭	훑다 : 훑엉(언)/훑으곡/훑으난/훑으민/훑으지/훑었저/훑엄쩌/훑으느냐/훑었이냐/훑엄시냐/훑었수다/훑엄수다/훑으게/훑엄구낭

㉠ ㄹ프	㉡ ㄿ
을프다 : 을펑(펀)/을프곡/을프난/을프민/을프지/을펏저/을펌저/을펏느냐/을펏이냐/을펌시냐/을펏수다/을펌수다/을프게/을펌구낭	읊다 : 읊엉(언)/읊으곡/읊으난/읊으민/읊으지/읊었저/을펌쩌/읊으느냐/읊었이냐/읊엄시냐/읊었수다/읊엄수다/읊으게/읊엄구낭

㉠ ㄹㄹ	㉡ ㅀ
이르다/일르다 : 일렁(런)/일르곡/일르난/일르민/일르지/일렁저/일럼저/일르느냐/일렁이냐/일럼시냐/일렁수다/일럼수다/일르게/일럼구낭	잃다 : 잃엉(언)/잃으곡/잃으난/잃으민/잃으지/잃었저/잃엄저/잃으느냐/잃었이냐/잃엄시냐/잃었수다/잃엄수다/잃으게/잃엄구낭

오르다/올르다 : 올랑(란)/올르곡/ 올르난/올르민/올르지/올랏저/ 올람저/올르느냐/올랏이냐/ 을람시냐/올랏수다/올람수다/ 올르게/올람구낭	옳다 : 옳앙(안)/옳으곡/옳으난/ 옳으민/옳으지/옳았저/ 옳암쩌/옳으느냐/옳았이냐/ 옳암시냐/옳았수다/옳암수다/ 옳으게/옳암구낭

㉠ ㅂ/ㅅ	㉡ ㅄ
갑/깝 : 갑이/깝이, 갑은/깝은, 갑을/ 깝을, 갑도/깝도, 갑만/깝만	값/깞 : 값이/깞이, 값은/깞은, 값을/ 깞을, 값도/깞도, 값만/깞만
엇다 : 엇엉(언)/엇곡/엇이난/엇이민/ 엇지/엇저/엇엄저/엇엇저/ 엇수다/엇엄수다/엇엇수다/ 엇이냐/엇엄시냐/엇엄수과/ 엇엇수과/엇엇구낭/엇엄구낭	없다 : 없엉(언)/없곡/없이난/없이민/ 없지/없저/없엄쩌/없었저/ 없수다/없엄수다/없었수다/ 없으냐/없엄시냐/없엄수과/ 없었수과/없었구낭/없엄구낭
읏다 : 읏엉(언)/읏곡/읏이난/읏이민/ 읏지/읏저/읏엄저/읏엇저/ 읏수다/읏엄수다/읏엇수다/ 읏이냐/읏엄시냐/읏엄수과/ 읏엇수과/읏엇구낭/읏엄구낭	읎다 : 읎엉(언)/읎곡/읎이난/읎이민/ 읎지/읎저/읎엄쩌/읎었저/ 읎수다/읎엄수다/읎었수다/ 읎이냐/읎엄시냐/읎엄수과/ 읎었수과/읎었구낭/읎엄구낭

제2절 모음표기

제11항 : 아래아 ‘ㆍ(ᄋᆞ)’와 쌍(겹)아래아 ‘ᆢ(ᄋᆢ)’가 들어간 말은 원음대로 적는다.[8] (㉠은 택하고 ㉡은 버림)

8) 단모음 ‘ㆍ[ᄋᆞ: ɐ/ɔ]’는 초성인 자음 아래 붙는다고 해서 편의상 그 명칭을 ‘아래아’라고 하는데, 용언인 경우는 표준어의 ‘하다’와 ‘-하다’의 ‘하’는 일률적으로 ‘ᄒᆞ’가 돼서 ‘ᄒᆞ다’·‘-ᄒᆞ다’로 쓰인다. 또 중모음인 ‘쌍아래아 ‘ᆢ[ᄋᆢ: jɐ/jɔ]’는 반모음 ‘ㅣ[j]’와·‘[ɐ/ɔ]’가 결합된 것으로서, 훈민정음 합자해에 보면 용례 없이, “ㆍ 一 起聲於 國語無用 兒童之言邊方之語 或有之 當合二字而用 如**ᄀᆝᄀᆜ**之類”에서 ‘**ᄀᆝ**’의 ‘ᆝ’가 바로 ‘ᆢ(ᄋᆢ)’에 해당한다. 그런데 표준어 세대들은 ‘ㆍ(ᄋᆞ)’를 ‘ㅗ(오)’로, ‘ᆢ(ᄋᆢ)’를 ‘ㅛ(요)’로 발음하고 표기해버림으로써 제대로 보전해야 할 희귀한 제주어의 원형을 잃고 있다.

㉠ ・(ᄋᆞ)	㉡ ㅗ	㉠ ・・(ᄋᆢ)	㉡ ㅛ
ᄃᆞᆯ[月]	돌	ᄋᆢ숫[六]	요숫
ᄀᆞ을/ᄀᆞ슬[秋]	고을/고슬	ᄋᆢ둡[八]	요돕
ᄆᆞᆷ/ᄆᆞ음/ᄆᆞ슴[心]	몸/모음/모슴	ᄋᆢᆯ음/ᄋᆢᆯ매[果]	욜음/욜매
ᄒᆞᆨ조(學校)	혹교	ᄋᆢ름[夏]	요름
ᄂᆞᆯ다[飛]	놀다	ᄋᆢ남은	요남은
ᄃᆞᆯ다[甘/懸]	돌다	ᄋᆢᆨ쉬/ᄋᆢᆨ쥐	욕쉬/욕쥐
ᄀᆞᆯ다[磨]	골다	ᄋᆢᆸ집	욥집
ᄒᆞ다[爲]	호다	ᄋᆢ라이/ᄋᆢ랏이	요라이/요랏이
ᄆᆞᆰ다[晴]	몱다	ᄋᆢᆸ구기/ᄋᆢᆸ댕이	욥구리/욥댕이
ᄇᆞᆸ다[踏]	봅다	ᄋᆢ끄다[編]	요끄다
ᄆᆞ르다/ᄆᆞᆯ르다[乾/裁]	몰르다	ᄋᆢᆨ다(약다)	욕다
일ᄒᆞ다	일호다	ᄋᆢᆯ다[開/結實]	욜다
ᄒᆞ쿠다	호쿠다	ᄋᆢ망지다	요망지다
검엉ᄒᆞ다	검엉호다	일ᄒᆞᄋᆢᆺ저	일호욧져
히뚜룩ᄒᆞ다	히뚜룩호다	누렁ᄒᆞᄋᆢᆺ저	누렁호욧져
ᄒᆞᆫ저 옵서	혼저 옵서	히뚜룩ᄒᆞᄋᆢᆺ저	히뚜룩호욧져

제12항 : 모음 'ㅐ/ㅔ'는 그 어원을 따라 표준어의 철자법대로 적는다.[9] (㉠은 택하고 ㉡은 버림)

㉠ ㅐ	㉡ ㅔ	㉠ ㅐ	㉡ ㅔ
개[犬]	게	개다[晴]	게다
해[年/日]	헤	재우다	제우다
백ᄂᆞᆫ/백년	벡ᄂᆞᆫ/벡년	댕기다	뎅기다
개ᄋᆢᆷ지/개염지	게ᄋᆢᆷ지/게염지	맨들다/맹글다	멘들다/멩글다
대밧/대왓	데밧/데왓	채집ᄒᆞ다	체집ᄒᆞ다
내창[川]	네창	검질매다	검질메다

9) 'ㅐ(애)'와 'ㅔ(에)'는 극히 일부를 제외하고는 발음구분이 명확치 않아 거의 'ㅔ(에)'로 소리 난다. 그렇다고 표기할 때도 다 'ㅔ(에)로 하는 것은 문제가 있으므로, 표준어의 철자법대로 구분해서 적어야 표기의 혼란을 줄일 수 있다.

매일(每日)	메일	태우다	테우다
식갯집	식겟집	배고프다	베고프다
올랫질	올렛질	해롭다	헤롭다

㉠ ㅔ	㉡ ㅐ	㉠ ㅔ	㉡ ㅐ
게시판	개시판	게을르다	개을르다
데굴데굴	대굴대굴	데ᄅᆢ/려오다	대려오다
메아리	매아리	둘러메다	둘러매다
베갯모	배갯모	베풀다	배풀다
세로줄	새로줄	세우다[建]	새우다
제비생이	재비생이	제압ᄒᆞ다	재압ᄒᆞ다
헤어지다	해어지다	헤집다	해집다

제13항 : 한자음을 포함한 고유어의 모음은 다음 (1)-(10)과 같이 적는다.

(1) 두음 이외의 한자음 '계'는 '게'로, '례'는 '레'로 적는다.[10)]

- 계>게 : 경계선(境界線)>ᄀᆞᆼ게선/ᄌᆞᆼ게선//경게선/정게선, 관계(關係)>관게, 단계(段階)>단게, 시계(時計)>시게, 징계처분(懲戒處分)>징게처분, 노동계(勞動界)>노동게, 체계적(體系的)>체게적, 결석계(缺席屆)>ᄀᆞᆯ석게/ᄌᆞᆯ석게//결석게/절석게, 경계(警戒)하다>ᄀᆞᆼ게ᄒᆞ다/ᄌᆞᆼ게ᄒᆞ다//경게ᄒᆞ다/정게ᄒᆞ다, 묵계(默契)하다>묵게ᄒᆞ다, 설계(設計)하다>설게ᄒᆞ다, 중계방송(中繼放送)하다>중게방송ᄒᆞ다
- 례>레 : 경례(敬禮)>ᄀᆞᆼ레/ᄌᆞᆼ레//경레/정레, 실례(失禮)>실레, 제례(祭禮)>제레, 사례품(謝禮品)>ᄉᆞ레품, 혼례식(婚禮式)>혼레식, 사례(事例)>ᄉᆞ레, 상례(常例)>상레, 판례문(判例文)>판레문, 통상관례(通常慣例)>통상관레

10) 2013년 만든 <제주어표기법>에는 원음대로 적는 것으로 돼 있음.

[첨부] 두음 '계'가 구개음 '제'로 표기하는 경우는 '구개음화'의 제16항 의 (1) 참조.

(2) 위치에 관계없이 '의'는 '이'로, '희'는 '히'로 적는다.

· 의>이 : 의견(意見)>이ᄀᆞᆫ/이존//이견/이전, 예의(禮儀)>예이, 의복(衣服)>이복, 의병장(義兵將)>이벵장, 한의원(漢醫院)>한이원, 의인화(擬人化)>이인와, 국민의례(國民儀禮)>국민이례, 민주주의(民主主義)>민주주이, 의심(疑心)하다>이심ᄒᆞ다, 의지(依支)하다>이지ᄒᆞ다, 의논(議論)하다>이논ᄒᆞ다, 동의(同議)하다>동이하다

· 희>히 : 희곡(戱曲)>히곡, 환희(歡喜)>환이, 희열(喜悅)>히ᄋᆢᆯ/히열, 희망(希望)>히망, 희생(犧牲)>히생, 흰색(-(色))>힌색, 희귀(稀貴)하다>히귀ᄒᆞ다, 희롱(戱弄)하다>히롱ᄒᆞ다, 희다>히다, 희읍스름하다>히읍스름ᄒᆞ다, 희끗희끗>히끗히끗, 희멀겋다>히멀겅ᄒᆞ다

(3) '묘'는 '메'로, '폐/표'는 '페'로 적는다.[11]

· 묘>메 : 묘(墓)>메, 묫자리(墓ㅅ--)>멧자리, 종묘(宗廟)>종메, 묘종(苗種)>메종, 묘향산(妙香山)>메양산, 묘산봉/묘산악(猫山峰/猫山岳)>메산봉/메산악, 묘사(描寫)하다>메ᄉᆞᄒᆞ다, 묘제(墓祭)하다>메제ᄒᆞ다, 오묘(奧妙)하다>오메ᄒᆞ다

· 폐>페 : 폐단(弊端)>페단, 폐병(肺病)>페벵/베빙, 폐백(幣帛)>페백, 폐지(廢止)>페지, 폐품(廢品)>페품, 폐해(弊害)>페애, 지폐(紙幣)>지페, 철폐(撤廢)>철페, 폐광(廢鑛)하다>페광ᄒᆞ다, 폐쇄(閉鎖)하다>페쉐ᄒᆞ다, 폐회(閉會) ᄒᆞ다>페웨ᄒᆞ다, 퇴폐(頹廢)하다>퉤페ᄒᆞ다, 통폐합(統廢合)하다>통페압ᄒᆞ다

---

11) 2013년 만든 <제주어표기법>은 한자음 '폐'는 원음대로 적도록 돼 있고, '묘'와 '표'는 명시돼 있지 않다.

- 표>페 : 이름표(--標)>이름페/일름페, 표말(標抹)>페말, 성적표(成績表)>성적페, 표면(表面)>페멘, 투표용지(投票用紙)>투페용지, 표주박(瓢--)>페주박, 표해록(漂海錄)>페애록, 표시(表示)하다>페시ᄒᆞ다, 표적(標的)하다>페적ᄒᆞ다, 표류(漂流)하다>페류ᄒᆞ다, 표창(表彰)하다>페창ᄒᆞ다.

(4) 'ᄅᆞᆯ/렬/률'은 '모음'과 'ㄴ' 다음에 올 때 'ᄋᆞᆯ/열/율'로 적는다. (㉠은 택하고, ㉡은 버림)

㉠ 모음+ᄋᆞᆯ/열	㉡ 모음+ᄅᆞᆯ/렬
수ᄋᆞᆯ/수열(數列)	수ᄅᆞᆯ/수렬
우ᄋᆞᆯ/우열(優劣)	우ᄅᆞᆯ/우렬
나ᄋᆞᆯ/나열(羅列)//나ᄋᆞᆯᄒᆞ다/나열ᄒᆞ다	나ᄅᆞᆯ/나렬//나ᄅᆞᆯᄒᆞ다/나렬ᄒᆞ다
ᄉᆞᄋᆞᆯ/ᄉᆞ열(査閱)//ᄉᆞᄋᆞᆯᄒᆞ다/ᄉᆞ열ᄒᆞ다	ᄉᆞᄅᆞᆯ/ᄉᆞ렬//ᄉᆞᄅᆞᆯᄒᆞ다/ᄉᆞ렬ᄒᆞ다
배ᄋᆞᆯ/배열(配列)//배ᄋᆞᆯᄒᆞ다/배열ᄒᆞ다	베ᄅᆞᆯ/베렬//베ᄅᆞᆯᄒᆞ다/베렬ᄒᆞ다
비ᄋᆞᆯ/비열(卑劣)//비ᄋᆞᆯᄒᆞ다/비열ᄒᆞ다	비ᄅᆞᆯ/비렬//비ᄅᆞᆯᄒᆞ다/비렬ᄒᆞ다
치ᄋᆞᆯ/치열(熾烈)//치ᄋᆞᆯᄒᆞ다/치열ᄒᆞ다	치ᄅᆞᆯ/치렬//치ᄅᆞᆯᄒᆞ다/치렬ᄒᆞ다
파ᄋᆞᆯ/파열(破裂)//파ᄋᆞᆯᄒᆞ다/파열ᄒᆞ다	파ᄅᆞᆯ/파렬//파ᄅᆞᆯᄒᆞ다/파렬ᄒᆞ다

㉠ 모음+율	㉡ 모음+률
ᄌᆞ율(自律), 주율(規律), 타율(他律)	자률, 규률, 타율
비율(比率), 이율(利率)	비률, 이률
조율(調律)/조율ᄒᆞ다	조률/조률ᄒᆞ다

㉠ ㄴ+ᄋᆞᆯ/열	㉡ ㄴ+ᄅᆞᆯ/렬
선ᄋᆞᆯ/선열(先烈)	선ᄅᆞᆯ/선렬
전ᄋᆞᆯ/전열(前列/戰列)	전ᄅᆞᆯ/전렬
진ᄋᆞᆯ장/진열장(陳列欌)	진ᄅᆞᆯ장/진렬장
진ᄋᆞᆯ/진열(陣列), 진ᄋᆞᆯᄒᆞ다/진열ᄒᆞ다	진ᄅᆞᆯ/진렬, 진ᄅᆞᆯᄒᆞ다/진렬ᄒᆞ다
분ᄋᆞᆯ/분열(分裂), 분ᄋᆞᆯ뒈다/분열뒈다	분ᄅᆞᆯ/분렬, 분ᄅᆞᆯ뒈다/분렬뒈다
준ᄋᆞᆯ/준열(龜裂), 준ᄋᆞᆯ뒈다/준열뒈다	균ᄅᆞᆯ/균렬, 균ᄅᆞᆯ뒈다/균렬뒈다

㉠ ㄴ+율	㉡ ㄴ+률
군율(軍律), 불문율(不文律)	군률, 불문률
백분율(百分率), 출산율(出産率)	백분률, 출산률
환율(換率), 전율(戰慄)/전율-ᄒᆞ다	환률, 전률/전률ᄒᆞ다

(5) '불(不)'은 'ㄷ/ㅈ'과 만날 때 '부'로 적는다. (㉠은 택하고, ㉡은 버림)

㉠ 불+ㅈ>부+ㅈ	㉡ 불+ㅈ>불+ㅈ
부전승(不戰勝)/부전승ᄒᆞ다	불전승/불전승ᄒᆞ다
부적합(不適合)/부적압ᄒᆞ다	불적합/불적합ᄒᆞ다
부정(不淨)/부정ᄒᆞ다	불정/불정ᄒᆞ다
부조와(不調化)/부조와ᄒᆞ다	불조화/부조화ᄒᆞ다
부주이(不注意)/부주이ᄒᆞ다	불주의/불주의ᄒᆞ다
부적ᄀᆞᆨᄒᆞ다/부적적ᄒᆞ다(不適格--)	불적ᄀᆞᆨᄒᆞ다/불적적ᄒᆞ다

(6) 초성 'ㄴ'이 'ㄹ'로 바뀌어 소리 나는 것은 소리대로 적는다.

곤난(困難)>곤란(困難), 논난(論難)>논란, 수낙(受諾)>수락, 쾌낙(快諾)>퀘락, 허낙(許諾)>허락, 지이산(智異山)>지리산, 한나산(漢拏山)>한라산

(7) 원음이 아닌 속음화한 것은 속음대로 적는다. (㉠은 택하고 ㉡은 버림)

㉠ 속음	㉡ 원음	㉠ 속음	㉡ 원음
모과(木瓜)	목과	시월(十月)	십월
시왕(十王)	십왕	시방정토(十方淨土)	십방정토
오뉴월(五六月)	오륙월	유월(六月)	육월
초파일(初八日)	초팔일		

(8) 원음 'ㅏ/ㅓ/ㅕ'에 'ㅣ'가 덧붙어 'ㅐ/ㅔ/ㅖ'로 전이된 말은 전이된 꼴로 적는다.

· ㅏ+ㅣ>ㅐ : 식가(式暇)>식개, 이가(李哥)>이개, 장가(丈家)>장개, 휴가(休暇)>수개, 주라(朱喇)>주래, 웅마(雄馬)>웅매, 자마(雌馬)>ᄌᆞ매, 독사(毒蛇)>독새, 타작(打作)>태작, 글자(−字)>글재, 부자(富者)>부재, 족카>조캐, 방아>방애, 파마늘>패마농, 얼마>얼매, 가볍다>개벱다, 만들다>맨들다

· ㅓ+ㅣ>ㅔ : 동서(同壻)>동세, 문서(文書)>문세, 고등어>고등에, 오징어>오징에, 북어>북에, 석유기름>섹이지름, 처음>체암, 주머니>주멩기, 너덧>너뎃/네뎃, 젓가락>젯가락, 젖떼다>젯떼다, 처신(處身)하다>체신ᄒᆞ다, 허옇다>헤옹ᄒᆞ다/헤영ᄒᆞ다

· ㅕ+ㅣ>ㅖ : 여자(女子)>예ᄌᆞ/예재, 여편(女便)>예펜, 여관(旅館)>예관, 여행(旅行)>예앵, 잠녀(潛女)>ᄌᆞᆷ녜

(9) 모음 'ㅙ/ㅚ'는 실제 발음하는 'ㅞ'로 적는다.[12] (㉠은 택하고 ㉡은 버림)

· ㅙ>ㅞ : 괘종시계(掛鐘時計)>궤종시게, 분골쇄신(粉骨碎身)>분골쉐신, 왜곡(歪曲)>웨곡, 임진왜란(壬辰倭亂)>임진웨란, 왜식집(倭式−)>웨식집, 쾌락(快樂)>퀘락, 괘념(掛念)하다>궤념ᄒᆞ다, 쇄락(灑落)하다>쉐락ᄒᆞ다, 쇄신(刷新)하다>쉐신ᄒᆞ다, 분쇄(粉碎)하다>분쉐ᄒᆞ다, 왜소(矮小)하다>웨소ᄒᆞ다, 쾌락(快樂)하다>퀘락ᄒᆞ다, 명쾌(明快)하다>멩퀘ᄒᆞ다, 쾌청(快晴)하다>퀘청ᄒᆞ다

12) 2013년 만든 <제주어표기법>은 한자음 'ㅙ/ㅚ'로 한정하고 있으나, 제주어의 발음과 어투를 살리기 위해 한자음과 함께 고유어 'ㅙ /ㅚ'를 'ㅞ'로 통일시켰음.

· ㅚ>ㅞ : 괴물(怪物)>궤물, 괴뢰군(傀儡軍)>궤뤠군, 노쇠(老衰)>노쉐, 쇠퇴(衰退)>쉐퉤, 외삼촌(外三寸)>웨삼춘, 죄수(罪囚)>줴수, 최고(最高)>췌고, 회의(會議)>훼이, 횟감(膾ㅅ-)>휏감, 괴멸(壞滅)되다>궤멜뒈다, 괴상(怪常)하다>궤상ᄒᆞ다, 굉장(宏壯)하다>궹장ᄒᆞ다, 신뢰(信賴)하다>신뤠ᄒᆞ다, 획책(劃策)하다>훽책ᄒᆞ다

[첨부] 고유어 'ㅚ'도 'ㅞ'로 적는다.

· ㅙ>ㅞ : 괭이>궹이, 꽹과리>꿩과리, 꽹그랑꽹그랑>꿩그랑꿩그랑, 왜가리>웨가리, 왜각대각>웨각대각, 왱왱>웽웽, 홰나무>훼남/훼낭, 횃불>휏불, 홱홱>휀휀, 횃대>휏대, 괘씸하다>궤씸ᄒᆞ다, 괜스럽다>궨스룹다, 괜찮다>궨찬ᄒᆞ다, 꽥꽥거리다>꿱꿱거리다, 왜냐하면>웨냐ᄒᆞ민, 왜재기다>웨재기다, 횅그렁하다>휑그렁ᄒᆞ다

· ㅚ>ㅞ : 괴불주머니>궤불주멩기/궤불줌치, 괸돌>궨돌, 굄질>궴질, 되가웃>뒈가옷/뒈가웃, 됨됨이>뒘뒘이, 되우>뒈우, 되풀이>뒈풀이, 된소리>뒌소리, 외[瓜]>웨, 왼손>웬손, 욍욍>웽웽, 회오리바람>훼오리ᄇᆞ름, 획획>휔휔, 괴롭다>궤롭다, 되다>뒈다, 되뇌다>뒈눼다, 외롭다>웨롭다, 외치다>웨치다 욍욍거리다/욍욍대다>웽웽거리다/웽웽대다

(10) '겨/녀/려/여'와 'ᄀᆢ/ᄂᆢ/ᄅᆢ/ᄋᆢ'는 둘 다 허용한다.

· 겨>ᄀᆢ/겨 : 가격(伽格)>가ᄀᆢᆨ/가격, 견해(見解)>ᄀᆢᆫ애/견애, 의견(意見)>이ᄀᆢᆫ/이견, 결석(缺席)하다>ᄀᆢᆯ석ᄒᆞ다/결석ᄒᆞ다, 격멸(激滅)하다>ᄀᆢᆨ멜ᄒᆞ다/격멜ᄒᆞ다 ….

· 녀>ᄂᆢ/녀 : 소녀(少女)>소ᄂᆢ/소녀, 소년(少年)>소ᄂᆢᆫ/소년, 잠녀(潛女)>좀ᄂᆢ/좀녀, 세세연년(世世年年)>세세ᄋᆢᆫᄂᆢᆫ/세세연년, 연습(演習)하다>ᄋᆢᆫ습ᄒᆞ다/연습하다 ….

- 려>ᄅᆢ/려 : 고려(高麗)>고ᄅᆢ/고려, 고구려(高句麗)>고구ᄅᆢ/고구려, 노동력(勞動力)>노동ᄅᆢᆨ/노동력, 대통령(大統領)>대통ᄅᆢᆼ/대통령, 월력(月曆)>월ᄅᆢᆨ/월력, 가련(可憐)ᄒᆞ다>가ᄅᆢᆫᄒᆞ다/가련ᄒᆞ다, 명령(命令)하다>멩ᄅᆢᆼᄒᆞ다/멩령ᄒᆞ다, 수령(受領)하다>수ᄅᆢᆼᄒᆞ다/수령ᄒᆞ다 ….
- 여: ᄋᆢ/여 : 여덟>ᄋᆢᄃᆢᆸ/여덥, 여섯>ᄋᆢᄉᆢᆺ/여섯, 열>ᄋᆢᆯ/열, 여러분>ᄋᆢ라분/여러분, 연애(戀愛)>ᄋᆢᆫ애/연애, 영령(英靈)>ᄋᆢᆼᄅᆢᆼ/영령, 영화관(映畵館)>ᄋᆢᆼ와관/영와관, 여왕벌(女王-)>ᄋᆢ왕벌/여왕벌, 여드름>ᄋᆢ드름/여드름, 여기다>ᄋᆢ기다/여기다/예기다, 영면(永眠)하다>ᄋᆢᆼ멘ᄒᆞ다/영멘ᄒᆞ다, 엮다>ᄋᆢ끄다/여끄다, 역력(歷歷)하다>ᄋᆢᆨᄅᆢᆨᄒᆞ다/역력ᄒᆞ다, 열다(開/結實)>ᄋᆢᆯ다/열다 ….

[첨부] 1) 고유어의 '녀/뎌/려/셔/여/져/쳐/켜'와 'ᄂᆢ/ᄃᆢ/ᄅᆢ/ᄉᆢ/ᄋᆢ/ᄌᆢ/ᄎᆢ/ᄏᆢ'는 다 허용한다.

- 녀>ᄂᆢ/녀 : 들녘>들ᄂᆢᆨ/들녁, 저녁>저ᄂᆢᆨ/저녁, 다녀오다>ᄃᆞᄂᆢ오다/ᄃᆞ녀오다, 거ᄂᆢᆷᄒᆞ다/거념ᄒᆞ다 ….
- 뎌>ᄃᆢ/뎌 : 디뎠다>디ᄃᆢᆺ다(저)/디덧저(다), 디뎌서>디ᄃᆢᆼ(ᄃᆢᆫ)/디뎡(뎐), 디뎠습니다>디ᄃᆢᆺ수다/디덧수다, 디뎠습니까>디ᄃᆢᆺ수가(과)/디덧수가(과), 디뎠느냐>디ᄃᆢᆺ이냐/디덧이냐 ….
- 려>ᄅᆢ/려 : 가렵다>ᄀᆞᄅᆢᆸ다/ᄀᆞ렵다, 가졌다>ᄀᆞᄌᆢᆺ저/ᄀᆞ졋저, 내려오다>ᄂᆞᄅᆢ오다/ᄂᆞ려오다, 내렸다>ᄂᆞᄅᆢᆺ저/ᄂᆞ렷저, 달려가다>ᄃᆞᆯᄅᆢ가다/ᄃᆞᆯ려가다, 달렸다>ᄃᆞᄅᆢᆺ저/ᄃᆞᆯ렷저, 날려서>ᄂᆞᆯᄅᆢᆼ(ᄅᆢᆫ)/ᄂᆞᆯ령(련), 달려서>ᄃᆞᆯᄅᆢᆼ(ᄅᆢᆫ)/ᄃᆞᆯ령(련) ….
- 셔>ᄉᆢ/셔 : 가셨습니다>가ᄉᆢᆺ수다/가셧수다, 가셨습니까>가ᄉᆢᆺ수가(과)/가셧수가(과), 모셔오다>모ᄉᆢ오다/모셔오다, 모시고 있습니까>모ᄉᆢᆷ수가(과)/모셤수가(과) ….
- 여>ᄋᆢ/여 : 너여>느ᄋᆢ/느여, 여러/여럿>ᄋᆢ라/ᄋᆢ랏//여라/여랏, 열매>ᄋᆢᆯ매/열매, 여름>ᄋᆢ름/여름[夏], 여덟>ᄋᆢᄃᆢᆸ/여ᄃᆢᆸ,

여남은>ᄋᆢ남은/여남은, 열쇠>ᄋᆢᆯ쉐/열쉐, 열다>ᄋᆢᆯ다/열다, 하였다>ᄒᆞᄋᆢᆺ다/ᄒᆞ엿다, 하였습니까>ᄒᆞᄋᆢᆺ수가(과)/ᄒᆞ엿수가(과), 하고 있다>ᄒᆞᄋᆢᆷ다(저)/ᄒᆞ염다(저), 하고 있습니까>ᄒᆞᄋᆢᆷ수가(과)/ᄒᆞ염수가(과) ….

- 져>ᄌᆢ/져 : 가져오다>ᄀᆞᄌᆢ오다/ᄀᆞ져오다, 가져서>ᄀᆞᄌᆢᆼ(ᄌᆢᆫ)/ᄀᆞ졍(젼), 멋졌다>멋ᄌᆢᆺ다(저)/멋졋다(저), 지졌다>지ᄌᆢᆺ저/지졋저, 빚졌다>빗ᄌᆢᆺ다(저)/빗졋다(저), 빚져서>빗ᄌᆢᆼ(ᄌᆢᆫ)/빗졍(젼) ….
- 쳐>ᄎᆢ/쳐 : 쳐부수다>ᄎᆢ부시다/쳐부시다, ᄎᆢ부ᄉᆢᆼ(ᄉᆢᆫ)/ᄎᆢ부셩(션), 그릇쳤다>그릇ᄎᆢᆺ다(저)/그릇쳣다(저), 가르쳤다>ᄀᆞ리ᄎᆢᆺ다(저)/ᄀᆞ리쳣다(저), 가르쳐서>ᄀᆞ리ᄎᆢᆼ(ᄎᆢᆫ)/ᄀᆞ리쳥(쳔), 가리쳤습니다>ᄀᆞ리ᄎᆢᆺ수다/ᄀᆞ리쳣수다, 가리치고 있다>ᄀᆞ리ᄎᆢᆷ저/ᄀᆞ리쳠저 ….
- 켜>ᄏᆢ/켜 : 시켰다>시ᄏᆢᆺ다(저)/시켯다(저), 시켜서>기ᄏᆢᆼ(ᄏᆢᆫ)/시켱(켠), 일으켰다>일이ᄏᆢᆺ다(저)/일이켯다(저), 일으켰습니다>일이ᄏᆢᆺ수다/일이켯수다, 일으켰습니까>일이ᄏᆢᆺ수가(과)/일이켯수가(과), 일으키고 있다>일이ᄏᆢᆷ저/일이켬저 ….

2) 두음 '겨'는 'ᄀᆢ'와 구개음화한 'ᄌᆢ/저'로도 적는다. 제16항의 (1) 참조.

(11) '습/십'과 '승/싱' · '즉/즙/증'과 '직/집/징' · '측/칙'과 '층/칭'은 다 허용하다.

- 습>습/십 : 풍습(風習)>풍습/풍십, 연습(練習)>ᄋᆢᆫ습/ᄋᆢᆫ십//연습/연십, 습기(濕氣)>습기/십기, 습자(習字)>습ᄌᆞ/십ᄌᆞ//습재/십재, 습득(習得)하다>습득ᄒᆞ다/십득ᄒᆞ다, 습작(習作)하다>습작ᄒᆞ다/십작ᄒᆞ다, 답습(踏襲)하다>답습ᄒᆞ다/답십ᄒᆞ다 ….
- 승>승/싱 : 승리(勝利)>승리/싱리, 승마장(乘馬場)>승매장/싱매장, 승낙서(承諾書)>승낙서/싱낙서, 이승>이승/이싱, 저승>

저승/저싱, 승인(承認)ᄒᆞ다>승인ᄒᆞ다/싱인ᄒᆞ다, 전승(傳承)하다>전승ᄒᆞ다/전싱ᄒᆞ다 ….

- 즉>즉/직 : 즉시(卽時)>즉시/직시, 즉석(卽席)>즉석/직석, 즉흥시(卽興詩)>/즉흥시/직흥시, 그러한즉(---卽)>ᄀᆞᆯ흔즉/ᄀᆞᆯ흔직//경흔즉/경흔직//ᄌᆞᆼ흔즉/ᄌᆞᆼ흔직//정흔즉/정흔직, 즉사(卽死)하다>즉ᄉᆞᄒᆞ다/직ᄉᆞᄒᆞ다, 즉위(卽位)ᄒᆞ다>즉위ᄒᆞ다/직위ᄒᆞ다….
- 즙>즙/집 : 녹즙(綠汁)>녹즙/녹집, 즙물(汁-)>즙물/집물, 즙액(汁液)>즙액/집액, 착즙(窄汁)ᄒᆞ다>착즙ᄒᆞ다/착집ᄒᆞ다, …
- 증>증/징 : 증거(證據)>증거/징거, 증손자(曾孫子)>증손지/징손지, 증진(增進)>증진/징진, 증오심(憎惡心)>증오심/징오심, 수증기(水蒸氣)>수증기/수징기, 증명(證明)하다>증멩ᄒᆞ다/징멩ᄒᆞ다, 증정(贈呈)하다>증정ᄒᆞ다/징정ᄒᆞ다….
- 측>측/칙 : 관측(觀測)>관측/관칙, 괴상망측(怪常罔測)>궤상망측/궤상망칙, 측간(廁間)>측간/칙간, 측면(側面)>측멘/칙멘, 측백나무(側柏--)>측백낭/칙백낭, 측량(測量)하다>측량ᄒᆞ다/칙량ᄒᆞ다, 측은(惻隱)하다>측은ᄒᆞ다/칙은ᄒᆞ다, ….
- 층>층/칭 : 층계(層階)>층게/칭게, 층층대(層層臺)>층층대/칭칭대, 고층건물(高層建物)>고층건물/고칭건물, 층수(層數)>층수/칭수, 하층계급(下層階級)>하층제급/하칭제급, 층(層)지다>층지다/칭지다, 층화(層化)하다>층와ᄒᆞ다/칭와ᄒᆞ다….

제14항 : 첫소리 'ㅁ/ㅂ/ㅍ'과 결합하는 'ㅕ'는 단모음 'ㅔ/ㅣ'로 적는다. (㉠은 택하고 ㉡은 버림)

㉠ 며>메	㉡ 며	㉠ 벼>베	㉡ 벼
냉멘	냉면	베락	벼락
메칠	며칠	벤멩	변명
멩질(名節)	명절	벵풍	병풍
멩분(名分)	명분	분벨	분별

전멜(全滅)	전멸	벨멩(別名)	별명
멜젓/멜첫	멸젓/멸첫	벨로	별로
멩ᄅᆞᆼᄒᆞ다	명령ᄒᆞ다	유벨ᄒᆞ다	유별ᄒᆞ다
유멩ᄒᆞ다	유명ᄒᆞ다	이벨ᄒᆞ다	이별ᄒᆞ다
멘밀ᄒᆞ다	면밀ᄒᆞ다	벤ᄀᆞᆼ뒈다	변경되다

㉠ 펴>페	㉡ 펴	㉠ 펴>페	㉡ 펴
남펜	남편	우펜국(郵便局)	우편국
펜안	편안	펠치다	펼치다
펭준(平均)	평균	펭펭ᄒᆞ다	평평ᄒᆞ다
동펜	동편	펭와롭다	평화롭다
송펜	송편		

㉠ 며>메/미	㉡ 며	㉠ 벼>베/비	㉡ 벼
멘장/민장	면장	벵원/빙원	병원
멘도/민도	면도	벵신/빙신	병신
멩/밍(命)	명	벨/빌[星]	별
		햇벳/햇빗	햇별

㉠ 펴>페/피	㉡ 펴
펜지/핀지	편지
펭안도/핑안도	평안도
펭판/핑판(評判)	평판

제3장 소리에 관한 것

제1절 구개음화

제15항 : 'ㄷ' 받침 뒤에 접미사가 '-이/-히'가 붙을 때, 구개음인 'ㅈ/ㅊ'으로 소리 나도 'ㄷ'으로 적는다. (㉠은 택하고, ㉡은 버림)

㉠ ㄷ+이	㉡ -지	㉠ ㄷ+히	㉡ -치
곧이	고지	걷히다	거치다
뚬받이	뚬바지	굳히다	구치다
미닫이	미다지	닫히다	다치다
ᄆᆞᆮ이	ᄆᆞ지	묻히다	무치다
해돋이	해도지	받히다	바치다

[첨부] 다음 말들은 소리 나는 대로 적는다.

ᄀᆞᇀ이>ᄀᆞ치/ᄀᆞ찌, 붙이다>부치다/부찌다,
ᄉᆞᆯ붙이>ᄉᆞᆯ부치/ᄉᆞᆯ부찌, 쇠붙이>쒜부치/쒜부찌,
일가붙이>일가부치/일가부찌, 피붙이>피부치/피부찌

제16항 : 이중모음과 결합된 'ㄱ/ㄲ/ㅎ'이 'ㅈ/ㅉ/ㅅ'으로 구개음화할 경우는 다음 (1)-(3)과 같이 단모음화한 꼴로 적는다.

(1) '갸/걔'는 '자/재'로, '겨/계'는 '저/제'로, '교/규'는 '조/주'로, '기'는 '지'로, 'ᄀᆢ'는 'ᄌᆞ'로, '꺄/껴'는 '짜/쩌'로, '끼'는 '찌'로 적는다.

[갸/걔>자재]

· 갸>자 : 갸울갸울>자울자울, 갸웃갸웃>자웃자웃, 갸우뚱갸우뚱>자우뚱자우뚱, 갸울다>자울다, 갸름하다>자름ᄒᆞ다, 갸우뚱대다>자우뚱대다, 갹출(醵出)하다>작출ᄒᆞ다 ….

· 걔>재 : 걘>잰, 걜>잴

[겨/계>저/제]

· 겨>저 : 겨레말>저레말, 견습생(見習生)>전습생/전십생, 결막염(結膜炎)>절막ᄋᆞᆷ/절막염, 단결(團結)>단절, 의견서(意見書)>이전ᄉᆞ, 물결>물절, 결혼생활(結婚生活)>절온생왈, 견디다>전디다, 결단(決斷)내다>절단내다, 격렬(激烈)하다>적ᄅᆢᆯᄒᆞ다/적렬ᄒᆞ다, 과격(過激)하다>과적ᄒᆞ다, 불결(不潔)하

다>불절ᄒᆞ다 ….

・계>제 : 계모(繼母)>제모, 계부(季父/繼父)>제부, 계모임(契--)>제모임, 곗돈(契ㅅ-)>젯돈, 계단(階段)>제단, 계란(鷄卵)>제란, 계약서(契約書)>제약서, 계급장(階級章)>제급장, 계수나무(桂樹--)>제수낭, 계엄령(戒嚴令)>제엄ᄅᆢᆼ/제엄령, 계산(計算)하다>제산ᄒᆞ다, 계속(繼續)하다>제속ᄒᆞ다, 계획(計劃)하다>제웩ᄒᆞ다, 계투(繼投)하다>제투ᄒᆞ다 ….

[교/규>조/주]

・교>조 : 교육자>조육ᄌᆞ/조육재, 교통신호>조통신오, 천주교회>천주조웨, 학교교육>ᄒᆞᆨ조조육, 교만(驕慢)ᄒᆞ다>조만ᄒᆞ다, 교체(交替)되다>조체뒈다, 공교(工巧)롭다>공조롭다 ….

・규>주 : 규칙(規則)>주칙, 병귤(甁橘)나무>벵줄낭, 귤림서원(橘林書院)>줄림서원, 법규>법주, 세균학(細菌學)>세준ᄋᆞᆨ, 규합하다>주압ᄒᆞ다, 평균하다>펭준ᄒᆞ다, 균등하다>준등ᄒᆞ다 ….

[기>지]

・기>지 : 길>질, 김[海苔/蒸氣]>짐, 기둥>지둥, 기름>지름, 기계(機械)>지겡이, 기백(氣魄)>지백, 기운(氣運)>지운, 기저귀>지성귀, 김치>짐치, 기와집>지애집, 길마>질매, 김씨(金氏)>짐씨, 기울다>지울다, 기쁘다>지쁘다, 기루다>지루다/질루다 ….

[ᄀᆞ>ᄌᆞ]

・ᄀᆞ>ᄌᆞ : ᄀᆞ울/ᄀᆞ을>ᄌᆞ울/ᄌᆞ을, ᄀᆞ드랑이/ᄀᆞ드랭이>ᄌᆞ드랑이/ᄌᆞ드랭이, ᄀᆞᆯ승전(決勝戰)>ᄌᆞᆯ승전/ᄌᆞᆯ싱전, ᄀᆞᆯ레(敬禮)>ᄌᆞᆯ레, ᄀᆞᆯ정(決定)ᄒᆞ다>ᄌᆞᆯ정ᄒᆞ다, ᄀᆞᆼ왕(景況)엇다/ᄀᆞᆼ왕읏다>ᄌᆞᆼ왕엇다/ᄌᆞᆼ왕읏다, ᄀᆞᆼ망(輕妄)스럽다/ᄀᆞᆼ망시럽다>ᄌᆞᆼ망스럽다/ᄌᆞᆼ망시럽다 ….

[쨔/쪄>짜/쩌]

· 쨔>짜 : 쨔우뚱쨔우뚱>짜우뚱짜우뚱, 쨔웃쨔웃>짜웃짜웃, 쨔우뚱하다>짜우뚱ᄒᆞ다, 쨔웃거리다>짜웃거리다, 쨔웃하다>짜웃ᄒᆞ다

· 쪄>쩌 : 쪄들다>쩌들다, 쪄안다>쩌안다, 쪄입다>쩌입다

[끼>찌]

· 끼>찌 : 낌새>찜새, 끼리끼리>찌리찌리, 끼다>찌다, 끼우다>찌우다, 끼우뚱거리다>찌우뚱거리다, 끼웃끼웃>찌웃찌웃, 낑낑대다>찡찡대다

(2) 한자어의 두음 '햐/혀/효/휴/ᄒᆢ'는 '사/서/소/수/ᄉᆞ'로, '혜'는 '세'로 적는다.

· 햐>사 : 향교(鄕校)>상조, 향회(鄕會)>상웨, 향로(香爐)>상로, 향합(香盒)>상압, 향불>상불, 향기롭다>상기롭다, 향긋하다>상긋ᄒᆞ다 ….

· 혀>서 : 형님>성님, 현씨(玄氏)>선씨, 현금(現金)>선금, 형용(形容)>성용, 현명(賢明)>선멩, 혈기(血氣)>설기, 혈압>설압, 협력하다>섭ᄅᆢᆨᄒᆞ다/섭력ᄒᆞ다, 협소하다>섭소ᄒᆞ다, 협박하다>섭박ᄒᆞ다 ….

· 효>소 : 효심(孝心)>소심, 효자>소ᄌᆞ, 효과>소과, 효력>소ᄅᆢᆨ/소력, 효도하다>소도ᄒᆞ다, 효친(孝親)하다>소친ᄒᆞ다, 효성스럽다>소성스릅다/소성시릅다 ….

· 휴>수 : 휴가(休暇)>수개, 휴게실(休憩室)>수게실, 흉(凶)>숭, 흉사(凶事)>숭시, 흉년(凶年)>숭눈/숭년, 휴식하다>수식ᄒᆞ다, 흉보다>숭보다, 흉악(凶惡)하다>숭악ᄒᆞ다, 흉칙하다>숭측ᄒᆞ다/숭칙ᄒᆞ다, 흉스럽다>숭스릅다/숭시릅다 ….

· ᄒᆢ>ᄉᆞ : ᄒᆢᆼ님(兄-)>ᄉᆞᆼ님, ᄒᆢᆼ편(形便)>ᄉᆞᆼ펜, ᄒᆢᆨ명가(革命家)>ᄉᆞᆼ멩가, ᄒᆢᆼ용ᄉᆞ(形容詞)>ᄉᆞᆼ용ᄉᆞ, ᄒᆢᆸ동조압(協同組合)>ᄉᆞᆸ동조압, ᄒᆢᆨ신(革新)ᄒᆞ다>ᄉᆞᆨ신ᄒᆞ다, ᄒᆢᆯ기왕성(血氣旺盛)ᄒᆞ다>ᄉᆞᆯ기왕

성ᄒᆞ다, ᄒᆞᆸ정(協定)ᄒᆞ다>ᄉᆞᆸ정ᄒᆞ다 ….

· 혜>세 : 혜택(惠澤)>세택, 혜민원(惠民院)>세민원, 혜성가(彗星歌)>세성가, 혜아리다>세아리다, 혜휼(惠恤)하다>세율ᄒᆞ다, 혜교(惠教)/혜교하다>세조/세조ᄒᆞ다 ….

[첨부] 1) 한자어의 두음이 아닐 경우, '햐/효/휴'는 '야/요/유'로, '혀'는 'ᄋᆞ/여'로 적는다. 제6항 참조.

· 햐>야 : 고향>고양, 타향살이>타양살이, 방향(方向/芳香)>방양, 분향(焚香)ᄒᆞ다>분양ᄒᆞ다, 흠향(歆饗)ᄒᆞ다>흠양ᄒᆞ다 ….

· 효>요 : 수효(數爻)>수요, 충효사상(忠孝思想)>충요ᄉᆞ상,
포효(咆哮)/포효하다>포요/포요ᄒᆞ다,
주효(奏效)/주효ᄒᆞ다>주요/주요ᄒᆞ다 ….

· 휴>유 : 궁흉(窮凶)>궁융, 구휼(救恤)/구휼하다>구율/구율ᄒᆞ다,
귀휴(歸休)/귀휴하다>귀유/귀유ᄒᆞ다,
제휴(提携)/제휴ᄒᆞ다>제유/제유ᄒᆞ다,
음흉(陰凶)/음흉하다>음융/음융ᄒᆞ다 ….

· 혀>ᄋᆞ/여 : 모형(模型)>모ᄋᆞᆼ/모영, 도량형(度量衡)>도량ᄋᆞᆼ/도량영, 성현(聖賢)>성ᄋᆞᆫ/성연, 처형(處刑)ᄒᆞ다>처ᄋᆞᆼᄒᆞ다/처영ᄒᆞ다, 표현(表現)하다>페ᄋᆞᆫᄒᆞ다/페연ᄒᆞ다 ….

2) 고유어 '혀[舌]'는 '세'로 '키[舵]'는 '치'로, '히'는 '시'로 적는다.

· 혀>세, 혓바닥>셋바닥, 혀밑>세밋, 혀끝>세끗, 혀뿌리>세뿔리, 혀옆소리>세욮소리 ….

· 키>치 : 키>치, 키잡이>치잡이>치잽이, 가리키다>ᄀᆞ리치다
· 히>시 : 힘>심, 힘줄>심줄, 힘내다>심내다, 힘들다>심들다

제2절 자음동화

제17항 : 자음동화현상이 나타는 말은 다음 (1)~(7)과 같이 소리대로 적지 않고 원음을 밝혀서 적는다.

(1) 'ㄱ'이 'ㄴ/ㄹ/ㅁ' 위에서 만날 때 'ㅇ'으로 소리 나도 원음인 'ㄱ'으로 적는다. (㉠은 택하고 ㉡은 버림.)

㉠ ㄱ+ㄴ	㉡ ㅇ+ㄴ	㉠ ㄱ+ㄹ	㉡ ㅇ+ㄴ
국난(國難)	궁난	국립(國立)	궁닙
독나비	동나비	독립국	동닙국
독나비	동나비	독립국	동닙국
악ᄂᆢ/악녀(惡女)	앙ᄂᆢ/앙녀	ᄋᆢᆨ량/역량(力量)	ᄋᆢᆼ냥/영냥
대죽낭	대중낭	복록(福祿)	봉녹
녹는다	농는다	석류꼿	성뉴꼿
먹는다	멍는다	적립ᄒᆞ다(積立--)	정닙ᄒᆞ다
삭는다	상는다	착륙ᄒᆞ다	창뉵ᄒᆞ다
속는다	송는다	폭로ᄒᆞ다	퐁노ᄒᆞ다
넉넉ᄒᆞ다	넝넉ᄒᆞ다	확립ᄒᆞ다	황닙ᄒᆞ다

㉠ ㄱ+ㅁ	㉡ ㅇ+ㅁ	㉠ ㄱ+ㅁ	㉡ ㅇ+ㅁ
덕망(德望)	덩망	적막ᄒᆞ다	정막ᄒᆞ다
혹문(學問)	홍문	목매다	몽매다
독무릅[膝]	동무릎	막막ᄒᆞ다	망막ᄒᆞ다
막말	망말	낙망ᄒᆞ다	낭망ᄒᆞ다
악물다	앙물다		

(2) 'ㅂ/ㅍ'이 'ㄴ/ㅁ' 위에서 만날 때 'ㅁ'으로 소리 나도 원음인 'ㅂ/ㅍ'으로 적는다. (㉠은 택하고 ㉡은 버림)

㉠ ㅂ+ㄴ	㉡ ㅁ+ㄴ	㉠ ㅂ+ㅁ	㉡ ㅁ+ㅁ
납날[臘日]	남날	밥물	밤물
밥낭푼	밤낭푼	법문(法文)	범문
섭/썹ᄂᆞ몰	섬/썸ᄂᆞ몰	접미ᄉᆞ(接尾辭)	점미ᄉᆞ
잡말[雜言]	잠말	잡목(雜木)	잠목
첩메노리	첨메노리	급물살	금물살
톱ᄂᆞᆯ	톰ᄂᆞᆯ	집문세(-文書)	짐문세
겁내다	검내다	겁먹다	검먹다

㉠ ㅍ+ㄴ	㉡ ㅁ+ㄴ	㉠ ㅍ+ㅁ	㉡ ㅁ+ㅁ
앞날	암날	앞마당	암마당
앞니	암니	앞머리	암머리
ᄋᆢᇁ눈질	ᄋᆢᆷ눈질	ᄋᆢᇁᄆᆞ슬	ᄋᆢᆷᄆᆞ슬

(3) 'ㄷ/ㅅ/ㅈ/ㅎ'이 'ㄴ/ㅁ' 위에서 만날 때 'ㄴ'으로 소리 나도 원음인 'ㄷ/ㅅ/ㅈ/ㅎ'으로 적는다. (㉠은 택하고 ㉡은 버림)

㉠ ㄷ+ㄴ	㉡ ㄴ+ㄴ	㉠ ㅅ+ㄴ	㉡ ㄴ+ㄴ
ᄀᆞᆮ나	ᄀᆞᆫ나	ᄀᆞᆺ나	ᄀᆞᆫ나
ᄀᆞᆮ느냐	ᄀᆞᆫ느냐	ᄀᆞᆺ느냐	ᄀᆞᆫ느냐
걷나	건나	낫나	난나
걷는다	건는다	낫느냐	난느냐
닫나	단나	벗나	번나
닫느냐	단느냐	벗느냐	번느냐
돋나	돈나	붓나	분나
돋느냐	돈느냐	멋낭[椋]	먼낭
믿나	민나	엿날말	연날말
믿는다	민는다	콧물	콘물

㉠ ㅈ+ㄴ	㉡ ㄴ+ㄴ	㉠ ㅎ+ㄴ	㉡ ㄴ+ㄴ
궂는	군는	낳나	난나
궂느냐	군느냐	놓나	논나
맞나	만나	놓느냐	논느냐
맞느냐	만느냐	쌓나	싼나
젖나	전나	쌓느냐	싼느냐
젖느냐	전느냐	좋나	존나
춪나	춘나	좋느냐	존느냐
춪느냐	춘느냐		

㉠ ㅅ+ㅁ	㉡ ㄴ+ㅁ	㉠ ㄷ+ㅁ	㉡ ㄴ+ㅁ
거짓말	거진말	ᄆᆞᆮ메노리	ᄆᆞᆫ메노리
꼿망울	꼰망울		
빗물	빈물		
뭇매	문매		
양잿물	양잰물		
젯먹다	젠먹다		
멋몰르다	먼몰르다		

㉠ ㅈ+ㅁ	㉡ ㄴ+ㅁ	㉠ ㅈ+ㅁ	㉡ ㄴ+ㅁ
낮말	난말	맞먹다	만먹다
맞모금[對角線]	만모금	맞물리다	만물리다

(4) 'ㄴ'이 'ㄹ'의 위와 아래서 만날 때 'ㄹ'로 소리 나도 원음인 'ㄴ'으로 적는다. (㉠은 택하고, ㉡은 버림)

㉠ ㄴ+ㄹ	㉡ ㄹ+ㄹ	㉠ ㄹ+ㄴ	㉡ ㄹ+ㄹ
곤란	골란	설날	설랄
난리(亂離)	날리	칼놀	칼롤
순리(順理)	술리	틀낭	틀랑
신라왕(新羅王)	실라왕	ᄋᆢᆯᄂᆢ문/열녀문	ᄋᆢᆯᄅᆢ문/열려문
한란(寒蘭)	할란	일ᄂᆢᆫ/일년	일ᄅᆢᆫ/일련

천리만리	철리말리	돌님	돌림
전라남도	절라남도	탈놀이	탈로리
한락산(漢拏山)	할락산	잘나다	잘라다
문란ᄒᆞ다	물란ᄒᆞ다	유벨(有別)나다	유벨라다
혼란ᄒᆞ다	홀란ᄒᆞ다	불나다	불라다

(5) 'ㄹ'이 'ㅁ/ㅇ' 아래서 만날 때 'ㄴ'으로 소리 나도 원음인 'ㅁ/ㅇ'으로 적는다. (㉠은 택하고, ㉡은 버림)

㉠ ㅁ+ㄹ	㉡ ㅁ+ㄴ
감로수(甘露水)	감노수
담력(膽力)	담녁
점룡/점령(占領)	점뇽/점녕
ᄋᆞᆷ려/염려(念慮)	ᄋᆞᆷ녀/염녀
침략ᄌᆞ/침략재(侵略者)	침냑ᄌᆞ/침냑재
탐라국(耽羅國)	탐나국
남루ᄒᆞ다	남누ᄒᆞ다
참례(參禮)ᄒᆞ다	참네ᄒᆞ다
함락(陷落)ᄒᆞ다	함낙하다
㉠ ㅇ+ㄹ	㉡ ㅇ+ㄴ
공록/공력(功力/工力)	공녹/공녁
방랑객(放浪客)	방낭객
멩룡/멩령(命令)	멩뇽/멩녕
종류(種類)	종뉴
풍랑(風浪)	풍낭
궁리(窮理)ᄒᆞ다	궁니ᄒᆞ다
상륙(上陸)ᄒᆞ다	상뉵ᄒᆞ다
왕래ᄒᆞ다	왕내ᄒᆞ다
청렴ᄒᆞ다/청렴ᄒᆞ다	청념ᄒᆞ다/청념ᄒᆞ다

(6) ‘ㄱ’이 ‘ㄹ’ 위에서 ‘ㄱ’은 ‘ㅇ’으로, ‘ㄹ’은 ‘ㄴ’으로, ‘ㅂ’이 ‘ㄹ’ 위에서 ‘ㅂ’은 ‘ㅁ’으로, ‘ㄹ’은 ‘ㄴ’으로 소리 나도 원음대로 적는다. (㉠은 택하고, ㉡은 버림)

㉠ ㄱ+ㄹ	㉡ ㅇ+ㄴ	㉠ ㅂ+ㄹ	㉡ ㅁ+ㄴ
국록(國祿)	궁녹	법률	범뉼
극락정토(極樂淨土)	긍낙정토	섭리(攝理)	섬니
낙락장송(落落長松)	낙낙장송	집례(執禮)	짐네
독립문	동닙문	칠십리	칠심니
책륵/책력(冊曆)	챙늑/챙녁	압록강(鴨綠江)	암녹강
악륭/악령(惡靈)	앙능/앙녕	답례품(答禮品)	담네품
ᄒᆞᆨ륵/ᄒᆞᆨ력(學力/學歷)	ᄒᆞᆼ늑/ᄒᆞᆼ녁	섭륵/섭력(協力)	섬늑/섬녁
폭락(暴落)ᄒᆞ다	퐁낙ᄒᆞ다	압류(押留)ᄒᆞ다	암뉴ᄒᆞ다

(7) ‘ㅅ/ㅈ’ 받침 다음에 모음으로 시작되는 실사가 결합된 복합어는 둘 다 ‘ㄴ’으로 소리나도 원음대로 적는다. (㉠은 택하고, ㉡은 버림)

㉠ ㅅ+모음실사	㉡ ㄴ+ㄴ	㉠ ㅈ+모음실사	㉡ ㄴ+ㄴ
갓일	간닐	낮일	난닐
밧일	반닐	맞이음	만니음
젯양(-羊)	젠냥	맞욕질	만뇩질
첫일/쳇일	천닐/첸닐		
헛일	헌닐		

제3절 경음화/격음화/묵음화

제18항 : ‘ㄱ/ㄴ/ㄹ/ㅁ/ㅂ/ㅅ/ㅇ/ㅈ’ 받침으로 끝나는 말과 ‘ㄱ/ㄷ/ㅂ/ㅅ/ㅈ’으로 시작되는 말이 결합된 합성어인 경우, 그 뒷말의 첫소리 ‘ㄱ/ㄷ/ㅂ/ㅅ/ㅈ’이 된소리 ‘ㄲ/ㄸ/ㅃ/ㅆ/ㅉ’으로 소리나도 원음대로 적는다. (㉠은 택하고 ㉡은 버림)

㉠ ㄱ+ㄱ	㉡ ㄱ+ㄲ	㉠ ㄱ+ㄷ	㉡ ㄱ+ㄸ
각각(各各/刻刻)	각깍	각도기(角度器)	각또기
독궤기	독꿰기	막대기	막때기
막걸리	막껄리	족도리/족두리	족또리/족뚜리
숙고(熟考)ᄒᆞ다	숙꼬ᄒᆞ다	적당ᄒᆞ다	적땅ᄒᆞ다

㉠ ㄱ+ㅂ	㉡ ㄱ+ㅃ	㉠ ㄱ+ㅅ	㉡ ㄱ+ㅆ
각봉투	각뽕투	곡속/곡석/곡식	곡쏙/곡썩/곡씩
떡복끼	떡뽁끼	낙석(落石)	낙썩
삭바농질	삭빠농질	속술	속쑬
북받치다	북빧치다	익ᄉᆞ(溺死)ᄒᆞ다	익싸ᄒᆞ다

㉠ ㄱ+ㅈ	㉡ ㄱ+ㅉ
녹지대(綠地帶)	녹찌대
콩깍지	콩깍찌
우체국장	우체국짱
홁직ᄒᆞ다	홁찍ᄒᆞ다

㉠ ㄴ+ㄱ	㉡ ㄴ+ㄲ	㉠ ㄴ+ㄷ	㉡ ㄴ+ㄸ
문고리	문꼬리	논두렁	논뚜렁
손가락	손까락	손등	손뜽
안거리	안꺼리	안다리	안따리
촌거	촌꺼	촌둑	촌뚝

㉠ ㄴ+ㅂ	㉡ ㄴ+ㅃ
산불	산뿔
손바닥	손빠닥
안방	안빵
촌부재(村富者)	촌뿌재

㉠ ㄴ+ㅅ	㉡ ㄴ+ㅆ	㉠ ㄴ+ㅈ	㉡ ㄴ+ㅉ	㉠ ㄹ+ㄱ	㉡ ㄴ+ㄲ
문소리	문쏘리	문지방	문찌방	물ᄀᆞᆺ	물ᄁᆞᆺ
손수건	손쑤건	손지갑	손찌갑	발가락	발까락
안성[內城]	안썽	안자리	안짜리	일거리	일꺼리
촌사름	촌싸름	촌집	촌찝	술가죽	술까죽

㉠ ㄹ+ㄷ	㉡ ㄹ+ㄸ	㉠ ㄹ+ㅂ	㉡ ㄹ+ㅃ	㉠ ㄹ+ㅅ	㉡ ㄹ+ㅆ
물동이	물똥이	물부리	물뿌리	물살	물쌀
발등	발뜽	발부리	발뿌리	발소리	발쏘리
알드르	알뜨르	일복	일뽁	ᄋᆢᆯ성/열성	ᄋᆢᆯ썽/열썽
술도막	술또막	실밥	실빱	실속	실쏙

㉠ ㄹ+ㅈ	㉡ ㄹ+ㅉ	㉠ ㅁ+ㄱ	㉡ ㅁ+ㄲ	㉠ ㅁ+ㄷ	㉡ ㅁ+ㄸ
글재[文字]	글째	담고망	담꼬망	담돌	담똘
발질	발찔	밤거리	밤꺼리	보롬돌	보롬똘
웃질	웃찔	엄ᄀᆞᆨ/엄격	엄ᄁᆞᆨ/엄껵	배ᄋᆢᆷ독/배염독	배ᄋᆢᆷ똑/배염똑
실지(實際)	실찌	좀귀	좀뀌	좀도독	좀또독

㉠ ㅁ+ㅂ	㉡ ㅁ+ㅃ	㉠ ㅁ+ㅅ	㉡ ㅁ+ㅆ	㉠ ㅁ+ㅈ	㉡ ㅁ+ㅉ
구뭄밤	구뭄빰	몸속	몸쏙	금줄	금쭐
봄비	봄삐	봄소식	봄쏘식	밤질	밤찔
심보	심뽀	숨소리	숨쏘리	봄좀	봄쫌
좀버릇	좀뻐릇	암쉐	암쒜	놀암저	놀암쩌

㉠ ㅂ+ㄱ	㉡ ㅂ+ㄲ	㉠ ㅂ+ㄷ	㉡ ㅂ+ㄸ	㉠ ㅂ+ㅂ	㉡ ㅂ+ㅃ
밥그릇	밥끄릇	갑돌이	갑똘이	입버릇	입뻐릇
납골당	납꼴당	납덩어리	납떵어리	서답바구리	서답빠구리
삽궹이	삽뀅이	입ᄃᆞ툼	입ᄄᆞ툼	접부치기	접뿌치기
입국ᄒᆞ다	입꾹ᄒᆞ다	잡담ᄒᆞ다	잡땀ᄒᆞ다	섭박(脅迫)ᄒᆞ다	섭빡ᄒᆞ다

㉠ ㅂ+ㅅ	㉡ ㅂ+ㅆ	㉠ ㅂ+ㅈ	㉡ ㅂ+ㅉ
삼수갑산	산수갑싼	겁쟁이	겁쨍이
덥석덥석	덥썩덥썩	납작납작	납짝납짝
야단법석	야단법썩	합장배례(合掌拜禮)	합장베례
합심ᄒᆞ다	합씸ᄒᆞ다	습작ᄒᆞ다/십작ᄒᆞ다	습짝ᄒᆞ다/십짝ᄒᆞ다

㉠ ㅅ+ㄱ	㉡ ㅅ+ㄲ	㉠ ㅅ+ㄷ	㉡ ㅅ+ㄸ	㉠ ㅅ+ㅂ	㉡ ㅅ+ㅃ
짐삿갓	짐삿깟	섯동네	섯똥네	숫봉이	숫뽕이
샛강	샛깡	빗둥이	빗뚱이	햇벳/햇빗	헷뻿/헷뻿
애깃구덕	애깃꾸덕	잣대	잣때	닛바디/잇바디	닛빠디/잇빠디
짓궂다	짓꿎다	못뒈다	못뛔다	덧부치다	덧뿌치다

㉠ ㅅ+ㅅ	㉡ ㅅ+ㅆ	㉠ ㅅ+ㅈ	㉡ ㅅ+ㅉ
낫술	낫쑬	돗자리	돗짜리
맛소곰	맛쏘곰	송곳질	송곳찔
가운딧소리	가운딧쏘리	멋쟁이	멋쨍이
ᄒᆞ옷/엿수다	ᄒᆞ엿쑤다	밋지다	밋찌다

㉠ ㅇ+ㄱ	㉡ ㅇ+ㄲ	㉠ ㅇ+ㄷ	㉡ ㅇ+ㄸ	㉠ ㅇ+ㅂ	㉡ ㅇ+ㅃ
청그릇	청끄릇	공돈	공똔	강바닥	강빠닥
공것	공껏	장독	장똑	방비(房-)	방삐
낭가지[枝]	낭까지	창대	창때	총부리	총뿌리
콩국	콩꾹	장똑	장독	콩방울	콩빵울

㉠ ㅇ+ㅅ	㉡ ㅇ+ㅆ	㉠ ㅇ+ㅈ	㉡ ㅇ+ㅉ
공술	공쑬	공점(－占)	공쩜
종소리	종쏘리	너덩줄	너덩쭐
멩세(盟誓)	멩쎄	남양집	남양찝
방세(房貰)	방쎄	상장(賞狀)	상짱

㉠ ㅈ+ㄱ	㉡ ㅈ+ㄲ	㉠ ㅈ+ㄷ	㉡ ㅈ+ㄸ	㉠ ㅈ+ㅂ	㉡ ㅈ+ㅃ
갖저고리	갖쩌고리	맞대멘(-對面)	맞때멘	갖바치	갖빠치
곶감	곶깜	낮도개비	낮또개비	늦ᄇᆞ롬	늦ᄈᆞ롬
벚고장	벚꼬장	늦둥이	늦뚱이	잦박뿌리	잦빡뿌리
젯겨지다	젯껴지다	맞닥치다	맞딱치다	맞부치다	맞뿌치다

㉠ ㅈ+ㅅ	㉡ ㅈ+ㅆ	㉠ ㅈ+ㅈ	㉡ ㅈ+ㅉ
갖신	갖씬	낮좀	낮쫌
낮수라	낮쑤라	갖저고리	갖쩌고리
늦새끼	늦쌔끼	맞장구/맙장귀	맞짱구/맞짱귀
맞상대ᄒᆞ다	맞쌍대ᄒᆞ다	낮좀자다	낮쫌자다

제19항 : 'ㄱ/ㄷ/ㅂ/ㅈ'과 'ㅎ'이 거센소리인 'ㅋ/ㅌ/ㅍ/ㅊ'로 소리 나는 경우 다음 (1)(2)와 같이 적는다.

(1) 'ㄹ' 받침으로 끝나는 말과 'ㄱ/ㄷ/ㅂ/ㅈ'으로 시작되는 말이 결합된 합성어일 때, 'ㄱ/ㄷ/ㅂ/ㅈ'이 거센소리 'ㅋ/ㅌ/ㅍ/ㅊ'으로 소리 나는 경우 다 허용한다.[13] (㉠과 ㉡ 다 허용)

㉠ ㄹ+ㄱ	㉡ ㄹ+ㅋ	㉠ ㄹ+ㄷ	㉡ ㄹ+ㅌ
ᄂᆞ몰국	ᄂᆞ몰쿡	술도막	술토막
몰궤기	몰퀘기	돌덩이/돌뎅이	돌텅이/돌텡이
돌ᄀᆞ름	돌ᄏᆞ름	돌돔	돌톰
돌깅이	돌킹이	불덕[火德]	불턱
㉠ ㄹ+ㅂ	㉡ ㄹ+ㅍ	㉠ ㄹ+ㅈ	㉡ ㄹ+ㅊ
밀밧	밀팟	멜젓	멜첫
실밥	실팝	모몰죽	모몰축
술벵	술펭	물집	물칩

13) 유성자음인 'ㄴ/ㄹ/ㅁ/ㅇ' 다음에 이어지는 평음 'ㄱ/ㄷ/ㅂ/ㅈ'은 제18항에서와 같이 된소리도 되지만, 그것은 말하기 때 나는 소리일 뿐 표기의 대상이 아니다. 하지만 거센소리로 나는 말은 이형동어(異形同語)로 다룬다.

(2) 'ㅎ'으로 끝나는 어근/어간 다음에 'ㄱ/ㄷ/ㅈ'으로 시작되는 어미가
 'ㅋ/ㅌ/ㅊ'으로 소리 나도 원음대로 적는다. (㉠은 택하고, ㉡은 버림)

㉠ ㅎ+ㄱ	㉡ ㅎ+ㅋ	㉠ ㅎ+ㄱ	㉡ ㅎ+ㅋ
놓곡/놓게	놓콕/놓케	짓노랑곡/짓노랗게	짓노랑콕/짓노랗케
닿곡/닿게	닿콕/닿케	놓겟다	놓켓다
시퍼렁곡/시퍼렁게	시퍼렁콕/시퍼렁케	닿겟다	닿켓다
부읗곡/부엫곡	부읗콕/부엫콕	좋겟다	조켓다

㉠ ㅎ+ㄷ	㉡ ㅎ+ㅌ
낳도록/놓도록/닿도록/좋도록	낳토록/놓토록/닿토록/좋토록
낳다/놓다/닿다/좋다	낳타/놓타/닿타/좋타
까맣다/누렇다/뻘겋다/퍼렇다/허옇다	까맣타/누렇타/뻘겋타/퍼렇타

㉠ ㅎ+ㅈ	㉡ ㅎ+ㅊ
닿지/쌓지/좋지	놓치/쌓치/좋치
낳주/낳주기/낳주마는	낳추/낳추기/낳추마는
좋주/좋주기/좋주마는	좋추/좋추기/좋추마는
거멓주/거멓주기/거멓주마는	거멓추/거멓추기/거멓추마는
누렇주/누렇주기/누렇주마는	누렇추/누렇추기/누렇추마는

(3) 'ㄱ/ㄷ/ㅂ/ㅈ'으로 끝나는 어근/어간 다음에 'ㅎ'으로 시작되는 어
 미가 'ㅋ/ㅌ/ㅍ/ㅊ'으로 소리 나도 원음대로 적는다. (㉠은 택하고,
 ㉡은 버림)

㉠ ㄱ+ㅎ	㉡ ㄱ+ㅋ
곱닥ᄒᆞ다/눅눅ᄒᆞ다/딱딱ᄒᆞ다/밉직ᄒᆞ다	곱닥ᄏᆞ다/눅눅ᄏᆞ다/딱딱ᄏᆞ다/밉직ᄏᆞ다
독ᄒᆞ곡/독ᄒᆞ게/독ᄒᆞ난/독ᄒᆞ민/독ᄒᆞ지	독ᄏᆞ곡/독ᄏᆞ게/돈ᄏᆞ난/독ᄏᆞ민/독ᄏᆞ지
박ᄒᆞ곡/박ᄒᆞ게/박ᄒᆞ난/박ᄒᆞ민/박ᄒᆞ지	박ᄏᆞ곡/바ᄏᆞ게/박ᄏᆞ난/박ᄏᆞ민/박ᄏᆞ게
닮암직ᄒᆞ곡/닮암직ᄒᆞ게/닮암직ᄒᆞ난/	닮암직ᄏᆞ곡/닮암직ᄏᆞ게/닮암직ᄒᆞ난/
닮암직ᄒᆞ민/닮암직ᄒᆞ지	닮암직ᄏᆞ민/닮암직ᄏᆞ지

㉠ ㄷ+ㅎ	㉡ ㄷ+ㅌ
굳히다/닫히다/묻히다	굳치다/닫치다/묻치다
굳후곡/굳후게/굳후난/굳후민/굳후지	굳투곡/굳투게/굳투난/굳투민/굳투지
꿑꿑ᄒᆞ곡/꿑꿑ᄒᆞ게/꿑꿑ᄒᆞ난/꿑꿑ᄒᆞ민/꿑꿑ᄒᆞ지	꿑꿑ᄐᆞ곡/꿑꿑ᄐᆞ게/꿑꿑ᄐᆞ난/꿑꿑ᄐᆞ민/꿑꿑ᄐᆞ지

㉠ ㅂ+ㅎ	㉡ ㅂ+ㅍ
간압ᄒᆞ다/섭섭ᄒᆞ다/추접ᄒᆞ다/텁텁ᄒᆞ다	간압ᄑᆞ다/섭섭ᄑᆞ다/추접ᄑᆞ다/텁텁ᄑᆞ다
급ᄒᆞ곡/급ᄒᆞ게/급ᄒᆞ난/급ᄒᆞ민/급ᄒᆞ지	급ᄑᆞ곡/급ᄑᆞ게/급ᄑᆞ난/급ᄑᆞ민/급ᄑᆞ지
답답ᄒᆞ곡/답답ᄒᆞ게/답답ᄒᆞ난/답답ᄒᆞ민/답답ᄒᆞ지	답답ᄑᆞ곡/답답ᄑᆞ게/답답ᄑᆞ난/답다답ᄑᆞ민/답답ᄑᆞ지
ᄀᆞ끕ᄒᆞ곡/ᄀᆞ끕ᄒᆞ게/ᄀᆞ끕ᄒᆞ난/ᄀᆞ끕ᄒᆞ민/ᄀᆞ끕ᄒᆞ지	ᄀᆞ끕ᄑᆞ곡/ᄀᆞ끕ᄑᆞ곡/ᄀᆞ끕ᄑᆞ게/ᄀᆞ끕ᄑᆞ게/ᄀᆞ끕ᄑᆞ지

㉠ ㅈ+ㅎ	㉡ ㅈ+ㅊ
궂히다/맞히다/맺히다/젲히다	궂치다/맞치다/맺치다/젲치다
맞히엉/맞히곡/맞히난/맞히민/맞히게	맞치엉/맞치곡/맞치난/맞치민/맞치게

(4) 'ㄺ/ㄻ' 받침 다음에 자음으로 시작되는 어미가 이어질 때 'ㄹ'이 묵음이 돼도 원음대로 적는다. (㉠은 택하고 ㉡은 버림.)

㉠ ㄺ+게/곡/제/는	㉡ ㄱ+게/고/지/는
늙다 : 늙+게/곡/지/는>늙게/늙곡/늙지/늙는	늑게/늑곡/늑지/늑는
얽다 : 얽+게/곡/지/는>얽게/얽곡/얽지/얽는	억게/억곡/억지/억는
홁다 : 홁+게/곡/지/는>홁게/홁곡/홁지/홁는	혹게/혹곡/혹지/혹는

㉠ ㄻ+게/곡/제/는	㉡ ㅁ+게/곡/지/는
젊다 : 젊+게/곡/지/는>젊게/젊곡/젊지/젊는	점게/점곡/점지/점는
굶다 : 굶+게/곡/지/는>굶게/굶곡/굶지/굶는	굼게/굼곡/굼지/굼는
닮다 : 닮+게/곡/지/는>닮게/닮곡/닮지/닮는	담게/담곡/담지/담는

제20항 : 선어말어미 '-앗/엇/엿-' · '-겟-'에 붙는 종결어미가 된소리로 나더라도, 다음 (1)-(5)와 같이 예사소리[平音]로 적는다.

(1) '-앗/엇-' · '-ᄋᆞᆺ/엿-' 다음에 붙는 종결어미 '-저/-주/-주기'가 된소리 '-쩌/-쭈/-쭈기'로 나더라도 원음대로 적는다. (㉠은 택하고 ㉡은 버림)

㉠ 양성어간+앗+저/주/주기	㉡ -앗+쩌/쭈/쭈기
살앗저/살앗주/살앗주기	살았쩌/살았쭈/살았쭈기
줄앗저/줄앗주/줄앗주기	줄았쩌/줄았쭈/줄았쭈기
붉앗저/붉앗주/붉앗주기	붉았쩌/붉았쭈/붉았쭈기

㉠ 음성어간+엇+저/주/주기	㉡ -었+쩌/쭈/쭈기
심엇저/심엇주/심엇주기	심었쩌/심었쭈/심었쭈기
젖엇저/젖엇주/젖엇주기	젖었쩌/젖었쭈/젖었쭈기
늙엇저/늙엇주/늙엇주기	늙었쩌/늙었쭈/늙었쭈기

㉠ ᄒᆞ+ᄋᆞᆺ/엿+저/주/주기	㉡ ᄒᆞ+ᄋᆞᆻ/였+쩌/쭈/쭈기
ᄒᆞᄋᆞᆺ저/ᄒᆞᄋᆞᆺ주/ᄒᆞᄋᆞᆺ주기	ᄒᆞᄋᆞᆻ쩌/ᄒᆞᄋᆞᆻ쩌/ᄒᆞᄋᆞᆻ쭈기
ᄒᆞ엿저/ᄒᆞ엿주/ᄒᆞ엿주기	ᄒᆞ였쩌/ᄒᆞ였쩌/ᄒᆞ였쭈기
말ᄒᆞᄋᆞᆺ저/말ᄒᆞᄋᆞᆺ주/말ᄒᆞᄋᆞᆺ주기	말ᄒᆞᄋᆞᆻ쩌/말ᄒᆞᄋᆞᆻ쭈/말ᄒᆞᄋᆞᆻ쭈기
말ᄒᆞ엿주/말ᄒᆞ엿주/말ᄒᆞ엿주기	말ᄒᆞ였쭈/말ᄒᆞ였쭈/말ᄒᆞ였쭈기

(2) '-앗/엇-' · '-ᄋᆞᆺ/엿-' 다음에 '-수다/-입서'가 된소리 '-쑤다/-입써'로 나도 원음대로 적는다. (㉠은 택하고 ㉡은 버림)

㉠ 양성어간+앗+수다/입서	㉡ -았+쑤다/입써
놀앗수다/놀앗입서	놀았쑤다/놀았입써
톧앗수다/톧앗입서	톧았쑤다/톧았입써
보깟수다/보깟입서	볶았쑤다/볶았입써

㉠ 음성어간+었+수다/입서	㉡ -었+쑤다/입써
쉬엇수다/쉬엇입서	쉬었쑤다/쉬었입써
긁엇수다/긁엇입서	긁었쑤다/긁었입써
서껏수다/서껏입서	섞었수다/섞었입써

㉠ ᄒᆞ+ᄋᆢᆺ/엿+수다/입서	㉡ ᄒᆞ+ᄋᆢᆻ/였+쑤다/입써
ᄒᆞᄋᆢᆺ수다/ᄒᆞᄋᆢᆺ입서	ᄒᆞᄋᆢᆻ쑤다/ᄒᆞᄋᆢᆻ입써
ᄒᆞ엿수다/ᄒᆞ엿입서	ᄒᆞ였쑤다/ᄒᆞ였입써
말ᄒᆞᄋᆢᆺ수다/말ᄒᆞᄋᆢᆺ입서	말ᄒᆞᄋᆢᆻ쑤다/말ᄒᆞᄋᆢᆻ입써
말ᄒᆞ엿수다/말ᄒᆞ엿입서	말ᄒᆞ였쑤디/말ᄒᆞ였입써

(3) '-암/엄/염-' 다음에 '-저/-주/-주기'가 된소리 '-쩌/-쭈/-쭈기'로 나더라도 원음대로 적는다. (㉠은 택하고 ㉡은 버림)

㉠ 앙성어간+암+저/주/주기	㉡ -암+쩌/쭈/쭈기
놓암저/놓암주/놓암주기	놓암쩌/놓암쭈/놓암쭈기
ᄋᆞᆺ암저/ᄋᆞᆺ암주/ᄋᆞᆺ암주기	ᄋᆞᆺ암쩌/ᄋᆞᆺ암쭈/ᄋᆞᆺ암쭈기
ᄇᆞᆰ암저/ᄇᆞᆲ암주/ᄇᆞᆰ암주기	ᄇᆞᆰ암쩌/ᄇᆞᆰ암쭈/ᄇᆞᆰ암쭈기

㉠ 음성어간+엄+저/주/주기	㉡ -엄+쩌/쭈/쭈기
무껌저/무껌주/무껌주기	묶엄쩌/묶엄쭈/묶엄쭈기
널엄저/널엄주/널엄주기	널엄쩌/널엄쭈/널엄쭈기
붉엄저/붉엄주/붉엄주기	붉엄쩌/붉엄쭈/붉엄쭈기

㉠ ᄒᆞ+ᄋᆢᆷ/염+저/주/주기	㉡ -ᄋᆢᆷ/염+쩌/쭈/쭈기
ᄒᆞᄋᆢᆷ저/ᄒᆞᄋᆢᆷ주/ᄒᆞᄋᆢᆷ주기	ᄒᆞᄋᆢᆷ쩌/ᄒᆞᄋᆢᆷ쩌/ᄒᆞᄋᆢᆷ쭈기
ᄒᆞ염저/ᄒᆞ염주/ᄒᆞ염쭈기	ᄒᆞ염쩌/ᄒᆞ염쭈/ᄒᆞ염쭈기
일ᄒᆞᄋᆢᆷ저/일ᄒᆞᄋᆢᆷ주/일ᄒᆞᄋᆢᆷ주기	일ᄒᆞᄋᆢᆷ쩌/일ᄒᆞᄋᆢᆷ쩌/일ᄒᆞᄋᆢᆷ쭈기
일ᄒᆞ염저/일ᄒᆞ염주/일ᄒᆞ염쭈기	일ᄒᆞ염쩌/일ᄒᆞ염쭈/일ᄒᆞ염쭈기

(4) '-암/엄/염-' 다음에 '-수다/-십서'가 된소리 '-쑤다/-십써'로 나더라도 원음대로 적는다. (㉠은 택하고 ㉡은 버림)

㉠ 양성어간+암+수다/십서	㉡ -암+쑤다/십써
살암수다/살암십서	살암쑤다/살암십써
고왐수다/고왐십서	고왐쑤다/고왐십써
솖암수다/솖암십서	솖암쑤다/솖암십써

㉠ 음성어간+엄+수다/십서	㉡ -엄+쑤다/십써
더펌수다/더펌십서	덮엄쑤다/닾엄십써
울엄수다/울엄십서	울엄쑤다/울엄십써
찢엄수다/찢엄십서	찢엄쑤다/찢엄십써

㉠ ᄒᆞ+옴/염+수다/십서	㉡ -옴/염+쑤다/십써
ᄒᆞ옴수다/ᄒᆞ옴십서	ᄒᆞ옴쑤다/ᄒᆞ옴십써
ᄒᆞ염수다/ᄒᆞ염십서	ᄒᆞ염쑤다/ᄒᆞ염십써
통ᄒᆞ옴수다/통ᄒᆞ옴십서	통ᄒᆞ옴쑤다/통ᄒᆞ옴십써
통ᄒᆞ염수다/통ᄒᆞ염십서	통ᄒᆞ염쑤다/통ᄒᆞ염십써

(5) '-겟-'에 붙은 어미 '-주/-주기'·'-수다' 따위가 된소리 '-쭈/-쭈기'·'-쑤다'로 소리 나더라도 원음대로 적는다. (㉠은 택하고 ㉡은 버림)

㉠ -겟+주/주기	㉡ -겟+쭈/쭈기	㉠ -겟+수다	㉡ -겟+쑤다
걷겟주/걷겟주기	걷겟쭈/걷겟쭈기	믿겟수다	믿겟쑤다
자겟주/자겟주기	자겟쭈/작겟쭈기	얼겟수다	얼겟쑤다
ᄒᆞ겟주/ᄒᆞ겟주기	ᄒᆞ겟쭈/ᄒᆞ겟쭈기	크겟수다	크겟쑤다

제4절 두음법칙/말음법칙

제21항 : 단어의 첫소리 'ㄴ/ㄹ'은 두음법칙에 의해 다음 (1)-(4)와 같이 적는다.[14)]

(1) 첫소리[頭音] 'ㄴ'으로 시작되는 '녀/뇨/뉴/니'는 '여/ᄋᆢ(여)/요/유/이'로 적는다. (㉠은 택하고 ㉡은 버림)

㉠ ᄋᆢ/여	㉡ ᄂᆢ/녀	㉠ 요	㉡ 뇨
ᄋᆢᄌᆞ/여ᄌᆞ(女子)	ᄂᆢᄌᆞ/녀ᄌᆞ	요강	뇨강
ᄋᆢᆫᄅᆢᆼ/연령(年齡)	ᄂᆢᆫᄅᆢᆼ/년령	요소비료	뇨소비료
ᄋᆢᆷᄅᆢ/염려(念慮)	ᄂᆢᆷᄅᆢ/념려	요산(尿酸)	뇨산
ᄋᆢᆼ일/영일(寧日)	ᄂᆢᆼ일/녕일	요ᄅᆢᆼ/요령(鐃鈴)	뇨ᄅᆢᆼ/뇨령

㉠ 유	㉡ 뉴	㉠ 이	㉡ 니
유대(紐帶)	유대	이토(泥土)	니토
육ᄋᆢᆯ/육열(衄血)	륙혈	익멩(匿名)	닉멩
육가락/육손이(六--)	륙가락/륙손이	익ᄉᆞ(溺死)ᄒᆞ다	닉ᄉᆞᄒᆞ다

(2) 첫소리[頭音] 'ㄹ'로 시작되는 '라/로/루'는 '나/노/누'로 적는다.(㉠은 택하고 ㉡은 버림)

㉠ 나	㉡ 라	㉠ 노	㉡ 뇨
나벵(癩病)	라벵	노인	로인
낙동강(洛東江)	락동강	노동	로동
난국(難局)	란국	농담	롱담
낙원	락원	노ᄅᆢᆨ/노력	로ᄅᆢᆨ/로력
낙ᄋᆢᆸ/낙엽	락ᄋᆢᆸ/락엽	누락(漏落)뒈다	루락되다
낙심(落心)ᄒᆞ다	락심ᄒᆞ다	녹음ᄒᆞ다	록음ᄒᆞ다
낙방(落榜)ᄒᆞ다	락방ᄒᆞ다	농간(弄奸)ᄒᆞ다	롱간ᄒᆞ다

㉠ 누	㉡ 루	㉠ 누	㉡ 루
누각(樓閣)	루각	누설(漏泄)ᄒᆞ다	루설ᄒᆞ다
누수(漏水)	루수	누추(陋醜)ᄒᆞ다	루추ᄒᆞ다
누멩(陋名)	루멩	누락(漏落)뒈다	루락뒈다
누천ᄂᆢᆫ/누천년	루천ᄂᆢᆫ/루천년		

14) 북한에서는 두음법칙을 적용하지 않는다.

(3) 첫소리 '랴/려/료/류/리'는 '야/ᄋᆢ(여)/요/유/이'로 적는다. (㉠은 택하고 ㉡은 버림)

㉠ 야	㉡ 랴	㉠ ᄋᆢ/여	㉡ ᄅᆢ/려
양심	량심	ᄋᆢ관/여간	ᄅᆢ관/려관
양ᄉᆢᆨ(糧食)	량ᄉᆢᆨ	ᄋᆢ음집/여염집(閭閻-)	ᄅᆢ음집/려염집
양씨(梁氏)	량씨	ᄋᆢᆫ꼿/연꼿	ᄅᆢᆫ꼿/련꼿
약식재판	략식재판	ᄋᆢᆫ습/연습	ᄅᆢᆫ습/련습
약소ᄒᆞ다	략소ᄒᆞ다	ᄋᆢᆼ온/영온(靈魂)	ᄅᆢᆼ온/령온
약탈ᄒᆞ다	략탈ᄒᆞ다	ᄋᆢᆫ/연루(連累)뒈다	ᄅᆢᆫ/련루뒈다
양애(諒解)ᄒᆞ다	량애ᄒᆞ다	ᄋᆢ/여앵(旅行)ᄒᆞ다	ᄅᆢ/려앵ᄒᆞ다

㉠ 요	㉡ 류	㉠ 요	㉡ 류
요리	료리	요동성(遼東城)	료동성
요강(尿鋼)	료강	요요(寥寥)ᄒᆞ다	료료ᄒᆞ다
용상(龍床)	룡상		
용안(龍顔)	룡안		

㉠ 유	㉡ 류	㉠ 이	㉡ 리
유리(琉璃)	류리	이유	리유
유수(流水)	류수	이익	리익
육지	륙지	이가/이씨(李哥/李氏)	리가/리씨
윤리	륜리	인근(隣近)	린근
율법	률법	임ᄋᆸ/임업(林業)	림ᄋᆸ/림업
유통(流通)ᄒᆞ다	류통ᄒᆞ다	이온(離婚)ᄒᆞ다	리온ᄒᆞ다
유학(留学)ᄒᆞ다	류학ᄒᆞ다	인접(隣接)ᄒᆞ다	린접ᄒᆞ다
융숭(隆崇)ᄒᆞ다	륭숭ᄒᆞ다	입증ᄒᆞ다	립증ᄒᆞ다

(4) 첫소리 'ㄹ'로 시작되는 '래/레'는 '내/에'로, '뢰'는 '눼'로 적는다.[15] (㉠은 택하고 ㉡은 버림)

15) 제13항 (9)와 같이 'ㅙ/ㅚ'는 'ㅞ'로 적는다는 것에 따라 '뇌'를 '눼'로 표기한다.

㉠ 내	㉡ 래	㉠ 눼	㉡ 뢰
내눈/내년	래눈/래년	눼관(雷管)	뢰관
내세(來世)	래세	눼물(賂物)	뢰물
냉멘(冷麪)	랭멘	눼조(雷鳥)	뢰조
냉장고	랭장고	눼성(雷聲)	뢰성
내왕ᄒᆞ다	래왕ᄒᆞ다	눼옥(牢獄)	뢰옥
냉랭ᄒᆞ다	랭랭ᄒᆞ다	눼약ᄒᆞ다(牢約--)	뢰약ᄒᆞ다
냉정ᄒᆞ다	랭정ᄒᆞ다	부와눼동(附和雷同)ᄒᆞ다	부화뢰동ᄒᆞ다

㉠ 예	㉡ 례
예절	례절
예식장	례식장
예금통장	례금통장
영수증/영수징	령수증/령수징
예측ᄒᆞ다/예칙ᄒᆞ다	례측ᄒᆞ다/례칙ᄒᆞ다
예시ᄒᆞ다	례시ᄒᆞ다

제5절 모음동화

제22항 : ㅣ모음동화가 일어나는 '역행동화'나 '상호동화'일 경우는 다음 (1)(2)와 같이 적는다.[16)]

(1) ㅣ모음이 그 앞 음절의 모음 'ㅏ/ㅓ'에 영향을 미쳐 역행동화를 일으킬 때 'ㅐ/ㅔ'로 적는다. (㉠은 택하고 ㉡ 은 버림)

16) ㅣ모음동화에 의한 표기의 문제는 동화되기 전의 꼴과, 동화된 꼴을 둘 다 양립시킬 수 있는 것이 있다. 하지만 지역적인 어투가 잘 살아나는 동화된 꼴로 쓰는 것을 택했다. ㅣ모음 순행동화와 관련된 것은 제23항과 중복되므로 생략한다. 또 '골짜기/골째기'·'남기다/냄기다/냉기다'·'벗기다/벳기다'와 같이 '기' 앞 음절의 'ㅏ'가 'ㅐ'로 되는 것도 음운첨가일 수 있지만, 역행동화에 포함시켰다.

㉠ ㅐ+ㅣ	㉡ ㅏ+ㅣ	㉠ ㅐ+ㅣ	㉡ ㅏ+ㅣ
ᄃᆞᆯ뱅이	ᄃᆞᆯ방이	냄기다/냉기다	남기다
ᄆᆞᆼ생이	ᄆᆞᆼ상이	넴기다/넹기다	넘기다
도독쟁이	도독장이	백이다	박이다
ᄀᆞᆯ갱이	ᄀᆞᆯ강이	맥히다	막히다
짓눈깨비	짓눈까비	갱기다	강기다
앛인뱅이	앛인방이	백이다	박이다
넉동배기	넉동바기	쟁이다[積]	장이다
노랭이	노랑이	채이다	차이다

㉠ ㅔ+ㅣ	㉡ ㅓ+ㅣ	㉠ ㅔ+ㅣ	㉡ ㅓ+ㅣ
밥벙뎅이	밥벙덩이	네기다	너기다
젯멕이	젯먹이	뎀이다	덤이다
그루테기	그루터기	멕이다	먹이다
껄렝이	껄렁이	젝이다[積]	적이다

[첨부] 다음과 같은 말들은 실제 대화현장에서 화자의 어투에 따라 우열을 가릴 수 없이 비등하므로 둘 다 허용한다.

금덩이/금뎅이 골짜기/골째기 구덩이/구뎅이 꾸러기/꾸레기
정강이/정갱이 까지다/깨지다 벗기다/벳기다 빠지다/빼지다
아끼다/애끼다 지팡이/지팽이 …

(2) ㅣ모음이 그 앞 음절의 모음 'ㅏ/ㅓ' · 'ㅗ/ㅜ'와 상호동화가 실현될 때 'ㅐ/ㅔ' · 'ㅚ(ㅞ)/ㅟ'로 적는다.[17] (㉠과 ㉡ 둘 다 택함)

㉠ ㅏ+ㅣ	㉡ ㅐ	㉠ ㅓ+ㅣ	㉡ ㅔ	㉠ ㅜ+ㅣ	㉡ ㅟ
아이	애	거기	게	우이	위
ᄉᆞ이/사이	새	어이다	에다	수이	쉬
				누이다	뉘다

17) ㅣ모음 상호동화인 경우 축약/준꼴과 같아서, 제6장의 '준말'과 중복될 수 있다. 또 'ㅚ'를 ''ㅞ'로 표기한 것은 제13항 (9)에 따라 'ㅙ/ㅚ'는 'ㅞ'로 적는다는 규정에 따른 것이다.

㉠ ㅗ+ㅣ	㉡ ㅚ>ㅞ
오이	외>웨
고이다	괴다>궤다
노이다	뇌다>눼다
보이다	뵈다>붸다
쏘이다	쐬다>쒜다
쪼이다	쬐다>쮀다

제23항 : 어미 '-어'・'-엉/-언'이 모음으로 끝나는 어간과 만날 때 '-영'・'-영/-연'으로 소리 나도 다음 (1)(2)와 같이 원음대로 적는다.

(1) 어미 '–어'가 어간 끝음절 'ㅣ/ㅐ/ㅔ/ㅞ/ㅟ' 다음에 붙을 때 '–여'로 소리 나도 원음대로 적는다. (㉠은 택하고 ㉡은 버림)

㉠ ㅣ+ㅓ	㉡ ㅣ+ㅕ	㉠ ㅐ+ㅓ	㉡ ㅐ+ㅕ	㉠ ㅔ+ㅓ	㉡ ㅔ+ㅕ
지어	지여	깨어	깨여	데어	데여
미어	미여	내어	내여	메어	메여
노피어	노피여	먹키어	먹키여	세어	세여
둥기어	둥기여	째어	째여	떼어	떼여
아니어	아니여	패어	패여	베어	베여
보태어	보태여	볽히어	볽히여	좁히어	좁히여
뭉치어	뭉치여	맞대어	맞대여	좋키어	좋키여
굽히어	굽히여	끗내어	끗내여		

㉠ ㅞ+ㅓ	㉡ ㅞ+ㅕ	㉠ ㅟ+ㅓ	㉡ ㅟ+ㅕ
꿰어	꿰여	뛰어/튀어	뛰여/튀여
돼어	돼여	사귀어	사귀여
줴어	줴여	바뀌어	바뀌여
아웨어	아웨여	으위어/여위어	으위여/여위여
웨어	웨여	굶지어	굶지여

(2) 어미 '-엉/-언'이, 어간 끝음절 'ㅣ/ㅐ/ㅔ/ㅞ/ㅟ' 다음에 놓일 때 '-영/-연'으로 소리 나도 원음대로 적는다. (㉠은 택하고 ㉡은 버림)

㉠ ㅣ+엉/언	㉡ ㅣ+영/연	㉠ ㅐ+엉/언	㉡ ㅐ+영/연
지엉/지언	지영/지연	개엉/개언	개영/개연
비엉/비언	비영/비연	내엉/내언	내영/내연
피엉/피언	피영/피연	대엉/대언	대영/대연
시엉/시언	시영/시연	매엉/매언	매영/매연
미치엉/미치언	미치영/미치연	새엉/새언	새영/새연
살리엉/살리언	살리영/살리연	재엉/재언	재영/재연
풀리엉/풀리언	풀리영/풀리영	ᄆᆞᆯ랑/ᄆᆞᆯ리언	ᄆᆞᆯ리영/ᄆᆞ릴연
캐엉/캐언	캐영/캐연	굶지엉/굶지언	굶지영/굶지연
좁지엉/좁지언	좁지영/좁지연	붉히엉/붉히언	붉히영/붊히연

㉠ ㅔ+엉/언	㉡ ㅔ+영/연	㉠ ㅞ+엉/언	㉡ ㅞ+영/연
데엉/데언	데영/데연	궤엉/궤언	궤영/궤연
메엉/메언	메영/메연	뒈엉/뒈언	뒈영/연
베엉/베언	베영/배연	웨엉/웨언	웨영/웨연
세엉/세언	세영세/연	쮀엉/궤언	쮀영/꿰연

㉠ ㅟ+엉/언	㉡ ㅟ+영/연	㉠ ㅟ+엉/언	㉡ ㅟ+영/연
뛰엉/뛰언	뛰영/뛰연	바뀌엉/바뀌언	바뀌영/바뀌연
퀴엉/퀴언	퀴영/퀴연	사귀엉/사귀언	사귀영/사귀연
휘엉/휘언	휘영/휘연	여위엉/여위엉	여위영/여위연

[첨부] 'ᄒᆞ다'·'-ᄒᆞ다'의 'ᄒᆞ' 다음에는 '-ᄋᆞᆼ/ᄋᆞᆫ-'·'-영/연-'이 붙는다.[18]

ᄒᆞ다: ᄒᆞᄋᆞᆼ/ᄒᆞᄋᆞᆫ//ᄒᆞ영/ᄒᆞ연

잘ᄒᆞ다: 잘ᄒᆞᄋᆞᆼ/잘ᄒᆞᄋᆞᆫ//잘ᄒᆞ영/잘ᄒᆞ연

물질ᄒᆞ다: 물질ᄒᆞᄋᆞᆼ/물질ᄒᆞᄋᆞᆫ//물질ᄒᆞ영/물질ᄒᆞ연

퍼렁ᄒᆞ다: 퍼렁ᄒᆞᄋᆞᆼ/퍼렁ᄒᆞᄋᆞᆫ//퍼렁ᄒᆞ영/퍼렁ᄒᆞ연

18) '-ᄋᆞᆼ/ᄋᆞᆫ-'은 '-영/연-'으로 변하기 전의 '고형(古形)'이면서 되살려야 할 귀중한 선어말어미이다.

제24항 : 선어말어미에 붙는 종결어미 '-이네/-시네'는 다음 (1)-(3) 과 같이 적는다.

(1) '-앗/엇-' · '-ᄋᆢᆺ/엿-' 다음에 붙는 어미 '-이네'가 '-이녜'로 소리 나도 원음대로 적는다. (㉠은 택하고 ㉡은 버림)

㉠ 양성어간+앗+이네	㉡ -았+이녜
갈앗이네/알앗이네	갈았이녜/알았이녜
족앗이네/호앗이네	족았이녜/호았이녜
놀앗이네/ᄂᆞᆰ앗이네	놀았이네/ᄂᆞᆰ았이녜
ᄋᆢ맛이네/ᄋᆢᆨ앗이네	요맜이녜/욕았이녜

㉠ 음성어간+엇+이네	㉡ -었+이네
넘엇이네/멋엇이네	넘었이녜/멋었이녜
두엇이네/주엇이네	두었이녜/주었이녜
들엇이네/늦엇이네	들었이녜/늦었이녜
일럿이네/짓엇이네	일렀이네/짓었이녜

㉠ ᄒᆞ+ᄋᆢᆺ/엿+이네	㉡ ᄒᆞ+ᄋᆢᆻ/였+시녜
ᄒᆞᄋᆢᆺ이네/ᄒᆞ엿이네	ᄒᆞᄋᆢᆻ이녜/ᄒᆞ였이녜
못ᄒᆞᄋᆢᆺ이네/못ᄒᆞ엿이네	못ᄒᆞᄋᆢᆻ이네/못ᄒᆞ였이네
일ᄒᆞᄋᆢᆺ이네/일ᄒᆞ엿이네	일ᄒᆞᄋᆢᆻ이네/일ᄒᆞ였이네
좀좀ᄒᆞᄋᆢᆺ이네/좀좀ᄒᆞ엿이네	좀좀ᄒᆞᄋᆢᆻ이녜/좀좀ᄒᆞ였이녜

(2) '-암/엄-' · '-ᄋᆢᆷ/염-'에 붙는 어미 '-시네'가 '-시녜'로 소리 나도 원음대로 적는다. (㉠은 택하고 ㉡은 버림)

㉠ 양성어간+암+시네	㉡ -암+시녜
감시네/잠시네	감시녜/잠시녜
놀암시네/좋암시네	놀암시녜/좋암시녜
ᄆᆞᆰ암시네/ᄇᆞᆰ암시네	ᄆᆞᆰ암시녜/ᄇᆞᆰ암시녜
ᄋᆢᆷ암시네/ᄋᆢᆨ암시네	욤암시녜/욕암시녜

㉠ 음성어간+엄+시네	㉡ -엄+시녜
검엄시네/먹엄시네	검엄시녜/먹엄시녜
두엄시네/붓엄시네	두엄시녜/붓엄시녜
슬펌시네/을펌시네	슬펌시녜/을펌시녜
시엄시네/질엄시네	시엄시녜/질엄시녜

㉠ ᄒᆞ+옴/염+시네	㉡ ᄒᆞ+옴/염+시녜
말ᄒᆞ옴시네/말ᄒᆞ염시네	말ᄒᆞ옴시녜/말ᄒᆞ시녜
생각ᄒᆞ옴시네/생각ᄒᆞ염시네	생각ᄒᆞ옴시녜/생각ᄒᆞ염시
칠ᄒᆞ옴시네/칠ᄒᆞ염시네	칠ᄒᆞ옴시녜/칠ᄒᆞ염시녜녜
불구룽ᄒᆞ옴시네/불구룽ᄒᆞ염시네	불구룽ᄒᆞ옴시녜/불구룽ᄒᆞ염시녜

(3) 모음으로 끝나는 체언에 붙는 종결어미 '-네'와 자음받침으로 끝나는 체언에 붙는 '-이네'는 '-녜'·'-이녜'로 소리 나도 원음대로 적는다. (㉠은 택하고 ㉡은 버림)

㉠ 모음+네	㉡ 모음+녜	㉠ 자음+이네	㉡ 자음+이녜
그건 궤기네.	그건 괴기녜.	그건 사름이네.	그건 사름이녜.
이건 쉐네.	이건 쉐녜.	이건 물이네.	이건 물이녜.
요건 버렝이네.	요건 버렝이녜.	요건 버섯이네.	요건 버섯이녜.
우리 ᄎᆞ레네.	우리 ᄎᆞ례녜.	거촘 벨일이네.	거촘 벨일이녜.
듣지 존 소리네.	듣지 존 소리녜.	더운 ᄋᆞ름이네.	더운 ᄋᆞ름이녜.

제4장 형태에 관한 것

제1절 어간과 어미

제25항 : 용언의 활용은 형태음소적 표기법에 따라 다음 (1)(2)와 같이 어간과 어미를 구분해서 적는다.

(1) 연결어미 '-아/-어'・'-ᄋᆞ/-여'와 형태소 '-ㅇ/-ㄴ'이 붙은 '-앙/-안'・'-엉/-언'・'-ᄋᆞᆼ/-영'은 모음조화에 따른다.

① '-아/-앙/-안'은 양성모음어간에 붙는다.[19]

가다 : 가+아/앙/안>가아/가//가앙/강//가안/간
남다 : 남+아/앙/안>남아/남앙/남안
좋다 : 좋+아/앙/안>좋아/좋앙/좋안
맴돌다 : 맴돌+아/앙/안>맴돌아/맴돌앙/맴돌안
붉다 : 붉+아/앙/안>붉아/붉앙/붉안
다르다/달르다 : 다르/달르+아/앙/안>다르아/달르앙/달르안//달라/달랑/달란

② '-어/-엉/-언'은 음성모음어간에 붙는다.

기다 : 기+어/엉/언>기어/기엉/기언
젊다 : 젊+어/엉/언>젊어/젊엉/젊언
느리다 : 느리+어/엉/언>느리어/느리엉/느리언//느려/느령/느련
지쁘다 : 지쁘+어/엉/언>지쁘어/지뻐//지쁘엉/지뻥//지쁘언/지뻔

③ '-ᄋᆞ/여-'・'-ᄋᆞᆼ/-영'・-ᄋᆞᆫ/-연'은 'ᄒᆞ다'・'-ᄒᆞ다'의 'ᄒᆞ'에 붙는다.

ᄒᆞ다 : ᄒᆞ+ᄋᆞ/여//ᄋᆞᆼ/영//ᄋᆞᆫ/연>ᄒᆞᄋᆞ/여//ᄒᆞᄋᆞᆼ/영//ᄒᆞᄋᆞᆫ/연
말ᄒᆞ다 : 말ᄒᆞ+ᄋᆞ/여//ᄋᆞᆼ/영//ᄋᆞᆫ/연>말ᄒᆞᄋᆞ/여//말ᄒᆞᄋᆞᆼ/영//말ᄒᆞᄋᆞᆫ/연
시원ᄒᆞ다 : 시원ᄒᆞ+ᄋᆞ/여//ᄋᆞᆼ/영//ᄋᆞᆫ/연>시원ᄒᆞᄋᆞ/여//시원ᄒᆞᄋᆞᆼ/영//원ᄒᆞᄋᆞᆫ/연
좁쫄ᄒᆞ다 : 좁쫄ᄒᆞ+ᄋᆞ/여//ᄋᆞᆼ/영//ᄋᆞᆫ/연>좁쫄ᄒᆞᄋᆞ/여//좁쫄ᄒᆞᄋᆞᆼ/영//쫄쫄ᄒᆞᄋᆞᆫ/연

---

19) 'ㅏ'로 끝나는 어간 다음에 어미 '-아'・'-앙/안-'의 '아'는 탈락된다.

[첨부] 연결어미 끝에 붙는 형태소 '-ㅇ/-ㄴ'은 다음 1)-3)과 같이 시제에 제한을 받을 경우와 안 받을 경우를 구분해서 적는다.

1) 연결어미 '-앙/-안'·'-엉/-언'·'-ᄋᆞᆼ/-ᄋᆞᆫ'·'-영/-연'은 시재 구분을 해야 할 경우와 공용할 경우가 있다.

[현재/미래]

양성어간+앙/안	음성어간+엉/언
ᄌᆞᆷ장 가라. (잠자서 가거라.) 오래 살앙 오라. (오래 살아서 오너라)	밥먹엉 가라. (밥 먹어서 가거라). 짐을 잔뜩 지엉 오라. (짐을 잔뜩 지어서 오너라.)

ᄒᆞ+ᄋᆞᆼ/영	
일ᄒᆞᄋᆞᆼ/영 가라. (일하여서 가거라.)	공부ᄒᆞᄋᆞᆼ/영 오라. (공부하여서 오너라.)

[과거]

양성어간+안	음성어간+언
ᄌᆞᆷ잔 가라. (잠자서 가더라) 오래 살안 와라. (오래 살아서 오더라.)	밥 먹언 가라. (밥 먹어서 가더라.) 잔뜩 지언 와라. (잔뜩 지어서 오더라.)

ᄒᆞ+ᄋᆞᆫ/연	
일ᄒᆞᄋᆞᆫ/연 가라. (일하여서 가더라)	공부ᄒᆞᄋᆞᆫ/연 가라. (공부하여서 가더라.)

[공용]

양성어간+앙/안	음성어간+엉/언
좀장/잔 갓저. (잠자서 갔다.) 오래 살앙/안 왓저. (오래도 살아서 왔다.)	밥 먹엉/언 갓이냐? (밥 먹어서 갔느냐?) 짐을 진뜩 지엉/언 왐시냐. (짐을 잔뜩 지어서 오고 있느냐?)

ᄒᆞ+용/영	
일ᄒᆞ용/연 왓어라. (일하여서 왔더라)	공부ᄒᆞ영/연 왓저. (공부하여서 왔다.)

2) 연결어미 '당/단'은 시재구분을 해야 할 경우와 공용할 경우가 있다.

[현재/미래]

양성어간+당	음성어간+당
잘 놀당 가라. (잘 놀다가 거거라.) 오래 싯당 오라. (오래 있다가 오너라.) 일ᄒᆞ당 오라. (일하다가 오너라)	밥 먹당 가라. (밥 먹다가 가거라.) 짐을 잔뜩 지당 오라. (짐을 잔뜩 지다가 오너라.) 공부ᄒᆞ당 가라. (공부하다가 가거라.)

[과거]

양성어간+단	음성어간+단
잘 놀단 가라. (잘 놀다가 가더라.) 오래 싯단 와라. (오래 있다가 오더라.) 일ᄒᆞ단 갓저. (일하다가 갔다.)	밥 먹단 가라. (밥 먹다가 가더라) 짐을 잔뜩 지단 와라. (짐을 잔뜩 지다가 오더라.) 공부ᄒᆞ단 왓저. (공부하다가 왓다.)

[공용]

양성어간+당/단	음성어간+당/단
잘 놀당/단 갓저. (잘 놀다가 갔다.)	밥 먹당/단 갓저. (밥 먹다가 갔다.)
오래 싯당/단 와왓저. (오래 있다가 왔다.)	짐을 잔뜩 지당/단 왓저. (짐을 잔뜩 지다가 왔다.)

일ᄒᆞ당/단 죽은 밧갈쉐나, 놀당/단 죽은 ᄋᆞᆷ송애기나.
(일하다가 죽은 황소나, 놀라다가 죽은 염소나.)

제26항 : 다음과 같은 조사와 연결어미들은 시제구분 없이 공용한다.

① 체언+조사

체언+갱/갠 : 는 누게갱/갠 들을 거여.
(너는 누구(이)냐고 들을 것이다.)
어느 게 존 책갱/갠 듣나.
(어느 것이 좋은 책이냐고 듣는다.)

체언+공/곤 : 는 누게공/곤 들을 거여.
(너는 누구(이)냐고 들을 것이다.)
어느 게 존 책공/곤 듣나.
(어느 것이 좋은 책이냐고 듣는다.)

체언+냉/낸 : 는 누게냉/낸 들을 거여.
(너는 누구(이)냐고 들을 것이다.)
어느 게 존 책이냉/낸 듣나.
(어느 것이 좋은 책이냐고 듣는다.)

체언+닝/닌 : 는 누게닝/닌 들을 거여.
(너는 누구(이)냐고 들을 것이다.)
어느 게 존 책이닝/닌 듣나.
(어느 것이 좋은 책이냐고 듣는다.)

체언+댕/댄 : 는 누겐댕/댄 들을 거여.
(너는 누구(이)냐고 들을 것이다.)

이게 존 책인댕/댄 ᄀᆞᆮ나.

(이것이 좋은 책이다고 말한다.)

체언+딩/딘 : 는 누겐딩/딘 들을 거여.

(너는 누구(이)냐고 들을 것이다.)

이게 누게 책인딩/딘 듣나.

(이것이 누구 책이냐고 듣는다.)

체언+랭/랜 : 느신디 뭐랭/랜 ᄀᆞᆯ을 거여.

(너에게 뭐(이)라고 말할 것이다.)

어느 게 존 책이랭/랜 ᄀᆞᆯ아니?

(어느 것이 좋은 책이라고 말하더냐?)

체언+링/린 : 안ᄒᆞ켕 ᄒᆞ는 건 누게링/린 ᄒᆞᆯ 거여.

(안하겠다고 하는 것은 누구(이)냐고 할 것이다.)

어느 게 존 책이링/린 ᄒᆞᆯ 테주.

(어느 것이 좋은 책이냐고 할 테지.)

체언+앵/앤 : 누게 아ᄃᆞᆯ이앵/앤 ᄀᆞᆯ으라.

(누구 아들이라고 말하라.)

그게 존 책이앵/앤 ᄒᆞᆫ다.

(그것이 좋은 책이라고 한다.)

② 어간+연결어미

어간+갱/갠 : 집이 가갱/갠 ᄒᆞ건 ᄀᆞ치 가라.

(집에 가자고 하거든 같이 가라.)

어간+냉/낸 : 펀지 보냉/낸 건 잘 받안댜?

(편지 보낸 것은 잘 받았느냐?)

어간+닝/닌 : 누게신더레 보내느닝/닌 물을 거여.

(누구한테로 보내느냐고 물을 것이다.)

어간+댕/댄 : ᄂᆞᆽ댕/댄 내불지 못ᄒᆞᆫ다.

(나쁘다고 내버리지 못한다.)

어간+딩/딘 : 어디서 놀딩/딘 들어보라.

(어디서 놀겠느냐고/놀려느냐고 들어봐라.)

어간+랭/랜 : 느신디 가랭/랜 ᄒᆞ건 가라.
(너에게 가라고 하거든 가거라.)
어간+링/린 : 어떵 노랠 불르링/린 걱정뒘저.
(어떻게 노래를 부르랴고 걱정된다.)
어간+앵/앤 : 아니앵/앤 ᄒᆞᆫ건 아닌 중 알라
(아니라고 하거든 아닌 줄 알라.)
어간+쟁/잰 : 감ᄌᆞ 숢쟁/잰 불숨암저.
(고구마 삶으려고/자고 불을 때고 있다.)
어간+켕/켄 : 그디가 더 좋켕/켄 골아라.
(거기가 더 좋겠다고 말하더라.)
어간+텡/텐 : ᄂᆞᆯ도 놉 빌텡/텐 들엄저.
(내일도 놉 빌겠느냐고 듣고 있다.)
어간+행/핸 : 경행/핸 보난 좋다.
(그렇게 해서 보니까 좋다.)

③ 어간+ㄹ/을+딩/딘//팅/틴

무사 갈딩/딘//팅/틴 들어 보라.
(왜 가려느냐고 들어 보아라.)
무사 궤기 굴팅/틴 야단이어.
(왜 고기 안 구려느냐고 야단이다.)
어느제민 집을 짓을딩/딘 들엄저.
(언제면 집을 지으려느냐고/짓겠느냐고 듣고 있다.)
무신 걸 먹을팅/틴 들어방 오랜 ᄒᆞ염저.
(무슨 것을 먹으려느냐고/먹겠느냐고 들어봐서 오라고 하고 있다.)

제27항 : 선어말어미 '-앗/엇-' · '-암/엄-'은 모음조화에 따라 그 뒤에 붙는 어미와 구분하여 다음 (1)-(5)와 같이 적는다.

(1) 양성모음어간+앗+어미(㉠은 취하고 ㉡은 버림)

㉠ 양성어간+앗+이난/이민/어라/이냐/수다/수광 …

갈다 : 갈앗이난/갈앗이민/갈앗어라/갈앗이냐/갈앗수다/갈앗수광
돌다 : 돌앗이난/돌앗이민/돌앗어라/돌앗이냐/돌앗수다/돌앗수광
ᄉᆞᆲ다 : ᄉᆞᆲ앗이난/ᄉᆞᆲ앗이민/ᄉᆞᆲ앗어라/ᄉᆞᆲ앗이냐/ᄉᆞᆲ앗수다/ᄉᆞᆲ앗수광
ᄋᆞᆯ다 : ᄋᆞᆯ앗이난/ᄋᆞᆯ앗이민/ᄋᆞᆯ앗어라/ᄋᆞᆯ앗이냐/ᄋᆞᆯ앗수다/ᄋᆞᆯ앗수광

㉡ 양성어간+아시난/아시민/아서라/아시냐/아수다/아수광 …

갈다 : 갈아시난/갈아시민/갈아서라/갈아시냐/갈아수다/갈아수광
돌다 : 돌아시난/돌아시민/돌아서라/돌아시냐/돌아수다/돌아수광
ᄉᆞᆲ다 : ᄉᆞᆲ아시난/ᄉᆞᆲ아시민/ᄉᆞᆲ아서라/ᄉᆞᆲ아시냐/ᄉᆞᆲ아수다/ᄉᆞᆲ아수광
ᄋᆞᆯ다 : ᄋᆞᆯ아시난/ᄋᆞᆯ아시민/ᄋᆞᆯ아서라/ᄋᆞᆯ아시냐/ᄋᆞᆯ아수다/ᄋᆞᆯ아수광

(2) 음성모음어간+엇+어미(㉠은 취하고 ㉡은 버림)

㉠ 음성어간+엇+이난/이민/어라/이냐/수다/수광 …

걸다 : 걸엇이난/걸엇이민/걸엇어라/걸엇이냐/걸엇수다/걸엇수광
붓다 : 붓엇이난/붓엇이민/붓엇어라/붓엇이냐/붓엇수다/부섯수광
홁다 : 홁엇이난/홁엇이민/홁엇어라/홁엇이냐/홁엇수다/홁엇수광
늦다 : 늦엇이난/늦엇이민/늦엇어라/늦엇이냐/늦엇수다/늦엇수광
히다 : 히엇이난/히엇이민/히엇어라/히엇이냐/히엇수다/히엇수광

㉡ 음성어간+어시난/어시민/어서라/어시냐/어수다/어수광 …
걸다 : 걸어시난/걸어시민/걸어서라/걸어시냐/걸어수다/걸어수광
붓다 : 붓어시난/붓어시민/붓어서라/붓어시냐/붓어수다/붓어수광
홁다 : 홁어시난/홁어시민/홁어서라/홁어시냐/홁어수다/홁어수광
늦다 : 늦어시난/늦어시민/늦어서라/늦어시냐/늦어수다/늦어수광
히다 : 히어시난/히어시민/히어서라/히어시냐/히어수다/히어수광

(3) 양성모음어간+암+어미(㉠은 취하고 ㉡은 버림)

㉠ 양성어간+암+시난/시민/서라/시냐/수다/수광[20] …

갈다 : 갈암시난/갈암시민/갈암서라/갈암시냐/갈암수다/갈암수광
돌다 : 돌암시난/돌암시민/돌암서라/돌암시냐/돌암수다/돌암수광
ᄉᆞᆲ다 : ᄉᆞᆲ암시난/ᄉᆞᆲ암시민/ᄉᆞᆲ암서라/ᄉᆞᆲ암시냐/ᄉᆞᆲ암수다/ᄉᆞᆲ암수광
ᄋᆞᆯ다 : ᄋᆞᆯ암시난/ᄋᆞᆯ암시민/ᄋᆞᆯ암서라/ᄋᆞᆯ암시냐/ᄋᆞᆯ암수다/ᄋᆞᆯ암수광

㉡ 양성어간+앖+이난/이민/어라/이냐/수다/수광 …

갈다 : 갈앖이난/갈앖이민/갈앖어라/갈앖이냐/갈앖수다/갈앖수광
돌다 : 돌앖이난/돌앖이민/돌앖어라/돌앖이냐/돌앖수다/돌앖수광
ᄉᆞᆲ다 : ᄉᆞᆲ앖이난/ᄉᆞᆲ앖이민/ᄉᆞᆲ앖어라/ᄉᆞᆲ앖이냐/ᄉᆞᆲ앖수다/ᄉᆞᆲ앖수광
ᄋᆞᆯ다 : ᄋᆞᆯ앖이난/ᄋᆞᆯ앖이민/ᄋᆞᆯ앖어라/ᄋᆞᆯ앖이냐/ᄋᆞᆯ앖수다/ᄋᆞᆯ앖수광

(4) 음성모음어간+엄+어미(㉠은 취하고 ㉡은 버림)

㉠ 음성어간+엄+시난/시민/서라/시냐/수다/수광 …

걸다 : 걸엄시난/걸엄시민/걸엄어라/걸엄이냐/걸엄수다/걸엄수광
붓다 : 붓엄시난/붓엄시민/붓엄서라/붓엄시냐/붓엄수다/붓엄수광
훍다 : 훍엄시난/훍엄시민/훍엄서라/훍엄시냐/훍엄수다/훍엄수광
늦다 : 늦엄시난/늦엄시민/늦엄서라/늦엄시냐/늦엄수다/늦엄수광
히다 : 히엄시난/히엄시민/히엄서라/히엄시냐/히엄수다/이엄수광

---

20) 진행상을 나타내는 선어말어미 '-암/엄-' · '-ᄋᆞᆷ/염-' 다음에 붙는 연결어미 '-시난/-시민-서라/-시냐' 따위는 과거시상을 나타내는 선어말어미 '-앗/엇-' · '-ᄋᆞᆺ/엿-' 다음에 붙는 '-이난/-이민/-어라/-이냐'와 같은 구실을 하는 표준어 '-으(이)니/으(이)면/더라/느냐'에 대응한다. 즉, '-시난/-시민'은 '-암/엄-' · '-ᄋᆞᆷ/염-' 다음에만 붙는 표준어 '-이니/-이면'에 대응하는 연결어미이고, '-서라/-시냐'는 표준어 '-더라/-느냐'에 대응하는 종결어미이다.

㉡ 음성어간+없+이난/이민/어라/이냐/수다/수광 …

걸다 : 걸없이난/걸없이민/걸없어라/걸없이냐/걸없수다/걸없수광
붓다 : 붓없이난/붓없이민/붓없어라/붓없이냐/붓없수다/붓없수광
흙다 : 흙없이난/흙없이민/흙없어라/흙없이냐/흙없수다/흙없수광
늦다 : 늦없이난/늦없이민/늦없어라/늦없이냐/늦없수다/늦없수광
히다 : 히없이난/히없이민/히없어라/히없이냐/히없수다/이없수광

(5) '-ᄋᆞᆺ/엿-' · '-ᄋᆞᆷ/염-'은 'ᄒᆞ다' · '-ᄒᆞ다'의 어간에 붙어서 그 뒤에 오는 어미와 구분해서 적는다. (㉠은 취하고 ㉡은 버림)

㉠ ᄒᆞ+ᄋᆞᆺ/엿+이난/이민/어라/이냐/수다/수광 …

ᄒᆞ다 : ᄒᆞᄋᆞᆺ/엿이난//ᄒᆞᄋᆞᆺ/엿이민//ᄒᆞᄋᆞᆺ/엿어라//ᄒᆞᄋᆞᆺ/엿이냐//ᄒᆞᄋᆞᆺ/엿수다//ᄒᆞᄋᆞᆺ/엿수광
일ᄒᆞ다 : 일ᄒᆞᄋᆞᆺ/엿어이난//일ᄒᆞᄋᆞᆺ/엿이민//일ᄒᆞᄋᆞᆺ/엿어라//일ᄒᆞᄋᆞᆺ/엿이냐//일ᄒᆞᄋᆞᆺ/엿수다//일ᄒᆞᄋᆞᆺ/엿수광
히우룽ᄒᆞ다 : 히우룽ᄒᆞᄋᆞᆺ/엿어이난//히우룽ᄒᆞᄋᆞᆺ/엿이민//히우룽ᄒᆞᄋᆞᆺ/엿어라//히우룽ᄒᆞᄋᆞᆺ/엿이냐//히우룽ᄒᆞᄋᆞᆺ/엿수다//히우룽ᄒᆞᄋᆞᆺ/엿수광

㉡ ᄒᆞ+ᄋᆞ/여시난//ᄋᆞ/여시민//ᄋᆞ/여서라//ᄋᆞ/여시냐//ᄋᆞ/여수다//ᄋᆞ/여수광 …

ᄒᆞ다 : ᄒᆞᄋᆞ/여시난//ᄒᆞᄋᆞ/여시민//ᄒᆞᄋᆞ/여서라//ᄒᆞᄋᆞ/여시냐//ᄒᆞᄋᆞ/여수다//ᄒᆞᄋᆞ/여수광
일ᄒᆞ다 : 일ᄒᆞᄋᆞ/여시난//일ᄒᆞᄋᆞ/여시민//일ᄒᆞᄋᆞ/여서라//일ᄒᆞᄋᆞ/여시나//일ᄒᆞᄋᆞ/여수다일ᄒᆞᄋᆞ/여수광
히우룽ᄒᆞ다 : 히우룽ᄒᆞᄋᆞ/여시난//히우룽ᄒᆞᄋᆞ/여시민//히우룽ᄒᆞᄋᆞ/여서라//히우룽ᄒᆞᄋᆞ/여시냐//히우룽ᄒᆞᄋᆞ/여수다//히우룽ᄒᆞᄋᆞ/여수광

㉠ ᄒᆞ+ᄋᆢᆷ/염+시난/시민/시냐/서라/수다/수광 …

ᄒᆞ다 : ᄒᆞᄋᆢᆷ/염시난//ᄒᆞᄋᆢᆷ/염시민//ᄒᆞᄋᆢᆷ/염서라//ᄒᆞᄋᆢᆷ/염시냐//ᄒᆞᄋᆢᆷ/염수다//ᄋᆢᆷ/염수광

일ᄒᆞ다 : 일ᄋᆢᆷ/염시난//일ᄒᆞᄋᆢᆷ/염시민//일ᄒᆞᄋᆢᆷ/염서라//일ᄒᆞᄋᆢᆷ/염시냐//일ᄒᆞᄋᆢᆷ/염수다//일ᄒᆞᄋᆢᆷ/염수광

히우룽ᄒᆞ다 : 히우룽ᄒᆞᄋᆢᆷ/염시난//히우룽ᄒᆞᄋᆢᆷ/염시민//히우룽ᄒᆞᄋᆢᆷ/염서라//히우롱ᄒᆞᄋᆢᆷ/염시냐//히우룽ᄒᆞᄋᆢᆷ/염수다//히우룽ᄒᆞᄋᆢᆷ/염수광

㉡ ᄒᆞ+ᄋᆢᆹ/엾+이난/이민/어라/이냐/수다/수광 …

ᄒᆞ다 : ᄒᆞᄋᆢᆹ/엾이난//ᄒᆞᄋᆢᆹ/엾이민//ᄒᆞᄋᆢᆹ/엾어라//ᄒᆞᄋᆢᆹ/엾이냐//ᄒᆞᄋᆢᆹ/엾우다//ᄋᆢᆹ/엾우광

일ᄒᆞ다 : 일ᄋᆢᆹ/엾이난//일ᄒᆞᄋᆢᆹ/엾이민//일ᄒᆞᄋᆢᆹ/엾어라//일ᄒᆞᄋᆢᆹ/엾이냐//일ᄒᆞᄋᆢᆹ/엾우다//일ᄒᆞᄋᆢᆹ/엾우광

히우룽ᄒᆞ다 : 히우룽ᄒᆞᄋᆢᆹ/엾이난//히우룽ᄒᆞᄋᆢᆹ/엾이민//히우룽ᄒᆞᄋᆢᆹ/엾어라//히우롱ᄒᆞᄋᆢᆹ/엾이냐//히우룽ᄒᆞᄋᆢᆹ/엾우다//히우룽ᄒᆞᄋᆢᆹ/엾우광

제28항 : 평서형종결어미 '-겠어' · '-겠다'의 대응하는 '-키어' · '-커라' · '-크라'는 다음 (1)(2)와 같이 적는다.

(1) 모음이나 'ㄹ'로 끝나는 어간에는 '-키어' · '-커라' · '-크라'가, 'ㄹ'을 제외한 자음받침 어간에는 '-(으/이)키어' · '-(으/이)커라/-(으/이)크라'가 붙는다.

<어간(모음/ㄹ)+키어>	<어간(ㄹ제외)+으키어/이키어>
난 집이 가키어.	난 느만 믿으키어.
(나는 집에 가겠어/겠다.)	(나는 너만 믿으겠다/믿겠다.)
혹조 댕기는 게 멀키어.	집이 남앙 잇으키어/이키어.
(학교 다니는 것이 멀겠어/겠다.)	(집에 남아서 있으겠다/있겠다.)

<어간(모음/ㄹ)+커라>

그 갠 집직 잘ᄒᆞ커라.
(그 개는 집지키기 잘하겠다)
절간이 강 살커라.
(절간에 거서 살겠다.)

<어간(ㄹ제외)+으커라/이커라>

아무 듸도 안 강 좋으커라.
(아무 데도 안 가서 좋으겠다/좋겠다.)
비 완 옷이 젖으커라/이커라.
(비 와서 옷이 젖으겠다/젖겠다.)

<어간(모음/ㄹ)+크라>

가인 지레가 크크라.
(그 아이는 키가 크겠다.)
웬만ᄒᆞ민 폴아불크라.
(웬만하면 팔아버리겠다.)

<어간(ㄹ제외)+으크라/이크라>

너미 재기 늙으크라.
(너무 빨리 늙으겠다/늙겠다.)
난 이리성제 맺으크라/이크라.
(나는 의리형제 맺으겠다/맺겠다.)

제29항 : 평서형의문형종결어미 '-겠느냐'의 대응하는 '-커냐/-크냐'는 다음 (1)(2)와 같이 적는다.

(1) 모음이나 'ㄹ'로 끝나는 어간에는 '-커냐'·'-크냐'가, 'ㄹ'을 제외한 자음받침 어간에는 '-(으/이)커냐'·'-(으/이)크냐'가 붙는다.

<어간(모음/ㄹ)+커냐>

질 ᄎᆞ장 잘 오커냐?
(길 찾아서 잘 오겠느냐?)
손재주라 더 늘커냐?
(손재주가 더 늘겠느냐?)

<어간(자음/ㄹ제외)+으커냐/이커냐>

지냥으로 밥 먹으커냐?
(자기대로 밥 먹으겠느냐?)
돈 엇언 어디 집을 짓으커냐/이커냐?
(돈 없어서 어디 집을 지으겠느냐?)

<어간(모음/ㄹ)+크냐>

ᄎᆞ마 쌉지사 ᄒᆞ크냐?
(차마 싸우기야 하겠느냐?)
덜어불민 하영 굴크냐?
(덜어버리면 많이 굴겠느냐?)

<어간(자음/ㄹ제외)+으크냐/이크냐>

멧 개라도 남으크냐?
(몇 개라도 남으겠느냐?)
무신 방법이 엇으크냐/이크냐?
(무슨 방법이 없으겠느냐?)

(2) 사동·피동형접미사 '-기/리/이/구/우/추-' 다음에 '-커냐/-크냐'가 붙는다.

굶다 : 굶+기+커냐/크냐>굶기커냐/크냐
아멩혼덜 밥사 굶기커냐/크냐?
(아무런들 밥이나 굶기겠느냐?)
빌다 : 빌+리+커냐/크냐>빌리커냐/크냐
귀중훈 책을 빌리커냐/크냐?
(귀중한 책을 빌리겠느냐?)
줄다 : 줄+이+커냐/크냐>줄이커냐/크냐
한 재산을 족게 줄이커냐/크냐?
(많은 재산을 적게 줄이겠느냐?)
솟다 : 솟+구+커냐/크냐>솟구커냐/크냐
몸을 우터레 솟구커냐/크냐?
(몸을 위로 솟구겠느냐?)
돋다 : 돋+우+커냐/크냐>돋우커냐/크냐
용길 더 돋우커냐/크냐?
(용기를 더 돋우겠느냐?)
맞다 : 맞+추+커냐/크냐>맞추커냐/크냐
시엄문제 정답을 맞추커냐/크냐?
(시험문제 정답을 맞추겠느냐?)

제30항 : 불규칙용언은 활용할 때 어간과 어미의 형태가 달라지는 대로 다음 (1)-(10)과 같이 적는다.

(1) 어간 끝음절 받침 'ㄱ'이 '모음'과 'ㄴ/ㅁ'으로 시작되는 어미 앞에서 탈락될 때. [ㄱ-불규칙][21]

21) '눅다'는 표준어에 없는 유일의 'ㄱ-불규칙동사'다. '통일학교문법'에 따르면 음운탈락이지만, 모음이나 'ㄴ/ㅁ'으로 시작되는 어미 앞이라는 조건에 의해 'ㄱ'이 탈락돼서 어간이 변해버린 것이므로 예전의 문법규칙을 적용해서 불규칙동사로 다뤘다.

· 눅다[臥] : 눅+어/엉/언>누어/누엉/누언
눅+난/민>누난/누민
눅+엇+이라/이냐/수다/수과/구낭>누엇이라/누엇이냐/누엇수과/누엇구낭
눅+엄+시라/시냐/수다/수과/구낭>누엄시라/누엄시냐/누엄수과/누엄구낭

(2) 어간 끝음절 받침 'ㄷ'이 모음으로 시작되는 어미 앞에서 'ㄹ'로 바뀔 때. [ㄷ-불규칙]

· ᄀᆞᆮ다[曰/謂] : ᄀᆞᆮ+아/앙(안/으난/으민>ᄀᆞᆯ아/ᄀᆞᆯ앙(안)/ᄀᆞᆯ으난/ᄀᆞᆯ으민
ᄀᆞᆮ+앗+저/이냐/수다/수과/입주/구낭>ᄀᆞᆯ앗저/ᄀᆞᆯ앗이냐/ᄀᆞᆯ앗수다/ᄀᆞᆯ앗수과/ᄀᆞᆯ앗입주/ᄀᆞᆯ앗구낭
ᄀᆞᆮ+암+저/시냐/수다/수과/십주/구낭>ᄀᆞᆯ암저/ᄀᆞᆯ암시냐/ᄀᆞᆯ암수다/ᄀᆞᆯ암수과/ᄀᆞᆯ암십주/ᄀᆞᆯ암구낭

· 묻다[問] : 묻+어/엉(언)/(으)난/(으)민>물어/물엉(언)/물으난/물으민
묻+엇+저/이냐/수다/수과/입주/낭>물엇저/물엇이냐/물엇수다/물엇수과/물엇입주/물엇구낭
묻+엄+저/시냐/수다/수과/십주/구낭>물엄저/물엄시냐/물엄수다/물엄수과/물엄십주/물엄구낭

▸ 깨ᄃᆞᆮ다[覺], ᄃᆞᆮ다[走], 뒈ᄀᆞᆮ다/뒈ᄏᆞᆮ다[復言], 뒈듣다, 엿듣다…

(3) 어간 끝음절 받침 'ㄹ'이 'ㄴ/ㅂ'로 시작되는 어미 앞에서 탈락되거나 바뀔 때. [ㄹ-불규칙][22]

· 놀다[遊] : 놀+난/ㅂ네다/ㅂ서>노난/놉네다/놉서
· 밀다[推] : 밀+난/ㅂ네다/십서>미난/밉네다/밉서
· ᄋᆞᆯ다[開] : ᄋᆞᆯ+난/ㅂ네다/ㅂ서>ᄋᆞ난/ᄋᆞᆸ네다/ᄋᆞᆸ서

▶ 갈다[耕], 걸다[掛], 골다[腐], ᄀᆞᆯ다[磨], 돌다[徊/狂], 들다[入/擧], 물다[咬], 불다[吹/增], ᄇᆞᆯ다[晴], 설다[未熟], 썰다[斫], 쓸다[掃], 알다[知], 얼다[凍/寒], 졸다[眠], ᄌᆞᆯ다[小], 털다[掠], 풀다[解]

(4) 어간 끝음절 받침 'ㅂ'이 '모음'과 'ㄴ/ㅁ'으로 시작되는 어미 앞에서 탈락되거나 바뀔 때. [ㅂ-불규칙]

· 곱다[麗] : 곱+아/앙/안 >고아/과//고앙/광//고안/관
곱+아/앙/안>고와/과//고왕/광//고완/관
곱+난/민>고난/고민
곱+앗+저/수다/이냐/수과/구나>고앗저/괏저//고앗수다/괏수다//고앗이냐/괏이냐//고앗수과/괏수과//고왓구나/괏구나
곱+암+저/수다/시냐/수과/구나>고암저/괌저//고안수다/관수다//고암시냐/괌시냐//고암수과/괌수과//고암구나/괌구나

· 밉다[憎] : 밉+난/민>미난/미민
미우난, 미우민
밉+어/엉/언 >미어/며//미엉/명//미언/면
미와/ᄆᆄ//미왕/ᄆᆄᆼ//미완/ᄆᆄᆫ
미워/ᄆힵ//미웡/ᄆힵᆼ//미원/ᄆힵᆫ

---

22) '통일학교문법'에서는 단순한 음운탈락으로 보고 'ㄹ-불규칙'으로 보지 않고 있다. 하지만 '-ㅂ내다'·'-ㅂ서' 앞에서 어간 '놀/밀/ᄋᆞᆯ' 따위의 'ㄹ'이 'ㅂ'으로 바뀌므로 'ㄹ-불규칙동사'로 다뤘다.

밉+엇+저/이냐/수다/수과/구나>미엇저/몃저//미엇이냐/몃이냐//미엇수다/몃수다//미엇수과/몃수과//미엇구나/몃구나//미왓저/ᄆᆄᆺ저//미왓이냐/ᄆᆄᆺ이냐//미왓수다/ᄆᆄᆺ수다//미왓수과/ᄆᆄᆺ수과//마왓구나/ᄆᆄᆺ구나

밉+엄+저/시냐/수다/수과/구나>미엄저/멈저//미엄시냐/멈시냐//미엄수다/멈수다//미엄수과/멈수과//미엄구나/멈구나//미왐저/ᄆᆄᆷ저//미왐시냐/ᄆᆄᆷ시냐//미왐수과/ᄆᆄᆷ수과/미왐구나/ᄆᆄᆷ구나//미웜저/ᄆᆑᆷ저//미웜시냐/ᄆᆑᆷ시냐//미웜수다/ᄆᆑᆷ수다//미엄수과/ᄆᆑᆷ수과//미웜구나/ᄆᆑᆷ구나

· ᄀᆞᄅᆢᆸ다[癢] : ᄀᆞᄅᆢᆸ+아/앙/안>ᄀᆞᄅᆢ와/ᄀᆞᄅᆢ왕/ᄀᆞᄅᆢ완
ᄀᆞᄅᆢᄋᆄ/ᄀᆞᄅᆢᄋᆄᆼ/ᄀᆞᄅᆢᄋᆄᆫ

ᄀᆞᄅᆢᆸ+앗+이난/이민>ᄀᆞᄅᆢ왓이난/ᄀᆞᄅᆢ왓이민
ᄀᆞᄅᆢᄋᆄᆺ이난/ᄀᆞᄅᆢᄋᆄᆺ이민

ᄀᆞᄅᆢᆸ+앗+저/이냐/수다/수광/구낭>ᄀᆞᄅᆢ왓저/ᄀᆞᄅᆢ왓이냐/ᄀᆞᄅᆢ왓수다/ᄀᆞᄅᆢ왓구낭

ᄀᆞᄅᆢᆸ+암+시난/시민>ᄀᆞᄅᆢ왐시난/ᄀᆞᄅᆢ왐시민
ᄀᆞᄅᆢᄋᆄᆷ시난/ᄀᆞᄅᆢᄋᆄᆷ시민

ᄀᆞᄅᆢᆸ+암+저/시냐/수다/수광/구낭>ᄀᆞᄅᆢ왐저/ᄀᆞᄅᆢ왐시냐/ᄀᆞᄅᆢ왐수다/ᄀᆞᄅᆢ왐수광/ᄀᆞᄅᆢ왐구낭/ᄀᆞᄅᆢᄋᆄᆷ저/ᄀᆞᄅᆢᄋᆄᆷ시냐/ᄀᆞᄅᆢᄋᆄᆷ수다/ᄀᆞᄅᆢᄋᆄᆷ수광/ᄀᆞᄅᆢᄋᆄᆷ구낭

▶ 굽다[炙], 그립다, 놀랍다[驚], ᄆᆞᄉᆢᆸ다[恐], 조랍다[眠], ᄆᆞᄅᆢᆸ다, 패랍다, 눕다[臥], 덜럽다/더럽다[醜], 불럽다/부럽다[羨], 실ᄅᆢᆸ다/실렵다[冷]

(5) 어간 끝음절 받침 'ㅅ'이 'ㄴ/ㅁ'과 모음으로 시작되는 어미 앞에서 탈락될 때. [ㅅ-불규칙][23]

· 싯다[有] : 싯+난/민>시난/시민
싯+어/엉/언>시어/셔//시엉/셩//시언/션
싯+엇+저/이냐/수다/수과/구낭>시엇저/셧저//시엇이냐/셧이냐//시엇수다/셧수다//시엇수과/셧수과//시엇구낭/셧구낭
싯+엄+저/시냐/수다/수과/구낭>시엄저/셤저//시엄시냐/셤시냐//시엄수다/셤수다//시엄수광/셤수광//시엄구낭/셤구낭

· 잇다[繼承] : 잇+곡/난/민>잇곡/이난/이민
잇+어/엉/언>이어/이엉/이언
잇+엇+저/이냐/수다/수과/구낭>이엇저/이엇이냐/이엇수다/이엇수과/이엇구낭
잇+엄+저/시냐/수다/수과/구낭>이엄저/이엄시냐/이엄수다/이엄수과/이엄구낭

(6) 어간 끝음절 받침 'ㅎ'이 'ㄴ/ㅁ'으로 시작되는 연결어미 앞에서 탈락될 때. [ㅎ-불규칙]

낳다[産] : 낳+난/민>나난/나민. 놓다[放] : 놓+난/민>노난/노민
좋다[好] : 좋+난/민>조난/조민. 쌓다[積] : 쌓+난/민>싸난/싸민

(7) 어간의 끝음절 '르'가 '모음'으로 시작되는 연결어미 '-아/-앙/-안'·'-어/-엉/-언'과 선어말어미 '-앗/엇-'·'-암/엄-' 앞에서 'ㄹㄹ'로 바뀔 때. [르-불규칙][24]

---

23) 'ㅅ-불규칙용언'은 제주어에 없는 것으로 돼 있는데, '싯다[有]'와 '잇다[繼承]는 'ㅅ불규칙동사'이다. 또 '짓다[炊/作文]'인 경우는 화자에 따라 규칙동사로 활용하기도 하고, 불규칙동사로 활용하기도 한다.

· 가르다[分] : 가르+아/앙/안>갈라/갈랑/갈란
가르+앗+저/이냐/수다/수광/구낭>갈랏저/갈랏이냐/갈랏수다/갈랏수광/갈랏구낭
가르+암+저/시냐/수다/수광/구낭>갈람저/갈람시냐/갈람수다/갈람수광/갈람구낭

· ᄒᆞ르다[流] : ᄒᆞ르+어/엉/언>홀러/홀렁/홀런
ᄒᆞ르+엇+저/이냐/수다/수광/구낭>홀렀저/홀렀이냐/홀렀수다/홀렀수광/홀렀구낭
ᄒᆞ르+엄+저/시냐/수다/수광/구낭>홀럼저/홀럼시냐/홀럼수다/홀럼수광/홀럼구낭

▶ 거르다/갈르다[濾], 고르다/골르다[均/未滿], 누르다/눌르다[壓], 다르다/달르다[異], 두르다/둘르다[揮], ᄆᆞ르다/ᄆᆞᆯ르다[裁斷/乾], 바르다/발르다[正], 부르다/불르다[唱/呼], 시르다/실르다[載], 지르다/질르다[叫/燃], ᄇᆞ르다/불르다[塗], ᄈᆞ르다/ᄈᆞᆯ르다[速], ᄍᆞ르다/ᄍᆞᆯ르다[截/短]

(8) 어간 끝음절 'ㅡ'가 '모음'으로 시작되는 연결어미 '-아/-앙/-안'·'-어/-엉/-언'과 선어말어미 '-앗/엇-'·'-암/엄-' 앞에서 탈락될 때. [으-불규칙][25)]

· ᄃᆞᆼ그다[漬] : ᄃᆞᆼ그+아/앙/안>ᄃᆞᆼ그아/ᄃᆞᆼ가//ᄃᆞᆼ그앙/ᄃᆞᆼ강//ᄃᆞᆼ그안/ᄃᆞᆼ간
ᄃᆞᆼ그+앗+저/이냐/수다/입서/앗구낭>ᄃᆞᆼ갓저/ᄃᆞᆼ갓이냐/ᄃᆞᆼ갓수다/ᄃᆞᆼ갓입서/ᄃᆞᆼ갓구낭
ᄃᆞᆼ그+암+저/시냐/수다/십서/구낭>ᄃᆞᆼ감저/ᄃᆞᆼ감시냐/ᄃᆞᆼ감수다/ᄃᆞᆼ십서/ᄃᆞᆼ감구낭

---

24) 제주어의 '르-불규칙용언'은 그 기본형이 둘이다. 즉 '가르다/나르다/다르다…'를 '갈르다/날르다/달르다…'로도 쓰임이 그것인데, 이런 경우는 '통일학교문법'을 따르면 '갈르다/날르다/달르다'는 그 자체가 'ㄹㄹ다'의 형태를 취하고 있는 것이 되므로 'ㅡ'음 탈락 현상이 되므로, '르-불규칙'이 아니라고 할 수 있다.

25) '통일학교문법'에서는 음운탈락 현상으로 보고 불규칙용언이 아닌 것으로 돼 있다. 하지만 '-(으)'가 모음으로 시작되는 어미 앞에서 탈락되고 그 첫소리 자음은 모음으로 시작되는 어미와 결합된 형태로 변하기 때문에 불규칙동사로 다뤘다.

· 가끄다[削] : 가끄+아/앙/안>가끄아/가까//가끄앙/가깡//가끄안/가깐
가끄+앗+저/이냐/수다/입서/구낭>가깟저/가깟이냐/가깟수다/가깟입서/가깟구낭
가끄+암+저/시냐/수다/십서/구낭>가깜저/가깜시냐/가깜수다/가깜십서//가깜구낭

· 노프다[高] : 노프+아/앙/언>노프아/노파//노프앙/노팡/노프안/노판
노프+앗+저/이냐/수다/수강/구낭>노팟저/노팟이냐/노팟수다/노팟수강/노팟구낭
노프+암-저/시냐/수다/수강/구낭>노팜저/노팜시냐/노팜수다/노팜수강/노팜구낭

· 지프다[深] : 지프+어/언/언>지프어/지퍼//지프엉/지펑/지프언/지펀
지프+엇+저/이냐/수다/수강/구낭>지펏저/지펏이냐/지펏수다/지펏수강/지펏구낭
지프+엄+저/시냐/수다/수강/구낭>기펌저/지펌시냐/지펌수다/지펌수강/지펌구낭

▶ 놉드다, 싱그다[植], 중그다[鎖], 헙드다, 나끄다[釣], 다끄다[修], 마트다[受], 무끄다[束], 서끄다[混], 시끄다[載], ᄋᆞ끄다[編], 푸끄다[扇], 더끄다[覆], 바끄다[吐], 보끄다[炒], ᄀᆞ트다[如], 부트다[附/着], 야트다[淺], 할트다[舐], 흐트다[散], 노프다[高], 실프다[厭], 슬프다[悲], 지프다[深], 가프다[報], 고프다[餓], 매프다[愴], 아프다[痛]

(9) 어간 끝음절 'ㅜ'가 연결어미 '-어/-엉/-언'과 선어말어미 '-엇-'·'-엄-' 앞에서 탈락될 때. [우-불규칙]

· 푸다 : 푸+어/엉/언>퍼/펑/펀
푸+엇+저/인가/수다/입서/구낭>펏저/펏인가/펏수다/펏입서/펏구낭
푸+엄+저/신가/수다/십서/구낭>펌저/펌신가/펌수다/펌십서/펌구낭

(10) 'ᄒᆞ다'·'-ᄒᆞ다'의 'ᄒᆞ' 다음에 붙는 연결어미 '-아/-앙/-안'은 '-ᄋᆢ/-ᄋᆢᆼ/-ᄋᆢᆫ//-여/-영/-연'으로, 선어말어미 '-앗-'·'-암-'은, '-ᄋᆢᆺ/엿-'·'-ᄋᆢᆷ/염-'으로 바뀔 때. [ᄋᆢ-불규칙/여-불규칙][26]

· ᄒᆞ다: ᄒᆞ+아/앙/안>ᄒᆞᄋᆢ/ᄒᆞᄋᆢᆼ/ᄒᆞᄋᆢᆫ
ᄒᆞ여/ᄒᆞ영/ᄒᆞ연
ᄒᆞ+앗+저/이네/수다/수가/구낭>ᄒᆞᄋᆢᆺ저/ᄒᆞᄋᆢᆺ이네/ᄒᆞᄋᆢᆺ수다/ᄒᆞᄋᆢᆺ수가/ᄒᆞᄋᆢᆺ구낭
ᄒᆞ엿저/ᄒᆞ엿이네/ᄒᆞ엿수다/ᄒᆞ엿수가/ᄒᆞ엿구낭
ᄒᆞ+암+저/시네/수다/수가/구낭>ᄒᆞᄋᆢᆷ저/ᄒᆞᄋᆢᆷ시네/ᄒᆞᄋᆢᆷ수다/ᄒᆞᄋᆢᆷ수가/ᄒᆞᄋᆢᆷ구낭
ᄒᆞ염저/ᄒᆞ염시네/ᄒᆞ염수다/ᄒᆞ염수가/ᄒᆞ염구낭

· 노랑ᄒᆞ다: 노랑ᄒᆞ+아/앙/안>노랑ᄒᆞᄋᆢ/노랑ᄒᆞᄋᆢᆼ/노랑ᄒᆞᄋᆢᆫ
노랑ᄒᆞ여/노랑ᄒᆞ영/노랑ᄒᆞ연
노랑ᄒᆞ+앗+저/이네/수다/수강/구낭>노랑ᄒᆞᄋᆢᆺ저/노랑ᄒᆞᄋᆢᆺ이네/노랑ᄒᆞᄋᆢᆺ수다/노랑ᄒᆞᄋᆢᆺ수강/노랑ᄒᆞᄋᆢᆺ구낭
노랑ᄒᆞ엿저/노랑ᄒᆞ엿이네/노랑ᄒᆞ엿수다/노랑ᄒᆞ엿수강/노랑ᄒᆞ엿구낭
노랑ᄒᆞ+암+저/시네/수다/수강/구낭>노랑ᄒᆞᄋᆢᆷ저/노랑ᄒᆞᄋᆢᆷ시네/노랑ᄒᆞᄋᆢᆷ수다/노랑ᄒᆞᄋᆢᆷ수강/노랑ᄒᆞᄋᆢᆷ구낭
노랑ᄒᆞ염저/노랑ᄒᆞ염시네/노랑ᄒᆞ염수다/노랑ᄒᆞ염수강/노랑ᄒᆞ염구낭

---

26) 'ᄋᆢ-불규칙'은 '여-불규칙'과 같은데, 다만 'ᄒᆞ다'로 끝나는 용언의 어간인 'ᄒᆞ'에 어미 '-아/-앙/-안'과 선어말어미 '-앗-'·'-암-'이, 구술(口述)할 때 '-ᄋᆢ/-ᄋᆢᆼ/-ᄋᆢᆫ'·'-ᄋᆢᆺ-'·'-ᄋᆢᆷ-'으로 활용됨으로써 음운형태가 달라진 데서 기인한다. 그뿐만 아니라 예전에는 'ㅕ(여)'가 껴 있는 말은 거의 'ᄋᆢ'로 발음하기 일쑤였다. 그러니 '여-불규칙'은 'ᄋᆢ-불규칙'을 현대국어어문법에 따른 것이다. 본래의 제주어 음운형태를 되살리려면 '하여/하여서'·'하였다'·'하고 있다' 따위를 'ᄒᆞ여/ᄒᆞ영/ᄒᆞ연'·'ᄒᆞ엿다'·'ᄒᆞ염저(다)'보다 'ᄒᆞᄋᆢ/ᄒᆞᄋᆢᆼ/하ᄋᆢᆫ'·'ᄒᆞᄋᆢᆺ다'·'ᄒᆞᄋᆢᆷ저(다)'로 표기해야 옳다.

제31항 : 존대형종결어미 '-수다' · '-우다' · '-쿠다'는 다음 (1)-(6)과 같이 용언의 어간과 선어말어미 다음에 붙는다.

(1) '-습니다'에 대응하는 '-수다'는 'ㄹ'을 제외한 자음받침으로 끝나거나 형용사어간에 붙는다.

- 족다 : 족+수다>족수다, 묽다 : 묽+수다>묽수다, 붉다 : 붉+수다>붉수다. 훍다 : 훍+수다>훍수다, 어둑다 : 어둑+수다>어둑수다, ….
- 곧다 : 곧+수다>곧수다, 굳다 : 굳+수다>굳수다
- 넙다 : 넙+수다>넙수다, 덥다 : 덥+수다>덥수다, 밉다 : 밉+수다>밉수다, 쉽다 : 쉽+수다>쉽수다, 싱겁다 : 싱겁+수다>싱겁수다, 가찹다 : 가찹+수다>가찹수다, 지접다 : 지접+수다>지접수다 ….
- 낫다 : 낫+수다>낫수다, ᄃᆞᆺ다/ᄄᆞᆺ다 : ᄃᆞᆺ+수다/ᄄᆞᆺ+수다>ᄃᆞᆺ수다/ᄄᆞᆺ수다, 엇다/ᄋᆞᆺ다 : 엇+수다/ᄋᆞᆺ+수다>엇수다/ᄋᆞᆺ수다, 잇다/싯다 : 잇+수다/싯+수다>잇수다/싯수다 ….
- 늦다 : 늦+수다>늦수다, 궂다 : 궂+수다>궂수다, ᄂᆞᆽ다 : ᄂᆞᆽ+수다>ᄂᆞᆽ수다
- 좋다 : 좋+수다>좋수다

(2) '-았습니다/-었습니다'의 '-습니다'에 대응하는 '-수다'는 선어말어미 '-앗/엇-' 다음에 붙는다.

<양성어근+앗+수다>

- 가다 : 가+앗+수다>갓수다, 오다 : 오+앗+수다>왓수다
- 살다 : 살+앗+수다>살앗수다, 닮다 : 닮+앗+수다>닮앗수다
- 놓다 : 놓+앗+수다>놓앗수다, 좇다 : 좇+앗+수다>좇앗수다
- 좀자다 : 좀자+앗+수다>좀잣수다 ….

<음성어근+엇+수다>

- 먹다 : 먹+엇+수다>먹엇수다, 춥다 : 춥+엇+수다>추웟수다

· 지프다 : 지프+엇+수다>지펏수다, 궂이굴다 : 궂이굴+엇+수다>
궂이굴엇수다
· 술지다 : 술지+엇+수다>술졋수다=술ᄌᆢᆺ수다 ….

(3) '-였습니다'의 '-습니다'에 대응하는 '-수다'는 'ᄒᆞ다'의 'ᄒᆞ'에 이어지는 선어말어미 '-ᄋᆢᆺ/엿-' 다음에 붙는다.

· 말ᄒᆞ다 : 말ᄒᆞ+ᄋᆢᆺ/엿+수다>말ᄒᆞᄋᆢᆺ/엿수다,
· 순종ᄒᆞ다 : 순종ᄒᆞ+ᄋᆢᆺ/엿+수다>순종ᄒᆞᄋᆢᆺ/엿수다,
· 노랑ᄒᆞ다 : 노랑ᄒᆞ+ᄋᆢᆺ/엿+수다/노랑ᄒᆞᄋᆢᆺ/엿수다,
· 시들시들ᄒᆞ다 : 시들시들ᄒᆞ+ᄋᆢᆺ/엿+수다>시들시들하ᄋᆢᆺ/엿수다 ….

(4) '-고 있습니다'의 '-습니다'에 대응하는 '-수다'는 선어말어미 '-암/엄-'·'-ᄋᆢᆷ/염-' 다음에 붙는다.

<양성어근+암+수다>

· 감다 : 감+암+수다>감암수다, 돌다 : 돌+암+수다>돌암수다,
노프다 : 노프+암+수다>노팜수다, ᄂᆞᆯ다 : ᄂᆞᆯ+암+수다>ᄂᆞᆯ암수다,
ᄇᆞᆰ다 : ᄇᆞᆰ+암+수다>ᄇᆞᆰ암수다, ᄉᆞᆱ다 : ᄉᆞᆱ+암+수다>ᄉᆞᆱ암수다 ….

<음성어근+엄+수다>

· 검다 : 검+엄+수다>검엄수다, 기다 : 기+엄+수다>기엄수다,
· 얽다 : 얽+엄+수다>얽엄수다, 늙다 : 늙+엄+수다>늙엄수다,
· 젊다 : 젊+엄+수다>젊엄수다, 숨쉬다 : 숨쉬+엄+수다>숨쉬엄수다, ….

<ᄒᆞ+ᄋᆢᆷ/염+수다>

절ᄒᆞ다 : 절ᄒᆞ+ᄋᆢᆷ/염+수다>절ᄒᆞᄋᆢᆷ/염수다, 걱정ᄒᆞ다 : 걱정ᄒᆞ+ᄋᆢᆷ/염+수다>걱정ᄒᆞᄋᆢᆷ/염수다, 사노롱ᄒᆞ다 : 사노롱ᄒᆞ+ᄋᆢᆷ/염+수다>사노롱ᄒᆞᄋᆢᆷ/염수다. 울긋불긋ᄒᆞ다 : 울긋불긋ᄒᆞ+ᄋᆢᆷ/염+수다>울긋불긋ᄒᆞᄋᆢᆷ/염수다, 몰랑몰랑ᄒᆞ다 : 몰랑몰랑ᄒᆞ+ᄋᆢᆷ/염+수다>말랑몰랑ᄒᆞᄋᆢᆷ/염수다 ….

(5) '-ㅂ니다/-입니다'에 대응하는 '-우다'·'-이우다'는 다음 ①② 와 같이 체언과 어간에 붙는다.

① 체언의 끝음절이 모음으로 끝나면 '-우다'가, 자음받침으로 끝나면 '-이우다'가 붙는다.

<체언(모음)+우다>	<체언(자음)+이우다>
· 건 나우다.	건 놈/놈이우다.
(그것은 납(나ㅂ)니다/나입니다.)	(그것은 남입니다.)
· 저건 비앵기우다.	저건 페범이우다.
(저것은 비행깁(기ㅂ)니다/비행기입니다.)	(저것은 표범입니다.)
· 요건 고등에우다.	요건 우럭이우다.
(요것은 고등업(어ㅂ)니다/고등어입니다.)	(요것은 우럭입니다.)

② 형용사의 어간 끝음절이 'ㄹ'이거나 모음일 때 붙는다.

<형용사어간(ㄹ)+우다>

· 멀다 : 멀+우다>머우다(멉니다)
· 질다 : 질+우다>지우다(깁니다)
· 얼다 : 얼+우다>어우다(춥습니다)
· 두물다 : 두물+우다>두무우다(드뭅니다)

<형용사어간(모음)+우다>

· 아니다 : 아니+우다>아니우다(아닙니다)
· 아프다 : 아프+우다>아프우다(아픕니다)
· 미륜ᄒᆞ다 : 미륜ᄒᆞ+우다>미륜ᄒᆞ우다(미련합니다)
· 느리다 : 느리+우다>느리우다(느립니다)

[첨부] 동사인 경우는 '말다'의 어간 '말' 다음에만 붙어서, '싫습니다'의 뜻으로 쓰인다.

· 줘도 난 마우다.
(줘도 나는 싫습니다.)

(6) '-겠습니다'에 대응하는 '-쿠다'는 모음과 'ㄹ'로 끝나는 어간에, '-(으/이)쿠다'는 'ㄹ'을 제외한 자음받침으로 끝나는 어간에 붙는다.

<어간(모음/ㄹ)+쿠다>

· 가다 : 가+쿠다>가쿠다(가겠습니다)
· 두다 : 두+쿠다>두쿠다(두겠습니다)
· 지다 : 지+쿠다>지쿠다(지겠습니다)
· ᄀᆞ트다 : ᄀᆞ트+쿠다>ᄀᆞ트쿠다(같겠습니다)
· 걸리다 : 걸리+쿠다>걸리쿠다(걸리겠습니다)
· 익히다 : 익히+쿠다>익히쿠다(익히겠습니다)
· 키우다 : 키우+쿠다>키우쿠다(키우겠습니다)
· 멈추다 : 멈추+쿠다>멈추쿠다(멈추겠습니다)
· 먼먼ᄒᆞ다 : 먼먼ᄒᆞ+쿠다>먼먼ᄒᆞ쿠다(멀고멀겠습니다)
· 노릿노릿ᄒᆞ다: 노릿노릭ᄒᆞ+쿠다>노릿노릿ᄒᆞ쿠다(노릇노릇하겠습니다)
· 놀다 : 놀+쿠다>놀쿠다(놀겠습니다)
· 멀다 : 말+쿠다>멀쿠다(멀겠습니다)
· 불다 : 불+쿠다>불쿠다(불겠습니다)
· 살다 : 살+쿠다>살쿠다(살겠습니다)

<어간(모음/ㄹ제외)+으쿠다/이쿠다>

· 녹다 : 녹+으쿠다>녹으쿠다(녹겠습니다)
· 신다 : 신+으쿠다>신으쿠다(신겠습니다)
· 믿다 : 믿+으쿠다>믿으쿠다(믿겠습니다)
· 늙다 : 늙+으쿠다>늙으쿠다(늙겠습니다)
· 젊다 : 젊+으쿠다>젊으쿠다(젊겠습니다)
· 좋다 : 좋+으쿠다>좋으쿠다(좋겠습니다) ….

· 엇다/읏다 : 엇+으쿠다/읏+으쿠다>엇으쿠다/읏으쿠다//엇이쿠다/읏이쿠다(없겠습니다)
· 젖다 : 젖+으쿠다/이쿠다>젖으쿠다/젖이쿠다(젖겠습니다) ….

第32항 : 존대형의문형종결어미 '-수가/-수강' · '-수과/-수광' · '-우까/-우깡' · '-우꽈/-우꽝' · '-쿠가/-쿠강' · '-쿠과/-쿠광'은 다음 (1)-(7)과 같이 적는다.

(1) '-습니까'에 대응하는 '-수가/-수강' · '-수과/-수광'은 형용사의 'ㄹ' 받침을 제외한 형용사어간에 붙는다.

· 개벱다 : 개벱+수가/수강//수과/수광>개벱수가/수강//개벱수과/수광(가볍습니까)
· 늦다 : 늦+수가/수강//수과/수광>늦수가/수강//늦수과/수광(늦습니까)
· 쉽다 : 쉽+수가/수강//수과/수광>쉽수가/수강//쉽수과/수광(쉽습니까)
· 엇다 : 엇+수가/수강//수과/수광>엇수가/수강//엇수과/수광(없습니까)
· 맞다 : 맞+수가/수강//수과/수광>맞수가/수강//맞수과/수광(맞습니까)
· 좋다 : 좋+수가/수강//수과/수광>좋수가/수강//좋수과/수광(좋습니까)
· ᄆᆞᆰ다 : ᄆᆞᆰ+수가/수강//수과/수광>ᄆᆞᆰ수가/수강//ᄆᆞᆰ수과/수광(맑습니까)
· ᄌᆞᆲ다 : ᄌᆞᆲ+수가/수강//수과/수광>ᄌᆞᆲ수가/수강//ᄌᆞᆲ수과/수광(젊습니까)

(2) '-았습니까/-었습니까'의 '-습니까'에 대응하는 '-수가/-수강' · '-수과 /-수광'은 선어말어미 '-앗/엇-' 다음에 붙는다.

<양성어근+앗+수가/수강//수과/수광>

· 족다 : 족+앗+수가/수강//수과/수광>족앗수가/수강//족앗수과/수광(작았습니까)
· ᄀᆞᆮ다 : ᄀᆞᆮ+앗+수가/수강//수과/수광>ᄀᆞᆯ앗수가/수강//ᄀᆞᆯ앗수과/수광(말하였습니다)
· 살다 : 살+앗+수가/수강//수과/수광>살앗수가/수강//살앗수과/수광(살았습니다)
· 맵다 : 맵+앗+수가/수강//수과/수광>맵앗수가/수강//맵앗수과/수광(매웠습니까)

- ᄂᆞᇂ다 : ᄂᆞᇂ+앗+수가/수강//수과/수광>ᄂᆞᇂ앗수가/수강//ᄂᆞᇂ앗수과/수광(놓았습니까)
- ᄇᆞᆰ다 : ᄂᆞᆰ+앗+수가/수강//수과/수광>ᄂᆞᆰ앗수가/수강//ᄂᆞᆰ앗수과/수광(밝았습니다)

<음성어근+엇+수가/수강//수과/수광>

- 싯다/잇다 : 싯/잇+엇+수가/수강>시엇수가/수강//잇엇수가/수강(있습니까)
  싯/잇+엇+수과/수광>시엇수과/수광//잇엇수과/수광(있습니까)
- 헐다 : 헐+엇+수가/수강//수과/수광>헐엇수가/수강//헐엇수과/수광(헐었습니까)
- 붉다 : 붉+엇+수가/수강//수과/수광>붉엇수가/수강//붉엇수과/수광(붉었습니까)
- 어프다 : 어프+엇+수가/수강//수과/수광>어펏수가/수강//어펏수과/수광(엎었습니까)
- 서끄다 : 서끄+엇+수가/수강//수과/수광>서껏수가/수강//서껏수과/수광(섞었습니까)
- 푸리다 : 푸리+엇+수가/수강//수과/수광>푸리엇수가/수강//푸리엇수과/수광(파랬습니까)

(3) '-였습니까'의 '-습니까'에 대응하는 '-수가/-수강'·'-수과/-수광'은 'ᄒᆞ다'의 'ᄒᆞ'에 다음에 이어지는 선어말어미 '-ᄋᆢᆺ/엿-'에 붙는다.

- ᄒᆞ다 : ᄒᆞ+ᄋᆢᆺ+수가/수강//수과/수광>ᄒᆞᄋᆢᆺ수가/수강//ᄒᆞᄋᆢᆺ수과/수광(하였습니까)
  ᄒᆞ+엿+수가/수강//수과/수광>ᄒᆞ엿수가/수강//ᄒᆞ엿수과/수광(하였습니까)
- 질쭉ᄒᆞ다 : 질쭉ᄒᆞ+ᄋᆢᆺ+수가/수강//수과/수광>질쭉ᄒᆞᄋᆢᆺ수가/수강//질쭉ᄒᆞᄋᆢᆺ수과/수광//질쭉ᄒᆞᄋᆢᆺ수과/수광(길쭉하였습니다)/질쭉ᄒᆞ+엿+수가/수강//수과/수광>질쭉ᄒᆞ엿수가/수강//질쭉ᄒᆞ엿수과/수광//질쭉ᄒᆞ엿수과/수광(길쭉하였습니다)

(4) '-고 있습니까'의 '-습니까'에 대응하는 '-수가/-수강'·'-수과/-수광'은 선어말어미 '-암/엄-' 다음에 붙는다.

<양성어근+암+수가/수강//수과/수광>

- ᄀᆞᆮ다 : ᄀᆞᆮ+암+수가/수강//수과/수광>ᄀᆞᆯ암수가/수강//ᄀᆞᆯ암수과/수광(말하고 있습니까)
- 살다 : 살+암+수가/수강//수과/수광>살암수가/수강//살암수과/수광(살고 있습니까)
- 좋다 : 좋+암+수가/수강//수과/수광>좋암수가/수강//좋암수과/수광(좋고 있습니까)
- 붉다 : ᄇᆞᆰ+암+수가/수강//수과/수광>ᄇᆞᆰ암수가/수강//ᄇᆞᆰ암수과/수광(밝고 있습니까)

<음성어근+엄+수가/수강//수과/수광>

- 싯다[有] : 싯+엄+수가/수강//수과/수광>시엄수가/수강//셤수가/수강/시엄수과/수광//셤수과/수광(있고 있습니까)
- 어프다 : 어프+엄+수가/수강//수과/수광>어펌수가/수강//어펌수과/수광(엎고 있습니까)
- 푸리다 : 푸리+엄+수가/수강//수과/수광>푸리엄수가/수강//푸렴수가/수강//푸리엄수과/수광/푸렴수과/수광(푸르고 있습니까/파래지고 있습니까)
- 늦추다 : 늦추+엄+수가/수강//수과/수광>늦췀수가/수강//늦췀수과/수광(늦추고 있습니까)

(5) '-고 있습니까'의 '-습니까'에 대응하는 '-수가/-수강'·'-수과/-수광'은 'ᄒᆞ다/-ᄒᆞ다'의 'ᄒᆞ' 다음에 붙는 선어말어미 '-옴/염-'에 붙는다.

<ᄒᆞ+옴/염+수가/수강//수과/수광>

- ᄒᆞ다 : ᄒᆞ+옴+수가/수강//수과/수광>ᄒᆞ옴수가/수강//ᄒᆞ옴수과/수광(하고 있습니까)
  ᄒᆞ+염+수가/수강//수과/수광>ᄒᆞ염수가/수강//ᄒᆞ염수과/수광(하고 있습니까)

· 질쭉ᄒᆞ다 : 질쭉ᄒᆞ+ᄋᆞᆷ+수가/수강//수과/수광>질쭉ᄒᆞᄋᆞᆷ수가/수강//질쭉ᄒᆞᄋᆞᆷ수과/수광//질쭉ᄒᆞᄋᆞᆷ수과/수과/수광(길쭉해지고 있습니까)
질쭉ᄒᆞ+염+수가/수강//수과/수광>질쭉ᄒᆞ염수가/수강//질쭉ᄒᆞ염수과/수광//질쭉ᄒᆞ염수과/수광(길쭉해지고 있습니까/길쭉합니까)

[첨부] '-수가/-수강'·'-수과/-수광' 대신 '-수까/-수깡'·'-수꽈/-수꽝'도 쓸 수 있다.27)

(6) '-ㅂ니까/-입니까'에 대응하는 '-우까/-우꽈'·'-(으/이)우까/-(으/이)우꽈'는 체언과 '잇다/싯다'·'엇다/읏다'를 제외한 형용사어간과 동사 '말다'의 어간에 붙는다.

<체언+우까/우꽈>	<체언+이우까/이우꽈>
· ᄀᆞ시락 돌리민 보리우까/우꽈?	이런 게 산숨이우까/이우꽈?
(까끄라기 달리면 보립니까/보리입니까?)	(이런 것이 산삼입니까?)
· 몰로 지난 몰방애우까/우꽈?	어떠난 나만 헌책이우까/이우꽈?
(말로 찧니 말방아입니까/말방아입니까?)	(어떠니 나만 헌책입니까?)

<형용사어간+우까/우꽈>	<형용사어간(모음)+우까/우꽈>
· 맛이 ᄃᆞ우까/우꽈?	경도 슬프우까/우꽈?
(맛이 답니까?)	(그렇게도 슬픕니까?)
· 이디선 머우까/우꽈?	건 거짓말 아니우까/우꽈?
(여기서는 멉니까?)	(그것은 거짓말 아닙니까?)
· 색깔이 고우까/우꽈?	ᄋᆢᆯ매가 훍직훍직ᄒᆞ우까/우꽈?
(색깔이 곱습니까?)	(열매가 굵직굵직합니까?)

27) 강한 어조로 반문하거나 의문을 제기할 때 어감이 강해져서 센소리가 난다. 이를테면 소설의 지문같은 데 상기된 말투의 어조를 문자화해서 묘사할 때도 쓰인다.

<동사어간+우까/우꽈>

동사인 경우는 '말다'의 어간에만 붙음.

· 무사 마우까/우꽈?
(왜 싫습니까?)

[첨부] 1) '-우까/-수꽈'·'-이우까/-이우꽈' 대신 '-우깡/-수꽝'·'-이우깡/-이우꽝'도 쓸 수 있다. 제32항 (5)의 [첨부]와 (6) 참조

2) 극존대형의문형종결어미는 '-옵네까/-옵니까'·'-시옵네까/-시옵니까'·'-ᄉᆞ옵네까/-ᄉᆞ옵니까'·'-습네까/-습니까'·'-나이까'·'-시나이까'가 쓰이기도 한다.[28)]

· 어딜 가옵네까/옵니까?
(어디를 가옵니까?)

· 어딜 가시옵네까/시옵니까?
(어디를 가시옵니까)

· ᄀᆞᆼ 됏ᄉᆞ옵네까/ᄉᆞ옵니까?
(그렇게 됐사옵니까)

· 어찌 됏습네까/습니까?
(어찌 됐삽니까?)

· 언제 돌아오나이까?
(언제 돌아오나이까?)

· 펜이 지내시나이까?
(편히 지내시나이까?)

(7) '-겠습니까'에 대응하는 '-쿠가/-쿠강'·'-(으/이)쿠가/-(으/이)쿠강'·'-쿠과/-쿠광'·'-(으/이)쿠과/-(으/이)쿠광'은 다음 ①②와 같다.

① 끝음절이 모음이나 'ㄹ' 받침일 경우는 '-쿠가/-쿠강'·'-쿠과/-쿠광'/이, 'ㄹ' 이외의 자음받침으로 끝나면 '(으/이)쿠가/-(으/이)쿠강'·'-(으/이)쿠과/-(으/이)쿠광'이 붙는다.

---

28) 제주어의 아주높임말인 극존대형의 종결어미는 일반서민층에서는 좀처럼 잘 안 쓰이고, 주로 식자층이나 체통 있는 가문에서 쓰였다. 그러던 것이 점차 언어예절에 따른 경어법을 중시하면서 윗사람에 대한 교양 있는 경어법으로 삼았다.

<어간(모음/ㄹ)+쿠가/쿠강//쿠과/쿠광>

· 가다 : 가+쿠가/쿠강//쿠과/쿠광
무사 가쿠가/쿠강?
(왜 가겠습니까?)
오늘도 일ᄒᆞ레 가쿠과/쿠광?
(오늘도 일하러 가겠습니까?)

· 바꾸다 : 바꾸+쿠가/쿠강//쿠과/쿠광
ᄌᆞ동차 새걸로 바꾸쿠가/쿠강?
(자동차 새것으로 바꾸겠습니까?)
ᄌᆞ시을 재산이영 바꾸쿠과/쿠광?
(자식을 재산하고 바꾸겠습니까?)

· 멀다 : 멀+쿠가/쿠강//쿠과/쿠광
집이 너미 멀쿠가/쿠강?
(집이 너무 멀겠습니까?)
밥이 질쿠가/쿠강?
(밥이 질겠습니까?)

· 살다 : 살+쿠가/쿠강//쿠과/쿠광
무사 이디 살쿠가/쿠강?
(왜 여기 살겠습니까?)
어디서 놀쿠과/쿠광?
(여기서 놀겠습니까?)

· 자랑ᄒᆞ다 : 자랑ᄒᆞ+쿠가/쿠강//쿠과/쿠광
공불 잘ᄒᆞᆫ댕 자랑ᄒᆞ쿠가/쿠강?
(공부를 잘한다고 자랑하겠습니까?)
재산 한 걸 자랑ᄒᆞ쿠과/쿠광?
(재산 많을 것을 자랑하겠습니까?)

· 아웨다 : 아웨+쿠가/크강//쿠과/쿠광
혼자 살민 아웨쿠가/쿠강?
(혼자 살면 외롭겠습니까?)
벗이 엇이민 아웨쿠과/쿠광?
(벗이 없으면 외롭겠습니까?)

<어간(ㄹ 제외)+(으/이)쿠가/(으/이)쿠강//(으/이)쿠과/(으/이)쿠광>

· 찍다 : 찍+으쿠가/으쿠강//으쿠과/으쿠광
사진 찍으쿠가/으쿠강?
(사진 찍겠습니까?)
투페 때 누겔 찍으쿠과/으쿠광?
(투표 때 누구를 찍겠습니까?)

· 묻다 : 묻+으쿠가/으쿠강//으쿠과/으쿠광
땅 팡 묻으쿠가/으쿠강?
(땅 파서 묻겠습니까?)
뿔릴 지피 묻으쿠과/으쿠광?
(뿌리를 깊이 묻겠습니까?)

· 짓다 : 짓+으쿠가/으쿠강//으쿠과/으쿠광
집을 짓으쿠가/으쿠강//짓으쿠과/으쿠광?
(집을 짓겠습니까?)
짓+이쿠가/이쿠강//이쿠과/이쿠광
집을 짓이쿠가/이쿠강//짓이쿠과/이쿠광?
(집을 짓겠습니까?)

· 춫다 : 춫+으쿠가/으쿠강//으쿠과/으쿠광
돈을 춫으쿠가/으쿠강//으쿠과/으쿠광?
(돈을 찾겠습니까?)
춫+이쿠가/이쿠강//이쿠과/이쿠광
돈을 춫이쿠가/이쿠강//이쿠과/이쿠광?
(돈을 찾겠습니까?)

② 사동 · 피동형접미사 '-기/리/이/구/우/추-' 다음에 붙는다.

· 찢다 : 찢+기+쿠가/쿠강//쿠과/쿠광>찢기쿠가/쿠강//쿠과/쿠광
옷을 갈기갈지 찢기쿠가/쿠강?
(옷을 갈기갈지 찢기겠습니까?)

옷을 갈기갈지 찢기쿠과/쿠광?

(옷을 갈기갈지 찢기겠습니까?)

· 놀다 : 놀+리+쿠가/쿠강//쿠과/쿠광>놀리쿠가/쿠강//쿠과/쿠광

일꾼덜을 놀리쿠가/쿠강?

(일꾼들을 놀리겠습니까?)

일꾼덜을 놀리쿠과/쿠광?

(일꾼들을 놀리겠습니까?)

· 들다 : 들+이+쿠가/쿠강//쿠과/쿠광>들이쿠가/쿠강//쿠과/이쿠광

정성을 들이쿠가/쿠강?

(정성을 들이겠습니까?)

정성을 들이쿠과/쿠광?

(정성을 들이겠습니까?)

· 솟다 : 솟+구+쿠가/쿠강//쿠과/쿠광>솟구쿠가/쿠강//쿠과/쿠광

몸을 우터레 솟구쿠가/쿠강?

(몸을 위로 솟구겠습니까?)

몸을 우터레 솟구쿠과/쿠광?

(몸을 위로 솟구겠습니까?)

· 돋다 : 돋+우+쿠가/쿠강//쿠과/쿠광>돋우쿠가/쿠강//쿠과/쿠광

입맛을 돋우쿠가/쿠강?

(입맛을 돋우겠습니까?)

입맛을 돋우쿠가/쿠강?

(입맛을 돋우겠습니까?)

· 맞다 : 맞+추+쿠가/쿠강//쿠과/쿠광>맞추쿠가/쿠강//쿠과/쿠광

옷을 맞추쿠가/쿠강?

(옷을 맞추겠습니까?)

옷을 맞추쿠과/쿠광?

(옷을 맞추겠습니까?)

[첨부] '-쿠가/-쿠강'·'-쿠과/-쿠광' 대신 '-쿠까/-쿠깡'·'-쿠꽈/-쿠꽝'도 쓸 수 있다.[29]

제33항 : 반존대형어미 '-순/-심'·'-이순/-이심'은 다음 (1)-(3)과 같이 쓰인다.[30)]

(1) 평서형종결어미로 쓰일 경우

<체언+순/심//이순/이심>

- 이건 나 거순/심.
  (이것은 내 거네/것이네.)
- 저게 우리 집이순/이심.
  (저것이 우리 집이네.)
- 뺄른 조통수단이 비행기순/심.
  (빠른 교통수단이 비행기네.)
- 조심홀 게 말이순/이심.
  (조심할 것이 말이네.)

<어간+순/심>

- 난 더 바쁘순/심.
  (나는 더 바쁘네.)
- 그게 뭔디 난 몰르순/심.
  (그것이 뭔지 나는 모르네.)
- ᄀ진 거라곤 ᄒ나도 엇순/심.
  (가긴 것이라고는 하나도 없네)
- 가인 아무거나 잘 먹순/심.
  (그 아이는 아무것이나 잘 먹네)

<어간+앗/엇+순/심>

- 잘 먹곡 잘 놀앗순/심.
  (잘 먹고 잘 놀았네.)
- 눈이 붓게 울엇순/심.
  (눈이 붓게 울었네.)
- 다 가불언 나만 남앗순/심.
  (다가버려서 나만 남았네.)
- 그땐 나도 잇엇순/심.
  (그때는 나도 있었네.)

29) 각주 27)과 같이 어조를 강하게 할 때 쓰인다.

30) '-순/-심'은 낫살이 위거나 선배가 그 아랫사람이나 후배와 동년배를 예우해서 점잖게 말할 때 주로 여성들 간에 쓰는 반존대형(半尊待形)의 종결어미로 두루 쓰는데, 말하는 화자(話者)의 어조에 따라 '-순'을 쓰기도 하고 '-심'을 쓰기도 한다. 의문형으로 쓰일 경우는 주로 의문사와 함께 쓰이는데, 그 경우 '-순/-심'의 끝을 좀 길고 높게 발음한다.

<어간+암/엄+순/심>

- 우린 펜이 잘살암<u>순/심</u>.
  (우린 편히 잘살고 있네.)
- 올힌 감줄ᄋᆞᆯ매라 덜 ᄋᆞᆯ암<u>순/심</u>.
  (올해는 감귤열매가 덜 열고 있네.)
- ᄉᆞ롬 수라 좀좀 줄엄<u>순/심</u>.
  (사람 수가 점점 줄고 있네.)
- 아무도 안 줜 나만 먹엇<u>순/심</u>.
  (아무나 안 줘서 나만 먹었네.)

<ᄒᆞ+ᄋᆞᆷ/염+순/심>

- 일은 잘ᄒᆞᄋᆞᆷ<u>순/심</u>.
  (일은 잘하고 있네.)
- 버릇엇댕 욕ᄒᆞᄋᆞᆷ<u>순/심</u>.
  (버릇없다고 욕하고 있네.)
- 다덜 늦댄 불펭ᄒᆞ염<u>순/심</u>.
  (다들 나쁘다고 불평하고 있네.)
- ᄌᆞ식을 꼭ᄀᆞ티 ᄉᆞ랑ᄒᆞ염<u>순/심</u>.
  (자식을 똑같이 사랑하고 있네.)

<어간+겟+순/심>

- 난 안 먹겟<u>순/심</u>.
  (나는 안 먹겠네.)
- 나 혼자라도 살겟<u>순/심</u>.
  (나 혼자라도 살겠네.)
- 나도 ᄒᆞᆫ디 가겟<u>순/심</u>.
  (나도 한데 가겠네.)
- 진 ᄒᆞᆯ일 다ᄒᆞ난 ᄆᆞᆷ놓겟<u>순/심</u>.
  (자기는 할일 다하니까 좋겠네.)

(2) 의문형종결어미로 쓰일 경우

<체언+순/심//이순/이심>

- 그게 누게<u>순/심</u>?
  (그것이 누군가?)
- 어느 게 자네 거<u>순/심</u>?
  (어느 것이 자네 것인가?)
- 이게 이녘 옷<u>이순/이심</u>?
  (이것이 자네 옷인가?)
- 저것도 나라 ᄒᆞᆯ 일<u>이순/이심</u>?
  (저것도 내가 ᄒᆞᆯ 일인가?)

<어간+순/심>

- 어떠난 그게 아니<u>순/심</u>?
  (어떠니 그것이 아닌가?)
- 어덜 가고프<u>순/심</u>?
  (어디를 가고픈가?)
- 어디라 질 아프<u>순/심</u>?
  (어디가 제일 아픈가?)
- ᄀᆞᆼ도 지쁘<u>순/심</u>?
  (그렇게도 기쁜가?)

<어간+앗/엇+순/심>

- 어디서 놀앗순/심?
  (어디서 놀았는가?)
- 어떠난 이녁만 남앗순/심?
  (어떠니 자기만 남았는가?)
- 무사 ᄀᆞᆼ 울엇순/심?
  (왜 그렇게 울었는가?)
- 그때 그디 잇엇순/심?
  (그때 거기 있었는가?)

<어간+암/엄+순/심>

- 그중 누게라 잘살암순/심?
  (그중 누구가 잘살고 있는가?)
- 무사 올힌 ᄋᆞᆯ매라 안 ᄋᆞᆯ암순/심?
  (왜 올해는 열매가 안 열고 있는가?)
- 언제부텀 사름 수라 ᄌᆞᆷᄌᆞᆷ 줄엄순/심?
  (언제부터 사람 수가 점점 줄고 있는가?)
- 그 떡 어디 시난 먹엄순/심?
  (그 떡 어디 있으니 먹고 있는가?)

<ᄒᆞ+욤/염+순/심>

- 누게영 ᄀᆞ찌 일ᄒᆞ욤순/심?
  (누구와 같이 일하고 있는가?)
- 어디 가젠 ᄒᆞ욤순/심?
  (어디 가려고 하고 있는가?)
- 무사 불펭ᄒᆞ염순/심?
  (왜 불평하고 있는가?)
- 어떠난 용실 안ᄒᆞ젱 ᄒᆞ염순/심?
  (어떠니 농살을 안하려고 하고 있는가?)

<어간+겟+순/심>

- 무사 안 먹겟순/심?
  (왜 안 먹겠는가?)
- 어디 혼자만 살겟순/심?
  (어디 혼자만 살겠는가?)
- 지도 ᄒᆞᆫ디 가겟순/심?
  (자기도 한데 가겠는가?)
- 어디 ᄆᆞᆷ놩 살겟순/심?
  (어디 맘놓고 살겠는가?)

(3) 권유형종결어미와 명령형종결어미로 공용할 경우

<어간+순/심>

- 잘 놀당 가순/심.
  (잘 놀다가 가게.)
- 깝이랑 잘 받앙 폴순/심.
  (값이랑 잘 받아서 팔게.)
- 너미 밤늦이 놀지랑 말순/심.
  (너무 밤늦게 놀지랑 말게.)
- ᄐᆞ툴 건 ᄃᆞ투순/심.
  (다툴 것은 다투게.)

<어간+앗/엇+순/심>

· 그 자리엔 앚지 말앗순/심.
(그 자리에는 앉지 말았게.)

· ᄀᆞᆮ건 정ᄒᆞᆫ 중 알앗순/심.
(말하거든 그러한 줄 알았게.)

· 징심이랑 몬저 먹엇순/심.
(점심이랑 먼저 먹었게.)

· 궤롭건 그냥 누엇순/심.
(괴롭거든 그냥 누었게.)

<어간+암/엄+순/심>

· 또 오커메 잘덜 잘살암순/심.
(또 오겠으니 잘들 살고 있게.)

· 우리 애기 ᄒᆞᆫ쏠 보암순/심.
(우리 아기 좀 보고 있게.)

· 지드리지 말앙 모ᄂᆞ 먹엄순/심.
(기다리지 말고 먼저 먹고 있게.)

· 준 건 냉기지 말앙 먹엄순/심?
(준 것은 남기지 말아서 먹고 있게.)

<ᄒᆞ+ᄋᆢᆺ/엿+순/심>

· 안 돼건 정ᄒᆞᆫ가 생각ᄒᆞᄋᆢᆺ순/심.
(안 되거든 그러한가 생각하였게.)

· 나 안 갓건 대신 참예ᄒᆞᄋᆢᆺ순/심.
(내가 안 갔거든 대신 참여하였게.)

· 다덜 펜안ᄒᆞ엿순/심.
(다들 편안하였네)

· 가그네 나 대신 일ᄒᆞ엿순/심.
(가서 내 대신 일하였게.)

<ᄒᆞ+ᄋᆢᆷ/염+순/심>

· 마튼 일아나 잘ᄒᆞᄋᆢᆷ순/심.
(맡은 일아나 잘하고 있게.)

· 자네덜랑 공부나 잘ᄒᆞᄋᆢᆷ순/심.
(자네들은 공부나 잘하고 있게.)

· 자네랑 집 거눔이나 잘ᄒᆞ염순/심.
(자네랑 집 관리나 잘하고 있게나.)

· 난 안 갈 걸로 절심ᄒᆞ염순/심.
(나는 인 갈 것으로 결심하였네.)

제2절 접사/전성어미

제34항 : 접두사가 붙어서 된 파생어는 그 어원을 밝혀 적는다.

· 군/굴룬/굴른- : 군입/굴룬입/굴른입, 군일/굴룬일/굴른일, 군말/굴룬말/굴른말, 군것질/굴룬것질/른것질, 군것질ᄒᆞ다/굴룬것질ᄒᆞ다/굴른것질ᄒᆞ다, 군오몽ᄒᆞ다/굴룬오몽ᄒᆞ다/굴

른오몽ᄒᆞ다, 군일ᄒᆞ다/굴룬일ᄒᆞ다/굴른일ᄒᆞ다, 군말ᄒᆞ다/굴룬말ᄒᆞ다/굴른말ᄒᆞ다, 군매맞다/굴룬매맞다/굴른매맞다

- 늣- : 늣하르방, 늣할망, 늣손지, 늣손ᄂᆢ/늣손녀
- ᄂᆞᆯ/생- : ᄂᆞᆯ가죽/생각죽, ᄂᆞᆯ궤기/생궤기, ᄂᆞᆯᄉᆞᆼ키/생ᄉᆞᆼ키, ᄂᆞᆯ장작/생장작, ᄂᆞᆯ보리/생보리
- 덧- : 덧눈, 덧니빨, 덧보선, 덧토시, 덧저고리, 덧셈, 덧나다, 덧부치다/덧부찌다, 덧더프다, 덧씨우다/덧씹다
- 새/시- : 새가망ᄒᆞ다<시거멍ᄒᆞ다, 새카망ᄒᆞ다<시커멍ᄒᆞ다, 새파랑ᄒᆞ다<시퍼렁ᄒᆞ다
- 존- : 존궤, 존말, 존소낭, 존소리, 존부름씨, 존꽝/존뻬, 존주름, 존재주, 존소리ᄒᆞ다, 존신부름ᄒᆞ다
- ᄌᆞᆺ/짓- : ᄌᆞᆺ가망ᄒᆞ다, 짓거멍ᄒᆞ다, ᄌᆞᆺ노랑ᄒᆞ다<짓누렁ᄒᆞ다, ᄌᆞᆺᄇᆞᆯ강ᄒᆞ다<짓벌겅ᄒᆞ다
- 풋- : 풋고치, 풋곡숙, 풋ᄂᆞ물, 풋내기, 풋내/풋내ᄋᆞᆷ/풋냄살/풋냄새, 풋ᄋᆞᆯ매, 풋담배, 풋짐끼/풋짐치, 풋ᄉᆞ랑ᄒᆞ다
- 홀- : 홀몸, 홀아방/홀애비, 홀어멍/홀에미, 홀하르방, 홀할망, 홀소리
- 헛- : 헛걸음, 헛질, 헛불, 헛손질, 헛지침, 헛문세. 헛ᄋᆞᆯ매, 헛고생ᄒᆞ다, 헛말ᄒᆞ다, 헛일ᄒᆞ다, 헛발질ᄒᆞ다

제35항 : 접두사 '숳[雄] · 암ㅎ[雌]'이 붙어서 된 파생어는 다음 (1)(2)와 같이 둘 다 허용한다.[31)]

(1) '수-' 다음 'ㄱ/ㄷ/ㅂ'으로 시작되는 짐승 이름에 'ㅎ'이 덧나는 'ㅋ/ㅌ/ㅍ'과 'ㅅ'이 붙은 '숫'도 허용한다.

31) 동물 이름에 접두사 '암-/수-'가 붙는 파생어는 'ㅎ'이 덧나는 말로도 쓰고, '수-'에 'ㅅ'이 덧붙는 말도 구분 없이 쓰이므로 방언의 특성상 둘 다 허용할 수밖에 없다. 표준어에서는 'ㄱ/ㄷ/ㅂ'에 'ㅎ'이 덧나는 'ㅋ/ㅌ/ㅍ'을 쓰는 것으로 돼 있다.

· 수카마귀(기)/숫가마귀(기), 수톡/숫독, 수펄/숫벌, 수컷/숫것,
· 수토새기/숫도새기, 수핑아리/숫빙아리, 수캐/숫개, 수톳/숫돗,
· 수핑애기/숫빙애기, 수캉생이/숫강생이, 수탕나귀/숫당나귀,
· 수피둘기/숫비둘기, 수캐ᄋᆞᆷ(염)지/숫개ᄋᆞᆷ(염)지, 수퉤끼/숫퉤끼,
· 수핏[雄鰒]/숫빗, 수커미/숫거미, 수코냉이/숫고냉이,
· 수킹이[雄蟹]/숫깅이

(2) '암-' 다음 'ㄱ/ㄷ/ㅂ'으로 시작되는 짐승 이름에 'ㅎ'이 덧나서 'ㅋ/ㅌ/ㅍ'이 될 때와 덧나지 아니할 때 둘 다 허용한다.

· 암카마귀/암가마귀, 암톡/암독, 암펄/암벌, 암캐/암개, 암톳/암돗,
· 암핑애기/암빙애기, 암캉생이/암강생이, 암토새기/암도새기,
· 암피둘기/암비둘기, 암캐ᄋᆞᆷ(염)지/암개ᄋᆞᆷ(염)지, 암탕나귀/암당나귀, 암핏[雌鰒]/암빗, 암커미/암거미, 암퉤끼/암퉤끼, 암코냉이/암고냉이, 암킹이/암깅이

제36항 : 어근에 명사형접미사 '-이/-음/-ㅁ'이 붙어서 된 명사는 아래 (1)-(3)과 같이 어근과 접미사를 밝혀서 적는다.

(1) 어근에 명사형접미사 '-이'가 붙어서 된 말. (㉠을 택하고, ㉡은 버림)

㉠ ㄱ+이	㉡ 기	㉠ ㄴ+이	㉡ 니
거북이	거부기	얼간이	얼가니
홀쭉이	홀쭉이	이뿐이	이뿌니
칸막이/칸맥이	칸마기	육손이	육소니
쩔뚝이	쩔뚜기	허풍선이	허풍서니
㉠ ㄷ+이	㉡ 지	㉠ ㄹ+이	㉡ 리
미닫이	미닫이	밧갈이	밧가리
툭받이	툭바지	털갈이	털가리
물받이	물바지	멍석ᄆᆞᆯ이	멍석ᄆᆞ리

해돋이	해도지	ᄒᆞ루살이 돈벌이	ᄒᆞ루사리 돈버리

㉠ ㅁ+이	㉡ 미	㉠ ㅂ+이	㉡ 비
다듬이	다드미	손잡이/손잽이	손자비/손재비
샘이[泉]	새미	질잡이/질잽이	길자비/길재비
도움이	도우미	곱이곱이	고비고비
지짐이	지지미	굽이굽이	구비구비
지킴이	지키미		

㉠ ㅈ+이	㉡ 지
꼿꽂이	꼿꼬지
적꽂이	적꼬지
해맞이	해마지

[첨부] 접미사 '-이' 이외의 모음으로 시작되는 접미사가 붙어서 된 말은 표준어의 표기처럼 어원을 밝혀 적지 안한다. (㉡은 택하고, ㉡은 버림)

㉠	㉡	㉠	㉡
꼬락사니	꼴악산이	이파리	잎아리
끄트머리	끝으머리	지붕	집웅
바가지	박아지	지푸라기/지푸래기	짚우라기/짚우래기
ᄀᆞ래	ᄀᆞᆯ애	동그래미	동글애미

(2) 어근에 명사형접미사 '-음'이 붙어서 된 말 (㉠을 택하고, ㉡은 버림)

㉠ ㄱ+음	㉡ 금	㉠ ㄷ+음	㉡ 듬	㉠ ㄹ+음	㉡ 름
박음질	바금질	믿음	미듬	걸음[步]	거름
죽음	주금			놀음[遊戲]	노름
				얼음	어름

㉠ ㄱ+음	㉡ 금	㉠ ㄷ+음	㉡ 듬	㉠ ㄹ+음	㉡ 름
				울음	우름
				ᄋᆞᆯ음[實]	ᄋᆞ름
				졸음	조름

㉠ ㅅ+음	㉡ 슴	㉠ ㅈ+음/임	㉡ 즘/짐
웃음	우슴	맺음말/맺임말	매즘말/매짐말
웃음꽃	우슴꽃		
짓음	지슴		

(3) 어근에 명사형접미사 '-ㅁ'이 붙어서 된 말 (㉠은 택하고, ㉡은 버림)

㉠ ㄹ+ㅁ	㉡ ㄹ+음	㉠ ㄲ+ㅁ	㉡ ㄲ+음
삶	살음	가끔질/까끔질	깎음질
앎	알음	무끔	묶음
수눎	수눌음	보끔	볶음
ᄀᆞ묾	ᄀᆞ물음	ᄋᆞ끔	윾음
노름[賭博]	놀음	다끔질	닦음질

제37항 : 어근에 부사형접미사 '-히'가 붙어서 된 부사는 그 어원을 밝혀 '-이'로 적는다.[32] (㉠은 택하고 ㉡은 버림)

㉠ 어근+이	㉡ 어근+히	㉠ 어근+이	㉡ 어근+히
ᄀᆞ만이	ᄀᆞ만히	거무룽이	거무룽히
넉넉이	넉넉히	만이[多]	만히
ᄃᆞᆫᄃᆞᆫ이	ᄃᆞᆫᄃᆞᆫ히	똑똑이	똑똑히
말끔이	말끔히	빽빽이	빽빽히
얼건이	얼건히	ᄌᆞ온이/ᄌᆞ연이	ᄌᆞ온히/ᄌᆞ연히
솔직이	솔직히	촌촌이	촌촌히

32) 표준어의 부사형접미사 '-히'는 제주어에서는 구분 없이 거의 '-이'로 적는다. 다만 '급히'와 같은 경우는 '-히'가 쓰인다.

차분이	ᄎᆞ분히	ᄏᆞᄏᆞᆯ이	ᄏᆞᄏᆞᆯ히
콤콤이	콤콤히	튼튼이	튼튼히
톡톡이	톡톡히	펜안이	펜안히
펜펜이	펜펜히	홀ᄋᆞᆫ이/홀연이	홀ᄋᆞᆫ히/홀연히

제38항 : 어간의 끝음절 'ㄲ/트/프'에 접미사 '-이'가 붙어서 명사나 부사가 될 때는 다음 (1)-(2)과 같이 적는다.[33)]

(1) 명사가 될 때. (㉠은 택하고, ㉡은 버림)

㉠ ㄲ+이>끼	㉡ ㄲ+이	㉠ 트+이>치	㉡ ㅌ+이
목필가끼/까끼	목필갂이	덧부치/덧부찌	덧붙이
궤기나끼	궤기낚이	피부치/피부찌	파붙이
구두다끼	구두닦이	쐐부치/쐐부찌	쇠붙이
떡보끼	떡볶이		
손콥가끼/까끼	손콥깎이		
구덕ᄋᆞ끼	구덕ᄋᆞᆩ이		

㉠ 프+이>피	㉡ ㅍ+이
노피	높이
지피	짚이

(2) 부사가 될 때.[34)] (㉠은 택하고, ㉡은 버림)

㉠ 트+이>치/찌	㉡ ㅌ+이	㉠ 프+이>피	㉡ ㅍ+이
ᄀᆞ치/ᄀᆞ찌	ᄀᆞᇀ이	노피	높이
		지피	짚이

---

33) 제30항 (8)과 주 25) 참조. 어간 끝음절이 'ㄲ/트/프'로 된 말은 '으-불규칙용언'으로 다뤘기 때문에, 모음으로 시작되는 접미사 '-이'가 붙을 때 'ㅡ(으)'가 탈락돼서 '끼/피'가 되고, '치'가 된 것은 'ㅌ'과 '-이'가 만날 때 구개음화가 되기 때문이다. 그러나 '높직하다'·'깊숙하다'의 제주어도 '높직ᄒᆞ다'·'깊숙ᄒᆞ다'라야 접미사 '-이'가 붙었을 때 '높직이'·'짚숙이'가 된다. 이런 경우는 예외적으로 다룰 수 밖에 없다.

34) 'ᄀᆞ트/부트+이'가 'ᄀᆞ치/부치'가 된 것은 구개음화에 따른 것이다. 제15항 [첨부] 참조.

[첨부] '노피'·'지피' 외에 '높직ᄒᆞ다'·'짊숙ᄒᆞ다'의 어간 '높직'·'짊숙'도 부사형접미사 '이'가 붙는다.

- 높직ᄒᆞ다: 높직+이>높직이
- 짊숙ᄒᆞ다: 짊숙+이>짊숙이

제39항: 어근에 사동·피동형접미사 '-기/리/이/히/구/우/추-'가 붙어서 된 말은 다음 ㉠-㉦과 같이 어근을 밝혀서 적는다.

㉠ 어근+기	㉡ 어근+리	㉢ 어근+이	㉣ 어근+히
감기다	갈리다	노피다	같히다
냉기다/넹기다	놀리다	들이다	닫히다
벗기다/벳기다	돌리다	먹이다/멕이다	묻히다
옮기다/웬기다	울리다	박이다/백이다	ᄈᆞᆸ히다/뽑히다
웃기다	풀리다	쌍이다/쌩이다	얽히다
찢기다/칮기다	헐리다	줄이다	ᄇᆞᆰ히다

㉤ 어근+구	㉥ 어근+우	㉦ 어근+추
돋구다	돋우다	ᄀᆞᆽ추다
달구다	내우다	ᄂᆞᆽ추다
ᄉᆞᆺ구다	재우다	맞추다
태우다	태우다	ᄌᆞᆽ추다

[첨부] '-기/히-' 대신 '-지-'도 쓴다.

빗기다=빗지다, 웃기다=웃지다, 안기다=안지다, 눕히다=눅지다, 앚히다=앚지다, 업히다=업지다, 좁히다=좁지다

제40항: 사동·피동사의 어간에 접미사 '-우-'가 덧붙음으로써 그 형태를 달리하는 쌍형어는 다음 (1)-(6)과 같이 허용한다.

(1) 어근+기다/기우다/기웁다/깁다

· 남다 : 냉+기다/기우다/기웁다/깁다>냉기다/냉기우다/냉기웁다/냉깁다
· 안다 : 안+기다/기우다/기웁다/깁다>안기다/안기우다/안기웁다/안깁다
· 웃다 : 웃+기다/기우다/기웁다/깁다>웃기다/웃기우다/웃기웁다/우깁다

(2) 어근+구다/구우다/구웁다/굽다

· 돋다 : 돋+구다/구우다/구웁다/굽다>돋구다/돋구우다/돋구웁다/돋굽다
· 솟다 : 솟+구다/구우다/구웁다/굽다>솟구다/솟구우다/솟구웁다/솟굽다
· 달다 : 달+구다/구우다/구웁다/굽다>달구다/달구우다/달구웁다/달굽다

(3) 어근+리다/리우다/리웁다/립다

· 골다 : 골+리다/리우다/리웁다/립다>골리다/골리우다/골리웁다/골립다
· 돌다 : 돌+리다/리우다/리웁다/립다>돌리다/돌리우다/돌리웁다/돌립다
· 살다 : 살+리다/리우다/리웁다/립다>살리다/살리우다/살리웁다/살립다

(4) 어근+히다/히우다/히웁다/힙다

· 긁다 : 긁+히다/히우다/히웁다/힙다>긁히다/긁히우다/긁히웁다/긁힙다
· 넓다 : 넙+히다/히우다/히웁다/힙다>넙히다/넙히우다/넙히웁다/넙힙다

· 썩다 : 썩+히다/히우다/히웁다/힙다>썩히다/썩히우다/썩히웁다/
썩힙다
쎅+히다/히우다/히웁다/힙다>쎅히다/쎅히우다/쎅히웁다/
쎅힙다

(5) 어근+우다/웁다/ㅂ다[35)]

· 서다 : 세+우다/웁다/ㅂ다>세우다/세웁다/셉다
· 차다 : 채+우다/웁다/ㅂ다>채우다/채웁다/챕다
· 태다 : 태+우다/웁다/ㅂ다>태우다/태웁다/탭다

(6) 어근+추+우다/웁다/ㅂ다

· 늦다 : 늦+추다/추우다/추웁다/춥다>늦추다/늦추우다/늦추웁다/
늦춥다
· 맞다 : 맞+추다/추우다/추웁다/춥다>맞추다/맞추우다/맞추웁다/
맞춥다
· 줒다 : 줒+추다/추우다/추웁다/춥다>줒추다/줒추우다/줒추웁다/
줒춥다

[첨부] '-기다' · '-히다'에 대응하는 '-지다'에도 '-우다/-웁다-ㅂ다'
가 붙는다.

· 눅다 : 눅+지다/지우다/지웁다/집다>눅지다/눅지우다/눅지웁다/
눅집다
· 안다 : 안+지다/지우다/지웁다/집다>안지다/안지우다/안지웁다/
안집다
· 앚다 : 앚+지다/지우다/지웁다/집다>앚지다/안지우다/안지웁다/
안집다

---

35) 용언의 어간에 '-우다'가 붙어서 된 말에, 다시 '우다'가 덧붙을 경우는 '우'가 중첩되어 '-우우다/-우웁다'가 되므로 뒤에 덧붙는 '-우다'의 '우'는 생략/탈락된다.

· 업다 : 업+지다/지우다/지웁다/집다>업지다/업지우다/업지웁다/
 업집다
· 웃다 : 웃+지다/지우다/지웁다/집다>웃지다/웃지우다/웃지웁다/
 웃집다
· 좁다 : 좁+지다/지우다/지웁다/집다>좁지다/좁지우다/좁지웁다/
 좁집다

제41항 : 명사에 붙어 형용사를 만드는 표준어의 접미사 '-스럽다'의 여러 형태는 다 허용한다.

· 사랑-스럽다 : ᄉᆞ랑-스ᄅᆞᆸ다/스럽다/스롭다/스룹다/스릅다
 ᄉᆞ랑-시ᄅᆞᆸ다/시럽다/시롭다/시룹다/시릅다
· 염려-스럽다 : ᄋᆢᆷᄅᆢ-스ᄅᆞᆸ다/스럽다/스롭다/스룹다/스릅다
 염려-시ᄅᆞᆸ다/시럽다/시롭다/시룹다/시릅다

제5장 띄어쓰기

제1절 체언과 조사

제42항 : 체언과 조사는 구분해서 아래 (1)-(3)과 같이 그 윗말에 붙여서 적는다.

(1) 자음받침으로 끝나는 체언은 모음으로 된 조사 '이/은/을/에/으로…' 따위가 붙는다.

· ᄀᆞᆺ[邊]+이/은/을/에/으로 : ᄀᆞᆺ이/ᄀᆞᆺ은/ᄀᆞᆺ을/ᄀᆞᆺ에/ᄀᆞᆺ으로
· 젯[乳]+이/은/을/에/으로 : 젯이/젯은/젯을/젯에/젯으로
· ᄉᆞᆷ[蔘]+이/은/을/에/으로 : ᄉᆞᆷ이/ᄉᆞᆷ은/ᄉᆞᆷ을/ᄉᆞᆷ에/ᄉᆞᆷ으로
· ᄑᆞᆯ[肱]+이/은/을/에/으로 : ᄑᆞᆯ이/ᄑᆞᆯ은/ᄑᆞᆯ을/ᄑᆞᆯ로
· 다ᄉᆞᆺ[五]+이/은/을/에/으로 : 다ᄉᆞᆺ이/다ᄉᆞᆺ은/다ᄉᆞᆺ을/다ᄉᆞᆺ에/다ᄉᆞᆺ으로

- 낭입[木葉]+이/은/을/에/으로 : 낭입이/낭입은/낭입을/낭입이/낭입에/낭입으로
- ᄋᆢᄃᆞᆸ[八]+이/은/을/에/으로 : ᄋᆢᄃᆞᆸ이/ᄋᆢᄃᆞᆸ은/ᄋᆢᄃᆞᆸ을/ᄋᆢᄃᆞᆸ에/ᄋᆢᄃᆞᆸ으로
- ᄋᆢᄉᆞᆺ[六]+이/은/을/에/으로 : ᄉᆞᆺ이/ᄋᆢᄉᆞ은/ᄋᆢᄉᆞᆺ을/ᄋᆢᄉᆞᆺ에/ᄋᆢᄉᆞᆺ으로
- ᄋᆢ름[夏]+이/은/을/에/으로 : ᄋᆢ름이/ᄋᆢ름은/ᄋᆢ름을/ᄋᆢ름에/ᄋᆢ름으로
- ᄋᆢᇁ[側]+이/은/을/에/으로 : ᄋᆢᇁ이/ᄋᆢᇁ은/ᄋᆢᇁ을/ᄋᆢᇁ에/ᄋᆢᇁ으로
- 저슬날+이/은/을/에/으로 : 저슬날이/저슬날은/저슬날을/저슬날에/저슬날로
- 삶[生]+이/은/을/에/으로 : 삶이/삶은/삶을/삶에/삶으로
- 늙음[老]+이/은/을/에/으로 : 늙음이/늙음은/늙음을/늙음에/늙음으로

[첨부] 끝음절 'ㅅ' 받침 체언에 붙어 위치나 방향을 나타내는 처격 '에/이'는 '데/디'로, 향진격 '으로'는 '더레/드레/디레'가 쓰인다.

- 밧[田]+에/이//으로 : 밧데/밧디//밧더레/밧드레/밧디레
- 밋[底]+에/이//으로 : 밋데/밋디//밋더레/밋드레/밋디레
- ᄌᆞ끗[側]+에/이//으로 : ᄌᆞ끗데/ᄌᆞ끗디//ᄌᆞ끗더레/ᄌᆞ끗드레/ᄌᆞ끗디레
- 밧겻[外]+에/이//으로 : 밧겻데/밧겻디//밧겻더레/밧겻드레/밧겻디레

- 집+으로 : 집더레/집드레/집디레
- 앞+으로 : 앞더레/앞드레/앞더레
- 동쪽+으로 : 동쪽더레/동쪽드레/동쪽데레
- ᄉᆞ방(四方)+으로 : ᄉᆞ방더레/ᄉᆞ방드레/ᄉᆞ방디레

(2) 모음으로 끝나는 체언은 자음으로 된 조사 '가/는/를/에/로…' 따위가 붙는다.

- 각시[妻]+가/는/를/에/로 : 각시가/각시는/각시를/각시에/가시로
- ᄃᆞ리[橋]+가/는/를/에/로 : ᄃᆞ리가/ᄃᆞ리는/ᄃᆞ리를/ᄃᆞ리에/ᄃᆞ리로
- 글재[文字]+가/는/를/에/로 : 글재가/글재는/글재를/글재에/글재로
- 암쉐[雌牛]+가/는/를/에/로 : 암쉐가/암쉐는/암쉐를/암쉐에/암쉐로

· 조캐[姪]+가/는/를/에/로 : 조캐/조캐가/조캐는/조캐를/조캐에/조캐로
· 창지[腸子]+가/는/를/에/로 : 창지가/창지는/창지를/창지에/창지로
· 푸성귀[草葉]+가/는/를/에/로 : 푸성귀가/푸성귀는/푸성귀를/푸성귀에/푸성귀로
· 호미[鉏]+가/는/를/에/로 : 호미가/호미는/호미를/호미에/호미로

[첨부] 1) 모음으로 끝나는 체언에 붙는 주격 · 보격 '가' 대신 '라'도 쓴다.

· 누게라 ᄀᆞᆼ/ᄌᆞᆼ ᄀᆞᆯ아니?
(누구가 그렇게 말하더냐?)
· 그럴 수라 엇나.
(그럴 수가 없다.)

2) 처격 '에' 대신 '이'도 쓴다.

· 우리랑 집이 가게.
(우리는 집에 가자.)
· 느네 집인 식구라 멧고?
(너의 집에는 식구가 몇이냐?)

3) 관형격 '의'는 '이'로 소리 나도 주격 · 보격 '이'와 구분하기 위해 '의'로 적고, 다음과 같이 '네'로도 적는다.[36]

· ᄂᆞᆷ/놈의 거랑 ᄆᆞᆫ직지 말라.
(남의 것은 만지지 마라.).
· 느네 아ᄃᆞᆯ은 공불 잘ᄒᆞᆫ댄 ᄀᆞᆯ아라.
(너의 아들은 공부를 잘한다고 말하더라.)

---

36) '네'는 원래 복수를 나타내거나 상대를 예우해서 점잖게 지적하는 접미사이지만, 이삼인칭 대명사에 붙어서 관형격 '의'와 같이 쓰인다.

· 느네 집은 우리보단 부재랭 ᄒᆞ멍.
(너의 집은 우리보다는 부자라고 하면서.)

4) 조사 'ᄒᆞ곡(고)' 대신 '(이)영/(이)영'을 써도 된다.

· 나ᄒᆞ곡(고) 느ᄒᆞ곡(고)=나옝/영//느옝/영
· 밧ᄒᆞ곡(고) 집ᄒᆞ곡(고)=밧이옝/이영//집이옝/이영,
· 어룬ᄒᆞ곡(고) 아이ᄒᆞ곡(고)=어룬이옝/이영//아이이옝/이영
· 하르방ᄒᆞ곡(고) 할망ᄒᆞ곡(고)=하르방이옝/이영//할망이옝/이영

제43항 : 호격조사인 경우는, ㉠㉡과 같이 모음으로 끝나는 말 다음은 '야/ᄋᆢ/여'로, 자음받침으로 끝나는 말 다음은 '아/이ᄋᆢ/이여'로 적는다.

㉠ 모음+야/ᄋᆢ/여	㉡ 자음+아/이ᄋᆢ/이여
영수야, 해야, 쉐야, 애야	복동아, 이놈아, 바둑아, 한락산아
주ᄋᆢ/주여, 동포ᄋᆢ/동포여	신이ᄋᆢ/신이여, 백성덜이ᄋᆢ/백성덜이여
친구ᄋᆢ/친구여	슬픔이ᄋᆢ/슬픔이여
ᄒᆞᆨ도ᄋᆢ/ᄒᆞᆨ도여	삼라만상이ᄋᆢ/삼라만상이여

제44항 : 의존명사 '데'는 '듸'로, 그 외의 형태소는 '디'로 적는다.[37]

· 데>듸 : 느 가는 듸라 어디고?
(너 가는 데가 어디냐?)
놈 ᄃᆞ투는 듸랑 가지 말라
(남 다투는 데랑 가지 마라.)

37) 의존명사 '듸'는 장소를 나타내는 '곳/데'에 대응하는 중세국어를 그대로 살리기 위함이고, 그 밖의 형태소의 구실을 하는 표준어의 '데'는 '디'로 해야 의존명사 '듸'와 구분이 분명해짐으로써 표기의 혼란을 피할 수가 있다.

· -ㄴ데/-는데>-ㄴ디/-는디 : 그런 게 아넌디.
(그런 것이 아닌데.)
말ᄒᆞ는디 쪄들지 안ᄒᆞᆫ다.
(말하는데 껴들지 안한다.)

· -은데>-은디 : 모냥은 좋은디 쓸속은 엇나.
(모양은 좋은데 쓸모는 없다.)
요게 그것보단 더 낫은디.
(요것이 그것보다는 더 나은데.)

제45항 : 구술첨사 '마씀/마씸' · '양' · '이' · '게/겐'은 다음 (1)-(4)와 같이 윗말에 붙여 쓴다.

(1) 구어체 존댓말 '-ㅂ니다' · '-입니다' · '-습니다' 따위에 대응하는 '마씀/마씸'은 다음 ①-⑤와 같이 붙여 쓴다.

① 체언+마씀/마씸

· 이 사진은 두릴 때 나마씀/마씸. (이 사진은 어릴 때 납/접니다.)
· 그건 소설책마씀/마씸. (그것은 소설책입니다.)

② 조사+마씀/마씸

<앵/앤+마씀/마씸=랭/랜+마씀/마씸>

· 채소라 ᄉᆞ키앵마씀/마씸. (채소가 ᄉᆞ키랍니다.)
· 채소라 ᄉᆞ키랭마씀/마씸. (채소가 ᄉᆞ키랍니다.)
· 황소라 밧갈쉐앤마씀/마씸. (황소가 밭갈소랍니다.)
· 황소라 밧갈쉐랜마씀/마씸. (황소가 밭갈소랍니다.)

<이앵/이앤+마씀/마씸=이랭/이랜+마씀/마씸>

· 한락산은 멩산이앵마씀/마씸. (한라산은 명산이랍니다.)
· 한락산은 멩산이랭마씀/마씸. (한라산은 명산이랍니다.)
· 질긴 게 사름 목숨이앤마씀/마씸. (질긴 것이 사람 목숨이랍니다.)
· 질긴 게 사름 목숨이랜마씀/마씸. (질긴 것이 사람 목숨이랍니다.)

③ 연결어미+마씀/마씸

<-아/-어+마씀/마씸>

· 도로기가 잘 돌아마씀/마씸.
(팽이가 잘 돕니다.)
· 심으론 지어마씀/마씸.
(힘으로는 집니다.)

<-앙/-안+마씀/마씸>

· 집이 너미 족앙마씀/마씸.
(잡이 너무 작아섭니다.)
· 빙이 뺄리 낫안마씀/마씸.
(병이 빨리 나았습니다.)

<-댕/-댄+마씀/마씸>

· 그건 좋댕마씀/마씸.
(그것은 좋답니다.)
· 그건 나쁘댄마씀/마씸.
(것은 나쁘답니다.)

<-랭/-랜+마씀/마씸>

· 그건 아니랭마씀/마씸.
(그것은 아니랍니다.)
· 그건 ᄒᆞ랜마씀/마씸.
(그것은 하랍니다.)

<-앵/-앤+마씀/마씸>

· 그것도 아니앵마씀/마씸.
(그것도 아니랍니다.)
· 그건 말앤마씀/마씸.
(그것은 말랍니다.)

<-쟁/-잰+마씀/마씸>

· 난 집이 가쟁마씀/마씸.
(나는 집에 가렵니다.)
· 난 공부ᄒᆞ잰마씀/마씸.
(나는 공부하렵니다.)

<-켕/-켄+마씀/마씸>

· 지도 ᄒᆞᄋᆢᆺ이민 좋켕마씀/마씀.
(자기도 하였으면 좋겠답니다.)
· 잘 갓다그네 오켄마씀/마씸.
(잘 갔다가 오겠답니다.)
· 주살 놓켕마씀/마씸.
(주사를 놓겠답니다.)
· 약도 잘 먹켄마씀/마씸.
(약도 잘 먹겠답니다.)

④ 선어말어미+마씀/마씸

<-안/-언+마씀/마씸>

· 난 오래 놀안마씀/마씸.
(나는 오래 놀았습니다.)
· 절국은 죽언마씀/마씸.
(결국은 죽었습니다.)

<-ᄋᆞᆼ/-ᄋᆞᆫ+마씀/마씸>

· 나도 ᄀᆞ찌 공부ᄒᆞᄋᆞᆼ마씀/마씸.
(나도 같이 공부하엿습니다.)
· 질바닥이 우툴두툴ᄒᆞ연마씀/마씸.
(길바닥이 우툴두툴하였습니다.)

⑤ 종결어미+마씀/마씸

<평서형종결어미+마씀/마씸>
- 그건 아니라마씀/마씸.
  (그것은 아닙니다.)
- 저슬 날씬 얼어사 ᄒᆞᄋᆢ마씀/마씸.
  (겨울 나씨는 추어야 합니다.)

<의문형종결어미+마씀/마씸>
- 나도 ᄒᆞᆫ디 가카마씀/마씸?
  (나/저도 함께 갈까요?)
- 낭ᄋᆞᆯ매덜 익엇이카마씀/마씸?
  (나무열매들 익었을까요?)

<명령형종결어미+마씀/마씸>
- 물질ᄒᆞ레 바당이 가마씀/마씸.
  (물질하러 바다에 가십시오.)
- 우선 빗부텀 가파마씀/마씸.
  (우선 빚부터 갚으십시오.)

<권유형종결어미+마씀/마씸>
- ᄒᆞ쏠만 더 쉬게마씀/마씸.
  (조금만 더 쉽시다.)
- 심든 일랑 모다들엉 ᄒᆞ게마씀/마씸.
  (힘든 일랑 모아들어서 합시다.)

(2) 구어체의 끝에 붙어 존대의 뜻을 나타내는 '요/예(네)' 따위에 대응하는 '양'은 다음 ①-⑤와 같이 붙여 쓴다.

① 체언+양

- 나양 이상ᄒᆞᆫ 꿈 꿧수다.
  (나/저요 이상한 꿈꿨습니다.)
- 우리 선생양 너미 어질어마씀.
  (우리 선생예 너무 어집니다.)
- 자이양 막 장난꾸레기우께.
  (저아이예 막 장난꾸러깁니다.)
- 그놈양 ᄋᆢ간 우터ᄒᆞᆫ 놈이 아니우다.
  (그놈예 여간 위태한 놈이 아닙니다.)

② 감탄사+양

- 저양, 나가 ᄀᆞᆮ건 들으쿠광?
  (저요, 제가 말하거든 듣겠습니까?)
- 촘양/첨양, 잘도 곱수다.
  (참요, 매우 곱습니다.)

③ 조사+양

- 사ᄅᆞᆷ이양 너미 몹씰아마씀.
  (사람이예(네) 너무 몹씁니다.)
- 낭도양 덕을 지ᄂᆞᆺ댕 ᄒᆞᄋᆢ마씀.
  (누무도요 덕을 지녔다고 합니다.)
- 펭소엔양 아무 말도 안ᄒᆞᆸ니다.
  (평소에는요 아무 말도 안합니다.)
- 그 집 식구덜은양 다 부지런ᄒᆞᆸ니께.
  (그 집 식구들은 다 부지런합니다.)

④ 연결어미+양

· 꽃도 피민양 지기 마른입주.
(꽃도 피면요 지기 마렵입죠)

· 인술 안ᄒᆞ엿당양 야단나마씀.
(이사를 안하였가는요 야단납니다.)

· 욕ᄒᆞ지 말아양.
(욕하지 마십쇼.)

· 일ᄒᆞ레 가쟁양 출름서심데다.
(일하러 가려고요 차리고 있습니다.)

⑤ 종결어미+양

· 잘 가양.
(자 가셔요네.)

· 그건 아니라양.
(그것은 아닙니다예(네).)

· 난 마우다양.
(나는 싫습니다네.)

· 강 재기 와양.
(가서 빨리 와요네.)

· 촘 좋수다양.
(참 좃습니다네.)

· 나만 감시쿠다양.
(저만 가고 있겠습니다네)

[첨부] 호칭 · 대답 · 물음 따위에도 '양'을 감탄사인 독립어로 쓰인다.

· 양, 나 좀 봅서.
(네/보셔요, 저 좀 보셔요.)

· 양, 나 무사 불럼수과?
(네, 저 왜 부르고 있습니까?)

· 양(?), ᄀᆞᆺ 머앤 ᄒᆞᆸ데가?
(네(?), 금방 뭐라고 합디까?)

(3) 구어체 낮춤말에 붙는 '말이야' · '-요' 따위에 대응하는 '이'는 다음 ①-③과 같이 붙여 쓴다.

① 감탄사+이

· 저이, 나가 ᄀᆞᆯ건 들어볼레?
(저 말이야, 내가 말하거든 들어보련?)

② 인칭대명사+이

· 나이, 닐 서울 갈 거여.
(나 말이야, 내일 서울 갈 거다.)

· 느네이, 이디서 놀민 안 뒈메.
(너희들 말이야, 여기서 놀면 안 돼/안 된다.)

③ 종결어미+이
- 잘 가라<u>이</u>.
 (잘 가요.)
- 또시 오라<u>이</u>.
 (다시 와요.)
- 질컬음 멩심ㅎ라<u>이</u>.
 (길걸음 명심해요.)
- 잘 시라<u>이</u>.
 (잘 있어요.)
- 다시랑 말라<u>이</u>.
 (다시는 마라요.)
- 느만 놀암시라<u>이</u>.
 (너만 놀고 있어요.)

(4) 구어체 비존·존대형종결어미에 붙어 그 뜻을 덧나게 하는 '야/요'·'네' 따위에 대응하는 '게/겐'은 붙여 쓴다.

<낮춤말 평서형종결어미+게/겐>
- 건 나여<u>게/겐</u>.
 (그것은 나다야.)
- 맛이 칼칼 쓰다<u>게/겐</u>.
 (맛이 깔깔 쓰다야)

<높임말 평서형종결어미+게/겐>
- 징그러운 건 배욤이우다<u>게/겐</u>.
 (징그러운 것은 뱀입니다요.)
- 모냥은 궂어도 맛은 좋수다<u>게/겐</u>.
 (모양은 나빠도 맛은 좋습니다요.)

<낮춤말 의문형종결어미+게/겐>
- 무사 아무것도 아니고<u>게/겐</u>?
 (왜 아무것도 아니냐야?)
- 그 집인 아무도 엇어냐<u>게/겐</u>?
 (그 집에는 아무도 없더냐야?)

<높임말 의문형종결어미+게/겐>
- 어디라 경 아프우꽈<u>게/겐</u>?
 (어디가 그렇게 아픕니까요?)
- 어젠 무사 일 안 나간 놉데강<u>게/겐</u>?
 (어제는 왜 일 안 가고 놉디까요?)

<낮춤말 명령형종결어미+게/겐>
- 놀지만 말앙 일덜 ㅎ라<u>게/겐</u>.
 (놀지만 말고 일들 하라야.)
- 싸움 못ㅎ게 막라<u>게/겐</u>.
 (싸움 못하게 막으라야.)

<높임말 명령형종결어미+게/겐>
- 밧곳디도 나강 돌아댕깁서<u>게/겐</u>.
 (바깥에도 나가서 돌아다니십시오네.)
- 제발 술 담랑 끈읍서<u>게/겐</u>.
 (제발 술 담배랑 끊으십시오네.)

<낮춤말 권유형종결어미+게/겐>

· 주건 받앙 먹게게/겐.
(주거든 받아서 먹자야.)

· 졸업식에 강 보게게/겐.
(졸업식에 가서 보자야.)

<높임말 권유형종결어미+게/겐>

· 우리랑 밥 먹읍주게/겐.
(우리랑 밥 먹읍시다네.)

· 이디서 잣당 닐랑 갑주기게/겐.
(여기서 잤다가 내일랑 가십시다네.)

<감탄형종결어미+게/겐>

· 오래도 아팜구낭게/겐!
(오래도 아프고 있구나야!)

· 촘 곱긴 곱구낭게/겐!
(참 곱기는 곱구나야!)

· 너미 늙엇구낭게/겐!
(너무 늙었구나야!)

· 아이고 너미 늦엇구낭게/겐!
(아기고 너무 늦었그나야!)

[첨부] '게/겐'은 '마씀/마씸' · '양' · '이' · '게' 다음에 덧붙기도 한다.

· ᄀᆞ만이 셔마씀(씸)게/겐.
(가만히 있습니다요.)

· 웨울르지랑 말아마씀(씸)게/겐.
(외치지는 마셔요네).

· 뒈게 곱구낭마씀(씸)게/겐.
(되우 곱구나요네.)

· 잘살암신가마씀(씸)게/겐?
(잘살고 있을까요.)

· 쉬엉덜 갑주마씀(씸)게/겐.
(쉬어서들 가십시다요.)

· 저이게/겐 애애 안 ᄀᆞᆯ으키어.
(저말이야 애애 안 말하겠다.)

제46항 : 일반의존명사[38]와 단위의존명사는 그 윗말과 띄어 쓴다.

(1) 일반의존명사

· 것 : 나 것도 시카?
(나 것도 있을까?)

· 냥[兩] : 약 ᄒᆞᆫ 냥 깝은 ᄋᆢᆺ 냥이어.
(약 한 냥 값은 엿 냥이다.)

· 냥 : 지 ᄒᆞ는 냥 내불라.
(자기 하는 대로 내버려라.)

· 듸 : 가는 듸가 어디고?
(가는 데가 어디냐?)

38) '일반의존명사'라고 함은 단위를 나타내는 의존명사와 구분하기 위한 명칭이다.

- 듯 : ᄒᆞᆯ듯 말듯/갈듯 말듯.
  (할듯 말듯/갈듯 말듯.)
- 배 : ᄀᆞᆯ은 배가 엇다.
  (말한 바가 없다.)
- 수 : 몰를 수도 잇나.
  (모를 수도 있다.)
- 적 : 젊을 적인 늙을 것 안 닮나.
  (젊을 적엔 늙을 거 안 닮다.)
- 채/째 : 눈을 튼 <u>채/째</u> 잠서라.
  (눈을 뜬 채 자고 있더라.)
- 거리 : 집은 니 거리만 셔라.
  (집은 네 채만 있더라.)
- 만이 : 먹을 만이 먹으라.
  (먹을 만큼 먹어라.)
- 만 : 얼매 만이 만남시?
  (얼마 만에 만나고 있나?)
- 양 : ᄒᆞᆫ는 양 내불라.
  (하는 양 내버려라.)
- 줄/중 : 그럴 <u>줄/중</u> 알안댜?
  (그럴 줄 알았느냐?)
- 척/첵 : 들은 척/첵도 안ᄒᆞᆫ다.
  (들은 척도 안한다.)
- 대로 : 지 ᄒᆞᆯ 대로 ᄒᆞᆫ다.
  (자기 할 대로 한다.)
- 만큼 : 느 ᄀᆞ질 만큼 ᄀᆞ지라.
  (너 가질 만큼 가져라.)

(2) 단위의존명사

- 초[初] : ᄉᆞ월 초엔 끗난다.
  (사월 초에는 끝난다.)
- 접 : 마농은 백 뿔리가 ᄒᆞᆫ 접인다.
  (마늘은 백 뿌리가 한 접이다.)
- 필 : 미녕 두 필이민 뒌다.
  (무명 두 필이면 된다.)
- 바리 : 촐 ᄒᆞᆫ 바리만 꾸라.
  (꼴 한 바리만 꿔라.)
- 축 : 가인 공부 잘ᄒᆞ는 축에 든다.
  (그 아이는 공부 잘하는 축에 든다.)
- 원 : 오만 원은 받을 거여
  (오만 원은 받을 것이다.)
- 짝/착 : 초신 <u>짝/착</u>도 <u>짝/착</u>이어.
  (짚신 짝도 짝이다.)
- ᄆᆞ리 : ᄆᆞ쉬 서른 ᄆᆞ리 질룹서라.
  (마소 서른 마리 기루고 있더라.)
- 판이 : 밧 ᄒᆞᆫ 판이만 폴댜?
  (밭 한 뙈기만 팔겠느냐?)
- 축 : 오징에 ᄒᆞᆫ 축은 수무ᄆᆞ린다.
  (오징어 한 축은 스므마리이다.)

[첨부] 모음으로 끝나는 동사의 어간에 붙는 관형형어미 'ㄴ' 다음에 붙어 기간(동안)을 나타내는 의존명사 '지'는 '디'와 '지' 둘 허용한다.

· 고양을 떠나 온 디/지 삼눈이어. · 펀질 보낸 디/지라 오래뒛저.
(고향을 떠나 온 지 삼년이다.) (편지를 보낸 지가 오래됐다.)

제47항 : 호칭에 준하는 말은 다음 (1)(2)와 같이 한글맞춤법에 따른다.

(1) 성명(姓名) 다음에 붙는 호칭어가 독립품사로 쓸 때 띄어 쓴다.

김○○ 씨 이○○ 군 박○○ 양 정○○ 댁
송○○ 선싱 조○○ 박스

(2) 호칭어 '씨(氏)/가(哥)/님' · '시호(諡號)' 따위가 성(姓) 다음에 신분을 나타내는 접미사로 쓸 때 붙여 쓴다.

김씨/가(金氏/哥), 형수씨(兄嫂氏), 제수씨(弟嫂氏), 이군, 박양, 정댁(鄭宅), 송선싱, 조박스, 임금님, 조부모님, 아지마님, 문필가(文筆家), 이충무공, 이율곡, 안의사(安義士), 윤열사(尹烈士) ….

제48항 : 수를 나타낼 때는 '만(萬)' 단위로 띄어 쓴다.

156 : 백오십육, 3708 : 삼천칠백팔, 54,422 : 오만 ᄉᆞ천ᄉᆞ백이십이,
26억 7185만 6327 : 이십육억 칠천백팔십오만 육천삼백이십칠

[첨부] 년/월/일과 시간을 나타내는 숫자 다음에 시/분/초는 그 윗말에 붙여 쓴다.

년/월/일 : 2017ᄂᆞᆫ/년 5월 5일
시/분/초 : 8시 15분 7초

제2절 합성어

제49항 : 명칭을 나타내는 합성어는 붙여 쓴다.[39]

· 고유명사 : 대한민국, 제주특벨ᄌᆞ치도, 한국정신문와ᄋᆞᆫ구원, 한국철도공ᄉᆞ, 제주조육대ᄒᆞᆨ, 한라초등ᄒᆞᆨ조, 훈민정음, 세종대왕, 대동ᄋᆢ지도, 삼국ᄉᆞ기, 제주칠머리당영등굿 …

· 전문용어 : 민주주이, 초선실주이, 통일ᄒᆞᆨ조문법, 불주칙성용ᄉᆞ, 만성관절ᄋᆢᆷ, 오언절구, 증권시장공왕(證券市場恐慌), 장대노피뛰기/장대노피튀기 …

· 일반명칭 : 개조지ᄂᆞᆷ식(開校記念式), 나라ᄉᆞ랑, 국어공책, 신온ᄋᆢ앵(新婚旅行), 검은두루미, ᄇᆞ롬코지, 더벅머리총각, ᄃᆞᆨ고달고장(맨드라미) …

제50항 : '첩어'와 '준첩어'는 붙여 쓴다.

· 첩어 : ᄀᆞ들랑ᄀᆞ들랑<거들렁거들렁, 팔닥팔닥<펄덕펄덕, 공골공골<궁굴궁굴, 뱅글뱅글<빙글빙글, 생글생글<싱글싱글, 해죽해죽<히죽히죽, 동고롯동고롯<둥구룻둥구룻, 차올락차울락<처울럭처울럭 …

갈갈<깔깔<칼칼, 골골<꼴꼴<콜콜, 돌랑돌랑<똘랑똘랑<톨랑톨랑, 졸랑졸랑<쫄랑쫄랑<촐랑촐랑, 뱅글뱅글<빵글빵글<팽글팽글 …

· 준첩어 : 아리롱고리롱<어리룽구리룽, 알록달록<얼룩덜룩, 왈카닥달카닥<월커덕덜커덕, 오톨도톨<우툴두툴, 아글락다글락<어글럭더글럭, 새코롬돌코롬<시쿠룸덜쿠룸 …

제51항 : 단어끼리 어울려 한단어가 된 합성어는 그 어원을 밝혀 붙여 쓴다.

· 단음절어+단음절어 : 각각, 너나/느나, 논밧, 솔입, ᄃᆞᆨ막, 돗집, 밧일, 물맛, 속옷, 앞집, 일손, 장항, 창문, ᄂᆞᆺ빗, 칼날, 칼집, 통물, 톱니, 품삭, ᄑᆞᆺ알, 혼불

39) 한글맞춤법에서 고유명사나 전문용어 따위의 합성어의 각 단어는 띄어 쓰는 것이 원칙으로 돼 있지만, 하나의 뭉뚱그려진 개념어로 파악하는 데는 붙여 쓰는 것이 효과적이다.

· 단음절어+다음절어 : 질걸음/질커름, 물지게, 앞다리, 알드르, 옷소매, 말소리, 손버릇, 펜싸움, 창고망, 혹부리, 돈주멩기, ᄊᆞᆯ두루웨, ᄏᆞᆨ박새기, 눈ᄐᆞ래기, 심세다, 맛좋다, 멋엇다, 손보다, 쉐짓다, 불질르다, 멋몰르다, 배고프다, 돈벌이ᄒᆞ다 …
· 다음절어+단음절어 : 국어책, 구덕창, 걸름멕, 오늘밤, 보롬돌, 저슬옷, 주ᄉᆞ침, 지름떡, 모물죽, 유채꿀, ᄋᆞ름철, 가용돈, ᄀᆞ슬밧/ᄀᆞ슬팟, 머리끗, 간세털/간세터럭, 것보리왓, 진달래꼿/진달래고장, 삼춘네집, ᄃᆞ람쥐굴 …
· 다음절어+다음절어 : 걸궁놀이, ᄌᆞᆽ인걸음, 녹대쉬움/녹대쉬염, 마간이농ᄉᆞ/마간이농시/마간이용시, 둘음박질선수, ᄇᆞ른바구리, 사옥이마리바닥, 서답구덕, 감ᄌᆞ구뎅이, 머정벗어지다, 꼬보랑꼬보랑ᄒᆞ다, 울굿불굿ᄒᆞ다 …

[첨부] '이[齒/蝨]'는 그 단어의 두음이 아닌 합성어일 때는 '니'로 붙여 쓴다.

ᄀᆞᆫ니, 젯니, 덧니, ᄉᆞ랑니, 어금니, 걸니/송곳니,
앞니, 알니, 웃니, 틀니, ᄀᆞ랑니, 머릿니

제52항 : 표준어에서는 'ㄹ' 받침 말이 겹쳐서 된 합성어는 앞말의 'ㄹ'이 소리 나지 안하면 아니 나는 대로 적지만, 제주어인 경우는 둘 다 허용하다.

날날이/나날이, 돌돌이/ᄃᆞ돌이, 물날/ᄆᆞ날, 불나비/부나니,
불삽/부삽, 불순가락/부순가락, 불젯가락/부젯가락, 솔남/소남//
솔낭/소낭, 활살>화살, 줄줄ᄒᆞ다/ᄌᆞ줄ᄒᆞ다

제53항 : 낱말 사이에 'ㅅ/ㅂ'이 붙어서 된 합성어는 한글맞춤법대로 다음 (1)-(4)와 같이 적는다.

(1) 고유어와 고유어가 결합해서 된 합성어일 때 모음으로 끝나는 앞말의 끝음절에 'ㅅ'이 붙는다.

공기ㅅ돌>공깃돌, ᄃᆞ리ㅅ목>ᄃᆞ릿목, 나라ㅅ말>나랏말,
올래ㅅ질>올랫질, 장마ㅅ철>장맛철, 비ㅅᄌᆞ록>빗ᄌᆞ록,
새ㅅ질>샛질, 우ㅅ마당>웃마당, 자ㅅ대>잣대, 췌ㅅ불>췟불,
터ㅅ밧>텃밧, 피ㅅ줄>핏줄, 해ㅅ님>햇님 …

(2) 고유어와 한자어가 결합해서 된 합성어일 때 모음으로 끝나는 앞말의 끝음절에 'ㅅ'이 붙는다.

가운디ㅅ방>가운딧방, 궤기ㅅ반>궤깃반, 아래ㅅ처남>아랫처남,
고냉이ㅅ과>고냉잇과, 다리ㅅ빙>다릿빙, 배ㅅ사공>뱃사공,
종이ㅅ장>종잇장, 터ㅅ세>텃세, 판ᄌᆞㅅ집>판ᄌᆞᆺ집 …

(3) 한자어와 고유어가 결합해서 된 합성어일 때 모음으로 끝나는 앞말의 끝음절에 'ㅅ'이 붙는다.

국가ㅅ돈>국갓돈, 봉와ㅅ불>봉왓불, 소로ㅅ질>소롯질,
수도ㅅ꼭기>수돗꼭지, 세수ㅅ물>세숫물, 웨가ㅅ동네>웨갓동네,
이ᄉᆞㅅ날>이ᄉᆞᆺ날, ᄌᆞ주ㅅ빗>ᄌᆞ줏빗, 창고ㅅ집>창곳집,
훼ㅅ집>휏집 …

[첨부] '한글맞춤법'에는 한자어 '곳간(庫間), 툇간(退間), 셋방(貰房), 횟수(回數), 숫자(數字)' 등은 한자와 한자 사이지만 'ㅅ'을 붙이는 것으로 돼 있다.

(4) 두 개의 고유어가 결합해서 된 합성어일 때 모음으로 끝나는 앞말의 끝음절에 'ㅂ'이 붙는다.

조ㅂᄊᆞᆯ>좁ᄊᆞᆯ, 해ㅂᄊᆞᆯ>햅ᄊᆞᆯ, ᄎᆞㅂᄊᆞᆯ>ᄎᆞᆸᄊᆞᆯ, 메ㅂᄊᆞᆯ>멥ᄊᆞᆯ,
이ㅂ때>입때, 저ㅂ때>접때

제6장 준말

제54항 : 준말은 다음 (1)-(5)와 같이 적는다.

(1) 단일어 자체가 줄어든 말

<본딧말>	<준말>	<본딧말>	<준말>
ᄀᆞ을[秋]	ᄀᆞᆯ	ᄀᆞ를[粉]	ᄀᆞᆯ
ᄀᆢ을/ᄌᆞ을//겨을/저을[冬]	ᄀᆢᆯ/ᄌᆞᆯ//결/절	ᄆᆞ을[洞]	ᄆᆞᆯ
고을[邑]	골	ᄆᆞ음[心]	ᄆᆞᆷ
ᄀᆞ슴/ᄀᆞ심[料]	ᄀᆞᆷ	것이/그것이	게
그것	거	지ᄋᆞᆼ/지엉	ᄌᆞᆼ/졍
다ᄉᆞᆺ	닷	ᄋᆞᄉᆞᆺ	ᄋᆞᆺ
무엇	뭣/뭐/머	처음/체암	첨/쳄
제일	질	싸움	쌈

(2) 모음으로 끝나는 체언에 붙는 조사 '는' · '를'이 줄어든 말

<본딧말>	<준말>	<본딧말>	<준말>
나는	난	너는/느는/니는	넌/는/닌
ᄃᆞ리는	ᄃᆞ린	아바지는/어머니는	아바진/어머닌
나를	날	너를/느를	널/늘
ᄃᆞ리를	ᄃᆞ릴	아바지를/어머니를	아바질/어머닐

(3) 조사와 조사가 줄어든 말

<본딧말>	<준말>	<본딧말>	<준말>
ᄁᆞ지는	ᄁᆞ진	마는	만
보다는	보단	고는	곤
에는/이는	엔/인	에서는/이서는	에선/이선
부떠는/부터는	부떤/부턴	부떠믄/부터믄	부떰/부텀
더레는/드레는/디레는	더렌/드렌/디렌	라곤	라고는

(4) 어간과 어미가 줄어든 말

<본딧말>	<준말>	<본딧말>	<준말>
쌓은	싼	좋은	존
아니어	아녀/아ᄂᆢ	ᄒᆞᄋᆢ/ᄒᆞ여	해
나앗저	낫저	보앗저	봣저
시엇저	셧저	ᄒᆞᄋᆢᆺ저/ᄒᆞ엿저	햇저
ᄒᆞᄋᆢᆺ이네/ᄒᆞ엿이네	햇이네	ᄒᆞᄋᆢᆷ서라/ᄒᆞ염서라	햄서라

· ᄂᆞ리오앙/ᄂᆞ리오안>ᄂᆞ리왕/ᄂᆞ리완>ᄂᆞ**ᄅᆄᆼ**/ᄂᆞ**ᄅᆄᆫ**
· ᄂᆞ리우엉/ᄂᆞ리우언>ᄂᆞ리웡/ᄂᆞ리원>ᄂᆞ**ᄅᆑᆼ**/ᄂᆞᄅᆑᆫ
· 걸리오앙/걸리오안>걸리왕>걸리완>걸**ᄅᆄᆼ**/걸**ᄅᆄᆫ**
· 걸리우엉/걸리우언>걸리웡/걸리원>걸**ᄅᆑᆼ**/걸ᄅᆑᆫ
· ᄆᆞᆯ리오앙>ᄆᆞᆯ리오안>ᄆᆞᆯ리왕/ᄆᆞᆯ리완>ᄆᆞᆯ**ᄅᆄᆼ**/ᄆᆞᆯ**ᄅᆄᆫ**
· ᄆᆞᆯ리우엉/ᄆᆞᆯ리우언>ᄆᆞᆯ리웡/ᄆᆞᆯ리원>ᄆᆞᆯ**ᄅᆑᆼ**/ᄆᆞᆯᄅᆑᆫ

(5) 어미와 어미가 줄어든 말

<본딧말>	<준말>	<본딧말>	<준말>
멕이어	멕여/멕ᄋᆢ	넹기어	넹겨/넹ᄀᆢ
밀리어	밀려/밀ᄅᆢ	묻히어	묻혀/묻ᄒᆢ
웃지어	웃져/웃ᄌᆢ	숫구어	숫궈
돋우어	돋워	늦추어	늦춰
가키어	가켜=기ᄏᆢ	좋키어	좋켜/좋ᄏᆢ

(6) 단어와 단어가 줄어든 말

<본딧말>	<준말>	<본딧말>	<준말>
그 아이	가이/개	저 아이	자이/재
요 아이	와이	이 아이	야이
어제그지게	엊그제	대ᄋᆞᄉᆞᆺ	대ᄋᆢᆺ
어제ᄌᆞ냑/어제저녁	엊ᄌᆞ냑/엊저녁		
어제ᄎᆞ냑/어제처녁	어ᄎᆞ냑/어치녁		

(7) 중첩어가 줄어든 말

<본딧말>	<준말>
· 기엇다가-기엇다가	기엇닥-기엇닥>기억-기억>격-격
· 보앗다가-보앗다가	보앗닥-보앗닥>봣닥-봣닥>봑-봑
· 푸엇다가-푸엇다가	푸엇닥-푸엇닥>풧닥-풧닥/풕-풕
· 갓다가-왓다가	갓닥-왓닥>각-왁
· 앚앗다가-삿다가	앚앗닥-삿닥>앚악-삭
· ᄂᆞᄅᆞᆺ다가-올ᄅᆞᆺ다가	ᄂᆞᄅᆞᆺ닥-올ᄅᆞᆺ닥>ᄂᆞᄅᆞᆨ-올ᄅᆞᆨ
· 들럿다가-놓앗다가	들럿닥-놓앗닥>들럭-놓악>들럭-놝
· 울엇다가-웃엇다가	울엇닥-웃엇닥>울억-웃억
· 지엇다가-부ᄅᆞᆺ다가	지엇닥-부ᄅᆞᆺ닥>지억-부ᄅᆞᆨ>젹-부ᄅᆞᆨ
· 묻엇다가-팟다가	묻엇닥-팟닥>묻억-팍
· 피엇다가-지엇다가	피엇닥-지엇닥>피억-지억>폑-젹
· ᄒᆞᄋᆞᆺ다가-ᄒᆞᄋᆞᆺ다가	ᄒᆞᄋᆞᆺ닥-ᄒᆞᄋᆞᆺ닥>ᄒᆞᄋᆞᆨ-ᄒᆞᄋᆞᆨ>핵-핵
· ᄒᆞᄋᆞᆺ다가-말앗다가	ᄒᆞᄋᆞᆺ닥-말앗닥>ᄒᆞᄋᆞᆨ-말악>핵-말악

부칙

1. 형태소끼리 서로 교류되는 쌍형어는 다 허용한다.

· ㄱ⇌ㅋ : 갈구리⇌갈쿠리/칼쿠리　고쟁이⇌코쟁이/코챙이
돌깅이⇌돌킹이　돌고망⇌돌코망　ᄆᆞ가죽⇌ᄆᆞᆯ카죽
섯가름⇌섯카름　시기다⇌시키다
발전시기다⇌발전시키다　멜망시기다⇌멜만시키다

· ㄸ⇌ㅌ : 말뚝⇌말툭　떨다⇌털다　떨어지다⇌털어지다
부러뜨리다⇌부러트리다　허뜨리다⇌허트리다

· ㄷ⇌ㅌ : 낭도막/낭토막　돌뎅이⇌돌텡이　사당대죽⇌사탕대죽

· ㅂ⇌ㅍ : 마ᄇᆞ롬⇌마ᄑᆞ롬　벵(甁)⇌펭　벵풍(屛風)⇌펭풍
보(褓)⇌포　보다리⇌포따리　부채⇌푸채
분쉬(分數)⇌푼쉬　부끄다⇌푸끄다

· ㅃ⇌ㅍ : 뻘⇌펄　삐밋삐밋⇌피밋피밋　삐짝삐짝⇌피짝피짝
바닥지다⇌빠닥지다　빡빡ᄒᆞ다⇌팍팍ᄒᆞ다
뼁뼁돌다⇌펭펭돌다

· ㅈ⇌ㅊ : 멜젓/멩첫　빗자락⇌빗차락　잘리⇌찰리　처갓집⇌처가칩
혼자/혼차

· ㅉ⇌ㅊ : 동짝⇌동착　문짝⇌문착　신짝/신착　ᄂᆞ단짝⇌ᄂᆞ단착
웬짝⇌/웬착　일찍⇌일칙　첫째⇌첫차　술찌다⇌술치다
짜다⇌차다　찌다⇌치다　ᄍᆞ디ᄍᆞ다⇌ᄎᆞ디ᄎᆞ다

· ㅋ⇌ㅌ : 발콥⇌발톱　손콥⇌손톱　클⇌틀　보리클⇌보리틀
쿵당쿵당⇌퉁당퉁당 카다⇌타다　퀴다⇌튀다
퀴어나다⇌튀어나다

· ㅋ⇌ㅍ : 쿨⇌풀　복쿨⇌복풀　빈대쿨⇌빈대풀
쿰[價/胸]⇌품　쿰삭/품삭　쿰다/품다

[첨부] 어원이 불투명한 것은 소리 나는 대로 적는다. (㉠은 택하고 ㉡은 버림)

㉠	㉡	㉠	㉡
하르방	할ᄋᆞ방/하루방	메칠	멧칠/멫일
오라방	올아방	동그라미/동그래미	동글암이/동글앰이
소곱	속옵	그뭇	금읏
ᄀᆞ슴/ᄀᆞ심	ᄀᆞᆽ음/ᄀᆞᆽ임	ᄌᆞᆯ개비[蝸]	ᄌᆞᆯ갭이
배지근ᄒᆞ다	배직은ᄒᆞ다	ᄐᆞ라지다	ᄐᆞᆯ아지다

2. 자음 'ㄹ'이 첨가된 말은 둘 다 허용한다.

가래죽/갈래죽, 거상(踞床)/걸상, 노래/놀래, 도래떡/돌래떡, 모래/몰래, 뿌리/뿔리, 부삽/불삽, 부젯가락/불젯가락, 소낭/솔낭 이름/일름, ᄎᆞ조/ᄎᆞᆯ조, ᄃᆞ랑ᄃᆞ랑/ᄃᆞᆯ랑ᄃᆞᆯ랑, 주앗주앗/줄앗줄앗, ᄇᆞ랑지다/ᄇᆞᆯ랑지다, 가르다/갈르다, 다르다/달르다, 부르다/불르다, 하르다/할르다, ….

3. 여기 명시되지 않은 것은 '한글맞춤법'에 따른다.

-《2016제주어교육직무연수》, 탐라교육원

3. 제주어 활용의 실제

1) 경어법

제주어의 화법 중 경어법에서, 존대어인 경우 예사높임말이 관행화돼 있어, 일반서민층에서는 좀처럼 극존대어를 쓰지 않았다. 그러던 것이 식자층에 의한 언어예절이 점진적으로 확산되면서, 체통 있는 가문이나 유생(儒生)을 중심으로 경어법에 관심을 갖기 시작했다. 특히 반존대형종결어미(半尊待形終結語尾) '-순/-심'인 경우는 주로 여성들이 그들 동년배나 아랫사람에게 점잖게 예우해서 말할 때 쓰였다. 아래 예시한 5가지 문장형태별 언술형태는 그 한 면을 드러낸 것이다.

〈오다/가다〉의 구술형태

	<낮춤>	<반높임>	<예사높임>	<아주높임>
평서형:	온다/오메.	오심/순.	옵네다.	오십네다. 오시옵네다.
	오주/주기.	오심/순.	옵주/주기.	오십주/십주기.
			옵주게/주겐.	오시옵주게/시옵주겐.
			옵주기게/주기겐.	오시옵주기게/시옵주기겐.
			옵주마씀/주기마씀.	오십주마씀/십주기마씀.
	완게.		완마씀.	오ᄉᆞᆫ마씀/션마씀.
	왓다/저.	왓심/순.	왓수다.	오ᄉᆞᆺ수다/셧수다.
			왓수다게/수다겐.	왓ᄉᆞ옵네다/숩네다.
				오ᄉᆞᆺ수다게/셧수다게.

<낮춤>	<반높임>	<예사높임>	<아주높임>
			오ᄉᆞᆺ수다겐/셧수다겐.
			왓ᄉᆞ옵네다게/ᄉᆞᆸ네다게.
			왓ᄉᆞ옵네다겐/ᄉᆞᆸ네다겐.
		왓어마씀.	오ᄉᆞᆺ어마씀/셧어마씀.
왓주/주기	왓심/순.	왓입주/입주기.	오ᄉᆞᆺ입주/ᄉᆞᆺ입주기.
			오셧입주/셧입주기.
	왓심/순.	왓주마씀/주기마씀.	왓ᄉᆞ옵주마씀/ᄉᆞᆸ주마씀.
			왓ᄉᆞ옵주기마씀/ᄉᆞᆸ주기마씀.
오랏다/랏저.	오랏심/랏순.	오랏수다.	오랏ᄉᆞ옵네다/랏ᄉᆞᆸ네다.
왐다/저.	왐심/순.	왐수다.	왐ᄉᆞ옵네다/ᄉᆞᆸ네다.
			오ᄉᆞᆷ수다/셤수다.
			오ᄉᆞᆷᄉᆞ옵네다/ᄉᆞᆷᄉᆞᆸ네다.
			오셤ᄉᆞ옵네다/셤ᄉᆞᆸ네다.
		왐서마씀.	오ᄉᆞᆷᄉᆞ마씀/셤서마씀.
왐주/주기.	왐심/순.	왐주마씀/주기마씀.	왐십주마씀/십주기마씀.
가다/가메.	가심/순.	감네다.	가십네다.
			가옵네다.
			가시옵네다.
갓다/저.	갓심/순.	갓수다.	갓ᄉᆞ옵네다/ᄉᆞᆸ네다.
			가ᄉᆞᆺ수다/셧수다.
갓주/주기.	갓심/순.	갓입주/입주기	갓ᄉᆞ옵주/ᄉᆞᆸ주기.
			갓ᄉᆞᆸ주/ᄉᆞᆸ주기
			가ᄉᆞᆺ입주/ᄉᆞᆺ입주기.
			가셧입주/셧입주기.
		갓주마씀/주기마씀.	가ᄉᆞᆺ주마씀/ᄉᆞᆺ주기마씀.
			가셧주기마씀/셧주기마씀.
감다/저.	감심/순.	감수다.	감ᄉᆞ옵네다/ᄉᆞᆸ네다.
감주/주기.	감심/순.	감주마씀/주기마씀.	감십주/십주기.
			감십주마씀/십주기마씀.

	<낮춤>	<반높임>	<예사높임>	<아주높임>
명령형 :	오라.	오심/순.	옵서.	오십서/십소서/소서.
				오시옵서/시옵소서.
	오랏이라	오랏심/순.	오랏입서.	오ᄉᆞᆺ입서/셧입서.
				오ᄉᆞᆺ입서/셧입서.
	왓이라	왓심/순.	왓입서.	오ᄉᆞᆷ십서/셤십서.
	왐시라.	왐심/순.	왐십서.	가십서/십소서/소서.
	가라.	가심/순.	갑서.	가시오소서/시옵소서.
				가ᄉᆞᆺ입서/가셧입서.
	갓이라.	갓심/순.	갓입서.	가ᄉᆞᆷ십서/셤십서.
	감시라.	감심/순.	감십서.	
의문형 :	오나?	오심/순?	옵네까?	오십네까?
				오시옵네까?
			옵데가/옵디가?	오십데가/십디가?
				오시옵데가/시옵디가?
	오코?	오심/순?	오코마씀?	오시코마씀?
			오코양?	오시코양?
	왓인가?	왓심/순?	왓인가마씀?	오ᄉᆞᆺ인가마씀?
				오셧인가마씀?
			왓인가양?	오ᄉᆞᆺ인가양?
				오셧인가양?
	완가?		완가마씀?	오ᄉᆞᆫ가마씀?
				오션가마씀.
			완가양?	오ᄉᆞᆫ가양?
				오션가양?
	왓나?	왓심/순?	왓수가/수과?	오ᄉᆞᆺ수가/ᄉᆞᆺ수과?
				오셧수가/셧수과?
				오ᄉᆞᆺᄉᆞ옵네까/ᄉᆞᆺᄉᆞᆸ네까?
				오셧ᄉᆞ옵네까/셧ᄉᆞᆸ네까?
	왐신가?	왐심/순?	왐신가마씀?	오ᄉᆞᆷ신가마씀/셤신가마씀?
			왐신가양?	오ᄉᆞᆷ신가양/셤신가양?
	왐나?	왐심/순?	왐수가/수과?	왐ᄉᆞ옵네까/ᄉᆞᆸ네까?
				오ᄉᆞᆷ수가/어셤수가?

	<낮춤>	<반높임>	<예사높임>	<아주높임>
	왐시냐?	왐심/순?	왐수가/수과?	오ᄉᆞᆷ시냐/셤시냐?
	가나?	가심/순?	갑네까?	가십네까?
				가시옵네까?
				가옵네까?
	갓인가?	갓심/순?	갓인가마씀?	가ᄉᆞᆺ인가마씀/셧인가마씀?
			갓인가양?	가ᄉᆞᆺ인가양/셧인가양?
	갓느냐?	갓심/순?	갓수가/수과?	갓ᄉᆞ옵네까/ᄉᆞᆸ네까?
				가ᄉᆞᆺᄉᆞ옵네까/ᄉᆞᆺᄉᆞᆸ네까?
				가셧ᄉᆞ옵네까/셧ᄉᆞᆸ네까?
	감나?	감심/순?	감수가/수과?	감ᄉᆞ옵네까/ᄉᆞᆸ네까?
				가시옵네까/십네까?
	감시냐?	감심/순?	감수가/수과?	감ᄉᆞ옵네까/ᄉᆞᆸ네까?
				가시옵네까/십네까?
권유형 :	오게.	오심/순.	옵서.	오십서/십소서/소서.
				오시옵서/시옵소서.
	오주/주기.	오심/순.	옵주/주기.	오십주/십주기.
				오시옵주/시옵주기.
	가게.	가심/순.	갑주/주기.	가십주/십주기.
				가시옵주/시옵주기.
			갑주마씀/주기마씀.	가십주마씀/주기마씀.
	가주/주기	가심/순.	갑주/주기	가십주/십주기
			갑주마씀/주기마씀.	가시옵주마씀/시옵주기마씀
감탄형 :	오는구낭!	×	×	오시는구낭!
	왓구낭!	×	×	오ᄉᆞᆺ구낭/셧구낭!
	왐구낭!	×	×	오ᄉᆞᆷ구낭/셤구낭!
	가는구낭	×	×	가시는구낭!
	갓구낭	×	×	가ᄉᆞᆺ구낭/셧구낭!
	감구낭	×	×	가ᄉᆞᆷ구낭/셤구낭!

[참고] 위 '명령형'과 '권유형'인 경우는 그 어형 자체만으로는 구분이 잘되지 않는다. 다만 그 쓰이는 내용에 따라 구분할 수밖에 없다. 특히 존대어인 높임말의 '명령형'의 언술형태는 실제 '권유형'과 다름없다. 또 각 언술형태의 종결어미 끝에 구술첨사(口述添辭) '게/겐'·'마씀/마씸'·'양'·'이' 등을 적절히 붙일 수 있는데, 그렇게 되면 어감이 달라진다.

2) 동요/시 대역

표준어를 제주어로 옮기는 일은 결코 쉬운 일이 아니다. 직역을 할 것이냐 이역을 할 것이냐에 따라 달라지기 때문이다. 시작품인 경우, 그 작품이 머금고 있는 의추(意趣)를 손상시키지 않기 위한 세심한 배려가 필요하다. 그러자면 대역자(對譯者)가 그 작품에 대응한 대역어의 적절성 여부에 유념해야 한다. 그렇지 않으면 그 작품의 시적 이미지가 살아나지 못하므로, 부득이한 경우가 아니면 이역이 아닌 지역에 충실해야 한다. 특히 '동요'를 작곡했을 경우는, 그 가사의 음절수에 맞춰 작곡돼 있으므로 그 음절수에 맞도록 어휘선정이 이뤄져야 한다.

<동요>

낮이 나온 반둘	낮에 나온 반달
	윤석중
<제주어>	<표준어>
1. 낮이 나온 반둘은 하얀 반둘은 햇님이 쓰단 내분 쪽박인가양 꼬부랑 할마니가 물 질레 갈 때 치매끈에 둘랑둘랑 채와 줫이민.	낮에 나온 반달은 하얀 반달은 햇님이 쓰다 버린 쪽박인가요 꼬부랑 할머니가 물 길러 갈 때 치마끈에 달랑달랑 채워 줬으면.

2. 낮이 나온 반둘은 하얀 반둘은
햇님이 쓰단 내분 신착인가양
우리 애기 ᄋᆞ글ᄋᆞ글 걸음 배울 때
ᄒᆞᆫ착 발에 ᄄᆞᆯ깍ᄄᆞᆯ깍 신져 줫이민.

낮이 나온 반달은 하얀 반달은
햇님이 쓰다 버린 신짝인가요
우리 아기 아장아장 걸음 배울 때
한쪽 발에 딸깍딸깍 신겨 줬으면.

3. 낮이 나온 반둘은 하얀 반둘은
햇님이 쓰단 내분 얼레긴가양
우리 누님 방애 ᄍᆞᇂ은 아픈 폴 쉴 때
흐튼 머리 고옹고옹/고영고영 빗져 줫이민.

낮이 나온 반달은 하얀 반달은
햇님이 쓰다 버린 면빗인가요
우리 누나 방아 찧고 아픈 팔 쉴 때
흩은 머리 곱게곱게 빗겨 줬으면.

<시>

가는 질

<제주어>

그립다
말을 ᄒᆞ카
ᄒᆞ난 그리와

그냥 가카
ᄀᆞᆼ해도/정해도
또시 더 ᄒᆞᆫ번…

저 산이도 가냐귀, 들에 가냐귀
서산이도 해 진댄
지저굼수다.

앞 강물 뒷 강물 흘르는 물은
ᄒᆞᆫ저 ᄄᆞ라오랜 ᄄᆞ라가갠
흘러도 ᄋᆞᆫ둘아 흘릅데다게.

가는 길

김소월

<표준어>

그립다
말을 할까
하니 그리워

그냥 갈까
그래도
다시 더 한번…

저 산에도 까마귀, 들에 까마귀
서산에도 해 진다고
지저귑니다.

앞 강물 뒷 강물은 흐르는 물은
어서 따라오라고 따라가자고
흘러도 연달아 흐릅디다려.

–《제주어개론 상》, 보고사, 2011, 461쪽.

창ᄀᆞᆺ디서

<제주어>

눈을 부비단 손끗으로
동그래밀 기린다.

그 창엔
눈공ᄌᆞ가 둘린 이슬이 궤이곡
하늘자락이 빗살에 젖어 프르르 떨린다.

어느 날
돌각담 모소리에
설은이 찍히곡
놈의 탓 ᄀᆞ튼 볼멘 육성이 터질 때
짐짓 시펀두룽ᄒᆞ고 픈 아픔 -

불씨가 그리운 이웃더레
공고리-벡에 고동이 울릴 거랜
거짓 ᄀᆞ튼 ᄎᆞᆷ말의 꿋무닌 어떤 걸꼬.

온밤을 지새완
동그래밀 기려 놓앗단 창ᄀᆞ인
일그러진 ᄌᆞ와상이 훙글리고 잇을(일)뿐

끗내
버팀목이 뒈는 붙백이벨은
혼자 혼자일 수밧기 엇인 것을.

창(窓)가에서*

고탐오

<표준어>

눈을 비비던 손끝으로
동그라미를 그린다.

그 창엔
눈동자가 달린 이슬이 고이고
하늘자락이 빛살에 젖어 파르르 떨린다.

어느 날
돌각담 모서리에
혈흔이 찍히고
남의 탓 같은 볼멘 육성이 터질 때
짐짓 태연하고 싶은 아픔 -

불씨가 그리운 이웃더러
콩크르트-벽(壁)에 고동이 울릴 거라고
거짓 같은 참말의 꽃무늬는 어떤 걸까.

온밤을 지새워서
동그라미를 그려 넣었던 창가엔
일그러진 자화상이 흔들리고 있을 뿐

끝내
버팀목이 되는 붙박이별은
혼자 혼자일 수밖에 없는 것을.

- 1994년 9월 7일 연구실에서

---

* 1994학년도 제주교육대 재직 당시 국어교육과 시화전 때 학생들의 권유로 썼던 어느 날의 자화상임.

4. 제주어 'ᄋᆞ/ᄋᆢ' 익히기

여기서 다루는 아래아인 〈・(ᄋᆞ)〉와 쌍아래아인 〈‥(ᄋᆢ)〉는 표준어 세대들이 올바로 습득해야 할 매우 중요한 언어유산이다. 이들이 소실되거나 잘못 사용할 경우는 제주어 본연의 참모습이 없어짐으로써 소중한 어학적 가치도 반감돼 버리고 만다.

1) '・(ᄋᆞ)'의 발음/음가

(1) 발음

아래아 '・(ᄋᆞ)'는 훈민정음의 기본모음 11자 가운데 없어진 글자이지만, 유독 선인들이 즐겨 쓰던 토박이말인 제주어에 남아 있어 국어학적 가치가 큰 것으로 정평이 나 있다. 그 발음의 위치는 학자마다 다르지만 'ㅏ'와 'ㅗ'의 간음(間音)이란 것이 일반적인 통론이다. 그런데 문제는 표준어 세대들이, 그 발음을 제대로 못하고 'ㅗ(오)'로 해 버림으로써 제주어 본연의 어휘들을 엉뚱한 말로 변질시켜 버리고 있는 실정이다. 특히 말할 때 그 발음이 올바르지 못한 결과 그 표기마저 어긋나고 있다. 그렇게 된 이유는 학교교육에서 표준어교육을 강화한 나머지 지역어인 방언들은 사투리라고 해서 경시했기 때문이다. 더구나 제주어는 사용하면 교양이 없는 섬놈으로 매도되기 일쑤였으니까. 그에 따라 아래아가 붙는 말은 굳이 쓸 필요를 느끼지 않으므로 해서 까다롭고 어려운 발음이 되고 만 것이다. 하지만 원음대로 보전해야 할 제주어의 소중한 자산이다. 이들에 대한 것은 필자의 『제주어개론 상』(보고사, 2011)에도 게재돼 있다.

(2) 음가

아래아(・)는 훈민정음 제자해(制字解)에 기록된 음가를 보면, "・如

吞字中聲(ㆍ는 ᄐᆞᆫᄍᆼ 가온ᄃᆡᆺ소리 ᄀᆞᄐᆞ니라)"라고 했고, 그 발음 위치는 "舌縮而聲深"이라고 해서, 혀를 오므리고 그 혀의 깊은 쪽에서 소리 나는 것으로 돼 있다. 이 말은 'ㆍ'가 'ᄐᆞᆫ'의 가운데서 나는 소리인 모음 'ㆍ'와 같다는 것이고, 그 소리 나는 위치는 설면근(舌面根)인 혓바닥 뿌리 쪽이라는 것이다. 국어학계에서는 그 음가를 구체적으로 나타낼 수 있는 발음기호로 [ɐ/ɔ]로 표시하는 것이 관행이다.

(3) 용례

<명사>

△ ㅏ>ㆍ

단음절어 : 가/갓[邊]>ᄀᆞ/ᄀᆞᆺ, 감[料]>ᄀᆞᆷ/ᄀᆞ슴, 날[刃]:ᄂᆞᆯ, 남[他人]>ᄂᆞᆷ, 낯[顔]>ᄂᆞᆾ, 달[月]>ᄃᆞᆯ, 말[馬]>ᄆᆞᆯ, 잠[眠]>ᄌᆞᆷ, 팥[小豆]>ᄑᆞᇀ, 한[限/一]>ᄒᆞᆫ …

다음절어 : 가위>ᄀᆞ새, 나물>ᄂᆞᄆᆞᆯ/ᄂᆞ물, 바람>ᄇᆞᄅᆞᆷ/ᄇᆞ름, 사랑>ᄉᆞ랑, 잔꾀>ᄌᆞᆫ꿰, 파리>ᄑᆞ리, 가랑비>ᄀᆞ랑비, 가라지>ᄀᆞ라지, 달걀>ᄃᆞᆨ새기, 망아지>ᄆᆞᆼ생이, 참기름>ᄎᆞᆷ지름, 팔씨름/ᄑᆞᆯ씨름, 달음박질>ᄃᆞᆯ음박질, 하룻강아지>ᄒᆞ룻강생이, 잠녀>**ᄌᆞᆷᄂᆢ/ᄌᆞᆷ녀/ᄌᆞᆷ네**(潛女) …

[참고] 요즘은 '**ᄌᆞᆷ녀/ᄌᆞᆷ수/ᄌᆞᆷ네**' 대신 일제잔재어(日帝殘在語)인 '**해녀**(海女:アマ)'를 마치 고유의 속칭인 토속어처럼 쓰이고 있다. 그 결과 일본의 착취에 항거하여 항일운동으로까지 번졌던 'ᄌᆞᆷᄂᆢ/ᄌᆞᆷ녀/ᄌᆞᆷ네(潛女)/ᄌᆞᆷ수(潛嫂)'를 기리기 위해 구좌읍 하도리에 건립된 〈濟州海女抗日運動紀念塔〉마저 '해녀(海女)'라고 했으니 부끄러운 일이다. 또 그 옆의 〈해녀박물관〉도 마찬가지다. 특히 2016년 유네스코 세계문화유산으로 등재됨으로써, '해녀(海女)'라는 명칭으로 굳어져 버렸다. 세계적인 문화유산으로

인정받았다는 것은 제주인의 자랑이지만, 못마땅한 것은 그 명칭이다. 선인들이 체취와 숨결이 끈끈히 묻어 있는 특유의 민중어(民衆語)가 묵살되고 말았다는 것은 슬픈 일이다. 더욱이 안타까운 것은 일본의 '해녀(海女:アマ)'의 아류(亞流)임을 스스로 인정하는 것이 돼 버린 것 같아 찜찜하다. 왜 'ᄌᆞᆷᄂᆞ/ᄌᆞᆷ녀/ᄌᆞᆷ네'를 고유명사화(固有名詞化)시키지 못했을까? 1953년도 제주도청에서 'ᄌᆞᆷ수/잠수(潛嫂)'를 행정공용어로 쓰기로 돼 있었는데도 지켜지지 않고 '해녀'로 해버린 것은 여간한 잘못이 아니다.

△ ㅓ>ㆍ

다섯>다ᄉᆞᆺ, 여섯>ᄋᆞᄉᆞᆺ, 여덟>ᄋᆞᄃᆞᆸ, 알턱>알ᄐᆞᆨ, 문턱>문ᄐᆞᆨ, 비석>비ᄉᆞᆨ, 눈썹>눈ᄊᆞᆸ …

<용언>

△ ㅏ>ㆍ

동사 : 갈다>ᄀᆞᆯ다, 가물다>ᄀᆞ물다, 갈기다>ᄀᆞᆯ기다, 날다>ᄂᆞᆯ다, 달리다>ᄃᆞᆯ리다, 마치다>ᄆᆞ치다, 사랑ᄒᆞ다>ᄉᆞ랑하다, 잠그다>ᄌᆞᆷ그다/ᄌᆞᆼ그다, 찾다>ᄎᆞᆽ다, 팔다>ᄑᆞᆯ다, 마치다>ᄆᆞ치다/ᄆᆞ끄다, 한들한들하다>ᄒᆞᆫ들ᄒᆞᆫ들ᄒᆞ다 …

형용사 : 낮다>ᄂᆞᆽ다, 맑다>ᄆᆞᆰ다, 가늘다>ᄀᆞᄂᆞᆯ다, 당차다>ᄃᆞᆼ차다, 짭찔하다>ᄍᆞᆸ찔ᄒᆞ다, ᄌᆞᆷᄌᆞᆷᄒᆞ다>잠잠하다, 따뜻하다>ᄄᆞᄄᆞᆺᄒᆞ다/ᄄᆞᆺᄄᆞᆺᄒᆞ다, 파르스름하다>ᄑᆞ리스름ᄒᆞ다 …

<부사>

△ ㅏ>ㆍ

가만히>ᄀᆞ만이, 차마>ᄎᆞ마, 탄탄이>탄ᄐᆞᆫ이, 하마터면>ᄒᆞ마테민, 갈강갈강>ᄀᆞᆯ강ᄀᆞᆯ강, 달랑달랑>ᄃᆞᆯ랑ᄃᆞᆯ랑, 말랑말랑>ᄆᆞᆯ랑ᄆᆞᆯ랑, 발랑발랑>ᄇᆞᆯ랑ᄇᆞᆯ랑, 살짝살짝>ᄉᆞᆯᄍᆞᆨᄉᆞᆯᄍᆞᆨ, 파릇파릇/파릿파릿>ᄑᆞ릇ᄑᆞ릇/ᄑᆞ릿ᄑᆞ릿, 할강할강>ᄒᆞᆯ강ᄒᆞᆯ강 …

△ ㅓ> ·

늘쩍늘적>늘ᄍᆞᆨ늘ᄍᆞᆨ, 벌벌>ᄇᆞᆯᄇᆞᆯ, 벌써>ᄇᆞᆯ써, 천천히>ᄎᆞᆫᄎᆞᆫ이 …

(4) 표기의 정(正) · 오(誤)

<바른 표기>

- 날[刃]>ᄂᆞᆯ, 낯[顔]>ᄂᆞᆾ, 달[月]>ᄃᆞᆯ, 닭[鷄]>ᄃᆞᆨ, 살[肉]>ᄉᆞᆯ, 잠[眠]>ᄌᆞᆷ …
- 가을[秋]>ᄀᆞ을/ᄀᆞ슬, 맷돌[磨石]>ᄀᆞ레(래), 마음[心]>ᄆᆞ음/ᄆᆞ슴, 바람[風]>ᄇᆞᄅᆞᆷ/ᄇᆞ름 …
- 달다[甘/懸]>ᄃᆞᆯ다, 날다[飛]>ᄂᆞᆯ다, 낮다[低]>ᄂᆞᆽ다, 밝다[明]>ᄇᆞᆰ다, 삶다[烹]>ᄉᆞᆱ다 …

<틀린 표기>

- ᄂᆞᆯ[刃]>놀[黃昏:황혼], ᄂᆞᆾ[顔:낯]>놏[銅:구리], ᄃᆞᆯ[月]>돌[石:돌/돌멩이], ᄃᆞᆨ[鷄:닭]>독[缸/膝:항아리/무릎], ᄉᆞᆯ[肉:살]>솔[松:소나무], ᄌᆞᆷ[眠:잠]>좀[衣魚:좀벌레] …
- ᄀᆞ을[秋:가을]>고을[邑:고을], ᄀᆞ레(래)[磨石:맷돌]>고래[鯨:고래], ᄆᆞ음[心;마음]>모음[母音:홀소리], ᄇᆞᄅᆞᆷ/ᄇᆞ름[風:바람]>보름[望:보름] …
- ᄃᆞᆯ다[甘/懸:달다]>돌다[廻/狂:돌다], ᄂᆞᆯ다[飛:날다]>놀다[遊:놀다], ᄂᆞᆽ다[低:낮다]>놎다, ᄇᆞᆰ다[明:밝다]>볽다, ᄉᆞᆱ다[烹:삶다]>솖다 …

2) ‘ᆢ(ᄋᆢ)’의 발음/음가

(1) 발음

쌍아래아 ‘ᆢ(ᄋᆢ)’는 훈민정음 합자해(合字解)에 용례(用例) 없이 ‘시골말이나 아 이들의 말에 있다고’ 되어 있는데, 제주어가 아니면 찾아볼 수 없는 독보적인 언어자산이다.

"・一起ㅣ聲於國語無用 兒童之言 邊野之語 或有之 當合二字而用 如ᆜᆝ之類 其先縱後橫 與他不同(・ㅡ가 ㅣ소리에서 일어나는 것은 우리 말에 소용이 없고, 어린이 말이나 시골말에 혹 있으나, 이는 마땅히 두 자를 합하여 쓰되, ᆜᆝ류와 같이 할 것이다. 이것은 먼저 세로 긋고, 뒤에 가로 긋는 것이 다른 글자와 같지 않다.)"41)

여기 '如ᆜᆝ之類'에서 'ᆜ'의 모음 ᆝ가, 곧 'ㅣ'와 '・'의 합성음인 제주어 '‥(ᄋᆢ)'에 해당한다. 그런데 문제는 그 용례가 드러나 있지 않고, 실제 문자화돼 있는 기록이 없어서 어떻게 쓰였는지 모른다는 점이다. 그러니 현재 제주어에 있는 '‥(ᄋᆢ)'를 중심으로 그 음가와 용례를 제시할 수밖에 없다.

(2) 음가

쌍아래아 '‥(ᄋᆢ)'의 음가는 아래아인 '・'가 옆으로 나란히 배열된 꼴이라고 해서 '겹아래아/쌍아래아'라고 한다. 그 발음은 'ㅣ'와 '・'가 합해진 '‥(ᄋᆢ)'인데 발음기호로는 반모음 'ㅣ[j]'와 아래아 '・[ɐ/ɔ]'가 합해진 [j ɐ/ j ɔ]로 표시한다. 이론상으로는 그렇지만 실제 발음할 때의 정확한 위치는 밝혀져 있지 않다. 필자의 생각은 발음할 때의 조음위치와 입술 모양은 '・(ᄋᆞ)'와 엇비슷하다. 다만 혓바닥이 아래아 '・'에 비해 혀뿌리 쪽으로 덜 당긴 위치에서 난다. 그러니 그 발음도 '・'보다 좀 앞쪽인 혀 앞부분에 살짝 스쳐서 소리 난다. 그런데 이 쌍(겹)아래아 역시 요즘 청장년 이하의 젊은 세대들은 'ㅛ(요)'로 발음하고 표기해 버림으로써 제주어의 본연에 어긋난 엉뚱한 말이 돼 버리고 있다. 이 '‥(ᄋᆢ)'에 관한 것은 『제주어개론 상』, 보고사, 2011, 55~56쪽에도 다뤄져 있다.

---

41) ( ) 속의 해석은 김민수의 《주해훈민정음》, 통문관, 1957의 47쪽을 그대로 옮긴 것이다.

(3) 용례

<체언>

△ ㅕ>ᆢ : 여름[夏]>ᄋᆢ름, 여물>ᄋᆢ물, 여덟[八]>ᄋᆢᄃᆞᆸ, 여든[八十]>ᄋᆢ든, 옆[側]>ᄋᆢᇁ, 열음/열매[果]>ᄋᆢᆯ음/ᄋᆢᆯ매, 열쇠>ᄋᆢᆯ쉐, 약둥이>ᄋᆢᆨ쉬/ᄋᆢᆨ박쉬/ᄋᆢ구리, 엽전(葉錢)>ᄋᆢᆸ전, 염치(廉恥)>ᄋᆢᆷ치 …

<용언>

△ ㅕ>ᆢ : 가렵다>ᄀᆞᄅᆢᆸ다, 마렵다>ᄆᆞᄅᆢᆸ다, 내려앉다>ᄂᆞᄅᆢ앚다, 양념하다>양ᄂᆢᆷᄒᆞ다, 약다>ᄋᆢᆨ다, 똘똘하다>ᄋᆢ망지다, 여물다>ᄋᆢᆷ다/ᄋᆢ물다, 야수다>ᄋᆢ사다, 열다(開/結實)>ᄋᆢᆯ다, 열리다>ᄋᆢᆯ리다, 엮다>ᄋᆢ끄다 …

<부사>

△ ㅕ>ᆢ : 여럿이>ᄋᆢ라이/ᄋᆢ랏이, 야금야금>ᄋᆢᄇᆢ록ᄉᆞᄇᆢ록/ᄋᆢ보록ᄉᆞ보록, 여북/여북이나>ᄋᆢ북/ᄋᆢ북이나, 역력히>ᄋᆢᆨᄅᆢᆨ이, 열렬히>ᄋᆢᆯᄅᆢᆯ이, 옆옆이>ᄋᆢᇁᄋᆢᇁ이, 미련스레>미ᄅᆢᆫ스리/미ᄅᆢᆫ시리 ….

이 쌍(겹)아래아는 다음과 같이, '겨/녀/뎌/려/셔/여/져/쳐/켜/혀' 따위가 껴 있는 어휘의 'ㅕ'에 대응해서 쓰인다. '며/벼/펴'인 경우는 앞에 게재된 〈제주어표기법〉 제14항에 따라 '메/베/페'로 표기되므로 여기에 해당하지 않는다.

△ 겨>ᄀᆢ : 가격(價格)>가ᄀᆢᆨ/가ᄌᆢᆨ, 품격(品格)/품ᄌᆢᆨ>품ᄀᆢᆨ, 견애(見解)>ᄀᆢᆫ애/ᄌᆢᆫ애, 느껴서>느ᄁᆢᆼ/느ᄁᆢᆫ, 생겨서>생ᄀᆢᆼ/생견, 당겼다>ᄃᆞᆼᄀᆢᆺ저(다), 튀겻다>튀ᄀᆢᆺ저(다) ….

△ 녀>ᄂᆢ : 흉년(凶年)>숭ᄂᆢᆫ, 육학년(六學年)>육ᄒᆞᆨᄂᆢᆫ, 세세연년(歲歲年年)>세세ᄋᆢᆫᄂᆢᆫ, 안녕히(安寧-)>안ᄂᆢᆼ이, 강녕하다(康寧--)>강ᄂᆢᆼᄒᆞ다, 과년하다(過年--)>과ᄂᆢᆫᄒᆞ다 ….

△ 뎌>ᄃᆢ : 디뎌>디ᄃᆢ, 디뎌서>디ᄃᆢᆼ/디뎐, 디뎠으니>디ᄃᆢᆺ이난, 디뎠으면>디ᄃᆢᆺ이민, 디뎠다>디ᄃᆢᆺ다(저), 뎠느냐>디ᄃᆢᆺ이냐, 디뎠구나>디ᄃᆢᆺ구나….

△ 려>ᄅᆢ : 고구려/(高句麗)>고구ᄅᆢ, 한려수도(閑麗水道)>한ᄅᆢ수도, 청렴하다(淸廉--)>청ᄅᆢᆷᄒᆞ다, 가련ᄒᆞ다(可憐--)>가ᄅᆢᆫᄒᆞ다, 협력하다(協力--)>섭ᄅᆢᆨᄒᆞ다….

△ 셔>ᄉᆢ : 가셔서>가ᄉᆢᆼ/가ᄉᆢᆫ, 가셨다>가ᄉᆢᆺ다(저), 가셨습니다>가ᄉᆢᆺ수다, 가셨습니까>가ᄉᆢᆺ수과, 가셨구나>가ᄉᆢᆺ구낭, 하셔서>ᄒᆞᄉᆢᆼ/ᄒᆞᄉᆢᆫ, 하였다>ᄒᆞᄋᆢᆺ다(저), 하였습니다>ᄒᆞᄋᆢᆺ수다, 하셨습니까>ᄒᆞᄉᆢᆺ수과, 하셨구나>ᄒᆞᄉᆢᆺ구낭….

△ 여>ᄋᆢ : 열여덟>ᄋᆢᆯᄋᆢᄃᆢᆸ, 여남은>ᄋᆢ남은, 여관(旅館)>ᄋᆢ관, 잠녀(潛女)>ᄌᆞᆷᄂᆢ, 열매>ᄋᆢᆯ매, 그러하여서>ᄀᆞᆼᄒᆞᄋᆢᆼ/ᄀᆞᆼᄒᆞᄋᆢᆫ, 못하여서>못ᄒᆞᄋᆢᆼ/못ᄒᆞ연, 못하였다>못ᄒᆞᄋᆢᆺ저(다), 못하엿습니다>못ᄒᆞᄋᆢᆺ수다, 못하였습니까>못ᄒᆞᄋᆢᆺ수과, 못하였구나>못ᄒᆞᄋᆢᆺ구낭….

△ 져>ᄌᆢ : 가져서>ᄀᆞᄌᆢᆼ/ᄀᆞᄌᆢᆫ, 가져오라>ᄀᆞᄌᆢ오라, 살쪄서>ᄉᆞᆯᄍᆢᆼ/ᄉᆞᄍᆢᆫ, 살쪘다>ᄉᆞᄍᆢᆺ저(다), 살쪘고>ᄉᆞᆯᄍᆢᆺ곡, 살쪘으니>ᄉᆞᆯᄍᆢᆺ이난, 살쪘으면/ᄉᆞᆯᄍᆢᆺ으민, 살쪘습니다>ᄉᆞᄍᆢ ᆺ수다, 살쪘습니까>ᄉᆞᆯᄍᆢᆺ수과, 살쪘구나>ᄉᆞᆯᄍᆢᆺ구낭….

△ 쳐>ᄎᆢ : 그쳐>그ᄎᆢ, 그쳐서>그ᄎᆢᆼ/그ᄎᆢᆫ, 그쳤고>그ᄎᆢᆺ곡, 그쳤으니>그ᄎᆢᆺ이난, 그쳤으면>그ᄎᆢᆺ이민, 그쳤다>그ᄎᆢᆺ저(다), 그쳤느냐>그ᄎᆢᆺ이냐, 그쳤습니다>그ᄎᆢᆺ수다, 그쳤습니까>그ᄎᆢᆺ수과, 합쳐>합ᄎᆢ, 합쳐서>합ᄎᆢᆼ/합천, 합쳤고>합ᄎᆢᆺ곡, 합쳤으니>합ᄎᆢᆺ이난, 합쳤으면>합ᄎᆢᆺ이민, 합쳤다>합ᄎᆢᆺ저(다), 합쳤느냐>합ᄎᆢᆺ이냐, 합쳤습니다>합ᄎᆢᆺ수다, 합쳤습니까>함ᄎᆢᆺ수과, 합쳤구나>합ᄎᆢᆺ구낭….

△ 켜>ᄏᆢ : 시켜>시ᄏᆢ, 시켜서>시ᄏᆢᆼ/시ᄏᆢᆫ, 시켰고>시ᄏᆢᆺ곡, 시켰으니>시ᄏᆢᆺ이난, 시켰으면>시ᄏᆢᆺ이민, 시켰다>시ᄏᆢᆺ저(다), 시켰느냐>시ᄏᆢᆺ이냐, 시켰습니다>시ᄏᆢᆺ수다, 시켰습니까>시ᄏᆢᆺ수과, 시켰구나>시ᄏᆢᆺ구낭….

△ 혀>ᄒᆢ : 닫혀>닫ᄒᆢ, 닫혀서>닫ᄒᆢᆼ/닫ᄒᆢᆫ, 묵혀>묵ᄒᆢ, 묵혀서>묵ᄒᆢᆼ/묵ᄒᆢᆫ, 묵혔고>묵ᄒᆢᆺ곡, 묵혔으니>묵ᄒᆢᆺ이난, 묵혔으면>묵ᄒᆢᆺ이민, 묵혔다>묵ᄒᆢᆺ저(다), 묵혔느냐>묵ᄒᆢᆺ이냐, 묵혔습니다>묵ᄒᆢᆺ수다, 묵혔습니까>묵ᄒᆢᆺ수과, 묵혔구나>무ᄒᆢᆺ구낭….

위 '혀'가 어두음(語頭音)에서 구개음화할 경우는 앞쪽에 게재된 〈2. 제주어표기법〉 제16항 (2)에 명시돼 있다.

(4) 표기의 정(正) · 오(誤)

<바른 표기>

여섯[六]>ᄋᆢᄉᆢᆺ, 여덟[八]>ᄋᆢᄃᆢᆸ, 열음/열매//ᄋᆢᆯ음/ᄋᆢᆯ매[實/果], 열쇠>열쉐/ᄋᆢᆯ쉐, 약다>ᄋᆢᆨ다, 엮다[編]>ᄋᆢ끄다/여끄다, 여물다>ᄋᆢᆷ다/염다//ᄋᆢ물다/여물다…

<틀린 표기>

ᄋᆢᄉᆢᆺ[六]>요ᄉᆢᆺ, ᄋᆢᄃᆢᆸ[八]>요ᄃᆢᆸ, ᄋᆢ남은>요남은, ᄋᆢ라이/ᄋᆢ랏이>요라이/요랏이, ᄋᆢᆯ음/ᄋᆢᆯ매[果/實]>욜음/욜메, ᄋᆢᆯ쉐>욜쇠, ᄋᆢᆨ다>욕다, ᄋᆢ끄다[編]>요끄다, ᄋᆢᆷ다/ᄋᆢ물다→욤다/요물다…

3) 학습의 실제

아래아 '·/ᄋᆞ'와 쌍아래아 '··/ᄋᆢ'의 실제 발음지도는 단계별로 반복하여 숙련시키는 것이 우선이다. 우선 '·/ᄋᆞ'인 경우는 위 '음가(音價)'에서 언급한 바와 같이, "·如呑字中聲(·는 ᄐᆞᆫᄍᆞᆼ 가온딧소리 ᄀᆞᄐᆞ니라)"이라 했고, 그 발음 위치는 "舌縮而聲深"이라고 해서, 혀를 오므리고 그 혀의 깊은 쪽에서 소리 난다고 한 내용을 되새겨야 한다. 불확실한 면이 없지 않으나 국제발음기호 [ɐ/ɔ]로 발음하는 반복학습이 중요하다.

또 쌍아래아 '··/ᄋᆢ'인 경우는, 표준어의 복모음이 발음인 'ㅑ=ㅣ+ㅏ, ㅕ=

ㅣ+ㅓ, ㅛ=ㅣ+ㅗ, ㅠ=ㅣ+ㅜ, ㅘ=ㅗ+ㅏ, ㅝ=ㅜ+ㅓ, ㅟ=ㅜ+ㅣ…’ 따위들처럼 발음하면 된다. 즉, ‘ᆢ/ᄋᆢ’는 ‘ㅣ+ᆞ(ᄋᆞ)’가 합성된 국제발음기호 [jɐ/jɔ]에 해당하므로, 지도자 자신이 시범을 보이면서 따라 하도록 하는 반복적 연습과정이 필수적이다. 그 총체적 지도과정은 아래와 같다.

(1) ‘ᆞ(ᄋᆞ)’의 학습

<학습단계>

① 중요성 환기
- 정통성 : 가장 제주도적인 음소
- 학술성 : 중세국어의 보전

② 발음 및 낱말
- 단음 → 음절 → 낱말
- 단음 : ‘ᆞ(ᄋᆞ)’의 발음하기. 될 때까지 반복
- 음절 : 초성+ᆞ> ᄀᆞ ᄂᆞ ᄃᆞ ᄅᆞ ᄆᆞ ᄇᆞ ᄉᆞ ᄋᆞ ᄌᆞ ᄎᆞ ᄏᆞ ᄐᆞ ᄑᆞ ᄒᆞ
  → 발음연습
- 초성+ᆞ+종성 : ᄀᆞᆨ ᄀᆞᆫ ᄀᆞᆯ ᄀᆞᆷ ᄀᆞᆺ ᄀᆞᆸ ᄀᆞᆼ ᄀᆞᆽ ᄀᆞᇂ → 발음연습
  ᄂᆞᆨ ᄂᆞᆫ ᄂᆞᆯ ᄂᆞᆷ ᄂᆞᆺ ᄂᆞᆸ ᄂᆞᆼ ᄂᆞᆽ ᄂᆞᇂ → 발음연습

  ᄀᆞᆰ/ᄀᆞᆱ, ᄂᆞᆰ/ᄂᆞᆱ, ᄃᆞᆰ/ᄃᆞᆱ, ᄆᆞᆰ/ᄆᆞᆱ, ᄇᆞᆰ/ᄇᆞᆱ, ᄋᆞᆰ/ᄋᆞᆱ, ᄌᆞᆰ/ᄌᆞᆱ,
  ᄎᆞᆰ/ᄎᆞᆱ, ᄏᆞᆰ/ᄏᆞᆱ, ᄐᆞᆰ/ᄐᆞᆱ, ᄑᆞᆰ/ᄑᆞᆱ, ᄒᆞᆰ/ᄒᆞᆱ → 발음연습
- 단일어 : ᄀᆞᆫ/ᄀᆞᆯ/ᄀᆞᆷ/ᄀᆞᆺ, ᄂᆞᆯ/ᄂᆞᆷ/ᄂᆞᆺ, ᄃᆞᆨ/ᄃᆞᆯ, ᄆᆞᆫ/ᄆᆞᆯ, ᄉᆞᆷ/ᄉᆞᆷ/ᄊᆞᆯ, ᄌᆞᆷ/ᄌᆞᆺ,
  ᄎᆞᆷ, ᄏᆞᆨ, ᄐᆞᆨ/ᄐᆞᆯ, ᄑᆞᆯ/ᄑᆞᆺ, ᄒᆞᆨ/ᄒᆞᆫ → 발음/낱말 익히기
- 2음절어 : ᄀᆞ을/ᄀᆞ슬/ᄀᆞ실, ᄂᆞᆯ개, ᄃᆞ리, ᄆᆞᆯᄉᆞᆨ/ᄆᆞᆯ석, ᄇᆞᄅᆞᆷ/ᄇᆞ름, ᄉᆞ랑, ᄉᆞ끼, ᄊᆞᆷ지, ᄌᆞᄁᆞᆺ/ᄌᆞ냥, ᄎᆞᆯ래, ᄎᆞᆷ웨 ᄑᆞ리, ᄒᆞᆼ상, ᄀᆞᆮ다, ᄀᆞᆽ다, ᄂᆞᆯ다, ᄂᆞᆽ다, ᄃᆞᆮ다, ᄃᆞᆯ다, ᄃᆞᆷ다, ᄆᆞᆯ다, ᄆᆞᆺ다, ᄇᆞᆯ다, ᄉᆞᆯ다, ᄉᆞᆷ다, ᄌᆞᆨ다, ᄌᆞᆯ다, ᄌᆞᆷ다, ᄎᆞᆷ다, ᄎᆞᆽ다, ᄐᆞᆮ다, ᄑᆞᆯ다, ᄒᆞ다, ᄀᆞᆰ다, ᄆᆞᆰ다, ᄇᆞᆰ다, ᄉᆞᆱ다 → 발음/낱말 익히기

· 다음절어 : ᄀᆞᆯ갱이, ᄀᆞᆯ개비, ᄃᆞᆨ새기, ᄆᆞᆯ방애/ᄆᆞᆯᄀᆞ래, ᄉᆞᆯ퀘기, ᄌᆞᆷᄂᆢ/ᄌᆞᆷ녀/ᄌᆞᆷ네, ᄌᆞᆷ자리, ᄎᆞ레ᄎᆞ레, ᄆᆞ르다/ᄆᆞᆯ르다, ᄏᆞᄏᆞᆯᄒᆞ다, ᄄᆞᄄᆞᆺᄒᆞ다, ᄍᆞ른ᄍᆞ른ᄒᆞ다/ᄍᆞᆯ른ᄍᆞᆯ른ᄒᆞ다 → 발음/낱말 익히기

· 의성어 : ᄀᆞᆯ강ᄀᆞᆯ강, ᄃᆞᆯ랑ᄃᆞᆯ랑, ᄋᆞᆼ장ᄋᆞᆼ장, ᄎᆞᆯ랑ᄎᆞᆯ랑, ᄀᆞᄅᆞᆼᄀᆞᄅᆞᆼ, ᄃᆞᆯᄀᆞᄅᆞᆨᄃᆞᆯᄀᆞᄅᆞᆨ, ᄉᆞᄅᆞᆼᄉᆞᄅᆞᆼ, ᄋᆞᆼᄋᆞᆯᄅᆞᆼᄋᆞᆼᄋᆞᆯᄅᆞᆼ, ᄒᆞᆯᄀᆞᄅᆞᆼᄒᆞᆯᄀᆞᄅᆞᆼ → 발음/낱말 익히기

· 의태어 : ᄀᆞ만ᄀᆞ만, ᄁᆞ는ᄁᆞ는, ᄂᆞᄅᆞᆺᄂᆞᄅᆞᆺ, ᄆᆞᆯ랑ᄆᆞᆯ랑, ᄉᆞᆯ짝ᄉᆞᆯ짝, ᄋᆞ상ᄋᆞ상, ᄍᆞᆯ막ᄍᆞᆯ막, ᄑᆞᆯ딱ᄑᆞᆯ딱, ᄒᆞᆯᄀᆞᆺᄒᆞᆯᄀᆞᆺ → 발음/낱말 익히기

※ 녹음자료 활용

③ 정리

학습한 낱말에 대한 발음상태 확인

그 결과에 따른 차후학습지도계획

(2) '‥(ᄋᆢ)'의 지도

<학습단계>

① 중요성 환기

· 정통성 : 아래아와 함께 되살려야 할 가장 제주도적인 음소

· 학술성 : 훈민정음 '합자해'에 언급된 제주도 특유의 독보적 가치

② 발음 및 낱말

· 단음 → 음절 → 낱말

· 단음 : '·(ᄋᆢ)'의 발음하기. 될 때까지 반복

· 음절 : 초성 + ‥ > ᄀᆢ ᄂᆢ ᄃᆢ ᄅᆢ ᄆᆢ ᄇᆢ ᄉᆢ ᄋᆢ ᄌᆢ ᄎᆢ ᄏᆢ ᄐᆢ ᄑᆢ ᄒᆢ → 발음연습

· 초성 + ‥ + 종성 > ᄀᆢᆨ ᄀᆢᆫ ᄀᆢᆮ ᄀᆢᆯ ᄀᆢᆷ ᄀᆢᆸ ᄀᆢᆺ ᄀᆢᆼ ᄀᆢᆽ ᄀᆢᇂ → 발음연습

ᄂᆢᆨ ᄂᆢᆫ ᄂᆢᆮ ᄂᆢᆯ ᄂᆢᆷ ᄂᆢᆸ ᄂᆢᆺ ᄂᆢᆼ ᄂᆢᆽ ᄂᆢᇂ → 발음연습

· 단일어 : ᄀᆢᆯ/ᄌᆢᆯ//결/절[波], ᄀᆢᆯ/ᄌᆢᆯ//결/절[冬], ᄋᆢᆫ/연(鳶), ᄋᆢᆯ/열[十/熱], ᄒᆢᆼ/ᄉᆢᆼ//형/성(兄) → 발음/낱말 익히기

· 2음절어 : ᄀᆢ을/ᄌᆢ을//ᄀᆢ슬/ᄌᆢ슬[冬], ᄀᆢᆫ애/ᄌᆢᆫ애//견애/전애(見解), ᄀᆢᆫ본/ᄌᆢᆫ본//견본/전본(見本), 가ᄀᆢᆨ/가ᄌᆢᆨ//가격/가적(價格), 인ᄀᆢᆨ/인ᄌᆢᆨ//인격/인적(人格), ᄋᆢᆫᄅᆢᆼ/연령(年齡), ᄋᆢᆫᄂᆢᆫ/연년(年年), 성ᄋᆢᆫ/성연(聖賢), ᄒᆢᆯᄋᆢᆫ/ᄉᆢᆯᄋᆢᆫ//혈연/설연(血緣), ᄒᆢᆼ님/ᄉᆢᆼ님//형님/성님(兄-) → 발음/낱말 익히기

· 다음절어 : ᄋᆢ구리/ᄋᆢ맹이/ᄋᆢᆨ다리/ᄋᆢᆨ박쉬/ᄋᆢᆨ박쥐, ᄀᆢᆯ막ᄋᆢᆷ/ᄌᆢᆯ막ᄋᆢᆷ(結膜炎), ᄀᆢᆯ석싱/ᄌᆢᆯ석싱//결ᄉᆢᆨ싱/절석싱(缺席生), ᄋᆢᆸ구리/ᄋᆢᆸ댕이, ᄒᆢᆨ멩가/ᄉᆢᆨ멩가//혁멩가/석멘가(革命家), ᄀᆢᆼᄒᆞ다/ᄌᆢᆼᄒᆞ다//경ᄒᆞ다/정ᄒᆞ다, ᄋᆢᆼᄒᆞ다/영ᄒᆞ다, ᄀᆢᆯ심ᄒᆞ다/ᄌᆢᆯ심ᄒᆞ다//결심ᄒᆞ다/절심ᄒᆞ다(決心--), ᄀᆢᆯ백ᄒᆞ다/ᄌᆢᆯ객ᄒᆞ다/결백ᄒᆞ다/절백ᄒᆞ다(潔白--), 단ᄀᆢᆯᄒᆞ다/단ᄌᆢᆯᄒᆞ다//단결ᄒᆞ다/단절ᄒᆞ다(團結--), ᄒᆢᆫ멩ᄒᆞ다/ᄉᆢᆫ멩ᄒᆞ다/형멩ᄒᆞ다/선멩ᄒᆞ 다(賢明--) → 발음/낱말 익히기

※ 녹음자료 활용

③ 정리

· 학습한 낱말에 대한 발음상태 확인

· 그 결과에 따른 차후학습지도계획

-《2016제주어교육직무연수》, 탐라교육원

5. 구술첨사

구술형첨사(口述添辭)라고 함은 말끝을 맺는 어말어미에 덧붙어서, 그 말하는 내용을 확인하고 다지는 강세의 뜻을 나타내는 특수조사인 첨사(添辭)를 말한다. 그 대표적인 것이 '게/겐' · '마씀/마씸' · '양' · '이' 등이다. 이들

이 붙으면 붙지 않는 것에 비해, 말의 어세와 강조의 뜻이 더 살아날 뿐만 아니라, 제주어의 특이한 맛깔이 덧난다. 이들에 대한 용례는 앞에 게재된 〈2. 제주어표기법〉 제45항에 그 쓰임과 용례가 명시돼 있다.

1) 게/겐

이 '게/겐'은 주로 비존대어와 존대어의 종결어미에 붙어서, 말하는 사람의 간곡한 심정을 타나낸다. 즉 〈종결어미+게/겐〉의 형태를 취해서 비존대어면 어세를 강하게 하는 '야'가, 존대어면 '요' 따위가 덧붙은 효과가 있다.

△ 어간+게+게/겐 [-자/-자야]

- 이제랑 집이 가게.
  (이제는 집에 가자.)
- 이제랑 집이 가게게.
  (이제는 기서 더 놀다가 가자야.)
- 이제랑 집이 가게겐.
  (이제는 집에 가자야.)

△ 종결어미(-우다)+게/겐 [-ㅂ니다요]

- 그건 아니우다게/겐.
  (그것은 아닙니다요.)
- 난 마우다게/겐.
  (나는 싫습니다요.)
- 잘못훈 건 나우다게/겐.
  (잘못한 것은 납(접)니다요.)

△ 종결어미(-수다)+게/겐 [-습니다요]

- 촘 좋수다게/겐.
  (참 좋습니다요.)
- 도와줜 고맙수다게/겐.
  (도와줘서 고맙습니다요.)

· 그 집인 아무도 엇수다게/겐.
(그 집에는 아무도 없습니다요.)

위에서 보듯이 "이제랑 집이 가게"인 경우, 집에 가자고 권유하는 뜻은 같은데, 그 바라는 정도가 다르다. '-게'가 하나만 붙은 것은 현대국어의 청유형종결어미 '-자'에 해당한다. 하지만 '-게' 다음에 다시 강세첨사 '게/겐'이 덧붙으면 그 바라는 의도가 더 강한 '-야'가 덧붙은 것과 같은 '-자야'가 된다. 특히 '-게게'와 '-게겐'인 경우는 그 뜻은 같지만 어감이 '-게겐'이 더 강하다. 부등호로 나타내면 '게〈게게〈게겐'이 될 수 있는데, '-게게'와 '-게겐'은 구분 없이 써도 의미의 차이는 없다.

2) 마씀/마씸

이 '마씀/마씸'은 존댓말에만 붙는데, 그것도 모음으로 끝나는 체언 다음에 붙으면 '-ㅂ니다'에, 자음받침으로 끝나는 체언에 붙으면 '-입니다'에 대응하는 종결어미가 된다. 또 그 '마씀/마씸'에 '게/겐'이 덧붙으면 꼭 같은 내용의 말이라도 그 의미를 더 강하게 하는 '요' 따위가 덧붙은 효과가 있다.

△ 체언+마씀/마씸 [-ㅂ니다/-입니다]

· 저건 풀굴개비마씀/마씸.
(저것은 청개구립(리ㅂ)니다.)

· 글른 건 바로 나마씀/마씸.
(그른 것은 바로 납(나ㅂ)니다.)

· 가인 우리 펜마씀/마씸.
(그 아이는 우리 편입니다.)

· 요것도 데껴불 물건마씀/마씸.
(요것도 던져버릴 물건입니다.)

△ 체언+마씀/마씸+게/겐 [-ㅂ니다요/-습니다요]

· 그것도 나마씀(씸)게/겐.
(그것도 납(나ㅂ)니다요.)
· 저건 노리마씀(씸)게/겐.
(저것은 노릅니다요.)
· 그건 나 목필마씀(씸)게/겐.
(그것은 나 연필입니다요.)
· 원쉬가 바로 돈마씀(씸)게/겐.
(원수가 바로 돈입니다요.)

또 다음과 같이, 형용사 '아니다'의 어간에 붙는 평서형종결어미 '-라' 다음이면 존대형인 '-ㅂ니다'의 구실을 하고, 그 이외는 어말어미 '-아/-어/-여'에 붙어서 '-습니다'가 된다. 거기에 '-게/겐'이 덧붙은 '마씀/마씸+게/겐'의 형태를 취하면 '-ㅂ니다요(네)/-습니다요(네)'와 같은 심정적인 뜻이 더 강해진다.

△ 어간+라/-아/-어/-ᄋ(여)+마씀/마씸 [-ㅂ니다/-습니다]

· 그게 아니라마씀/마씸.
(그것이 아닙(니ㅂ)니다.)
· 우리 뚤이 더 고와마씀/마씸.
(우리 딸이 도 곱습니다.)
· 설러완 죽은 사름은 엇어마씀/마씸.
(서러워서 죽은 사람은 없습니다.)
· 그 일은 ᄒ나마나 ᄒᄋ(여)여마씀/마씸.
(그 일은 하나마나 합(하ㅂ)니다.)

△ 종결어미+마씀/마씸+게/겐 [-ㅂ니다요(네)/-습니다요(네)]

· 그게 아니라마씀게/마씸게//마씀겐/마씸겐.
(그것이 아닙(니ㅂ)니다요(네).)

· 우리 똘이 더 고와마씀게/마씸게//마씀겐/마씸겐.
(우리 딸이 도 곱습니다요.)
· 설러완 죽은 사름은 엇어마씀게/마씸게//마씀겐/마씸겐.
(서러워서 죽은 사람은 없습니다요.)
· 그 일은 ᄒᆞ나마나 ᄒᆞᄋᆢ(여)여마씀마씀게/마씸게/마씀겐/마씸겐.
(그 일은 하나마나 합(하ㅂ)니다요.)

3) 양

이 '양'은 윗사람한테 말하는 존대어에 붙거나 대답이나 의문을 나타내는 독립어로도 쓰인다. 또한 아래 예시와 같이 '게/겐'이 덧붙어서 〈양게/양겐〉의 형태를 취하기도 한다. 그럴 경우 어세가 '양<양게<양겐'이 되는데, 그 담긴 뜻은 '요/네/요네'가 덧붙은 것과 같은 효과가 있다. 그들 쓰임에 대한 용례는 다음과 같이 말하는 형태와 어투에 따라 다양하다. 여기 예시되지 않는 여러 형태의 용례들은 앞쪽에 게재돼 있는 〈2. 제주어표기법〉 제37항에 명시돼 있다.

△ 체언+다/라//이다/이라+양 [-ㅂ니다요/-입니다요]
· 벵준을 웬기는 건 ᄑᆞ리다양.
(병균을 옮기는 것은 파립(리ㅂ)니다요.)
· ᄌᆞ미난 운동시압은 축구라양.
(재미있는 운동시합은 축굽(구ㅂ)니다요.)
· 못 끈는 게 정이라양
(못 끊은 것이 정입니다요.)
· ᄒᆞᆨ싱신디 중ᄒᆞᆫ 건 책이라양.
(학생에게 중한 것은 책입니다요.)

△ 감탄사+양 [요/보셔요/네]
· 저양, 나 ᄀᆞᆯ건 들어봅서.
(저요, 제가 말하거든 들어보십시오.)

· 양, 그런 게 아니난 걱정 안ᄒᆞ으(여)도 돼마씀(씸).
(보셔요, 그런 것이 아니니까 걱정 안하여도 됩니다.)
· "복동아!" "양! 나 이디 싯수다."
("복동아!" "네! 저 여기 있습니다.")

△ 어간+-라/아/어/ᄋᆞ(여)+양 [-요/-요네]
· 생각추룩 뒈는 게 아니라양.
(생각처럼 되는 것이 아니아요/아냐요)
· 잘 갓당 오아(와)양.
(잘 갔다가 와요.)
· 싸우민 우리 펜이 지어양.
(싸우면 우리 편이 지어요.)
· 야인 공불 잘ᄒᆞᄋᆞ(여)양.
(얘는 공부를 잘하여요네.)
· 옷 색깔이 너미 빵겅ᄒᆞᄋᆞ(여)양.
(옷 색깔이 너무 빨게요네.)

△ 어간+게+양 [-요/-요네]
· 우리도 아파트 사게양.
(우리도 아파트 사자구요.)
· 차 타지 말앙 걸엉 가게양.
(차 타지 말고 걸어서 가자구요.)
· 그런 말랑 믿지 말게양.
(그런 말랑 믿지 말자구요.)
· 그만 쉬엉 일덜ᄒᆞ게양.
(그만 쉬어서 일들하자구요.)

△ 형용사어간+수다/우다+양 [-요/-네]
· 거 촘 좋수다양.
(거 참 좋습니다요/네.)

· 시엄문제라 쉽수다양.
(시험문제가 쉽습니다요.)
· 지럭시라 너미 지우다양.
(길이가 너무 깁니다요.)
· 그런 건 절대로 아니우다양.
(그런 것은 절대로 아닙니다요.)

△ 어간+라/아/어/ᄋᆢ(여)+양+게/겐 [-요네]
· 난 가이왕은 달라양게/겐.
(나는 걔와는 달라요네.)
· 노롬이랑 제발 말아양게/겐.
(노름이랑 제발 말아요네.)
· 봣걸랑 재기 나가양게/겐.
(봤거든 빨리 나가요네.)
· 준 걸랑 냉기지 말아근 다 먹어불어양게/겐.
(준 것은 남기지 말고서 다 먹어버려요네.)
· 죽을 줼 짓엇주만 용서ᄒᆞᄋᆢ(여)양게/겐.
(죽을 죄를 지었지만 용서하여요네.)

위 존대형의 종결어미 '-ㅂ니다'에 대응하는 '-우다'는 동사 '말다'와 모음과 'ㄹ' 받침으로 끝나는 형용사어간에 붙고, '-수다'는 선어말어미 '-앗/엇-'·'-읏/엿-'·'-암/엄-'·'-ᄋᆞᆷ/염-'과 'ㄹ' 받침을 제외한 형용사어간에 붙는다. 자세한 것은 〈2. 제주어표기법〉 제45항 참조.

· 맛이 춤 ᄃᆞ우다양.
(맛이 참 답니다요네.)
· 난 그런 거 마우다양.
(나는 그런 것 싫습니다요네.)

4) 이

이 '이'는 비존대어에만 쓰이는데 아래 예시와 같이, 무엇을 하도록 당부하거나 약속 따위를 다질 때 쓰인다. 즉 〈종결어미+이〉·〈종결어미+이+게/겐〉의 형태를 취해서 그 어세를 강하게 하는 '야'·'응' 따위와 같은 뜻을 나타낸다. 그 다음 '게/겐'이 덧붙을 때는 그 의도와 어감이 더 강해진다.

△ 종결어미+이 [-야]

· 잘 갓당 오라이.
(잘 갔다가 오너라야.)
· 닐랑 ᄃᆞᄅᆢᆼ(령) 가마이.
(내일은 데려서 가마야.)

△ 종결어미+이+게/겐 [-응]

· 또시 놀레 오라이게/겐.
(다시 놀러 오너라응.)
· 주는 것만 먹으라이게/겐.
(주는 것만 먹어라응.)

위의 예시 외에고 '양'과 '이'인 경우 아래 예시와 같이, 말머리인 화두(話頭)에 〈나/난+양〉·〈저+양〉, 〈나/난+이〉·〈느/는+이〉·〈저+이〉의 형태를 취해서 말하는 사람의 의향을 나타내는 발어사(發語辭)로 곧잘 쓰인다.

· 나양, 오늘은 ᄒᆞᆨ조이 안 가도 뒙니께.
(저요, 오늘 학교 안가도 됩니다.)
· 난양, ᄃᆞᆯ음박질도 잘ᄒᆞᄋᆢ(여)마씀(씸).
(저는요, 달음박질도 잘합니다요.)
· 저양, 나 ᄀᆞᆮ건 들어봅서.
(저요, 내가/제가 말하거든 들으십시오.)

· 나이, 동짓돌 초ᄒᆞ를날 시집감시네.
(나말이야, 동짓달 초하룻날 시집가고 있다.)
· 난이, 공부ᄒᆞ는 게 정도 실플 수라 엇나.
(나는말이야, 공부하는 것이 그렇게도 싫을 수가 없다.)
· 저이, 애애 안 ᄀᆞᆯ으키어.
(저말이야, 애애 안 말하겠다.)

이상에서 다룬 구술첨사의 용례는 대표적인 것만 간추린 것일 뿐, 그 전부를 망라한 것일 수는 없다. 하지만 제주어가 입말 중심의 구어체(口語體)로서 그 특성이 어떤 것인지를 감지해 볼 수 있다. 특히 이들 구술첨사는 음성언어의 구술효과를 극대화시키고 있다는 데서 눈여겨볼 만하다.

–『제주어연수교육자료』, (사)제주어보전회

6. 제주어의 어휘[42]

1) 오롬/오름[岳 : 오롬/산]

제주어는 육지부에서 사라져버린 옛말이 보존돼 있습니다. 그 중에 하나가 곳곳에 솟아 있는 〈오롬〉인데, 이 말은 신라시대에 씌었던 고업니다. 그 근거는 신라 진평왕 때 승려 융천사가 지은 향가인 '혜성가'에 나타나 있습니다. 그 당시는 우리의 한글문자가 없었으므로, 한자의 뜻과 음을 따서 만든 이두문자인 향찰을 활용해서, '오르다/오로다'의 뜻을 가진 '메악[岳]자'의 '오르/오로'와 '소리음[音]자' '음'의 'ㅁ'이 결합해서 〈오롬〉이라

42) 이들 어휘들은 <제주MBC 라디오>에서 제주어 캠페인으로 방송되고 있는 <제주어나들이>를 2017년 3월 현재 것만 옮긴 것이다. 앞에 붙은 번호는 방송했던 순위를 매긴 것인데, 컴퓨터에 입력돼 있는 것만 옮기다 보니, 방송했던 어휘들이 누락된 것이 여럿이어서, 그 순위가 실제와는 다르다.

고 했던 것입니다. 바로 그 말이 '산(山)'이라는 뜻을 가진 제주어가 되었는데, 그 발음과 표기도 〈오롬〉과 〈오름〉 두 가지 다 쓰입니다.

2) 식개[式暇 : 식가>식개→제사]

제주어로 기제사를 〈식개〉라고 합니다. 이 말은 조선시대 조정에서 상을 당하거나 기제사 때 기복출사(起復出仕)한 관료에게 주는 정규휴가인 〈식가(式暇)〉라는 말이, 〈식개〉로 전의(轉義)된 것입니다. 왜 그러냐고 하면 〈식가〉의 '가'가 '개'로 되는 것과 같은 사례가 꽤 많습니다. 이를테면 옛 분들은 사람의 성씨가 고씨인 〈고가〉를 〈고개〉, 김씨인 〈김가〉를 〈짐개〉라고 했던 것이 그것입니다. 또한 '휴가(休暇)'를 〈수개〉, '처갓집'을 〈처갯집〉, '장가가다'를 〈장개가다〉라고 한 것도 〈식가〉가 〈식개〉가 된 것과 같습니다. 그러니 〈식개〉는 〈식가〉에서 비롯됐음을 알 수 있습니다.

3) 어시[母 : 어미/어머니]

옛말에 '어머니'와 '어버이'를 〈엇〉 또는 〈어시〉라고 했습니다. 이 말은 고려시대의 어머니를 그리워하는 노랫말로 전해지고 있는 '사모곡(思母曲)'을 '엇노리'라고도 했는데, 그 '엇'이 바로 '어머니'에 해당합니다. 이 말이 제주어에 그대로 남아 있는데, 농촌에서 곡식을 타작할 때 쓰는 '도리깻열'을 〈도깨아둘〉이라 하고, '도리깨자루'를 〈도깨어시〉라고 합니다. 또한 윗사람의 하는 본을 아랫사람이 따르게 되는 현상을 빗댈 때 쓰는 속담 가운데 "어미 뛴 데 새끼 뛴다."는 말을 제주어로 "어시 퀀 듸 새끼 퀀다." 라고 합니다. 여기 '어시'도 어머니인 '어미'와 같은 말입니다.

4) 것[飯/水剌 : 수라/밥]

제주어 가운데는 옛날 상위층에서 쓰던 궁중용어가 있습니다. 그 중에 하나가 '밥/음식'에 해당하는 〈것〉입니다. 잘못 생각하면 짐승이 먹는 먹이를 천하게 부르는 말로 알기 쉽습니다. 왜냐하면 개나 돼지의 먹이를 주었느냐고 말할 때, 제주어로는 "도새기 것 줫이냐?"라고 합니다. 그러나 알고 보면 '제삿밥'을 '메'라고 했던 것처럼 〈것〉은 원래 임금님이 먹는 밥을 일컫는 '수라'와 다름없는 말이었습니다. 그 예로 조선시대 명온공주가 그 오라버니인 익종에게 보낸 편지에 "낫 것 잡ᄉᆞ오시고 안녕이 디내시옵나잇가."의 〈것〉이 바로 그 말입니다.

5) 올랫질[골목길]

요즘 걷기여행의 성황을 이루고 있는 〈올랫길〉이 각광을 받고 있습니다. 그런데 그 〈올래〉란 말의 본뜻과 정체를 제대로 모르고 있는 게 아닌가 하는 우려의 목소리도 만만치 않습니다. 제주어의 〈올래/올랫질〉은 집 울타리 안으로 들어서는 좁은 골목을 일컫는 말로서, 표준어 '오래'의 '오'에 ㄹ이 첨가된 것입니다. 그런데도 어뚱하게 오솔길인 〈소롯질〉과 큰길인 〈한질〉, 마을안길인 〈가름질〉마저 다 〈올래〉로 통하고 있으니 말입니다. 하기야 포괄적의미의 상징성을 띈 여행상품명이니 그럴 수 있지만, 〈올랫질〉에 대한 제주도 고유의 정체성이 잘못 이해돼서 그 의미가 빗나가지 않았으면 합니다.

6) 곳자왈/곶자왈[숲덤불/덤불숲]

제주어에 〈곳자왈/곶자왈〉이란 말이 있습니다. 여기서 '곳/곶'은 '숲'이라는 뜻이고, '자왈'은 '덤불'이라는 뜻을 가진 말이 결합해서 된 '숲덤불/덤불숲'이라는 말입니다. 그러니 이런 곳은 나무와 가시덩굴이 한데 엉클어져 사람이 드나들기가 여간 어렵지 않습니다. 그럼에도 요즘 사람들은 산에 나무가 들어서 있는 곳이면 〈곶자왈/곶자왈〉로 통하고 있으니, 산기슭 모두를 일컫는 말이 되고 말았습니다. 영상매체마저 숲속이면 〈곶자왈/곶자왈〉로 알고 비쳐지기 일쑵니다. 기왕이면 명칭과 실제가 부합하는 적재적소성에 어긋나지 않는 제주어를 올바로 알고 썼으면 합니다.

7) ᄌᆞᆷᄂᆢ/ᄌᆞᆷ녀/ᄌᆞᆷ네[潛女 : 잠녀]

지금 우리가 즐겨 쓰고 있는 '해녀'라는 말은 제주어가 아닌 일제잔재어인 '**아마**(海女:アマ)'에서 비롯된 것입니다. 한자어지만 〈ᄌᆞᆷᄂᆢ/ᄌᆞᆷ녀/ᄌᆞᆷ네〉가 진짜 제주업니다. 일제시대 펴낸 《조선여속고》에 보면 일본 법학자 '와다이치로(和田一郎)'의 〈유제주유기(游濟州有記)〉에도 '海女'라고 했습니다. 더 안타까운 것은 구좌읍 하도리에 세워진 '제주**해녀**항일운동기념탑'에마저 '海女'라고 했으니, 여간 부끄러운 일이 아닙니다. 유네스코 무형문화재로 등재를 바라기에 앞서 선인들의 숨결이 배어 있는 민중어인 〈**ᄌᆞᆷᄂᆢ**/**ᄌᆞᆷ녀**/**ᄌᆞᆷ네**〉를 되살려야 하지 않겠습니까.

8) 도댓불[燈臺 : 등대+불]

요즘 제주도의 토속어인 줄 알고 쓰는 말 가운데 〈도댓불〉이 있습니다. 이 말은 제주어가 아닌, 일본어 '**도따이**(トッタイ)'이라는 단어에, 우리말 '불'이 결합된 것입니다. 그런데도 마치 순 제주언인 줄 알고 있으니, 여간 부끄러운 일이 아닙니다. 그것도 제주문화원에서 지역의 유명인사들까지 자문위원으로 내세워서, 조천읍 북촌항의 '등명대(燈明臺)' 옆에 세워놓은 비석에, 속칭 〈도댓불〉이라 한다고 새겨놓고 있으니 말입니다. 제주문화를 제대로 살리고 정립해야 할 공인문화원마저 이러니, 제주어 보전이 제대로 되겠습니까.

9) 심방[巫堂 : 무당]

제주도에서 무속신앙을 주도하는 무당(巫堂)을 일컬어 〈심방〉이라고 합니다. 이 말은 제주도 고유의 토속어가 아니라, 중세국어인 고어입니다. 조선조 제7대 임금 세조 임금이 그의 어머니인 소헌왕후의 명복을 빌기 위해 지은 석가모니의 공덕을 찬양한 책인 《월인천강지곡》과 《석보상절》을 합해서 간행한 《월인석보》에 보면 "어미 평생에 심방굿을 즐길쌔 ㅣ"란 대목에 나오는 〈심방굿〉이 그것입니다. 그러니 〈심방〉은 '굿'을 하면서 민간신앙을 이끌었던 '사제(司祭)'였음을 알 수 있습니다.

10) ᄀᆞ새[剪 : 가위]

제주어로 옷감과 종이 따위를 자르는 '가위'를 〈ᄀᆞ새〉라고 합니다. 이 말은 '끊다'의 뜻을 가진 옛말 'ᄀᆞᆺ다'의 어간 'ᄀᆞᆺ'에 명사형접사 '애'가 붙어서 'ᄀᆞ새'가 된 것입니다. 이런 사례는 곡식을 갈아 부서뜨리는 맷돌을 제주어로 'ᄀᆞ래'라고 한 것도 표준어의 '갈다'의 옛말인 'ᄀᆞᆯ다'의 어간 'ᄀᆞᆯ'에 명사형접사의 구실을 하는 '애'가 붙은 것입니다. 또 노랫소리의 '노래'도 '놀다'의 어간 '놀'에 '애'가 붙어서 된 말입니다. 그러니 제주어 〈ᄀᆞ새〉는 사투리가 아니고 옛말인 고어를 그대로 쓰고 있는 것입니다.

11) 아래아[· / ᄋᆞ]

제주어에는 훈민정음 창제당시 쓰이던 아래앗자인 ' · '가 보존돼 있다고 알려진 지 오랩니다. 하지만 요즘 표준어 세대들은, 그 발음에서부터 표기에 이르기까지 잘못된 'ㅗ'로 쓰고 있습니다. 그 결과 밤하늘의 〈ᄃᆞᆯ[月]〉을 '돌[石]로, 날아간다는 〈ᄂᆞᆯ다[飛]〉를 '놀다[遊]로, 맛이 〈ᄃᆞᆯ다[甘]〉를 '돌다[徊/狂]'라고 함으로써, 뜻이 전연 다른 말로 바꿔버립니다. 그런데 아래아 ' · '를 쓰지 말아야 할 데는 씁니다. 즉 〈도새기〉가 맞은데 'ᄃᆞ새기'라고 조작

된 제주어를 만들기 일쑤입니다. 이런 엉터리 제주어를 쓸 바엔 차라리 표준어를 그대로 쓰는 것이 낫습니다.

12) 쌍아래아[‥/ᄋᆢ]

제주어에는 아래앗자 ‘ · ’가 둘이 겹친 ‘쌍아래’를 가진 말들이 많습니다. 그 중에 하나가 〈ᄋᆢ름〉인데, 이 말은 표준어의 ‘여름/열매’에 해당하는 고업니다. 그런데 그 표기나 발음이 잘못돼서 엉뚱한 말로 전락시켜 버리는 경우가 허다합니다. 즉 ‘열매’인 ‘ᄋᆢᆯ음’을 ‘요름’으로, 계절인 ‘ᄋᆢ름’도 ‘요름’으로 표기하거나 발음하면 안 됩니다. 더욱이 ‘똘똘하다’는 뜻으로 쓰이는 〈ᄋᆢ망지다〉를 ‘요망지다’로 하면, 본뜻과 정반대의 ‘요망스럽다’는 말이 돼 버립니다. 제주어를 쓴답시고, 제대로 알고 쓰지 않으면 안 씀만 못합니다.

13) 궨당[眷黨 : 권당]

제주어로 친척을 〈방상〉 또는 〈궨당〉이라고 합니다. 그 중 ‘방상’의 어원은 알 수가 없지만, ‘궨당’인 경우는, 한자 ‘붙이권[眷]’에 ‘무리당[黨]’이 합해서 된 ‘권당(眷黨)’아라는 말의 ‘권’이, ‘궨’으로 변한 것입니다. 요즘은 이 〈권당〉이란 말보다 ‘친척/친족’이란 말을 많이 쓰고 있습니다만 옛 분들은 〈궨당〉이라고 해서 그 존재를 벌족인 문벌(門閥)에 통하는, 권위의식이 담긴 말로 즐겨 썼습니다. 그래서 하는 말이 “궨당은 둔 갈라지민 안뒌다.” · “궨당은 옷 우잇 ᄇᆞ름인다.”고 해서 혈족끼리의 단합과 위세를 중히 여겼던 것입니다.

14) 갓/가시[계집/아내]

제주어로 남편과 아내를 일컫는 부부를 〈두–갓〉 · 〈두–가시〉라고 합니다. 여기서 ‘두–갓/두–가시’의 ‘두’는 한 쌍을 이루는 ‘둘’을 뜻하고, ‘갓/

가시'는 부부에 해당하는 고어입니다. 옛 문헌인 《월인천강지곡》과 《월인석보》에 보면 "妻는 가시라.", "眷屬ᄋᆞᆫ 가시며 子息이며…"라는 대목이 있고, 《예종실록》에도 '아내'를 "가씨(俗呼姬妾爲加氏)"라고 했습니다. 그러니 이들 〈가시〉는 사투리가 아닌, '아내'의 옛말임을 알 수 있습니다. 지금도 나이가 많은 노년층에서 간헐적이나마 쓰이고 있는 어휘입니다.

15) 오라방/오래비[오빠/남동생]

예전에 여성들이 쓰는 제주어 가운데 〈오라방〉과 〈오래비〉가 있습니다. 〈오라방〉은 주로 자기보다 나이가 위인 '오빠'와 나이가 든 손아래 남동생을 아울러 일컫는 말이고, 〈오래비〉는 나이가 어린 남동생을 일컫는 말입니다. 또 손아래 누이가 '오빠'를 직접 부를 때는 '님'자를 붙여 〈오라바님〉이라 해야 하고, 나이가 든 남동생인 〈오래비〉를 부를 때는 〈오라방〉라고 예우해서 점잖게 부르는 것이 옛분들의 언어예절입니다.

16) ᄒᆞ다/하다[하다/많다]

표준어 '일하다'의 '-하다'는 제주어의 〈-ᄒᆞ다〉이고, '많다'는 말의 제주어는 〈하다〉입니다. 이들 말은 제주고유의 토속어가 아니라 고어(古語)입니다. 지금도 노년층에서는 자주 쓰이고 있지만, 표준어세대들은 잘 모르는 경우가 있습니다. 이를테면 〈ᄀᆞᆼᄒᆞ다/경ᄒᆞ다〉의 '-ᄒᆞ다'는 표준어 '그러하다'의 '-하다'에 해당하고, 〈양이 너미 하다〉의 '-하다'는 "분량이 너무 많다."고 할 때의 '많다'에 해당합니다.

17) 나쁘다[나쁘다/부족하다]

우리가 쓰는 말 중에는 꼭 같은 말이 서로 다른 뜻으로 쓰이는 경우가 꽤 많습니다. 그 중에 하나가 '나쁘다'는 말인데, 이 말은 제주어에서 '모자라다/부족하다'는 뜻으로도 쓰입니다. 이를테면 "여럿이 모여들어서 먹어버리면 밥이 모자라겠다."에 대응하는 제주어 〈ᄋᆢ라이 모다들엉 먹어불민 밥 나쁘키어.〉의 〈나쁘키어〉는 '모라겠다'는 말입니다.

18) 한락산[漢拏山 : 한라산]

'한라산'이라는 말은 고대 몽골어로 "저 멀리 구름 위로 우뚝 솟아 있는 검푸른 산"이라는 뜻에서 비롯됐다고 합니다. 단재 신채호님의 《조선상고사》를 옮긴 박기봉이란 분이, 《몽고경전》 한문번역 편집을 맡고 있는 몽골어전공 학자의 말을 빌어 〈한라〉가 몽골어라는 것입니다. 그와 비슷한 내용이, 이원진 목사의 《탐라지》에도 〈한라〉고 한 것은 은하수인 〈운한(雲漢 : 은하수)〉을 잡아당길 수 있을 만큼 높기 때문이라고 한 것과 상통하는 점이 있고 보면, 되새겨볼 만합니다.

19) 민오롬/남짓은오롬

제주시 연동 바로 남쪽에 나란이 솟아 있는 두 개의 오롬이 있습니다. 동쪽이 것은 나무가 없는 민둥산이라고 해서 속칭 〈민오롬〉, 서쪽의 것은 나무가 빽빽히 우거졌다고 해서 〈남짓은오롬〉이라고 했습니다. 그런데 옛지도에 보면 〈민오롬〉을 한자로 '문악(文岳)', 〈남짓은오롬〉을 '목밀악(木蜜岳)'으로 돼 있는데, 그것은 이름을 한자로 표기하다 보니, 그렇게 된 것입니다.

20) 메[산]

제주어의 명칭 가운데 한자어 산(山)을 일컫는 순우리말인 〈메〉가 붙은 이름들이 있습니다. 그 대표적인 예가 애월읍과 성산읍에 있는 마을 이름인 '수산리(水山里)'의 '수산'이 그것인데, 한자 '수(水)'의 고유어 〈물〉에 '산(山)'의 고유어 〈메〉가 결합돼서 된 〈물메〉는 우리 고유의 토박이말이면서 고어(古語) 그대롭니다. 그러고 보면 〈물〉과 〈메〉는 고려시대에도 썼던 순우리말이 제주어로 굳어졌음을 알 수 있습니다.

21) 오토미[玉頭魚 : 옥돔]

표준에에도 꼭 같은 말이, 다른 형태로 된 이형동어(異形同語)가 있듯이, 제주어도 마찬가집니다. 그 중에 하나가 바닷고기인 '옥돔'을 '생선/생성'이라고 해서, 제주시 지역에서는 〈오토미〉라 하고, 서귀포시의 동부지역에서는 〈솔래기〉, 서부지역에서는 〈솔라니〉라고 부릅니다. 그뿐만 아니라 색깔과 생김새가 곱다고 해서 〈곤각시〉라고도 하는데, 맛도 좋거니와 제수용품 제1순위로 꼽습니다. 한데 요즘은 제주인근 바다가 아닌 다른 곳에서 잡은 것이 거의라서, 예전처럼 알고 샀다가는 맛이 없어 실망하기 일쑵니다.

22) 밥주리[참새/잠자리]

제주어 〈밥주리〉라는 명칭은 서로 다른 이름을 나타내는 명사입니다. 제주시 지역에서는 날짐승인 '참새'를 일컫는 말인데, 일부 다른 지역에서는 곤충인 '잠자리'를 〈밥주리〉라고 합니다. 그것뿐만이 아니라 제주시 지역에서는 '잠자리'를 〈밤부리〉라고 하는데 반해서 서귀포시역 일부에서는 〈밥주리〉라고 합니다. 이처럼 같은 말에 대한 명칭이 다른 것은 옛 원주민의 이질성과 연관이 있는 것으로 추측해 볼 수 있습니다.

23) 멀위[머루]

표준어의 머루는 제주어로 〈멀위〉라고 합니다. 《훈몽자회(訓蒙字會)》에 보면, 포도(葡萄)라는 말은 '멀위포[葡]' 자와 '멀위도[萄]' 자가 결합된 말이라고 해서, 집에 있는 멀위는 '포도(葡萄)'이고, 산에 있는 멀위는 '산포도(山葡萄)'라고 했습니다. 또 고려가요(高麗歌謠)인 '청산별곡(靑山別曲)의

"멀위랑 ᄃᆞ래랑 먹고 청산에 살어리랏다"란 구절이 있고 보면, 〈멀위〉란 말은 먼 옛날부터 쓰였음을 알 수 있습니다.

24) 보말[고둥]

바닷생물인 복족류(腹足類)에 속하는 고둥류를 통틀어 제주어로 〈보말〉, 또는 〈ᄀᆞ매기〉라고 합니다. 구체적인 이름을 나타낼 때는 그 앞에 생김새나 그 특성에 따른 개별명칭이 붙는 경우가 많은 편입니다. 이를테면 표준어의 '밤고둥'을 〈먹보말〉, '팽이고둥'을 〈수두리보말〉, '남방울타리고둥'을 〈코톤으레기/코톤으레기보말〉, '실꾸리고둥/실패고둥'을 〈매옹이/매옹이보말〉, '눈알고둥'을 〈문다드리/쒜보말〉이라고 합니다.

25) 알드르/넙은숭이

우리들 주변에는 지난날의 아픈 역사의 현장을 알리는 주요한 지명을 잘못 표기한 것들이 있습니다. 일제시대에 군용비행장으로 만들었던 대정읍 상모리에 있는 〈알드르 비행장〉의 '알드르'를 소리나는 대로 '알뜨르'라고 표기한 것이 그렇고, 조천읍 북촌리에 있는 4·3의 학살현장을 되기기 위한 〈넙은숭이기겸관〉이라야 하는데, '넙은'을 소리 나는 대로 〈너븐〉으로 표기힌 것은 그 지명의 어원을 상실한 잘못된 표기입니다.

26) 두리다[幼 : 어리다/狂 : 미치다]

표준어의 나이가 어리다는 말과 정신이 돌아서 '미치다'는 말을, 제주어로는 〈두리다〉라고 합니다. 이를테면 속담으로 쓰이는 제주어 "두린아이 주먹도 맞암시민 아픈다."의 〈두린아이〉는 '어린아이'라는 뜻이고, "두린놈 휏간 들러먹듯 ᄒᆞᆫ다."의 〈두린놈〉은 '미친놈'이라는 뜻으로 쓰이는 것이 그것입니다. 그와 마찬가지로 제주어의 〈두린체ᄒᆞ다〉는 말도 표준어로는 '어린양하다'와 '미친척(체)하다'는 두 가지 뜻으로 쓰입니다.

27) 상고지/항고지//어남/으남[무지게/골사초//안개]

제주어에 〈상고지〉라는 풀이름이 있습니다. 이것은 방동사닛과에 속하는 한해살이풀인 '골사초'를 일컫는 말입니다. 또 〈상고지〉는 습기가 햇볕에 반사돼서 생기는 '무지개'를 일컫기도 하는데, 지역에 따라서는 〈항고지〉라고도 합니다. 그런가하면 자옥이 끼는 '안개'를 〈어남/으남〉이라고 하는데, 짙게 끼면 앞뒤를 분간하기가 어려워 들이나 산을 오르내릴 때 길을 잃기가 쉽습니다.

28) 냉바리[냉과리]

제주어 중에는 잘못 알고 있는 경우가 있습니다. 혼인한 여자를 〈냉바리〉이라고 한다는 것인데, 그것은 천부당만부당 잘못 알고 있습니다. 이 말의 원뜻은 잘 구워지지 않아서 불을 붙이면 연기가 나는 숯인 '냉과리'를 두고 일컫는 말입니다. 그런데도 일부에서는 시집을 안 간 처녀를 〈비바리〉라고 하니까 시집간 여자는 〈냉바리〉라고 한다는 것입니다. 천만에 말씀! 어쩌면 '냉과리'에 빗댈 수는 있을지언정 〈냉바리〉를 시집간 부인네라고 하는 것은 여간 잘못된 말이 아닙니다.

29) 수눔[품앗이]

표준어의 '품앗이'에 해당하는 제주어는 〈수눌음〉이 아니고 〈수눔〉입니다. 그런데도 공공기관에서 작성된 자료나 광고문으로 내 걸고 있는 현수막 같은 것을 보면 〈수눌음〉으로 쓰고 있습니다. 다시 말하지만 〈수눌음〉은 표준어세대에 의해 만들어진 고유의 토속어가 아닌 잘못된 말이므로 〈수눌다〉의 어간 '수눌'의 '눌'에 'ㄹ'이 탈락해서 '-ㅁ'의 덧붙은 〈수눔〉

으로 사용하고 표기해야 옛분들이 즐겨 썼던 토속어가 됩니다.

30) 빗창[全鰒槍 : 전복창]

물질하는 좀녀가 돌에 달라붙은 전복을 뗄 때 사용하는 쇠로 만든 도구를 〈빗창〉이라고 합니다. 왜 〈빗창〉이라고 했는가 하면, 전복을 딸 때 쓰는 창(槍)에 해당하기 때문입니다. 요즘은 사라져 버린 말이 됐지만, 1950년대까지만 해도 큼직한 전복을 〈빗〉이라고 말하는 좀녀(潛女)들이 꽤 있었습니다. 그것도 수점복이면 〈수핏〉, 암전복이면 〈암핏〉이라고 해서, 최고수익을 올리는 해산물로 꼽았습니다. 그러니 전복을 따는 창의 표기도 '비창'이 아닌, '비'에 'ㅅ'을 받친 〈빗창〉으로 해야 합니다.

31) 참[站/驛站 : 참/역참]

제주어에 거리를 나타내는 단위의 명칭을 〈참(站)〉이라고 합니다. 이 말은 역마를 갈아타는 곳인 한자어 '역참(驛站)'에서 비롯된 것인데, 표준어의 리(里)에 해당합니다. 보통 5리를 제주어로는 〈훈참〉, 10리를 〈두참〉, 15리를 〈시참〉이라고 하는데, 중국에서도 '참'을 역이나 정거장을 나타내는 말로 지금도 통용되고 있습니다. 옛날의 교통수단은 말을 이용하기 때문에 말을 갈아타거나 달리던 파발마가 쉬어갈 수 있는 곳이 〈참〉이었습니다.

32) 불턱[火櫶 : 화덕/불덕]

어촌의 바닷가에는 물질하고 나온 좀녀들이 불을 쬐기 위해 만들어진 〈불턱〉이 있습니다. 이 말은 한자어 〈화덕(火櫶)〉과 같은 말로서, 〈불턱〉의 '턱'은 한자음 '덕덕[櫶]'의 '덕'이 거센소리인 '턱'으로 변한 것입니다. 그러니 본딧말은 〈불턱〉이 아닌, 〈불덕〉입니다. 더 예를 들면, 솥을 앉히는 삼발이 모양의 돌을 〈솟덕〉이라 하고, 마루에 널판을 덮지 않는 땅바닥에 불

을 피우거나, 봉수대에서 봉화를 올리고 연기를 피우게 만들어진 곳을 〈봉덕(烽德)〉이라고 했던 것입니다

33) 산물[生水 : 샘물]

땅속에서 솟아나는 차가운 물인 '샘물[泉水]'을 제주어로는 〈산물〉이라고 합니다. 이 〈산물〉의 뜻은 "살아 있는 물"이라는 말인데, 한자 '살생[生]'과 '물수[水]'가 합쳐서 된 한자어 '생수(生水)'와 같습니다. 하지만 '생수'는 해석에 따라 다를 수 있지만, 끓이지 않는 '냉수'라는 뜻으로 받아들이기 쉬운 반면에, 〈산물〉이라는 말은 지하의 수맥을 따라 꿈틀거리며 흐르는 '살아 있는 물'이라는 데서 훨씬 생동감이 넘칩니다. 그래서인지 옛날에는 이 〈산물〉이 가까이 있는 곳을 중심으로 삶의 터전을 마련하는 것을 선호했습니다.

34) 사옥이[山櫻/樺木 : 벚나무]

우리 제주도가 원산지인 '왕벚나무'를 제주어로 〈사옥이〉이라고 합니다. 이 〈사옥이〉이라는 이름은 장미과에 속하는 교목인 〈사옥〉에 명사화접미사 〈-이〉가 붙은 말인데, 그것도 옛 분들은 꽃이 잘 피면 〈꽃사옥이〉, 그 몸통에 불그스름한 겉껍질이 둘러싸여 있으면 〈띠사옥이〉라고 해서, 가는 것은 호사용 지팡잇감으로 선호하기도 했습니다. 또 꽃은 드문드문 피지만 산속에서 아름드리로 자라는 것은 〈곳사옥이〉라고 해서 가구나 제목용으로 알아주었습니다. 그런데도 '벚꽃'이 일본의 국화여서 그런지, 그 자생지마저 일본으로 알고 있다면 잘못입니다.

35) 담방귀/담바귀[煙草 : 담배]

옛날에는 '담배'를 제주어로 〈담방귀/담바귀〉라고도 했습니다. 이 말

은 중세국어에 쓰였던 '담바'와 이수광의 《지봉유설(芝峯類說)》에 '담바고(淡婆姑)'라고 한 것과 같은 말입니다. 지금도 경남 울산지방에는 '담바고타령'이란 민요가 전해지고 있고, 우리 제주도까지 전해져 있습니다. 또한 '담배'를 남쪽 나라에서 전해졌다고 해서 '남초(南草)'라고도 하고, 우리 제주도에서는 제주목의 좌면인 구좌지역에서 전해지기 시작했다고 해서 〈좌초(左草)〉라고도 했습니다. 그런가하면 마음이 울적하고 외로움을 달래 때 피운다고 해서 〈시름초〉라고도 했습니다.

36) 가지깽이꼿/ᄃᆞᆨ고달꼿/땅꼿[접시꽃/맨드라미꽃/채송화]

꽃 이름을 나타내는 제주어에는 그들 생김새에 따라 붙여집니다. 그 대표적인 것이, 마치 그 꽃 모양이 '바리뚜껑'인 〈가지깽이〉를 닮았다고 해서 '접시꽃'을 〈가지깽이꼿/가지깽이고장〉, 닭의 머리빡에 돋은 '볏'인 〈고달〉을 닮았다고 해서 '맨드라미꽃'을 〈ᄃᆞᆨ고달꼿/ᄃᆞᆨ고달고장〉이라고 합니다. 또 줄기가 위로 자라지 않고 땅바닥에 벋어서 자라고 꽃이 핀다고 해서 '채송화'를 〈땅꼿/땅고장〉이라고 합니다.

37) 멋낭[榛 : 멋나무]

수목원에 가보면, 나무이름을 속칭으로 써 붙였는데 잘못 표기된 것이 자주 눈에 띕니다. 감탕나뭇과에 속하는 상록교목인 〈멋나무〉를, 〈먼낭〉이라고 표기 돼 있습니다. 그것은 '멋'의 'ㅅ'이 'ㄴ' 앞에서는 'ㄴ'으로 소리 나는 것을 그대로 표기했기 때문인데, 음의 동화와 표기는 별개이니까요. 《국어사전》에도 '먼나무'로 돼 있는데, 바로잡아야 합니다. 그 열매의 이름인 '벗/버찌'와 통하는 뜻의 열매인 '멋'에 '나무'가 결합된 '멋나무'라야 어원에 걸맞은 표기입니다.

38) 족낭[때죽나무]

한라산 기슭이나 계곡 등지에 많이 자생하는 나무의 이름인 '때죽나무'가 있습니다. 이 '때죽나무'를 제주어로는 〈족〉이라는 열매와 나무인 〈낭〉이 결합된 〈족낭〉이라고 합니다. 그런데 문제는 〈종낭〉으로 잘못 표기하고 있습니다. 왜냐면 '족'의 'ㄱ'이 'ㄴ'으로 시작되는 말과 결합할 때는 'ㅇ'으로 소리 나서 '종'이 되는 것을 그대로 따라 썼기 때문입니다. 음의 동화로 인한 발음과 표기는 별개의 것이므로 원음대로 어원을 살려 〈족낭〉으로 표기해야 합니다.

39) 암프룻ᄒᆞ다/코삿ᄒᆞ다[고소하다/흔쾌하다]

제주어 〈암푸룻ᄒᆞ다〉·〈코삿ᄒᆞ다〉는 주로 남이 잘못되는 것을 보고 심리적인 만족감을 나타내는 표준어 '고소하다'·'흔쾌하다'에 해당하는 형용사입니다. 이를테면 제주어 "느 고집냥 ᄒᆞ난 암푸룻ᄒᆞ냐?"의 〈암푸룻ᄒᆞ냐〉는 표준어 '고소하다'의 의문형인 '고소하냐'이고, "그ᄂᆞ숙 시엄에 떨어졋잰 ᄒᆞ난 코삿ᄒᆞ다."의 〈코삿ᄒᆞ다〉도 '고소하다'·'통쾌하다'는 말입니다.

40) ᄌᆞᆫ다니[잔소리/두툽상어]

제주어 〈존다니〉라는 말은 서로 다른 두 가지 뜻을 가지고 있습니다. 어쩌다 어머니가 그 자식더러 "나 느네 아방 존다니에 진절머리가 나도 귀막앙 산 사름이어."라고 아버지의 흠집을 실토할 때의 〈존다니〉는 짓궂은 잔소리를 일컫는 말이고, "술안주엔 뻐드득뻐드득 씹는 존다니훼가 질인다." 이때 〈존다니훼〉의 '존다니'는 바다물고기인 '두툽상어/개상어'를 말합니다.

41) 말축[메뚜기류의 총칭]

메뚜기목에 속하는 곤충을 총칭하는 제주어 명칭은 〈말축〉입니다. 다만 종류별로 구분해서 말할 때는 그 앞에 개별명칭이 덧붙습니다. 그 대표적인 것이 〈물말축〉과 〈심방말축〉이 그것인데, 〈물말축〉은 '여치'를 일컫는데, 손으로 잡으면 이빨로 문다고 해서 붙여진 이릅입니다. 〈심방말축〉은 '방아깨비'인데, 그 머리빡의 모양이 여승(女僧)이 쓰는 송낙처럼 생기다가 긴 뒷다리를 잡아서 들면 꾸벅꾸벅 굽히는 것이, 무당의 춤추는 몸놀림을 닮았다고 해서 붙여진 이름입니다.

42) 튈[숲/기슭]

제주어의 〈튈〉이란 말은, 표준어의 '숲'이나 '산기슭'을 일컫는 말입니다. 옛분들은 마소를 방목하다가 보면 목장을 벗어나서 숲인 〈튈〉 안으로 들어가 버리기 일쑵니다. 그러면 그 마소를 돌아보러 갔던 주인은 찾느라 여간 고생이 아닙니다. 그래서 지금도 그 흔적이 남아 있지만, 돌담을 둘러서 〈튈〉안으로 살아져 버리는 것을 막기 위해 담을 쌓아서 〈상잣〉이라고 했습니다.

43) 맴쉐[배냇소]

순우리말로 된 표준어 '배냇소'에 해당하는 제주어는 〈맴쉐〉입니다. 예전의 농촌에서는 자기의 소가 없으면 남의 소를 대신 길렀는데, 이 〈맴쉐〉는 수소보다 암소를 선호했습니다. 그 이유는 소의 원주인과 계약에 따라 부리기도 하지만, 새끼를 낳으면 고루 나눠 가지는 균배(均配)의 이득을 얻을 수 있기 때문입니다. 그러니 비록 자기의 소가 아니더라도 내 것이나 다름없이 소중하게 관리했습니다.

44) 구둠/몬독[먼지/티끌]

요즘 젊은 세대들은 제주어의 〈구둠〉과 〈몬독〉이란 말을 잘 모르거나, 알더라도 정확히 구분하지 못하는 경우가 많습니다. 〈구둠〉은 표준어의 '먼지'에 해당하고, 〈몬독〉은 표준어의 '티끌'과 지푸라기 따위가 자디잘게 부셔져서 땅바닥에 흩어져 있는 것을 아우르는 말입니다. 그래서 사방에 어지럽게 흩어져 있는 '티끌'과 부스러기를 쓸어 모아서 태우는 불을 〈몬독불〉이라고 했습니다.

45) 부루[苣 : 상추]

우리가 즐겨 먹는 채소인 표준어 '상추'를 제주어로 〈부루〉라고 합니다. 그런데 이 〈부루〉라는 말은 중세국어인 고어입니다. 조선시대 최세진이란 학자가 아동들의 한자교육을 위해서 만들어진 『훈몽자회』에 보면, 지금의 '상추'란 뜻을 가진 한자를 '부루거[苣]'라고 한 〈부루〉가 그것입니다. 거기에 덧붙여서 '청채(靑菜)' 또는 '생채(生菜)'라 한다고도 적혀 있습니다.

46) 반재기/동재[반-쌀밥/특식]

제주어의 〈반재기〉이란 말과 〈동재〉라는 말이 있는데, 이 말은 굳이 표준어로 대역하면, 〈반재기〉는 보리나 조에 쌀을 섞어서 지은 '잡곡밥'을 말합니다. 〈동재〉는 그 집안에서 애지중지 귀히 여기는 특정한 식구를 위해서 마련한 귀한 음식을 말합니다. 이를테면 서숙밥에 장국이 고작인데도, 유독 쌀밥에 고기나 달걀 반찬을 곁들인 먹거리인 특식을 〈동재〉라고 했습니다.

47) 다슴[의붓]

제주어의 말머리에 〈다슴/다심〉이 붙은 낱말이 있습니다. 이 〈다슴〉은 표준어의 '의붓아버지' · '의붓어머니' · '의붓아들' · '의붓딸'이라고 할 때 '의

붓'이 그것인데, 이들을 제주어로 바꾸면, '다슴아방'·'다슴어멍'·'다슴아둘'·'다슴뚤'이라고 합니다. 조선시대 문헌인 『번역소학』에도 "다슴어미 싱션을 먹고져 ᄒᆞ더니"가 있고 보면, 〈다슴〉은 사투리가 아니라 옛말 그대롭니다.

48) 쿰[품/품삯]

제주어의 〈쿰〉이라는 말은 표준어의 '품삯'이란 뜻과 가슴인 '품'이란 뜻을 가지고 있습니다. 이를테면 옛 분들은 하루 품삯을 곡식으로 계산할 때, "애기업개 쿰은 ᄒᆞᆫ 말이곡, 애기 어멍 쿰은 닷뒈인다."의 〈쿰〉은 '품삯'을 나타내고, 자식은 품에 안고 키울 때가 제일 정겹다는 것을 나타내는, "ᄌᆞ식은 쿰에 쿰을 때뿐이어."의 〈쿰〉은 가슴인 '품'을 일컫는 말입니다.

49) 식[삵/살쾡이]

표준어의 '살쾡이'인 '삵'을 제주어로 〈식〉이라고 합니다. 이 〈식〉의 생김새는 집에서 기르는 고양이인 〈고냉이〉처럼 생겼지만 들에서 사는 야생동물로서, 그 몸 전체가 갈색 바탕에 흑갈색 무늬로 덮여 있어서, 음침하고 칙칙하게 보입니다. 그래서 소도 그 털빛이 '삵'인 〈식〉처럼 생기면 〈식쉐〉라고 해서 사고팔 때도 다른 소에 비해 값을 덜 줬습니다.

50) ᄇᆞ른구덕[바른바구니]

예전에는 대바구니의 안팎을, 종이나 헝겊으로 바른 바구니가 있었습니다. 그런 바구니를 제주어로 〈ᄇᆞ른구덕〉·〈ᄇᆞ른바구리〉라고 합니다. 그 용도는 곡식을 담았을 때 알곡들이 새어나가지 못하도록 하기 위함인데, 요즘은 플라스틱으로 만든 제품들이 많고 보니, 민속박물관이 아니면 찾아보기 어렵습니다. 예전에는 이 〈ᄇᆞ른구덕〉은 농촌의 필수품이었습니다.

51) 사둘[자리돔그물]

바다에서 자리돔인 '자리'를 떠올릴 때 사용하는 그물을 제주어로 〈사둘〉이라고 합니다. 이 〈사둘〉의 형태는 단단한 왕대쪽을 휘어서 둥글게 만든 테두리에 그물을 달아놓은 어구인데, 주로 통나무를 엮어 만든 떼배인 '테우'에 매달아서 사용했습니다. 그것도 그 모양새에 따라 이름이 붙여졌는데, 국을 뜰 때 쓰는 국자 모양으로 돼 있으면 〈국자사둘〉이라고 했습니다.

52) 가냥ᄒᆞ다[간수하다]

물건을 보관한다는 뜻을 가진 현대국어의 '간수하다/보관하다'의 제주어는 〈가냥ᄒᆞ다〉입니다. 이를테면 "너의 물건은 네가 단단히 잘 간수하라." · "그 집문서는 잃어버리지 않게 잘 보관하라."고 할 경우, 제주어로는 "느 물건은 느가 ᄃᆞᆫᄃᆞᆫ이 잘 가냥ᄒᆞ라." · "그 집문세랑 일러불지 안ᄒᆞ게 잘 가냥ᄒᆞ라"라고 합니다. 이때의 〈가냥ᄒᆞ라〉는 〈가냥ᄒᆞ다〉의 명령형입니다.

53) 도고리[함지박]

통나무의 속을 파서 바가지같이 만든 커다란 그릇인 '함지박' · '함박'을, 제주어로 〈도고리〉라고 합니다. 이 〈도고리〉는 그 쓰는 용도에 따라 서로 다른 이름들이 붙습니다. 맷돌을 앉히고 곡식을 으깨거나 갈 때는 〈ᄀᆞ렛도고리〉, 옷에 풀칠을 할 때 쓰면 〈풀도고리〉라 부릅니다. 또 돌을 파서 돼지우리에 놓고 먹이를 주는 통을 〈돗도고리〉라고 합니다.

54) 골갱이[호미]

표준어의 '호미'는 제주어로 〈골갱이〉라고 하고, '낫'을 〈호미〉라고 합니다. 특히 〈골갱이〉는 두 가지 종류가 있는데, 풀을 맬 때 땅에 닿는 길쭉한 볼의 폭이 1.5㎝ 내외로 된 〈섭골갱이〉가 있고, 밭을 가는 쟁기에 부착

된 '볏'과 같이 작은 주걱처럼 된 〈주그굴갱이〉가 있습니다. 그런데도 표준어세대들은 제주어 〈호미〉를 표준어의 '호미'로 착각하는 경우가 많습니다.

55) 거념ᄒᆞ다[돌보다/관리하다]

제주어의 〈거념ᄒᆞ다〉는 표준어의 '돌보다'·'관리하다'에 해당합니다. 이를테면 "불장난 못하게끔 애들 잘 돌보라."고 할 때의 제주어는 "불방둥이 못ᄒᆞ게시리 아이덜 잘 거념ᄒᆞ라."인데, 이 경우의 〈거념ᄒᆞ라〉는 〈거념ᄒᆞ다〉의 명령형이고, "자기 마소나 잘 관리하게나."라고 할 때 "이녁 ᄆᆞ쉬나 잘 거념ᄒᆞ심게."의 〈거념ᄒᆞ심게〉는 〈거념ᄒᆞ라〉를 점잖게 말하는 명령형입니다.

56) 봇디창옷/배부루기[배내옷/두렁이]

제주어 〈봇디창옷〉은 어린애가 태어났을 때 입히는 홑저고리인 표준어 '배내옷'에 해당합니다. 그 입히는 까닭과 시기는 주로 태어나서 3일째 때부터 한 달 정도인데, 그래야 탈 없이 잘 자란다는 속설 때문입니다. 또 한두 살 때는 아래옷을 안 입어도 흉잡지 않으므로, 앞가슴과 배만 가리게끔 만든 〈배부루기〉를 입혔습니다. 이 〈배부루기〉를 표준어로는 '두렁이'라고 합니다.

57) 덩드렁

예전에 농촌에서는 짚신인 〈초신〉을 삼고 새끼를 꼬아서 멱서리와 덕석 따위를 결을 때에는 주로 볏짚을 사용했습니다. 그러자면 뻣뻣한 볏짚을 부드럽게 만들기 위해서 둥그스름한 몽돌 위에 올려놓고 뭉뚝한 나무방망이로 두드려야 합니다. 이때의 그 둥근 몽돌을 제주어로 〈덩드렁〉 또는 〈덩드렁돌〉이라 하고, 그 뭉뚝한 나무방망이를 〈덩드렁마깨〉라고 했습니다.

58) 넉동배기[넉동내기]

윷놀이인 '넉동내기'를 제주어로 〈넉동배기〉라고 합니다. 지역에 따라서 〈넉둥배기/넉둑배기〉라고도 하는데 본딧말은 수를 나타내는 관형사 '넉'에 차례를 나타내는 명사 '동(棟)'이 결합된 '넉동'에, 낫살을 나타내는 접미사 '-배기'가 붙어서 된 말이므로, 〈넉동배기〉가 본딧말입니다. 이때 '도'인 〈토〉는 돼지, '개'인 〈캐〉는 개, 〈걸〉은 코끼리, '윷'인 〈숫〉은 소, 〈모〉는 말을 나타냅니다.

59) 골[엿기름]

표준어 '엿기름'에 해당하는 제주어는 〈골〉입니다. 이 〈골〉은 지금의 식혜에 해당하는 감주를 만들 때 없어서는 안 되는 발효재입니다. 마치 맥주를 만들 때 반드시 있어야 하는 주요재료가 쌀보리가 아닌 맥주보리라야 하는 것처럼, 껍질을 벗기지 않은 '겉보리'에 싹을 틔워서 말린 것인데, 단술을 만들 때는 물론이고 조청이나 엿을 만들 때 맷돌에 갈아서 썼습니다.

60) 뒤웅[두웅박]

제주어에 〈뒤웅〉·〈뒤웅박〉이란 말이 있습니다. 이 말은 표준어 그대롭니다. 지역에 따라서는 〈뒤융박〉이라고도 하는데, 박을 쪼개지 않고 꼭지 부분에 구멍을 뚫어서 속을 파내버리고 만든 바가지입니다. 어쩌다 옹졸하고 쩨쩨한 행위를 빗댈 때면 "좁쏠에 뒤웅 판다."고 한 '뒤웅'도 〈뒤웅박〉을 일컫는 말입니다. 이렇듯 제주어에는 표준어와 같은 어휘들이 꽤 많습니다.

61) 눅다[눕다]

표준어로 바닥에 '드러눕다'의 '눕다'에 대응하는 제주어는 〈눅다〉입니다. 예를 들면 "어부 삼대면 조상을 물에 묻힌다."를 제주어로 대역하면 "ㅂ

재기 삼대민 조상을 물에 누진다."가 되는데, 이 경우의 '누진다'는 표준어의 시킴말인 '눕힌다'에 해당합니다. 특히 국어문법에서 'ㄱ불규칙동사'는 없는 것으로 돼 있지만, 제주어 〈눅다〉는 불규칙동사로 쓰이는 특이한 단업니다.

62) 경경[그럭저럭]

표준어의 '그럭저럭'·'그렇게 저렇게'에 해당하는 부사어를 제주어로 말할 때는 〈경경〉이라고 합니다. 이를테면 서로 만났을 때 인사말로 "요샌 어떵 지냄서?"라고 물으면, "그자 경경 살암주."의 〈경경〉은 "그저 그럭저럭 살고 있네."의 '그럭저럭'에 대응하는 말입니다. 또한 표준어 '이렇게'·'그렇게'·'저렇게'를 제주어로 말할 때는 〈웅/영〉·〈궁/경〉·〈중/정〉이라고도 합니다.

63) 흔짓네/짓대기[늘/자꾸]

무슨 일을 자주 되풀이해서 하는 경우를 나타내는 표준어 '늘/자꾸'를 제주어로 바꾸면 〈흔짓네/짓대기〉가 그것입니다. 이를테면 "이 아이는 늘 젖만 먹으려고 한다."의 제주어 "야인 흔짓네 젯만 먹젱 흔다."에서 〈흔짓네〉와 "저 아이는 못된 짓만 자꾸 한다."의 제주어 "자인 못뒌 짓만 짓대기 흔다."에서 〈짓대기〉는 부사어 '늘/자꾸'에 해당하는 말입니다.

64) 그자락[그토록]

무슨 일의 정도를 나타내는 표준어의 '그토록'에 해당하는 제주어는 〈그자락〉입니다. 이를테면 표준어의 "그토록 아팠느냐?"를 제주어로는 "그자락 아팟이냐?"라고 합니다. 또한 말할 때 분위기나 상황의 정도에 따라 '자락' 앞에 '이'·'저'를 붙이는데, 그렇게 되면 '이토록'을 〈이자락〉, '저토록'을 〈저자락〉라고 해서, "이자락 아팟이냐?"·"저자락 아팟이냐?"가 됩니다.

65) ᄂᆞ시[전연/도저히]

제주어 〈ᄂᆞ시〉라는 말은 '아무리 하여도'의 뜻을 가진 표준어의 '전연'·'도저히'·'영영'에 해당하는 부사어로서, 무엇을 부정하는 말 앞에 놓이는 게 상렙니다. 이를테면 무슨 일에 기대를 걸었던 일이 이뤄지지 안했을 경우에 그 심정을 나타내는, "될까보다 믿었지만 도저히 안 되겠더라."고 할 때의 제주어 "뒈카부덴 믿엇주만 ᄂᆞ시 안 뒈커라라."의 〈ᄂᆞ시〉가 그것입니다.

66) 널레기/너베기[너비/폭]

넓이를 나타내는 표준어의 '너비'와 '폭'을 제주어로는 〈널레기〉·〈너배기〉라고 합니다. 이를테면 "그 집 마당 널레기가 정도 크카?"의 〈널레기〉는 "너비"에 해당하고, "두루막 동전 너베기가 너미 족다."의 〈너베기〉는 "폭"에 해당합니다. 이 밖에도 말하는 사람의 어투에 따라서 〈널레기〉를 〈널럭지〉라고도 하고, 〈너베기〉를 〈널베기〉라고도 합니다.

67) 비앵기/비영기[비행기]

표준어에서 'ㅎ'으로 써야 하는 말이 제주어로는 'ㅇ'으로 써야 하는 말들이 꽤 많습니다. '비행기'를 〈비앵기/비영기〉, '비행장'을 〈비앵장/비영장〉, '고향마을'을 〈고양ᄆᆞ을〉, '귀향풀이'를 〈귀양풀이〉라고 합니다. 또한 수를 나타내는 말들 중에도, '아홉'을 〈아옵〉, '마흔'을 〈마은〉, '일흔'을 〈일은〉, '아흔아홉'을 〈아은아옵〉이라고 하는 것들이 그것입니다.

68) 카다[타다/따다]

제주어의 동사 〈카다〉라는 말이 있습니다. 이 말은 표준어의 불에 '타다', 물감을 '타다', 물고기의 배를 '따다'와 같은 뜻으로 쓰입니다. "궤기 너미 카게 구지 말라."의 〈카게〉는 '불에 타게'에 해당하는 말이고, "사탕ᄀᆞ

를 물에 카그네 먹으라."의 〈카그네〉는 '물에 타서'에 해당하는 말입니다. 또 "고등에랑 배 캉 널어불라."의 〈캉〉은 '배를 따서'에 해당하는 말입니다.

69) 둔/수룩[떼/무리]

짐승의 많이 모인 것을 나타내는 표준어의 '무리/떼'를 제주어로는 〈둔〉·〈수룩〉이라고 합니다. 지금도 목장에는 소와 말들이 무리를 지어 이동하는 것을 볼 수 있는데, 옛 분들은 그런 현상을 "ᄆᆞ쉬덜 수룩 짓언 댕겸서라."고 했습니다. 또 그와 관련된 속담에 쓰인 "ᄆᆞ쉬도 둔 갈라지민 안 뒌다."·"쉐 둔을 물 둔엥 ᄒᆞ멍, 물 둔을 쉐 둔이엥 ᄒᆞ랴."의 〈둔〉이 그것입니다.

70) 답달ᄒᆞ다/답도리ᄒᆞ다[닦달하다]

제주어에 〈답달ᄒᆞ다〉·〈답도리ᄒᆞ다〉라는 말이 있습니다. 이 말은 몰아대서 나무란다는 뜻을 가진 표준어 '닦달하다'와 같은 동사입니다. 이를테면 어느 한쪽만 몰아세우는 것을 나무랄 때, "무사 가이신디만 경 답달홈이라?"의 〈답달홈이라〉는 말은 현대국어의 '닦달함이냐?'에 해당합니다. 또 사람에 따라서는 〈답달ᄒᆞ다〉를 〈답도리ᄒᆞ다〉라고 합니다.

71) 거리[채-짜리]

집 한 채 두 채라고 셀 때 수량을 나타내는 의존명사 '채'를 제주어로는 〈거리〉라고 합니다. 이를테면 "그 ᄆᆞ슬엔 ᄉᆞ삼ᄉᆞ건 때 불타단 집 ᄒᆞᆫ 거리만 남아낫저."에서 '집 ᄒᆞᆫ 거리'라고 한 〈거리〉는 표준어 "집 한 채"의 '채'에 해당합니다. 또 돈을 세는 단위인 '원' 다음에도 붙는데, 그 경우는 접미사 '-짜리'의 뜻을 가진 〈일원거리/십원거리/백원거리〉라고 했습니다.

72) 어[魚 : 에/이]

제주어에는 물고기의 이름에 붙는 고기어자의 '어[魚]' 대신에, 〈에〉나 〈이〉가 붙는 경우가 있습니다. 예를 들면 〈에〉가 붙는 것으로는 '고등어'를 〈고등에〉, '숭어'를 〈숭에〉, '오징어'를 〈오징에〉라 하고, 〈이〉가 붙는 것으로는 '상어'를 〈상이〉, '은상어'를 〈은상이〉, '민물장어'를 〈돈물장이〉, '망둥어'를 〈망둥이〉, '복어'를 〈복쟁이〉라고 하는 게 그것입니다.

73) 어-떠불라[아-뜨거워]

표준어의 감탄사 '아-뜨거워'를 제주어로 바꾸면 〈어-떠불라〉가 됩니다. 옛 분들은 뜨거운 것을 만지거나 먹으려다 너무 뜨거우면 으레 〈어-떠불라〉라는 소리가 터져나오기 일쑤입니다. 여기서 주의할 것은 표기는 다르지만 발음이 비슷한 〈앗다불라〉와 혼동하지 말아야 합니다. 〈앗다불라〉는 감탄사가 아닌, '가져가 버리라'는 뜻을 가진 동사 내지 관용어입니다.

74) -수다[-습니다]

표준어의 '-습니다'에 해당하는 제주어의 종결어미는 〈-수다〉입니다. 그런데도 '-입니다'에 해당하는 '-우다'인 줄 알고 잘못 써서 제주어의 참모습을 망가뜨려버리는 경우가 있습니다. 이를테면 "몹시 수고했습니다."를 제주어로 말할 때는 "폭삭 속앗수다."라고 해야지, "폭삭 속앗우다."라고 하면 안 됩니다. 그러니 '속앗우다.'의 '-우다'는 〈-수다〉로 고쳐 써야 합니다.

75) -붕이

제주어 접미사에 〈-붕이〉가 있습니다. 이 〈-붕이〉는 무슨 일을 당했을 때 그 처신이 칠칠치 못한 사람에게 붙는데, 이 말이 붙은 사람은 나무람이 대상이 되고 맙니다. 이를테면 어딘가 모자라고 어리석은 사람을 〈두루붕이〉, 노름판 같은 데서 돈을 잃어버린 빈털터리를 〈털어붕이〉, 순진해서 남의 말을 곧이곧대로 듣고 잘 넘어나거나 표준어 '숫보기'를 〈숫붕이〉이라고 합니다.

76) –랏–[–았/었–]

제주어에는 표준어에 없는 선어말어미들이 있습니다. 그 중에 하나가 '라'에 'ㅅ'을 받친 〈–랏–〉인데, 이 〈–랏–〉은 과거시제 선어말어미 '–았/었/였–'에 해당합니다. 그 붙는 조건은 주로 '오다'의 어간 '오', '아니다'의 어간 '아니'와 체언에 붙습니다. 예들 들면 "왔다"를 "오랏저", "아니었다"를 "아니랏저", "책이었다"를 "책이랏저", "너였다"를 "느랏저"의 〈–랏–〉이 그것입니다.

77) 독독〈둑둑[오돌오돌〈우둘우둘]

제주어의 상징부사인 〈독독〉·〈둑둑〉은 표준어에서는 무엇을 가볍게 두드릴 때 나는 소리를 나타내는 의성업니다. 그 외에 제주어인 경우는 추위에 떠는 모습을 나타내는 의태어인 '오돌오돌〈우둘우둘'의 뜻으로도 곧잘 쓰입니다. 이를테면 "오돌오돌 떨고 있구나!"를, "독독 털엄구낭!", "바깥에서서 우둘우둘 떨고 있다."를, "밧갓디 산 둑둑 털엄저."가 그것입니다.

78) 도르다/돌르다[무르다]

표준어의 '무르다'라는 말은 물건을 샀거나 바꾼 것을 다시 되돌려주고 치른 돈이나 물건을 찾는 것을 말합니다. 그런데 이 '무르다'에 해당하는 제주어는 〈도르다/돌르다〉입니다. 이렇듯 동사와 형용사의 어간이 '르'로 된 것은 그 기본형이 두 갭니다. 예를 들면 〈부르다/불르다〉·〈오르다/올르다〉·〈다르다/달르다〉·〈빠르다/빨르다〉 등 꽤 많습니다.

79) 곤밥/곤죽/곤떡/곤침떡[쌀밥/쌀죽/송편/백설기]

제주어에서는 흰쌀로 만든 음식물 앞에 대부분 '고운'의 준말 〈곤〉이 붙습니다. 이를테면 쌀로 지은 밥을 〈곤밥〉, 쌀로 쑨 죽을 〈곤죽〉, 쌀로 만든 송편을 〈곤떡〉, 쌀가루로 찐 시루떡인 백설기를 〈곤침떡〉 등이 그것입니다. 이런 이름이 붙은 이유는 잡곡으로 된 것은 그 색깔이 곱게 보이지 않고, 쌀로 된 것은 그 색깔이 희어서 곱게 보이기 때문입니다.

80) 두불ᄌ손/머리검은개[존자/도둑]

제주어의 표현기법 가운데는 직설적이 아닌, 우회적으로 돌려서 하는 간접화법을 쓰는 경우가 있습니다. 이를테면 '손자/손녀'를 〈두불ᄌ손〉이라고 해서 할아버/할머니는 제가 직접 낳은 자식녀석보다도 '손자'가 더 귀엽다고 해서, "두불ᄌ손이 더 아깝나."고 했고, 도둑놈을 〈머리검은개〉라고 해서 "밤이 꿈 본 말ᄒ민 머리검은개 문지방 넘나."고 했습니다.

81) 아쟁이/아지[찌꺼기]

액체가 담겨 있던 그릇 바닥에 가라앉아 있는 앙금인 '찌꺼기'를 제주어로는 〈아쟁이〉·〈아지〉라고 합니다. 이를테면 강독 굽에는 간장찌꺼기 밖에 없을 것이라고 말할 때 "그 장항 굽엔 장물아쟁이밧기 엇을 거여."라 하고, 술 찌꺼기는 떠오지 말라고 당부할 때 〈술아지랑 뚤라오지 말라이게.〉라고도 합니다. 이처럼 〈아쟁이〉와 〈아지〉는 둘 다 씁니다.

82) 솔뒤/목도리/목도로기[목덜미/항정]

예전에는 민간에서 추렴을 해서 돼지를 잡을 때는 열두 개의 부위로 도려냈습니다. 그 중 머리빡을 때어버린 아래턱 부위와 목덜미인 '항정'을 같이 붙여서 한 토막으로 도려냈는데, 그 부위의 명칭을, 제주어로 〈솔뒤〉·

〈목도리〉·〈목도로기〉라고 합니다. 특히 이 〈솔뒤〉의 피하지방이 두툼이 붙은 부분은 날째로 씹는 맛이 좋다고 해서 옛 분들은 도려 먹기도 했습니다.

83) 일운/부피

돼지추렴을 했을 때 열두 부위로 도려낸 것 중에, 궁둥이를 제주어로 〈부피〉라 하고, 그 〈부피〉의 바로 앞쪽의 허리부위를 〈일운〉이라고 합니다. 그런데 이 〈부피〉는 고기 맛은 좋지만 뼈가 많고 살은 적은 편이므로 값이 헐했습니다. 또 허리부분인 〈일운〉인 경우는 뼈가 적고 살이 많지만 삶으면 메져서 맛이 다른 부위에 비해 덜하다고 했습니다.

84) 접작뻬[胸骨 : 가슴뼈]

돼지의 사슴 양쪽에 달린 뼈를 제주어로 〈접작뻬〉라고 합니다. 이 〈접작뻬〉는 앞다리인 전각을 도려내버렸으므로 살이 조금밖에 붙어 있지 않지만, 살코기 이상으로 탐내는 부윕니다. 왜냐하면 알맞게 잘라내어 익혔을 때 뼈와 분리된 고기를 발라먹는 진미가 일품이기 때문입니다. 요즘은 〈접작뻬〉가 구잇집에서 돼지갈비로 둔갑해서 나오기 일쑵니다.

85) 오모손이/오목가슴[명치/명문]

표준어의 '명치'·'명문(命門)'을, 제주어로 〈오모손이〉·〈오목가슴〉이라고 합니다. 가슴과 배를 구분하는 경계 한가운데 우묵한 곳에 있다고 해서 붙여진 이름입니다. 또 거기에 넙죽하게 나온 명치뼈를 〈오모손이-꽝〉·〈오목가슴-꽝〉이라고 하는데, 여기는 세게 때렸을 경우 숨이 막혀서 까물치거나, 운이 나쁘면 직사할 수도 있는 급소이므로 〈붓ᄇᆞ른 듸〉라고 했습니다.

86) 보미다[녹슬다]

쇠붙이로 된 물건에 녹이 끼는 것을, 제주어로 〈보미다〉라고 합니다. 이를테면 "낫은 녹이 꼈으니까 숫돌에 잘 갈아라."고 하는 말을, 제주어로는 〈호민 보미엇이난 신돌에 잘 골라.〉가 되는데, 여기서 "보미엇이난"은 〈보미다〉의 어간 '보미'에 어미 '-엇이난'이 붙은 것입니다. 또 사람의 솜씨나 두뇌 회전이 전만 같지 못해서 무디어졌을 때도 〈보미었다〉고 합니다.

87) 밧갈쉐/부사리/중성기[황소/부룩소/악대소]

집에 기르는 가축인 소를 구분해서 부르는 제주어 명칭이, 표준어와 다릅니다. 다자란 큰 '황소'를 〈밧갈쉐〉라 하고, 불을 까지 않은 '부룩소'를 〈부룽이〉, 불을 까버린 '악대소'를 〈중성기〉라고 합니다. 이 밖에도 뿔이 뒤쪽을 휘어지면 〈잣박뿌리〉·〈재짝뿌리〉, 위로 길게 치솟으면 〈건지뿌리〉, 짧막하면 〈단닥뿌리〉, 망그러져서 없으면 〈두룽머리〉라고 합니다.

88) 조랑몰[조랑말]

제주도에서 기르고 있는 작은 말들을 〈조랑몰〉이라 합니다. 그런데 이 〈조랑몰〉이란 명칭은 몽골인의 목마장으로 점령했을 때 그들이 들여와 방목했던 '조르-모르'에서 비롯된 것으로 봐야 하겠습니다. 그 이유는 몽골인 학자에 의하면 '조르모르'의 '조르'가 〈조랑〉으로, '모르'가 〈몰〉로 된 게 아니겠느냐고 한답니다. 그로고 보면, 〈조랑몰〉의 어원은 몽골어로 봐야겠습니다.

89) 붕태/누렁태/ᄌᆞ곰태/벌태

제주어에는 행동거지가 못마땅하거나 너무 지나친 사람을 꼬집어서 비아냥거릴 때 접미사 〈-태〉가 붙습니다. 이를테면 거동이 둔탁한 몸매의 사람을 〈붕태〉, 행동이 느려서 굼뜬 사람을 〈누렁태〉, 유난히 간지럼을 잘 타는 사람을 〈ᄌᆞ곰태〉, 너무 까불고 개구쟁이 짓을 사는 사람을 〈벌태〉라고 해서 나무랐습니다. 이처럼 접미사 〈-태〉는 얕잡아 부르는 말에 주로 붙습니다.

90) 주시[찌꺼기]

제주어 〈주시〉라는 말은 액체를 거르고 난 다음, 밑에 남아 있는 '찌꺼기'입니다. 그런데 이 '찌꺼기'인 〈주시〉를 사람한테 붙으면 그 됨됨이가 시원치 않음을 나무라는 말이 됩니다. 예를 들면 욕을 잘 얻어먹는 사람을 〈욕주시〉, 매를 맞기 잘하는 사람을 〈맷주시〉, 빗꾸러기를 〈빗주시〉, 생김새가 말라빠져서 볼품없는 사람을 "ᄈᆞᆯ아먹은 볼랫주시" 닮다고 했습니다.

91) ᄈᆞᆯ다/ᄈᆞᆯ우다[마르다/말리다]

물기가 말라버리는 것을 제주어로 〈ᄈᆞᆯ다〉라고 합니다. 이를테면 가물어서 연못에 물이 다 말라 버렸다고 할 때 "ᄀᆞ물안 구룽물 다 ᄈᆞᆯ어 불엇저."의 'ᄈᆞᆯ엇저'는 〈ᄈᆞᆯ다〉의 어간 'ᄈᆞᆯ'에 표준어의 '-었다'에 해당하는 어말 어미 '-엇저'가 붙은 것입니다. 또 밥을 지을 때 질척거리는 물기를 없애는 것을, "밥을 ᄈᆞᆯ우다."라고 하는데, 이 경우의 "ᄈᆞᆯ우다"는 〈ᄈᆞᆯ다〉의 사역형입니다.

92) 자릿도새기[돼지새끼]

요즘 젊은 세대들은 돼지새끼를 〈자릿도새기〉라고 하면 잘 모르기 일쑤입니다. 이 말은 어미젖을 떼지 않았거나 떼었어도 아직 채 자라지 못한 새끼돼지인데, 그 크기가 마치 자리돔인 '자리'와 같이 작다고 해서 붙여진 이름입니다. 또 새끼들에게 젖을 먹이느라 살이 빠져 앙상궂은 어미돼지는 〈걸귀(乞鬼)〉라고 합니다.

93) 바위[가/언저리]

제주어의 〈바위〉란 말은 표준어의 경계나 테두리를 이루는 곳인 표준어의 '가[邊]'와 '언저리/테두리'에 해당합니다. 이를테면 '절벽가'를 〈엉장바위〉, '바닷가'를 〈갯바위〉, '냇가'를 〈내창바위〉, '길가'를 〈질바위〉, '눈언저리'를 〈눈바위〉, '입술언저리'를 〈입바위〉, '귓둘레'를 〈귓바위〉라고 해서 가장자리에 해당하는 말은 거의 〈바위〉로 통했습니다.

94) 두령청ᄒᆞ다[엉뚱하다/어리둥절하다]

제주어 〈두령청ᄒᆞ다〉는 어쩔 바를 몰라 '엉뚱하다/어리둥절하다'고 할 때 쓰입니다. 이따금 생각지도 않았던 뜻밖의 이야기를 불쑥 꺼내어 사람들을 당황케 하는 경우가 있습니다. 이를테면 "멩질날 조개역 도렝 ᄒᆞᆫ다."고 하면 이만저만 엉뚱한 게 아닙니다. 아니 명절날에 조로 만든 미숫가루인 '조개역'이 어디 있겠습니까? 이와 같이 상황윤리에 어긋날 때 〈두령청ᄒᆞ다〉고 합니다.

95) 북매[된매]

제주어로 몹시 호되게 맞는 매를 〈북매〉라고 합니다. 이 말은 타악기인 '북'과 때리는 '매'가 결합된 합성업니다. 마치 북이 소리 나려면 북채로 두드리는 것과 같이 마구 때린다고 해서 붙여진 말입니다. 그래서 사정없이 때려서 맞았을 때 〈북매맞앗다〉고 합니다. 이때 주의할 것은, 말할 때 〈북매〉의 '북'의 '붕'으로 소리가 나더라도 표기할 때는 그 어원을 밝혀 '북'이라야 합니다.

96) 불치/불껑[灰 : 재]

검불이나 장작 따위로 불을 때고 난 다음에 생기는 재를 제주어로 〈불치〉·〈불껑〉이라고 합니다. 예를 들면 "검불로 불을 때고 나서 그냥 내버리니까 솥-아궁이에 재로 가득 찼더라."를 제주어로 옮기면 〈검질불 ᄉᆞᆷ아난 그냥 내부난 ᄉᆞᆺ강알이 불치/불껑으로 ᄀᆞ득앗어라.〉가 됩니다. 또 이들 〈불치/불껑〉을 모아두고 비가림한 움막집을 옛 분들은 〈불칫막〉이라고 했습니다.

97) 미삐쟁이[억새꽃]

하얗게 바랜 '억새꽃'을 제주어로 〈미삐쟁이〉라고 합니다. 옛 분들은 이 〈미삐쟁이〉를 소재로 해서 말 이어가기 놀이를 했습니다.

"저기 저 산 아래 꼬박꼬박하는 것이 뭐냐?"
"억새꽃이다."
"억새꽃은 희다."
"희민 할아버지다."

이 말을 제주어로 바꾸면,

"저디 저산 아래 곱앙갈락-곱앙갈락ᄒᆞ는 게 뭣고?
"미삐쟁이어."
"미삐쟁인 힌다."
"히민 하르방이어."

여기서 〈미삐쟁이〉가 바로 "억새꽃"입니다.

98) 지깍ᄒᆞ다[꽉차다]

제주어의 〈지깍ᄒᆞ다〉는 그릇 따위에 물건이 가득 차 있다는 표준어의 '꽉차다'에 해당하는 말입니다. 이를테면 "저놈은 군흉만 꽉찬 놈입니다."와 "뱃속에 기름이 꽉찼다."를 제주어로 옮기면 "저놈은 군융만 지깍ᄒᆞᆫ 놈이우다." · "뱃소곱에 지름이 지깍ᄒᆞ엿저."가 되는데, 여기서 〈지깍ᄒᆞᆫ〉과 〈지깍ᄒᆞ엿저〉는 〈지깍ᄒᆞ다〉의 어간 '지깍ᄒᆞ'에 활용어미가 붙은 것입니다.

99) ᄋᆞ붓이/여붓이[주저없이/막]

제주어의 〈ᄋᆞ붓이/여붓이〉이란 말이 있습니다. 이 〈ᄋᆞ붓이/여붓이〉는 표준어로 옮기면 '주저함이 없이'이나 '막'에 해당합니다. 이를테면 서로 불편한 이야기를 나누다가 보면 하지 말아야 할 말을, 하마터면 마구 터뜨릴 번할 때가 있습니다. 그런 순간의 경황을 되될 때 "ᄋᆞ붓이 뭐앵 ᄀᆞᆯ앗이민 좋커라라마는."이라고 합니다. 이때의 〈ᄋᆞ붓이〉가 바로 그것입니다.

100) 패랍다/깨끄랍다[사납다/까다롭다]

제주어의 〈패랍다〉는 '사납다'는 말이고, 〈깨끄랍다〉는 '까다롭다'는 말입니다. 실제 예를 들면 "그 아이보다 저 아이가 더 사납다."를 제주어로 하면 "가이가 자이보단 더 패랍나."라고 하고, "성질이 너무 까다롭다."라고 할 때는 "성질이 너미 깨끄랍나."라고 합니다. 또 사나운 사람을 〈패라운 놈〉, 까다로운 사람을 〈깨끄라운 놈〉이라고 나무라서 욕합니다.

101) ᄆᆞᆯ퀫낭[短杠 : 단강]

1990년대로 접어들면서 민속과 함께 사라져 버린 제주어가 꽤 많습니다. 그 중에 하나가 시신을 운반하는 상여(喪輿)에 달린 부품의 명칭들입니다. 예를 들면 상여 앞뒤로 길게 뻗친 장강(長杠)인 〈상장대〉 밑에 대고 묶어서 관을 올려 놓는 가로받침목들을 〈ᄆᆞ퀫낭〉이라 합니다. 이 〈ᄆᆞᆯ퀫낭〉은 봉분을 쌓고, 그 흙을 다질 때 달구짓는 도구로도 활용했는데, 지금은 달구짓는 노래와 함께 사라지고 말았습니다.

102) 게와/게왈/보곰/보곰지[호주머니]

옷에 달린 호주머니를 일컫는 제주어 명칭이 여럿입니다. 대개는 〈게와/게왈〉·〈보곰/보곰지〉라고 합니다. 그 예를 들면 호주머니에 넣어서 잘 간수하라고 할 경우, "게와/게왈에 놓앙 잘 가냥ᄒᆞ라." 또는 "보곰/보곰지 담앙 잘 가냥ᄒᆞ라."가 그것입니다. 하지만 돈을 담고 허리춤에 차고 다니는 주머니는 〈주멩기〉라고 하고, 〈게와/게왈〉·〈보곰/보곰지〉라고는 하지 않습니다.

103) 조팝/펌벅[조밥/범벅]

제주어에는 첫소리 'ㅂ'으로 된 말이, 다른 말과 결합해서 합성어가 될 경우, 그 'ㅂ'이 'ㅍ'으로도 쓰여서, 같은 말이 두 개의 형태가 됩니다. 이를테면 〈조밥/조팝〉, '메밀범벅'을 〈모몰범벅/모몰펌벅〉, 짐을 지는 '짐바'를 〈짐배/짐패〉, 바느실로 호거나 감친 자국을 〈실밥/실팝〉 등이 그것입니다. 그 밖에도 조를 간 밭을 〈조밧/조팟〉, '암평아리'를 〈암빙애기/암핑애기〉라고 합니다.

104) 청주/탁배기[동동주/막걸리]

제주도의 토속주를 종류별로 이름을 말할 때 '동동주'를 〈청주〉라하고, 그 〈청주〉를 떠내고 나면 그 밑에 가라앉은 텁텁한 액체에 물을 붓고 저어서 묽게 만들면, 지금의 '막걸리'인 '탁주'가 되는데, 이 '탁주'를 옛 분들은 〈탁배기〉라고 했습니다. 그 재료는 차조로 만든 〈오매기떡〉과 누룩인데, 연말연시가 되면 〈청주〉와 〈탁배기〉로 식도락을 삼고 얼큰히 취했습니다.

105) 눌다[쌓다/눋다]

제주어의 〈눌다〉라는 동사는 표준어의 '쌓다'와 '눋다' 두 가지의 다른 뜻을 가지고 있습니다. 예를 들면 곡식다발을 모아서 가리를 쌓는 것을, "고슥눌을 눌다."라고 하고, "솥에 밥이 타서 눋다"를, "솟디 밥이 칸 눌다."라고 합니다. 또 밥이 타서 솥바닥에 묻은 누룽지를 〈누냉이〉라고 하고, 그 〈누냉이〉에 물을 부어 울어난 것이 진짜 구수한 숭늉입니다.

106) 과세[過歲≠歲拜/歲謁]

예나 지금이나 설날 차례를 지내고 나면 윗분께 세배를 드립니다. 이 세배를 제주도에서는 〈과세〉라고 합니다. 이 〈과세〉의 원뜻은 설을 쇠는 것인데, 지금도 나이가 많은 분일수록 〈과세〉라는 말을 즐겨 씁니다. 이때 서로 나누는 덕담도 웃어른은 떠꺼머리총각한테는 "올히랑 장개가라이!", 또 노인들께는 "오래오래 삽서양!" 큰절을 하면서 만수무강을 기원했습니다.

107) 반-태우다[반-돌리다/반-나누다]

잔치나 기제사를 지내고 난 다음 음식을 나눠 먹기 마련인데, 그것도 어른 아이 구분 없이 골고루 반기에 놓고 돌립니다. 그 것을 〈반-태우다〉고 하는데, 떡을 놓으면 〈떡반〉, 고기를 놓으면 〈궤깃반〉라 했습니다. 어쩌다 자기 몫이 안 오면 "무사 난 반 안 줍시니." 투덜대기 일쑵니다. 여기서 유의할 것은 '반'의 어원이 '쟁반반자(盤)'이므로, '밥반자(飯)'로 알고 써서는 안 됩니다.

108) 돗내코

제주시에서 5·16도로를 거쳐서 서귀포시로 들어서면 지명을 알리는 표지만이 있습니다. 왜 〈돈내코〉입니까? 옛날 멧돼지가 드나들던 냇골이란 데서 유래된 이름이므로 '도'에 'ㅅ'을 받친 '돗[豚]'에 '내[川]'와 '코[通路]'가 결합된 〈돗내코〉라야 합니다. 말할 때 '돗'이 '돈'으로 소리가 나더라도 표기는 원음을 살려서 '돗'으로 적어야 합니다. 그래야 옛 속칭의 어원을 제대로 살린 제주어가 됩니다.

109) 이문/정짓문[대문/부엌문]

문간에 달린 '대문'을 제주어로는 거의가 〈이문〉·〈이문간문〉이라고 합니다. 표준어의 '대문'이란 말은 주로 '대청마루'인 〈상방〉에 달아 있는 앞문을 일컫는 말로 쓰입니다. 또 〈상방〉으로 통하는 방문은 표준어와 같은 〈지게문〉 그대로고, '부엌문'을 〈정짓문〉, 곳간문인 '광문'을 〈고팡문〉이라고 합니다. 요즘은 이런 이름들도 주거양식이 달라짐에 따라 그 명칭도 사라져 버렸습니다.

110) -닥지[-수록]

동사나 형용사의 어간에 붙어서 어떤 일의 정도가 더 심화되는 것을 나타내는 연결어미 〈-닥지〉라는 말이 있습니다. 이 〈-닥지〉는 표준어의 '-수록'에 해당합니다. 예를 들면 "떡은 돌릴수록 줄어들고, 말은 돌릴수록 더 붙는다."는 속담에 쓰인 '-수록'을 제주어로 말할 때 "떡은 돌리닥지 줄어들곡, 말은 돌리닥지 더 부뜬다."의 〈-닥지〉가 그것입니다.

111) 왕/왕왕·와/와와

소나 말을 부릴 때 그 다루는 소리가 다릅니다. 소를 다룰 때의 제주어는 〈왕/왕왕〉이라고 하는데, 그것도 살살 달래면서 다룰 때는 작고 낮은 소리로 〈와~앙 와~앙〉하고, 고분고분하지 않고 삐치는 기세가 보일 때는 그 다루는 목소리가 크고 거세져서 〈왕! 왕왕!〉하고 거칠어집니다. 또 말인 경우는 〈와~아 와~아〉·〈와! 와와!〉 하는 소리를 반복합니다.

112) 시알/게움/게심[시기]

남을 시새움해서 미워한다는 표준어의 '시기(猜忌)'에 대응하는 제주어는 〈시알/게움/게심〉이라고 합니다. 이를테면 "남과 경쟁은 하여도 시기는 말라."고 하는 말을 제주어로 바꾸면, "놈광 심벡이랑 ᄒᆞ곡 시알랑 말라."가 그것인데, 여기서 〈시알〉은 남을 질투하는 '시기'에 해당합니다. 또 그 끝에 접미사 '-ᄒᆞ다'가 붙으면 〈시알ᄒᆞ다/게움ᄒᆞ다/게심ᄒᆞ다〉라는 동사가 됩니다.

113) 가위/가오[家戶 : 가호]

집의 수효나 세대수를 일컫는 가호(家戶)를 제주어로는 〈가위/가오〉라고 합니다. 이를테면 그 마을에는 집이 몇 채나 있더냐고 묻는 말을, 제주어로 바꾸면 "그 ᄆᆞ슬엔 집이 멧 가위/가오나 셔니?"라고 합니다. 또 흉년에는 연기 나는 집 수를 센다고 하는 제주어 속담 "숭년엔 내 나는 가위/가오 센다."의 〈가위/가오〉가 그것인데, 그 어원은 한자 '집가자[家]'와 '집호자[戶]'가 결합된 가호(家戶)의 '호'가 '위/오'로 된 말입니다.

114) 공상[몸높이]

네 발 달린 가축인 소와 말 따위의 키의 높이를 제주어로 〈공상〉이라고 합니다. 예를 들면 그 소는 크기만 했지 싸움은 잘못한다고 하는 말을, 제주어로는 "그 쉔 공상만 컷주 찔레질은 잘못ᄒᆞᆫ다."고 합니다. 여기서 〈공상〉은 소의 발통에서부터 등허리까지의 높이를 가리킵니다. 주의할 것은 사람의 키 높이를 말할 때는 〈공상〉이라고 안하고, 〈지레〉라고 해야 맞습니다.

115) 쪼랍다/초랍다[떫다]

무엇을 먹을 때 그 맛이 거세어 입안이 조인다는 형용사 '떫다'에 대응하는 제주어는 〈쪼랍다/초랍다〉입니다. 덜 익은 과일을 깨물었을 때 떫디떫은 기운이 입안에 번질 때면 〈쪼락쪼락ᄒᆞ다/초록초락ᄒᆞ다〉고 합니다. 특히 덜 익은 풋감인 경우는 그 떫은맛이 심해서 먹기가 거북합니다. 하지만 제주도 특유의 갈옷은 그 떫은 액을 가진 고욤류인 〈풋감〉에서 나오는 쪼락쪼락ᄒᆞᆫ 것이라사 합니다.

116) 동고리낭/새비낭[찔레나무]

찔레나무를 제주어로 〈동고리낭〉·〈새비낭〉이라고 하는데, 〈동고리〉는 찔레나무 둥치에서 길쭉하게 돋아나는 연한 동인 장다리와 같은 줄기를 말합니다. 또 그 꽃을 〈동고리고장〉·〈새비고장〉이라 하고, 그 열매는 〈새비〉라고 해서, 빨갛게 익으면 입에 넣고 단물을 빨아먹기도 합니다. 특히 한약방에서는 영실(營實)이라고 해서 오줌을 잘 나오게 하는 이뇨제(利尿劑)로 쓰입니다.

117) ᄌᆞᆺ[나무굽벵이]

나무굼벵이를 제주어로 〈ᄌᆞᆺ〉이라고 합니다. 이 〈ᄌᆞᆺ〉은 잡아서 머리빡을 잘라내서 짜면, 몸통 속에 젖 같은 노르스름한 액체가 가득 차 있습니다. 그 액체는 의약품이 귀했던 예전에는 감기가 걸린 어린애의 약제는 물론이고 영양제로 숟갈에 짜서 먹였습니다. 그것도 뽕나무와 구지뽕나무인 〈쿳가시낭〉에서 자란 〈ᄌᆞᆺ〉을 알아줬는데, 이 〈ᄌᆞᆺ〉이 나중에 하늘소라는 곤충으로 변해서 나무를 갉아먹습니다.

118) 주우룻ᄒᆞ다[솔깃하다]

표준어 '솔깃하다'의 제주어는 〈주으룻ᄒᆞ다〉입니다. 예를 들면 파랗게 자란 보리를 뜯어먹고 난 소는 다시 먹고픈 생각이 간절합니다. 또 사내

녀석은 여인네 침실에 들고 나면 다시 가고파서 안달이 납니다. 이런 경우를 옛 분들은 "섭포리왓디 들어난 쉐광 지집방에 들어난 놈은 흔번 가나민 주우룻흔다."고 했습니다. 이처럼 〈주으룻흐다〉는 마음이 끌리는 심리상태를 일컫는 형용사입니다.

119) 영개-울림[靈駕-울림]

제주도의 무속의례에 죽은 사름의 영혼이 극락정토에 가도록 길을 치는 굿인 〈귀양풀이〉를 합니다. 이때 죽은 사람의 영혼이 무당에게 옮겨 붙는 빙의현상이 나타나는데, 죽은 이가 생시에 한이 맺힌 사연들을 무당의 입을 통해 울먹이는 어조로 토로해냅니다. 그것을 제주어로 〈영개울림〉이라고 하는데, 이 〈영개〉는 불교에서 말하는 '영가(靈駕)'의 '가'가 '개'로 전이된 '영혼'을 뜻하는 말입니다.

120) 굿문-율림[굿문-열림]

제주도의 큰굿에는 여러 단계의 서차가 있는데, 그 중에 무속신의 관할지역 경계의 문을 여는 〈굿문율림〉이 있습니다. 이 〈굿문율림〉의 무속용어는 '굿'과 '문'이 결합된 '굿문'에 '열림'의 제주어 '율림'이 결합된 합성어입니다. 그런데도 '구'에 'ㄴ'을 받친 '군'으로 표기하고 있는데, '구'에 'ㅅ'을 받친 '굿'으로 적어야 합니다. 그래야 '굿'과 '문'의 결합된 어원을 제대로 알리는 올바른 용어가 됩니다.

121) 진독[진드기]

목장에 놓은 소와 말들의 살갗인 털 속에 박혀 피를 빨아먹는 '진드기'를 제주어로 〈진독〉이라고 합니다. 이 〈진독〉은 피를 빨아먹고 자라면 콩방울처럼 불어나서 부연색깔로 변하는데, 그것을 〈부구리〉라 하고, 또 그들을 긁어서 떨어내려고 마든 도구를 〈부구리체〉라고 했습니다. 그래서 예전에는 〈부구리〉의 애벌레인 〈진독〉을 없애기 위한 방법으로 살충제 대신 일부러 들에 방화를 놓기도 했습니다.

122) 악살ᄒᆞ다/앙작ᄒᆞ다[울부짖다/울어대다]

표준어의 '울부짖다'·'울어대다'의 제주어로는 〈악살ᄒᆞ다〉·〈앙작ᄒᆞ다〉라고 합니다. 〈자인 무사 경 악살ᄒᆞ욥시니?〉라고 하면 "저 아이는 왜 저렇게 울부짖고 있느냐?"는 말이고, 〈야인 더 앙작ᄒᆞ는 아이어.〉라고 하면, "그 아이는 더 울어대는 아이다."라는 말입니다. 또 잘 울부짖거나 울어대는 '울보'를 〈악살다리/악살둥이/악살쟁이/악살꾸레기〉, 〈앙작다리/앙작둥이/앙작쟁이/앙작꾸레기/앙작쉬〉라고 나무랐습니다.

123) 고등에-사시미·꿩--샤부샤부·감저-뎀뿌라

우리가 쓰고 있는 말 가운데는 외래어인 일본어와 제주어가 한데 어울려서 된 말들이 꽤 많습니다. 그 중에 음식의 이름을 나타내는 것을 간추려 보면, 고등어를 생으로 썰어서 먹는 회를 〈고등에-사시미〉, 꿩고기를 얇게 썰어서 살짝 익힌 것을 〈꿩-샤부샤부〉, 고구마를 기름에 튀긴 것을 〈감저-뎀뿌라〉, 멸치를 삶아서 말린 것을 〈멜-이루꾸〉라고 합니다. 그런데도 일본어를 모르는 표준어세대들은 제주도의 고유한 토속어로 알기 일쑵니다.

124) ᄀᆞ는체/좀진체/총체[가는체]

예전에는 곡식을 맷돌에 간 가루를 칠 때는 올이 가늘고 구멍이 자잘한 체를 사용해서 걸러냈습니다. 그래서 표준어의 '가는-체'를 제주어로는 〈ᄀᆞ는체〉·〈좀진체〉·〈총체〉라고 했는데, 그런 이름이 붙여진 것은 걸러내는 구멍이 작다는 데서 비롯된 것입니다. 〈ᄀᆞ는체〉와 〈좀진체〉는 가는 철사나 대껍질을 오려서 만들었고, 〈총체〉는 말의 갈기털이나 꼬리털인 총으로 만들었습니다.

125) 꿩빙애기/줄레[꺼병이/꿩새끼]

알에서 나온 꿩의 어린 새끼인 '꺼병이'를 제주어로 〈꿩빙애기〉·〈줄레〉라고 합니다. 엄격히 구분하면 〈꿩빙애기〉는 '꺼병이'를 일컫는 말이고, 〈줄레〉는 한두 달 자라서 솜털이 벗겨진 작다란 꿩의 새끼를 말합니다. 농촌에서는 보리를 베고 난 다음 여름철 콩농사를 제때에 않고 늦게 하면, 꿩새끼가 쪼아버려서 피해를 입게 됩니다. 해서 옛 분들은 "ᄋᆢ름 콩 늦이 갈민 줄레 뼵나."고 했습니다.

126) ᄀᆞ리다/ᄀᆞ립다[가리다/고르다]

여러 개의 물건들 중에 골라서 가려내는 것을 일컫는, 표준어의 '가리다/고르다'를, 제주어로는 〈ᄀᆞ리다〉·〈ᄀᆞ립다〉라고 합니다. 이를테면 "말들이 많이 있는 곳에서는 말을 고르지 못한다."를, 〈ᄆᆞᆯ 한 듸서 ᄆᆞᆯ 못 ᄀᆞ린다.〉, 또는 〈ᄆᆞᆯ 한 듸서 ᄆᆞᆯ 못 ᄀᆞ립나.〉고 했는데, 여기서 〈ᄀᆞ린다〉와 〈ᄀᆞ립나〉가 그것입니다. 이처럼 제주어에는 동사에 붙는 '-리다' 대신 〈-립다〉가 붙어서 활용되기도 합니다.

127) 골미떡

예전의 장사지낼 때 제상에 올리는 떡 가운데 쌀로 만든 〈골미떡〉이란 게 있습니다. 이 〈골미떡〉은 육지부에서는 좀처럼 볼 수 없는데, 그 생김새는 길이 5㎝, 폭 2㎝ 정도로 둥글 넙죽해서 그 양끝이 마치 바느질할 때 손가락에 끼는 '골무'와 같아 보이기도 하고, 또 그 한가운데로 두세 개의 골을 내워서 만들었기 때문에 붙여진 이름입니다. 이 떡은 밭-고랑과 산골짝이나 계천, 생명체가 다니는 길을 포괄해서 나타낸 것이라고도 하고, 전생/현생/후생을 나타낸다고 합니다.

128) 고른(름)배기/고른(름)백[무승부]

힘이나 기량을 겨루어서 승부를 내야 할 때가 있습니다. 그런데 서로가 이기기도 하고 지기도 하고 팽팽히 맞서서 좀처럼 그 우열이 판가름 나지 않을 경우에 〈고른(름)백기/고른(름)백〉라는 말을 합니다. 이 〈고른(름)배기/고른(름)백〉은 표준어로 바꾸면 한자어로 된 '무승무'에 해당하고, 그 뒤에 '-ᄒᆞ다'를 붙여서 〈고른(름)배기-ᄒᆞ다/고른(름)백-ᄒᆞ다〉가 되면, 승부가 나지 않는 것을 일컫는 동사 '비기다'와 같은 말이 됩니다.

129) 소본검질[벌초검불]

요즘은 조상의 묘에 벌초를 하노라 풀을 베는 예초깃소리가 곳곳에서 한창이데, 그 베어낸 잡초들을 제주어로 〈소본-검질〉이라고 합니다. 이 말은 한자어 '소분(掃墳)'을 〈소본〉으로, 우리말 '검불'의 제주어 〈검질〉이 결합해서 된 합성어입니다. 하지만 지금은 예전의 땅에 묻는 매장풍습이 화장해서 납골당에 안치하는 세태로 바뀌고 있어서, 〈소본-검질〉이란 말도 머지않아 없어지게 됐습니다.

130) 새미/새미떡[개피떡]

예전에는 차례상에 올리는 떡들 중에 〈새미떡〉이 있습니다. 요즘 젊은 세대들은 거의가 어떤 떡인지 모르기 일쑵니다. 표준어의 '개피떡'에 해당하는데, 쌀가루나 메밀가루의 반죽을 때내서 얇게 다룬 다음 그 속에 팥 따위의 소를 넣어서 반달 모양으로 만든 떡입니다. 그 크기는 제상에 올리는 것은 자그맣지만, 요깃거리로 먹기 위해 큼직이 만든 것은 〈새미떡〉이라

하지 않고 〈물떡〉이라고 해서, 주로 장밭[葬地]의 부조용으로 만들었습니다.

131) ᄌᆞ작벳[땡볕/불볕]

올여름은 유별나게 무더운데다가 가뭄까지 겹쳐 도민들의 고충이 컸습니다. 아열대지방이나 다름없이 내리 쬐는 강열한 폭염인 '불볕'이나 '땡볕'을 제주어로는 〈ᄌᆞ작벳〉이라고 합니다. 이를테면 "이렇게 뜨거운 땡볕에도 조밭에 앉아서 김매고 있더라."를 제주어로 하면, 〈영 지저운 ᄌᆞ작벳디도 조팟디 앚안 검질매엄서라.〉고 하는데, 여기서 〈ᄌᆞ작벳〉이 바로 '땡볕'이나 '불볕'을 뜻합니다.

132) 가리싹 ᄂᆞ다싹[뒤집었다가 엎었다가]

무슨 물건 따위를 '뒤집었다가 엎었다가'를 제주어로 〈가리싹 ᄂᆞ다싹〉이라고 합니다. 그 예를 들면 장날 물건을 놓고 파는 데 가서 그 물건들을 뒤집었다 엎었다(바로 놓았다) 하면서 사지 않을 경우에, 〈무사 사지도 안ᄒᆞ멍 경 물건덜만 가리싹 ᄂᆞ다싹 홈이꽈겐?〉 하고, 장사하는 사람이 못다땅히 여깁니다. 또 사람에 따라서는 〈가리싹 ᄂᆞ다싹〉을 앞뒤를 바꿔 〈ᄂᆞ다싹 가리싹〉이라고도 합니다.

133) ᄁᆞᆯ래 · 주럭[헌-헝겊/조각]

옷 따위가 낡아서 떨어진 헝겊을 제주어로 〈ᄁᆞᆯ래〉 또는 〈주럭〉이라고 합니다. 그런 〈ᄁᆞᆯ래〉나 〈주럭〉은 물자가 귀했던 예전에는 던져 버리지 않고 요긴하게 재활용했는데, 그 대표적긴 것이 방이나 마루를 닦는 '걸래', 어린애의 '기저귀', 짚신인 〈초신〉을 삼을 때 짚에 섞어 재료로 썼습니다. 또 그 명칭도 갈옷 헝겊이면 〈갈주럭〉, 베헝겊이면 〈베주럭〉, 광목 헝겊이면 〈광목주럭〉이라고도 합니다.

134) 사노롱ᄒᆞ다 · 서넝ᄒᆞ다[사늘하다 · 차갑다]

표준어의 '사늘하다'는 제주어로 〈사노롱ᄒᆞ다〉라 하고, '차갑다'는 〈서넝ᄒᆞ다〉라고 합니다. 이를테면 "처서(處暑)가 지나니 사늘한 바람이 불기 시작한다."를 제주어로 하면 〈처ᄉᆞ 넘으난 사노롱ᄒᆞᆫ ᄇᆞ름이 불기 시작ᄒᆞ옵저.〉라고 하는데, 여기서 〈사노롱ᄒᆞᆫ ᄇᆞ름〉은 '사늘한 바람'이란 말이고, "방안 땠느냐 방바닥이 차가워서."의 제주어 〈굴묵 안 짇엇이냐 방바닥이 서넝ᄒᆞ운.〉의 〈서넝ᄒᆞ운〉은 '차거워서'라는 말입니다.

135) 개고치 · 우분지[구기자 · 오배자]

예전에는 농촌에서 흔히 쓰였던 이름이 잘 안 쓰이거나, 없어져버린 말들이 꽤 많습니다. 그 중에 표준어의 '구기자(枸杞子)'를, 제주어로 〈개고치〉라 하고, '오배자(五倍子)'를 〈우분지〉라고 합니다. 〈개고치〉는 표준어인 '구기자'란 이름으로 요즘도 한약재나 건강식품으로 알려져 있지만, 붉나무의 잎사귀에 '오배자면충(五倍子綿蟲)'이라는 벌레들이 모여서 이루어진 혹 모양의 〈우분지〉란 이름은 사라져버렸습니다.

136) 게왓/케왓[契田/共同田]

제주어 〈게왓/케왓〉이란 말은 한자 '계(契)'와 '밭'의 제주어 〈왓〉이 결합된 것으로서, 여러 사람이 공동으로 가꾸고 관리하는 공동전(共同田)입니다. 그 대표적인 것이, 초가지붕을 덮는 띠인 〈새〉나 마소의 사료인 〈촐〉를 마을 사람들이 공동으로 관리하고 분배했습니다. 그것은 근간에 성행했던 '계모임'과 같이 여럿이 힘을 합하면 일이 수월해지고 공동체의식이 끈끈해지므로, 옛 분들은 〈게왓/케왓〉을 자기 밭처럼 소중히 여겼습니다.

137) 헛갱이[재채기]

코의 접막에 자극을 받았을 때 일어나는 표준어 '재채기'를 제주어로 〈헛갱이〉라고 합니다. 그래서 옛 분들은 '재채기'를 하면 감기가 들 징조로 알고, 〈헛갱이 ᄒᆞ는 거 보난 고뿔 걸리젠 ᄒᆞ는 생이어.〉라고 했습니다. 또 누가 자꾸 자기를 들먹거리고 입방아를 찧고 있다고 할 때면, 〈누게가 거느리왕상ᄒᆞ는 모냥이어, 자꾸 헛갱이ᄒᆞᄋᆞ지는 걸 보난.〉이라고 곧잘 했습니다.

138) 펜동펜동〈펜도롱펜도롱〈펜두룽펜두룽[말똥말똥〈멀뚱멀뚱]

눈빛이 맑거나 정신이 또렷한 상태를 나타내는 부사어 '말똥말똥'에 해당하는 제주어는 《펜동-펜동〈펜도롱-펜도롱〈펜두룽-펜두룽》입니다. 그것도 그저 예사로운 상태면 〈펜동-펜동〉이고, 좀 더 실감 있게 입체적으로 나타낼 때는 〈펜도롱-펜도롱〉·〈펜두룽-펜두룽〉으로 쓰입니다. 그 뿐만 아니라 눈만 말똥거리며 어쩔 줄을 몰라서 할 때도 〈자인 어리둥절ᄒᆞᆫ 눈만 펜두룽페두룽ᄒᆞ욤시네게.〉라고 합니다.

139) 납띠/납해치[원숭이띠]

원숭이를 제주어로도 〈원숭이〉·〈원생이〉라고 하는가 하면, 〈존납이〉·〈잔냅이〉, 또는 〈납〉이라고 했습니다. 이들 중에 〈납〉은 조선시대 《월인석보》에도 "눈 먼 납"이라는 말이 나옵니다. 특히 십이간지(十二干支)의 아홉 번째인 '신(申)'이 바로 '원숭이신'·'납신'자입니다. 그래서 '원숭이해'에 태어난 '원숭이띠'를, 옛 분들은 〈납띠〉·〈납해치〉라고 했습니다.

140) 젯고롬/젯곰[안옷고름]

한복의 저고리에 다는 옷고름에는 밖에 다는 '겉고름'이 있고, 안에 다는 '안고름'이 있습니다. 이처럼 안팎으로 두 개의 고름을 단 것은 '겉고름'만 매면 옷 앞섶이 벌어지기 쉬우므로 잘 앙귀지게끔 '안고름'을 매야 됩니다. 이 '안고름'을 제주어로는 〈젯고롬〉 또는 〈젯곰〉이라고 합니다. 이런 명칭이 붙게 된 것은 입었을 때 그 고름이 젖가슴이 닿는 곳에 달렸기 때문입니다.

141) 배채우다/배챕다[약올리다]

제주어 〈배채우다〉·〈배챕다〉는 '굶은 배를 채우다'는 말로 생각하기 쉽습니다. 그런 뜻도 되지만, 이 〈배채우다〉·〈배챕다〉는 비위를 상하게 하여 화나게 만든다는 표준어의 '약오르다'의 시킴꼴인 '약올리다'는 말로도 쓰입니다. 이를테면 그렇지 않아도 기분이 안 좋아서 속이 상한데, 더 약오르게 만들 경우, 〈경 안ᄒᆞ여도 부애낭 ᄒᆞ는디 자인 무사 자글락자글락 배채왐시니게?〉라고 투덜댑니다.

142) 우시/상객[들러리/상객]

요즘도 혼례를 치를 때 신랑과 신부에게는 '들러리'가 따라 다닙니다. 이 '들러리'에 해당하는 사람을 제주어로는 〈우시〉, 또는 〈상객〉이라고 해서 신랑·신부 다음으로 귀한 손님대접을 했습니다. 그러니 〈우시〉와 〈상객〉은 '우대해서 모시는 귀중한 손님'이라는 뜻입니다. 그래서 이들을 특별히 우대해서 차린 음식상을 〈우싯상〉·〈상객상〉이라고 했습니다.

143) ᄋᆞ글ᄋᆞ글〈ᄋᆞ글락ᄋᆞ글락[아장아장]

어린애가 걸음마를 갓 시작해서 걷는 모습을 나타내는 의태어 '아장-아장'을 제주어로는 〈ᄋᆞ글ᄋᆞ글/아글아글〉·〈ᄋᆞ글락ᄋᆞ글락/아글락아글락〉이라고 합니다. 이를테면 어린애가 아장아장 걷기 시작할 때가 귀엽다고 할 때, 〈두린애긴 ᄋᆞ글락-ᄋᆞ글락 걷지 시작ᄒᆞᆯ 때가 질 아깝나.〉고 하는데, 여기서 〈ᄋᆞ글락-ᄋᆞ글락〉은 〈ᄋᆞ글-ᄋᆞ글〉을 더 곰살갑게 하는 말입니다.

144) 얼다[춥다]

겨울철 기온이 내려가서 춥다고 할 때의 '춥다'를 제주어로는 〈얼다〉라고 합니다. 그렇다고 '춥다'는 안 쓴 것이 아니지만, 그보다는 〈얼다〉를 즐겨 썼습니다. 이를테면 "어젯밤은 몹시 추웠던지 구정물독이 다 얼었더라."고 할 때, 〈언치냑은 바싹 얼어낫인디사 굿인물항이 다 얼럿어라겐.〉이라고 합니다. 이처럼 얼음이 얼게 추우니까, '춥다'를 〈얼다〉라고 한 것입니다.

145) 빙떡/전기떡/전지떡[빙떡/전기떡]

제주의 토속음식으로 알려져 있는 것 중에 메밀가루로 전을 붙인 다음 익혀서 양념한 무채를 넣고 둘둘 말아서 만든 〈빙떡〉이 있습니다. 이 〈빙떡〉을 서귀포시 지역에서는 〈전기떡/전지떡〉이라고 합니다. 이런 이름이 붙게 된 것은 〈빙떡〉의 '빙'은 전(煎)을 지지는 철판인 '번철(燔鐵)'의 제주어 〈빙판〉의 '빙'과 연관된 것이고, 〈전기떡/전지떡〉의 '전기/전지'는 부침개인 전의 제주어 〈전지〉로 만든 떡이라는 데서 비롯된 것입니다.

146) 구먹치기[구멍치기]

예전에는 이맘때면 흔히 볼 수 있었던 사행성 놀이 가운데 〈구먹치기〉가 있었습니다. 이 말은 표준어 '돈치기'에 해당하는데, 땅에 엽전이 들어갈 만큼의 크기로 구멍을 뚫고, 그 구멍에서부터 약 3-4m 정도 떨어진 곳에 그은 선 밖에서 엽전을 던져 구멍에 들어간 것은 그냥 갖고, 나머지는 상대방이 지적한 어느 하나를 〈먹대〉로 마쳐져 가지는 놀입니다. 이젠 이들 〈구먹치기〉는 없어지고 그 대신 돈 먹는 전자기기놀이가 성행하고 있습니다.

147) 아웨다/아웨우다/아웨웁다/아웹다[외롭다]

표준어 '외롭다'의 제주어는 〈아웨다/아웨우다/아웨웁다/아웹다〉입니다. 특히 설을 지내고 난 정초 때가 되면 더욱 사람이 그리워지기 마련입니다. 젊었을 때는 그런대로 활동력이 강하니 참고 이겨낼 수 있지만, 나이가 들어갈수록 고목에는 새가 잘 찾지 않는 것처럼 〈아웨움〉이 더합니다. 그래서 노인네들은 그 외로움을 토로할 때면, 〈ᄒᆞᆫ두 때 굶은 건 배겨도 사ᄅᆞᆷ 아웨운 건 못 배긴다.〉고 했습니다.

148) 고냑/고냥/고막/고망[穴 : 구멍]

제주어 가운데는 한 개의 단어가 여러 형태로 쓰이는 이형동어들이 있습니다. 그 중에 하나가 표준어의 '구멍'에 해당하는 〈고냑/고냥/고막/고망〉이 있는가 하면, 그 큰말인 〈구녁/구녕/구먹/구멍〉이 그것입니다. 또 〈굼기/궁기/굼〉이라고도 하는데, 이들 중에 〈굼〉은 중세국어 '구무'의 준말로서, 현재 조천읍 교래리 동쪽의 관광명소인 〈산굼부리〉는 '산+굼+부리'가 합해서 된, '산에 구멍이 있는 멧부리라'는 뜻의 말이 그대로 쓰이고 있습니다.

149) ᄏᆞᆺ짐-가두다[숨이 끊기다]

제주어에서 좀 홀하게 쓰였던 〈ᄏᆞᆺ짐가두다〉는 관용어가 있습니다. 이 〈ᄏᆞᆺ짐가두다〉는 표준어로 대역하면 '숨이 끊기다'인데, 결국 호흡을 멈추고 죽었다는 말을, 상스러우면서도 익살스럽게 나타낼 때 쓰였습니다. 어쩌다 동년배끼리 아옹다옹 지내다가도 틀어질 때면 〈너 ᄏᆞᆺ짐 가돠보젠 까불릅나?〉하고, 볼멘소리를 터뜨리기 일쑵니다. 이 경우의 〈ᄏᆞᆺ짐 가돠보젠〉은 '죽으려고 환장했느냐?〉는 뜻이 감춰져 있습니다.

150) 도감[都監]

경조사 때 손님을 대접하기 위해 돼지고기인 〈돗궤기〉를 써는 기능을 가진 사람을 제주도에서는 〈도감〉이라고 합니다. 지금이야 굳이 〈도감〉을 안 데려도 되지만 예전에는 꼭 필요한 사람이었습니다. 그런데 이 〈도감〉이란 말의 출처는 절간에서 돈이나 곡식을 취급하는 사람이었는데, 그것이 민간에서는 대소기나 잔치 때 주인한테 전담 받은 음식을 잘 관리해서 분배하는 식소(食所)의 주도권을 가졌다고 해서 〈도감〉이라고 했습니다.

151) 거멀오롬

제주도의 곳곳에 솟아 있는 〈오롬〉에는 명칭이 붙어 있습니다. 한데 이들 명칭 중에는 고증이 더 됐어야 할 명칭이 있습니다. 그 대표적인 게 세계자연유산으로 지정된 〈거문오롬〉이 그렇습니다. 그 〈오롬〉의 전체의 지형을 놓고 볼 때 마치 '거멀쇠' 모양으로 생겼다고 해서 〈거멀오롬〉이었는데, 어쩌다 '거멀'이 '거문'으로 변해서 〈거문오름〉이 돼 버렸습니다. 그러나 그 능선 안쪽에 움푹 파인 곳만은 〈거멀창〉이라고 원래의 명칭이 그대로 남아 있습니다. 그러니 그 어원을 살려 〈거멀오롬〉으로 표기해야 합니다.

152) 하논[큰논]

화산이 폭발했던 분화구에 조성된 서귀포시의 〈하논〉의 원래의 명칭은 〈한논〉입니다. '크다'의 '큰'에 대응하는 〈한〉과 '논밭'인 '논'이 결합된 '큰논'이란 뜻인 〈한논〉이, 〈하논〉으로 변한 것입니다. 이처럼 〈한〉이 붙어서 된 말은 여러 곳이 있습니다. 〈한락산[漢拏山]〉의 〈한〉과 〈한내창[漢川]〉의 〈한〉이 그렇고, 제주도뿐만 아니라 서울 '한강'의 〈한〉, 충청남도 '대전'의 옛 이름 '한밭'의 〈한〉, '한글'의 〈한〉이 다 '크다'는 말입니다.

153) 웅매 · 즈매[雄馬 : 웅마 · 雌馬 : 자마]

한라산 동쪽을 남북으로 가로지르고 있는 5 · 16도로를 지나다 보면, 옛 영주십경의 하나인 고수목마(古藪牧馬)를 방불케 하는 말들이 떼를 지어 풀을 뜯으며 한가롭게 노닐고 있는 것을 볼 수가 있습니다. 이들 말 중에는 수컷인 웅마(雄馬)를 제주어로 〈웅매〉라고 하고, 암컷인 자마(雌馬)를 〈즈매〉라고 합니다. 또 다 자라서 나아가 든 말을 일컫는 피마(-馬)를 〈피매〉라 하고, 한 살배기 어린 새끼망아지를 〈금승몽생이〉 · 〈금승몽애기〉 · 〈금승매〉라고 합니다.

154) 멘레[緬禮 : 면례]

양력 4월 5일은 24절기 중의 하나인 청명(淸明)인데, 이때가 되면 옛 분들은 조상의 묘를 찾아 성묘 겸 잡초를 캐었습니다. 특히 이 청명날은 택일을 별도로 하지 않아도 된다고 해서 봉분에 흙이나 잔디를 새로 갈아입힙니다. 그뿐만 아니라 묘소를 딴 데로 옮기기도 하는데, 이것을 학식 있는 옛 분들은 〈천리[遷移]〉라고 안하고, '개장할면 자'와 '예도례 자'가 결합된 '면례(緬禮)'의 제주어 속칭인 〈멘레〉라고 했고, 또는 달리 〈멘위(緬位)/멜위〉라고 했습니다.

155) 거수애[蛔蟲 : 회충]

동물의 몸 안에 생기는 기생충인 '회충(蛔蟲)'을 제주어로 〈거수애〉라고 합니다. 그런데 이 〈거수애〉의 모양이 마치 지렁이 비슷하게 생겼다고 해서 '지렁이'의 제주어 〈개우리〉로 잘못 아는 경우가 있습니다. 〈거수에〉인 화충과 지렁이인 〈개우리〉는 구분돼야 합니다. 이를테면 회충이 배를 꾹꾹 쑤셔서 아픈 모양이라는 말을, 〈거수에가 쑤시는 생이어 배가 꾹꾹 찔르멍 아프는 거 보난.〉이라고 했습니다.

156) 싸다[켜다]

표준어로 '불을 켜다', '톱으로 나무를 켜다'고 할 때의 '켜다'를 제주어로는 〈싸다〉라고 합니다. 이를테면 "캄캄 어두운데 왜 불을 안 켜고 있느냐?"의 제주어는 〈왁왁 아둑은디 무사 불 안 쌈시니?〉라 하고, "큰 나무는 작은 톱으로는 못 켤 것이니 큰 톱을 가지고 가야 한다."는 〈큰 낭은 족은 톱으론 못 쌀 거난 큰 톱 ᄀ경 가사 ᄒ다.〉고 하는데, 여기서 〈쌈시니〉·〈쌀 거난〉의 〈쌈〉과 〈쌀〉은 '켜다'의 활용형입니다.

157) 뺄아먹은 볼랫주시[빨아먹은 보리수찌꺼기]

관용어로 쓰는 말 가운데 남을 나무라고 폄하할 때 〈뺄아먹은 볼랫주시〉라고 합니다. 이 말은 "입에 물고 빨아먹다가 버린 보리수 열매의 찌꺼기와 같다."는 것인데, 그 생김새가 볼품이 없는 빼빼 마르고 못 생겼음을 빗댈 때 쓰입니다. 또 이와 비슷한 말로 "돌확에 물이나 빨아먹음직하다."를, 〈돌호갱이에 물이나 뺄아먹엄직ᄒ다.〉고 해서, 요즘 젊은 층에서 은어로 두루 쓰이고 있는 '갈비씨'와 상통하는 말입니다.

158) 배작ᄒ다[환히 드러나다]

너무 환이 드러난 것을 제주어로 〈배작ᄒ다〉고 합니다. "저 아이는 왜 저렇게 빤히 드러나 보이는 데 앉아서 졸고 있느냐?"를 제주어로 말할 때 〈자인 무사 저영 배작ᄒᆞᆫ 듸 앚안 졸암시니?〉라고 합니다. 여기서 〈배작ᄒᆞᆫ 듸〉는 '빤히 드러나 보이는 곳'을 말합니다. 또 이와는 달리 〈ᄋᆞ수록ᄒᆞᆫ 듸 꿩독새기 난다.〉의 〈ᄋᆞ스롯ᄒᆞᆫ 듸〉는 드러나지 않게 가려진 어수룩한 곳을 나타내는 〈배작ᄒᆞᆫ 듸〉의 반댓말입니다.

159) 멍에[멍에 · 밭머리]

‘멍에’라는 말은 수레나 쟁기를 끌 때 소의 목에 얹지는 나무로 만든 두툼한 막대를 일컫는 외에, ‘밭머리’라는 말로도 쓰입니다. 즉 밭의 양 끝 부분을 일컫는 이 ‘밭머리’인 〈멍에〉는 소로 밭을 갈 때 그 밭의 길이인 세로로 갈아야하므로 쟁기가 들어갈 수 없습니다. 그러니 그 〈멍에〉는 제일 나중에 가로로 갈아야 하는데, 그 가로질러서 간 밭고랑이 마치 소의 목에 가로 얹힌 〈멍에〉와 같다고 해서 붙여진 말입니다.

160) 서먹다

제주어의 〈서먹다〉는 말은 두 가지 뜻으로 쓰입니다. 그 하나는 곡식이 채 익지도 않았는데 식량이 다 떨어져 굶주릴 때는 어쩔 수 없이 덜 익은 곡식을 장만해 먹기 마련입니다. 이럴 때 〈서먹는다〉고 합니다. 다른 하나는 마치 죽음을 먹는 것처럼 해마다 익사사고가 잘 나는 깊은 물이 있습니다. 그런 물의 위험함을 경원시할 때 〈그 물은 서먹는 물이난 멩심ᄒᆞ라.〉고 했는데, 여기 〈서먹는 물〉이라고 함은 ‘죽음을 먹는 물’ · ‘죽음을 부른 물’이란 뜻입니다.

161) 어가라[곧/즉시/곧바로]

표준어의 ‘당장/즉시’에 해당하는 제주어는 〈어가라〉입니다. 이〈어가라〉는 무엇을 하기 바랐을 때 곧바로 시행에 옮길 때 쓰입니다. 이를테면 “일하라고 할 때는 늦다가도 돈을 주겠다고 하니 즉시 달려왔더라.”고 하는 말을 제주어로 옮기면, 〈일ᄒᆞ랭 ᄒᆞᆫ 땐 늦장 부리단 돈 주켄 ᄒᆞ난 어가라 둘ᄅᆢ왓어라.〉고 합니다. 여기서 〈어가라〉는 바로 ‘당장/즉시’에 대응하는 부사입니다.

162) ᄒᆞᄋᆢᆺ다[하였다]

표준어의 '하였다'의 제주어는 〈ᄒᆞᄋᆢᆺ다〉입니다. 이 〈ᄒᆞᄋᆢᆺ다〉의 선어말 어미 〈-ᄋᆢᆺ-〉의 쌍아래아 'ᄋᆢ'가 점차 '여'로 변해서 'ᄒᆞ엿다'으로 쓰고 있지만, 본래는 '여'에 'ㅅ'을 받친 '엿'이 아니라, 'ᄋᆢ'에 'ㅅ'을 받친 〈ᄋᆢᆺ〉입니다. 그러니 옛 분들은 〈ᄒᆞᄋᆢᆺ다〉·〈ᄒᆞᄋᆢᆺ저〉를 즐겨 썼습니다. 그에 따라 "하고 있습니다."를 〈ᄒᆞᄋᆞᆷ수다〉, "하고 있습니까"를 〈ᄒᆞᄋᆞᆷ수과/ᄒᆞᄋᆞᆷ수광〉이라고 했습니다.

163) ᄀᆞᆯ개비히엄[개구리헤엄]

풋내기들의 서투른 '개구리헤엄'을 제주어로는 〈ᄀᆞᆯ개비히엄〉이라고 합니다. 그 이유는 개구리가 헤엄치듯, 손놀림이나 발놀림이 마치 오리발 놀리듯 앞뒤로 왔다갔다 합니다. 그런 수영솜씨로는 실내 수영장이 제격이고, 파도가 몰려오는 해수욕장에서는 물먹기 일쑵니다. 그 물먹는 것을 제주어로 〈복먹는다〉고 하는데, 요즘 물놀이 때 '복먹지' 않도록 조심하셔야 합니다.

164) 물마리

녹두나 팥이 제대로 여물지 못해서 익혀도 딱딱한 채 그대로 있는 알갱이를 제주어로 〈물마리〉라고 합니다. 그러니 옛 분들은 죽을 쑤거나 다져서 떡고물을 만들려고 하면, 으레 〈물마리랑 잘 추려둬그네 ᄉᆞᆱ으라.〉는 말을 곧잘 했습니다. 그러나 이삭에 달린 곡식알이 여물지 않은 채 굳어진 것은 〈물마리〉라고 안해서 〈죽젱이〉라 했고, 그 〈죽젱이〉의 알갱이를 〈졸래〉라고 해서 가축의 사료로 썼습니다.

165) 엇구수ᄒᆞ다[엇비슷하다]

순우리말에 〈엇구수하다〉가 있습니다. 이 〈엇구수하다〉는 표준어로도 쓰이고 제주어로도 쓰입니다. 하지만 그 뜻이 다릅니다. 표준어인 경우는 '음식 맛이 좀 구수하다', 또는 '하는 말이 이치에 그럴듯하다.'는 뜻이고, 제주어인 경우는 '엇비슷하다'는 뜻입니다. 이를테면 "저 아이는 꼭 자기 아버지 엇비슷하였다."고 할 때 〈자인 ᄁᆞᆨ 지 아방 엇구수ᄒᆞ엿저.〉라고 합니다.

166) 자파리/재ᄋᆞᆸ[장난]

제주어의 〈자파리〉와 〈재ᄋᆞᆸ/재엽〉은 같은 뜻으로서, 주로 짓궂은 장난을 일컫는 말입니다. 〈그 집 아이덜은 자파리가 센다.〉 또는 〈자인 그런 재ᄋᆞᆸ 안ᄒᆞᆫ다〉고 할 때의 〈자파리〉·〈재ᄋᆞᆸ〉이란 말은 노는 것이 짓궂어 나무람 받는 장난입니다. 그래서 이런 장난꾸러기는 손해짓을 잘하기 때문에 어른들은 아이들에게 〈제발 느랑 저런 재엽둥이랑 퉤지 말라이.〉라고 타일렀습니다.

167) 쪼/특[턱]

예나 지금이나 경사스러운 일이 생겼을 때 '한턱' 내라고 조르기 일쑵니다. 이 '한턱'의 '턱'을 '특/턱', 또는 〈쪼〉라고 합니다. 그런데 '쪼'라는 말은 '모양/꼴'을 홀하게 일컫는 말로도 씁니다. 이를테면 남의 하는 짓거리가 못마땅할 때 〈느 거 ᄒᆞ는 쪼가 머냐?〉라고 나무랍니다. 또 이 〈쪼〉를 더 얕잡는 말로 쓰일 때는 〈쪼닥사니〉라고 합니다.

168) ᄂᆞᆾ-아프다[낯-아프다]

제주어에 〈ᄂᆞᆾ-아프다〉는 말이 있습니다. 표준어로 직역하면 '낯-아프다'는 뜻이지만, 그 속에 머금고 있는 뜻은 '면목이 없다.'는 말입니다. 어쩌다 실수를 하거나 할 일을 못했을 때, 상대방을 대하기가 여간 쑥스럽고 무안한 일이 아닙니다. 그 한 예로 꼭 돌아봤어야 할 일을 깜빡 놓칠 경우가 있습니다. 그럴 때 〈그 사름 만나민 놋아팡 어떵ᄒᆞ코?〉란 말을 하게 됩니다.

169) ᄀᆞᆯ[가을 · 가루]

곡식을 맷돌에 갈아서 자디잘게 부서뜨린 '가루'의 제주어 〈ᄀᆞ르/ᄀᆞ를〉을 줄여서 〈ᄀᆞᆯ〉이라고 합니다. 이를테면 '쌀가루'를 〈곤쏠ᄀᆞᆯ〉, '메밀가루'를 〈모밀ᄀᆞᆯ〉, '보릿가루'를, 〈보릿ᄀᆞᆯ〉이 그것입니다. 또 요즘과 같은 계절인 '가을'과 관련된 말을 할 때 옛 분들은 "올가을은 비 오는 날이 많겠다."를, 〈올ᄀᆞᆯ은 우치는 날이 하키어.〉라고 하는데, 여기서 〈올ᄀᆞᆯ〉의 〈ᄀᆞᆯ〉은 옛말 〈ᄀᆞ을/ᄀᆞ슬[秋]〉의 준말입니다.

170) ᄊᆞᆯ두루웨

노년층에서는 지금도 〈ᄊᆞᆯ두루웨〉란 말을 곧잘 씁니다. 이 말은 '쌀'인 〈ᄊᆞᆯ〉과 '미치광이'를 일컫는 〈두루웨〉가 합쳐친 말로서, 겉으로 보기에는 어리숭해 보이면서도 자기 잇속을 놓치지 않고 챙기려 드는 사람을 비꼴 때 쓰입니다. 식생활에서 귀중한 것이 쌀입니다. 그러니 아무리 얼빠진 사람도 먹어야 사는 쌀과 같은 알자배기는 놓치지 않으려고 욕심을 부린다고 해서 〈ᄊᆞᆯ두루웨〉라고 했습니다.

171) 싣어지다/실러지다[무너지다/허물어지다]

표준어의 '무너지다/허물어지다'를 제주어로는 〈싣어지다/실러지다〉라고 합니다. 이를테면 밭 언저리에 쌓은 담장이 태풍으로 무너졌 때 〈태풍이 얼매나 쎗인디사 밧담이 밧더레 싣어졋어라.〉라고 하는데, 여기서 〈싣어지다〉를 〈실러지다〉로 해도 됩니다. 이처럼 똑같은 뜻이 동사가 두 개 이상의 형태로 쓰이는 이형동의어가 많은 것도 제주어가 가지고 있는 특성이 하납니다.

172) 바릉밧/바령밧

제주도는 원래 밭농사를 위주로 하기 때문에 농토가 비옥해야 농작물이 잘됩니다. 지금처럼 화학비료가 없던 예전에는 유기물 두엄이나 퇴비였는데, 이들 거름만으로는 턱없이 모자랐습니다. 그래서 밭 안에 소와 말을 가둬 두면 그 배설물들로 인해 척박한 땅이 걸어서 농사가 잘됩니다. 이런 밭을 〈바령밧〉이라고 하는데, 그러다 보니 그 밭의 이름인 속칭으로 통하기까지 했습니다.

173) 걸니[송곳니]

사람의 이빨인 치아에는 앞니와 어금니 사이에 나 있는 '송곳니'를 제주어로 〈걸니〉라고 합니다. 이 〈걸니〉는 짐승은 먹이를 물어뜯거나 찢을 수 있도록 길고 뾰족하게 생겼습니다. 하지만 사람은 다른 치아에 비해 끝이 삼각형 비슷이 좀 각이 질 뿐인데, 어쩌다 입을 대고 뜯어먹을 때는 앞니보다 이 〈걸니〉를 이용하는 경우가 많습니다. 그래서 '송곳니'를 한자로 '개견자'와 '이빨치자'를 써서 '견치(犬齒)'라고 합니다.

174) 당그내[고무래]

곡식을 그러모으거나 펼 때, 또는 밭의 흙을 고르거나 아궁이에 재를 긁어낼 때 쓰는 도구인 '고무래'를 제주어로는 〈당그내〉·〈구그내〉라고 합니다. 그런데 제주어의 〈당그내〉는 주로 덕석에 곡식을 펴서 널 때 쓰는 도구이고, 〈구그내〉는 방고래인 〈굴묵〉 아궁이 속에 있는 재를 긁어낼 때 쓰는 도굽니다. 또 밭의 흙을 고를 때는 꽝꽝나무나로 엮어서 만든 부채 모양의 〈섬피〉를 사용했습니다.

175) 넛하르방[넛할아버지]

친족간에 부르는 명칭 중에 접두사 '넛'이 붙는 말이 있습니다. 이를테면 표준어의 '넛할아버지'를 제주어로는 〈넛하르방〉, '넛할머니'를 〈넛할망〉, '넛손자'를 〈넛손지〉라고 합니다. 〈넛하르방〉은 아버지의 외숙부이고, 〈넛할망〉은 아버지의 외숙몹니다. 또 〈넛손지〉는 누이의 손자를 일컫는데, 예전에는 흔히 쓰던 말이 요즘은 잘 안 쓰여서 어떤 친족을 일컫는 말인지 모르고 지내기 일쑵니다.

176) ᄌᆞᆸ아ᄐᆞ르다/ᄌᆞᆸ아ᄐᆞᆯ르다[꼬집어뜯다/집어틀다]

표준어의 동사 '꼬집다'를 제주어로는 〈ᄌᆞᆸ아ᄐᆞ르다/ᄌᆞᆸ아ᄐᆞᆯ르다〉라고 합니다. 한데 이 〈ᄌᆞᆸ아ᄐᆞ르다/ᄌᆞᆸ아ᄐᆞᆯ르다〉는 단순히 그저 '꼬집다'는 단일어가 아니라 '잡다'와 '틀다'가 결합된 합성업니다. 그러니 손끝으로 꼬집어서 다시 비틀어대는 이중적 동작이 함유돼 있습니다. "얘는 왜 이렇게 자꾸 꼬집어뜯고 있느냐?"고 할 때 〈야인 무사 ᄋᆞᆼ/영 자꾸 ᄌᆞᆸ아ᄐᆞᆯ람시니겐?〉이라고 짓궂게 여깁니다.

177) 조롬[엉덩이/뒤]

제주어의 〈조롬〉이란 말은 표준어의 '엉덩이'란 말과 '뒤'라는 말로 쓰입니다. 예를 들면, "바쁜 보리수확 때는 장인어른 와도 엉덩이로 절한다."를, 〈다ᄉᆞᄒᆞᆫ 보리ᄀᆞ슬 땐 가시아방 와도 조롬으로 절ᄒᆞᆫ다.〉고 하는데, 여기서 〈조롬〉은 '엉덩이'이란 뜻입니다. 그러나 "너는 왜 자꾸 뒤에 떨어져서 걷고 있느냐?"를, 〈는 무사 자꾸 조롬에 처ᄌᆞᆫ 걸엄시니?〉라고 할 경우의 〈조롬〉은 '뒤'라는 뜻입니다.

178) 고고리[이삭/꼭지]

곡식류의 '이삭'을 제주어로 〈고고리〉라고 합니다. '보리이삭'을 〈보릿고고리〉, '조이삭'을 〈조고고리〉, '밭벼이삭'을 〈산뒷고고리〉라고 하는데, '고고리'의 어원은 '열매꼭지'의 '꼭지'와 같은 중세국어인 고어 그대롭니다. 또 이들 〈고고리〉의 첫 음절 '고'를 거센소리 '코'로 발음해서 〈보릿코고리〉·〈조코고리〉·〈산뒷코고리〉라고도 합니다. 그렇다고 '콩열매'를 〈콩고고리〉라고는 안하고, 그냥 〈콩을매〉라고 합니다.

179) 구감[舊甘 : 묵은 감자]

'고구마'를 제주어로 '감저(甘藷)'라 하고, '감자'를 〈지슬/지실〉이라고 합니다. 한데 제주어 〈구감〉은 땅에 묻어 줄기가 난 '씨고구마'를 일컫는 말인데, 그 〈구감〉은 진기가 빠졌다가 다시 새살이 돋고, 또 그 뿌리에서 새 고구마인 〈새감〉이 달립니다. 이 새살이 돋은 〈구감〉과 〈새감〉은 찌면 매져서 맛있습니다. 알고 보면 〈구감〉은 한자어 '감저(甘藷)'에 접두사 '오랠구(舊)'자가 붙은 〈구-감저(舊甘藷)〉의 준말입니다.

180) 줌치/중치[주머니]

돈이나 간단한 소지품을 넣고 다니는 '주머니'를 제주어로 〈줌치/중치〉라고 합니다. 엽전을 화폐로 쓸 때는 주머니인 〈줌치〉가 필요해서 늘 허리춤에 차고 다니기 일쑵니다. 어쩌다 총각 녀석이 처녀를 홀릴 적에는 엽전이 들어 있는 주머니를 흔들며 유혹한다는 우스갯소리가 있습니다. 〈어린 새각시 홀리젱 ᄒᆞ민 두리줌치에 사슬돈 담앙 생글생글 홍글멍 홀린다.〉고가 그 말인데, 여기서 〈두리줌치〉는 '가죽주머니'입니다.

181) ᄆᆞᆼ캐다[꾸물거리다/꾸물대다]

동작이 느려서 '꾸물거리다'의 제주어는 〈ᄆᆞᆼ캐다〉입니다. 평소 행동이 유난히 굼떠서 무슨 일을 시켰더니 그 진도가 느려빠진 아이를 나무랄 때, 〈자이신디 일시기당 보민 ᄆᆞᆼ캐는 게 일인다.〉고 못마땅해 꾸짖었습니다. 옛 분들만이 아니고, 속도를 요하는 현대인들도 서둘러야 할 일임에도 동작이 느려서 답답할 때가 있는데, 그것도 심술처럼 일부러 〈ᄆᆞᆼ캘〉 때는 더욱 얄밉습니다.

182) 걸바시/게와시/동녕바치[乞人 : 거지/동냥치]

제주어에는 같은 말이 서로 다른 형태로 쓰이는 이형동어(異形同語)들이 있습니다. 그중에 하나가 표준어 '거지'를 〈거러지/걸바시/게와시/동녕바치〉라고 합니다. 이를테면 "젊은 거지 막보지 마라."를, 〈젊은 게와시 막보지 말라.〉, "거지 떡 쩌 먹으려니 시루가 깨진다."를 〈게와시 떡 쳐먹젠 ᄒᆞ난 시리가 벌러진다.〉의 〈게와시〉를, 〈거러지/걸바시/동녕바치〉로 바꿔서 말해도 됩니다.

183) 미삭ᄒᆞ다[쌓이다]

표준어 '많이 널려 있다', 또는 '흔하게 쌓여 있다'에 대응하는 제주어로 〈미삭ᄒᆞ다〉가 쓰입니다. 이를테면, "갯가에 가서 보면 많이 널려 있는 것이 자갈이더라."를, 제주어로 옮기면 〈갯ᄀᆞᆺ디 강 보민 미삭ᄒᆞᆫ 게 작지라라.〉라고 할 때의 〈미삭ᄒᆞᆫ〉이나, "그 집 광속에는 양식이 많이 쌓여 있다."를, 〈그 집 고팡 소곱엔 양속이 미삭ᄒᆞ웃저.〉라고 할 때의 〈미삭ᄒᆞ웃저〉는 〈미삭ᄒᆞ다〉를 기본형으로 한 형용형입니다.

184) 아울라[마저/초차/까지]

명사나 대명사에 붙어서, 어떤 사실을 함께 포함시킴을 나타내는 조사 '마저'·'조차'·'까지'에 해당하는 제주어의 조사로 〈아울라〉가 쓰입니다. 예를 들면 "너만 욕 들면 말지, 왜 나마저 욕 듣게 만들고 있느냐?"를, 제주어로 옮기면, 〈느만 욕 들민 말주기, 무사 나아울라 욕 들게 맹글암시니게?〉라고 하는데, 여기서 '나아울라'의 〈아울라〉는 표준어의 조사 '마저/조차/까지'를 아우르고 있습니다.

185) 지벨[奇別 : 기별]

요즘은 무엇을 전해서 알리는 것을 '소식'이라고 하지만, 예전에는 '기별'이란 말을 즐겨 썼습니다. 한데 이 '기별'을 그냥 '기별'이라고 하지 않고, '기'를 〈지〉로 '별'을 〈벨〉로 발음해서 〈지벨〉이라고 했습니다. 이를테면 "일본 있는 조카한테서는 소식이 자주 오고 있느냐?"고 할 때, 〈일본 신조캐신디선 지벨이나 ᄌᆞ주 오람서?〉라고 하는데, 여기서 〈지벨〉은 옛 분들이 즐겨 쓰던 '기별'이 구개음화한 토속업니다.

186) ᄀᆞᆸ가르다/ᄀᆞᆸ갈르다[구분하다]

무엇이 한계를 짓는 '구분하다/구별하다'를, 제주어로는 〈ᄀᆞᆸ가르다/ᄀᆞᆸ갈르다〉, 또는 〈ᄀᆞᆷ가르다/ᄀᆞᆷ갈르다〉라고 합니다. 모든 일이 다 그렇지만, 재산인 경우, 자기 것과 상대방 것의 한계를 분명히 하지 안했다가 언젠가는 다툼거리가 돼서 인간관계가 틀어지고 마는 불상사가 생깁니다. 그래서 하는 말이 〈부모 ᄌᆞ식간이도 ᄀᆞᆸ가른다.〉고 해서 명확한 구분의 중요성을 강조했습니다.

187) ᄋᆢ듭[여덟]

수효를 나타내는 '여덟'의 제주어는 〈ᄋᆢ듭〉이 원형입니다. 그런데도 육지부 언어의 영향을 받았음이지, 'ᄋᆢ달'·'ᄋᆢ답' 심지어 '여달'·'야달'이라고 표기하는 등 잘못된 것이 많습니다. 또 '아홉'의 '홉'도 〈옵〉으로 표기해서 〈아옵〉이라야 합니다. 왜냐하면 제주어에서 단어의 두음이 아닌 경우, 'ㅎ'은 'ㅇ'으로 발음하기 때문입니다. 이를테면 '고향'을 〈고양〉, '전화'를 〈전와〉, '은행'을 〈은앵〉이라고 하는 등 많습니다.

188) ᄐᆢ다지다[까다롭다]

말할 때 발음은 똑같지만 표기는 달리해야 하는 것들이 있습니다. 그 중에 하나가 소리 나는 그대로 〈ᄐᆢ다지다〉와 'ᄐᆢ'에 'ㄷ'을 받친 〈ᄐᆞᆮ아지다〉가 그것인데, 소리 나는 그대로 〈ᄐᆢ다지다〉는 표준어의 '까다롭다'는 말이고, 〈ᄐᆞᆮ아지다〉는 물건 따위의 어느 일부가 떨어져서 쪼개진 것을 말합니다. 그러니 까다로운 사람은 〈ᄐᆢ다진 사름〉으로 표기해야 하고, 가장자리가 떨어진 그릇은 〈ᄐᆞᆮ아진 그릇〉이라고 표기해야 합니다.

189) 거느리왕상ᄒᆞ다[입방아 찧다]

이따금 사람들이 모이면 '누구는 이렇고 저렇고 잘했네 못했네' 입방아 찧는 경우가 많습니다. 그럴 때 〈거느리왕상ᄒᆞ다〉란 말을 쓰게 되는데, 그것도 좋은 점을 늘어놓는 것이 아니고, 흉잡히는 단점을 늘어놓고 꼬집거나 해코지하는 경웁니다. 〈늘랑 제발 놈 거느리왕상홀 짓거리랑 ᄒᆞ지 말라이.〉 이때 〈거느리왕상홀 짓거리〉는 '입방아 찧을 짓거리'를 일컫는 말입니다.

190) 몸가르다/몸갈르다[분만하다/출산하다]

임신한 여인네가 뱃속에 있는 어린애를 낳는 다는 동사 '분만(分娩)하다'·'출산(出産)하다'를, 제주어로 〈몸가르다/몸갈르다〉라고 합니다. 〈알녁집 메노린 어치냑 몸갈랏잰 ᄀᆞᆯ읍데다.〉고 하면 "아랫집 며느리는 어젯밤애 낳았다고 말합디다."가 되는데, 여기서 〈몸갈랏잰〉은 '애를 낳았다고'를 직설적이 아닌, 우회적이면서도 점잖게 태아가 그 어머니의 몸에서 분리돼서 세상에 나왔다고 하는 격조(格調) 있는 말씹니다.

191) 절마니[포아풀]

놀잇감으로 쓰였던 제주어 풀이름 중에, 〈절마니〉, 또는 〈절마니쿨/절마니풀〉이라고 하는 잡초가 있습니다. 표준어로는 '포아풀'이라고 하는데, 이 풀은 여러 개의 포기가 겹쳐 있어서, 예전에는 겨울철 농한기가 되면 청소년들이 골목인 올래에 모여서 놉니다. 그때 놀이 중의 하나가 제기차깁니다. 그 제기는 종이에 동전을 넣어 만든 것이 아니라, 길가에 있는 〈절마니〉를 흙째 뽑아 제기처럼 만들어 찼습니다.

192) 물붓

해마다 3월이면 새학기 첫 출발을 맞아 학용품들이 빛을 볼 땝니다. 한데 예날 지금의 학교인 한문서당에서는 글씨를 익힐 때, 빳빳한 돼지털로 맨 끝이 뭉뚝한 붓으로 물을 적셔 나무판자에 글자를 쓰는 연습을 했습니다. 그런 붓을 〈물붓〉이라고 했고, 나무판자를 〈붓판〉이로 했는데, 〈물붓〉은 지금의 연필이나 볼펜이고, 〈붓판〉은 종이고 공책이고 보면, 오늘날의 학용품들은 호사품이나 다름없습니다.

193) 돗ᄌᆞᆷ[돼지잠]

졸릴 때 자는 잠의 모습을 동물에 빗대서 〈베록ᄌᆞᆷ〉·〈여시ᄌᆞᆷ〉·〈돗ᄌᆞᆷ〉이라고 했습니다. 〈베록ᄌᆞᆷ〉은 잠시잠깐 들었다가 벌떡 깨는 가벼운 잠이고, 경계심이 많은 여우처럼 깊은 잠을 안 자면 〈여시좀〉을 잔다고 합니다. 그와 반대로 세상이 어떻게 되던지 드러눠서 돼지처럼 깊은 잠에 빠졌을 때는 〈돗좀〉이라고 했는데, 특히 요즘같이 춘곤증이 겹쳐 몸이 나른래질 때면 본의 아닌 〈돗좀〉을 자기 마련입니다.

194) ᄋᆞ구리[약둥이]

됨됨이가 약아서 좀처럼 약점을 드러내지 않는 사람인 '약둥이'를 일컫는 말이 여러 갭니다. 〈ᄋᆞ구리/ᄋᆨ다리/ᄋᆨ바리/ᄋᆨ박쉬/ᄋᆨ쟁이/ᄋᆨ박쥐〉 등이 그것인데, 이 말은 대개 좋게 여기는 뜻보다 너무 약아빠져서 자기 이익 챙기기에 능한 처신을 꼬집을 때 쓰입니다. 이를테면 "야 저 ᄋᆨ박쉬 보라. 바농으로 찔러도 피 ᄒᆞᆫ 방울도 안 나키어." 이쯤 되면 야무지고 똑똑하다는 칭찬이 아닌, 야유조의 대상이 되고 맙니다.

195) 동지[장다리]

봄철이 되면 배추포기에서 꽃대인 장다리가 솟아오릅니다. 이 '장다리'를 제주어로 〈동지〉라고 하는데, 꺾어서 된장에 찍어먹기도 하지만, 김치를 담가 먹기 일쑵니다. 〈동지짐치/동지짐끼〉가 그것인데, 농촌에서는 봄철 입맛을 돋우는 반찬거리였습니다. 지금도 어쩌다 밥상에 오를 때면, 어른들은 "어따가라 오래만이 동치짐치 먹어줌저이." 이 한마디 속에 봄이 정취가 무르녹습니다.

196) 봄-빙(비)애기/봄-빙아리[봄-병아리]

현재처럼 부화기가 없던 예전에는 봄철이 되면, 어미닭이 20여 개의 알을 품고 스므하루가 돼야 병아리를 까서 둥우리 밖으로 내치게 됩니다. 이런 것을 〈봄빙애기 ᄂᆞ리운다〉라고 하는데, 닭을 기르는 농촌에서는 연중

기획사업의 하나였습니다. 이처럼 〈봄빙애기〉를 부화시켜야 여름철 보리 수확과 가을걷이 때 사방에 떨어진 곡식들을 주어먹고 살이 찌므로 몸보신을 덤으로 얻을 수 있으니까요.

197) 궁ᄒᆞ다/경ᄒᆞ다[그러하다/그렇다]

표준어 '그러하다/그렇다'의 제주어는 〈기ᄋᆞᆼᄒᆞ다/기엉ᄒᆞ다〉가 줄어든 말인 〈궁ᄒᆞ다/경ᄒᆞ다〉를 즐겨 씁니다. 이를테면 "그렇게 하십시오."를 〈궁홉서/경홉서〉, "그렇게 마십시오."를 〈궁맙서/경맙서〉가 그것입니다. 또 이들은 말하는 사람의 선호도에 따라 '궁/경'이 구개음화가된 〈중/정〉으로 발음해서〈중홉서/정홉서〉·〈중맙서/정맙서〉가 되는데, 둘다 써도 됩니다.

198) 돌소곰 [巖鹽 : 염화나트륨]

원래 '돌소금'은 암염(巖鹽)이라고 해서, 천연적으로 산출되는 광물인 염화나트륨을 일컫는 말인데, 제주어로는 알갱이가 굵다고 해서 〈돌소곰〉을 〈훍은소곰〉이라고 했습니다. 그와 반대로 '가루소금'을 〈좀진소곰〉이라고 해서 귀히 여겼는데, 이 〈좀진소곰〉이 필요한 때는 〈훍은소곰〉을 잘게 빻아서 썼습니다. 그처럼 제주도는 사면이 바다지만 소금생산이 극히 일부에 지니지 않아 자급자족이 어려웠습니다.

199) 비밋비밋ᄒᆞ다[주저주저하다]

제주어의 동사 〈비밋비밋ᄒᆞ다〉는 표준어의 '주저주저하다'에 해당합니다. 무슨 일을 다부지게 달려들지 않고 머뭇거리거나 주저주저하며 가만히 서서 보고만 있을 때면, "는 무사 궁 비밋비밋ᄒᆞ멍 밉상불르게 우두겡이 사둠서 봄만 ᄒᆞ염시니?"라고 나무랍니다. 또 〈비밋비밋ᄒᆞ다〉의 '비'를 된소리인 'ㅃ'과 거센소리인 'ㅍ'으로 바꿔서 〈삐밋삣ᄒᆞ다〉·〈피밋피밋ᄒᆞ

다〉로 발음하면, 그 어감이 더 강해집니다.

200) 사댓소리/사뒛소리

제주도의 노동요에는 김맬 때 부르는 〈사댓소리〉가 있습니다. 이 말은 노래의 한 소절을, 어느 한 사람이 먼저 부르는 선창이 끝나면, 그 뒤를 여럿이 입을 모아 〈이기ᄋᆞ랑 사대야!〉라고 부르는 데서 비롯된 말입니다. 〈골갱잇ᄌᆞ록 심을 중 몰른 새 메노리 때 굶나.〉고 하는 말이 나올 정도로, 밭농사가 주된 생업이었던 예전에는, 호밋자를 놓을 수가 없었습니다. 이런 김매기의 고충을, 〈사댓소리〉로 달랬던 것입니다.

201) ᄋᆞ름≠ᄋᆢᆯ음[夏≠實 : 어름≠열음]

서로 다른 말이, 말할 때 발음은 같지만 문자로 적을 때는 달리해야 하는 것이 있습니다. 그 중에 하나가 계절을 나타내는 제주어의 〈ᄋᆞ름〉과 나무의 열매인 〈ᄋᆢᆯ음〉이 그것인데, 말할 때 발음은 꼭 같습니다. 하지만 계절인 〈ᄋᆞ름〉은 발음 그대로이고, 나무열매인 〈ᄋᆢᆯ음〉은 동사 〈ᄋᆢᆯ다〉의 어근 〈ᄋᆢᆯ〉에 명사형접미사 '-음'이 붙어서 된 명사입니다. 그러니 말할 때 발음은 같아도 표기는 〈ᄋᆢᆯ음〉으로 적어야 어원에 맞은 표깁니다.

202) 분쉬/푼쉬[分數 : 분수]

제주어에는 'ㅂ'과 'ㅍ'이 서로 교류되는 말이 있습니다. 이를테면 남쪽에서 부는 후덥지근한 바람을 〈마ᄇᆞ름〉이라고 하고 〈마ᄑᆞ름〉이라고도 하듯이, 자기의 신분에 알맞은 한도인 '분수'를 〈분쉬/푼쉬〉, '보따리장사'를 〈보따리장시/포따리장시〉, '병풍'을 〈벵풍/펭풍〉, '석유기름병'을 〈섹이지름벵/섹이지름펭〉 따위가 그것입니다. 또는 부채로 바람을 일으킨다는 '부치다"를, 〈부끄다/푸끄다〉라고 합니다.

203) 사물+고래[밥고래/술고래]

사물의 분량을 나타내는 말 중에, 바다동물인 고래에 빗대는 경우가 있습니다. 그 큰 몸집에 견주어서, 밥이나 술 따위를 많이 먹는 사람을, 〈밥고래〉·〈술고래〉라고 합니다. 또 억수로 쏟아지는 장대비를 〈고래비〉, 마구 큰소리로 외치는 모양을 〈고래고래〉라고 하는데, 술주정꾼이 자기세상인 양 술만 마시면 시비조로 외쳐댈 때면, 〈저놈은 술만 입에 불랏쟁 ᄒᆞ민 고래고래 웨울는 게 일인다.〉라고 사람들이 나무랐습니다.

204) 각매기

요즘 밭농사를 예전처럼 잘 안 짓는 까닭에, 그에 따른 토속어들이 살아져버리고 있습니다. 그 중에 한두 가지 예를 들면, 가을걷이 때 조와 콩의 낟알을 떨어내고 나면, 그 부서진 껍데기를, 제주어로 〈조각매기〉·〈콩각매기〉라고 합니다. 또 그 조이삭이 달렸던 줄기를 〈조집/조찍〉이라 하고, 콩깍지가 매달렸던 줄기를 〈콩꼬질〉이라고 해서, 이들은 겨울철 땔감으로도 쓰였지만, 소와 말의 먹이로 선호했습니다.

205) 대옴ᄒᆞ다/대움ᄒᆞ다[무관심하다/해태하다]

'명심하다'의 반대말인 제주어는 〈대옴ᄒᆞ다/대움ᄒᆞ다〉입니다. 이를테면 관심을 기울이고 명심해서 병원에 다녀야 하는데도 남의 일처럼 무관심하거나 해태할 때면, 〈는 무사 빙원이 댕기는 걸 대움햄시니? ᄀᆞᆼᄒᆞ민 빙버친다.〉 이처럼 타일러서 주의를 환기시켰습니다. 또 속담에 〈글 대움ᄒᆞ는 놈 먹성은 치레ᄒᆞᆫ다.〉라고 해서, 공부하는 것은 게을러도 먹는 것은 남한테 뒤지지 않는다고 꼬집었습니다.

206) 걸귀 · 진독[乞鬼 : 걸귀 · 老鷄 : 노계]

예전에는 집집마다 재래식 우리인 통시에 돼지를 길렀습니다. 그런 돼지 중에는 새끼를 낳고 난 다음에 빼빼 마른 암퇘지를 〈걸귀〉라고 합니다. 이 걸귀는 말 그대로 먹는 귀신이 들린 것처럼 마구 먹어댑니다. 그래서 사람도 지나치게 탐식하면 〈자인 못 먹은 축사니귀신 들룻이냐?〉하고 나무랐습니다. 또 여러 해 묵은 암탉인 경우는 〈진독〉이라고 해서 알 낳는 것도 거르는 날이 많아서 보신용으로 처분되기 일쑤입니다.

207) 징 · 칭[證/症/增/曾 · 層]

한자어 '증'과 '층'이 붙는 말은 제주어인 경우, 실제 말기 때 〈징〉과 〈칭〉으로 발음됩니다. 예를 들면, '증명사진(證明寫眞)'을 〈징멩사진〉, '증조부(曾祖父)'를 〈징조부님〉, '주민등록증(住民登錄證)'을 〈주민등록징〉. '현기증(眩氣症)'을 〈선기징〉, '증가하다(增加--)'를 〈징가ᄒᆞ다〉 따위의 〈징〉이 그렇고, '층계(層階)'가 〈칭게〉, '이층집/삼층집'이 〈이칭집/삼칭집〉, '층층대(層層臺)'가 〈칭칭대〉 등이, 표준어와 다른 〈칭〉으로 발음하고 표기하는 것이 그것입니다.

208) 작스레기[부스러기]

과일이나 고구마 따위를 선별할 때 등외품인 자잘한 파치에 해당하는 '부스러기'를 제주어로는 〈작스레기〉라고 합니다. 요즘은 이런 〈작스레기〉를 알아주지 않지만. 예전에 밀감이 귀할 때는 잘 간수했다가 썼습니다. 고구마부스러기도 겨울철 끼닛감으로 허기를 채우는 구황식품이었니까요. 또 잔치 때 쓸 돼지고기를 썰다가보면 부스러기가 나오기 마련인데, 이들 〈작스레기〉도 '가문잔치' 때 긴요한 먹거리었습니다.

209) 지다리[오소리]

들즘승인 '오소리'의 제주어는 〈오로(루)〉라고도 하고 〈지다리〉라고도 합니다. 이놈은 산야에 땅구멍을 깊숙이 파고들어가 삽니다. 그 구멍을 〈오로(루)코망〉이라고 하는데, 자기가 사는 집을 보잘것없는 오두막에 빗댈 때면, 〈난 오로코망 닮은 듸 살암서.〉라는 말을 곧잘 했습니다. 그런데 이 〈오로(루)〉와 〈지다리〉를 제주어로 바꿀 때 '두더지'로 잘못 옮기는 경우가 있습니다. '두더지'는 표준어와 같은 〈두더지(쥐)〉 그대롭니다.

210) 소개[綿 : 솜]

제주어로 '목화'를 〈멘내〉라 하고, 그 열매에서 뽑아낸 '솜'을 솜틀에 부풀린 것을 〈소개〉라고 합니다. 이 〈소개〉로는 겨울철에 덮는 이불이며, 입고 신는 옷이랑 버선 등 없어서는 안 되는 귀중한 생활필수품이었습니다. '솜-이불'을 〈소개-이불〉, '솜-옷'을 〈소개-옷〉, '솜-버선'을 〈소개-보선〉, '솜-틀'을 〈소개-틀/소개-클〉이라고 합니다. 또 목화의 어린 동그란 삭과(蒴果)인 〈멘낫도래기〉는 쪼개서 그 속살을 먹기도 했습니다.

211) 헐리[傷處 : 상처]

부상을 입거나 다쳐서 생긴 '상처'를, 제주어로 〈헐리〉라고 합니다. 이를테면, "입가에 상처가 너무 커버리니 병원에 거서 꿰매야겠다."고 하는 말을, 제주어로 바꾸면 〈입바위에 헐리가 너미 커부난 빙원이 강으네 줘사키어.〉가 되는데, 여기서 〈헐리〉는 '상처'를 말합니다. 또 〈헐리〉에 '나다'가 붙으면 동사인 〈헐리나다〉가 됩니다.

212) 뒤치[꼴부그러기]

겨울철로 접어들면 마소를 웨양간에 매고 사육해야 합니다. 이때 먹이로 주는 사료인 꼴을, 제주어로 〈촐〉이라 하고, 그 〈촐〉을 쌓아둔 '가리'를 〈촐눌〉라고 하는데, 이 〈촐눌〉에서 한 다발씩 빼서 먹이다 보면, 촐부스러기인 검불들이 흩어져 있기 마련입니다. 이것을 옛 분들은 〈뒤치〉라고 해서, 거둬다가 부엌용 땔감으로 썼습니다. 그것도 소가 먹었던 것이면 〈쉐뒤치〉, 말이 먹던 것이면 〈물뒤치〉라고 했습니다.

213) ᄇᆞ랑지다[활발하다]

제주어의 형용사 〈ᄇᆞ랑지다〉와 〈ᄇᆞ지란ᄒᆞ다〉는 엇비슷해서 유사어로 보이지만, 전연 다른 단업니다. 〈ᄇᆞ랑지다〉는 표준어 '활발하다'에 대응하는 말이고, 〈ᄇᆞ지란ᄒᆞ다〉는 '바지런하다'는 말입니다. 이를테면 "저 아이는 몹시 활발하다."를 제주어로 옮겼을 때의 〈자인 해도 ᄇᆞ랑지다.〉에서, 〈ᄇᆞ랑지다〉는 '활발하다'이고, 〈자인 해도 ᄇᆞ지란ᄒᆞ다.〉의 〈ᄇᆞ지란ᄒᆞ다〉는 부지런하다와 같은 '바지런하다'입니다.

214) 텅에[둥우리/둥지]

예전에 닭의 알을 낳거나 병아리를 까기 위해서는 짚으로 엮은 둥우리가 있어야 합니다. 그 둥우리를 〈텅에〉·〈독텅에〉라고 해서 일정한 곳에 매달거나 구석진 곳에 놔둬야 합니다. 그렇지 않으면 알을 날 때 외딴곳에 가서 낳고 마니까요. 그런데 묘한 것은 병아리를 까려고 알을 품을 때만 〈텅에〉에 눌러앉고, 평소에 밤을 보낼 때는 '닭장'인 〈독막〉에 들어가는데, 그 시간이 일정해서 시계가 없을 때는 그것을 보고 시간 가늠을 했습니다.

215) 제모임[契會 : 계모임]

요즘은 거의 금융기관을 이용하지만, 예전 민간에서는 계를 조직해서 돈을 관리하기도 하고, 물품을 공동으로 구입해서 큰일을 치를 때 돌려가면서 쓰는 풍습이 있었습니다. 돈을 유통하는 '계모임'을 〈제모임〉·〈제웨〉, '곗돈'을 〈젯돈〉, '그릇계'를 〈그릇제〉라고 해서 부녀자들이 서로 어울렸습니다. 또 마을별로 상여도 공동으로 만들어 사용하는 '상여계'를 〈화단제〉라고 해서, 상사가 났을 때 상부상조하는 공동체의식이 강했습니다.

◆ 제2부 ◆

제주속담의 이해

1. 제주속담의 요체[1)]

1) 전제

이 글은 제주속담의 이해를 위해 필자가 1978년부터 채록(採錄)한 속담들을 자료로 하여 저술한 『제주도속담연구』(집문당, 1993)과 『제주속담총론』(민속원, 2001)을 바탕으로 제주속담의 요체를 간추린 것이다. 그 골격은 어떤 것이 속담일 수 있고, 속담일 수 없는가를 비롯해서, 그들 속담의 표현기법과 기능 등을 통해 선인들의 생활철학의 기저(基底)가 되는 기층의식(基層意識)이 어떻게 반영되었는지를 살폈다. 특히 제주속담에 드러나고 있는 도민의식은 그간 무수히 논의됐던 탐라정신 곧, 제주정신의 뿌리가 무엇이냐고 하는 물음에 대한 해답도 된다. 아울러 생활사적 측면에서 열악한 생활여건에 대응했던 삶의 재치와 슬기가 오늘을 사는 현대인들도 되새겨 보자는 데 초점을 맞췄다.

---

1) 이 글은 1992년 제주도청에서 발행한 『제주도』 통권 제92호에 실었던 〈제주도속담〉의 주요골격만 간추려 요약한 것을 옮긴 것이다.

2) 범주

속담은 일상생활에서 체득된 직관적인 참의 세계를 명쾌하고 진솔하게 드러낸 언중(言衆)의 시(詩)로 통하고 있다. 그럼에도 속담이 무엇이냐고 물었을 때 제대로 답하는 사람이 드물다. 고노(古老)를 상대로 한 채록 과정에서의 애로 중에 하나도 속담을 고담(古談)이나 방언(方言)으로 알고 있는 경우가 대부분이다. 더구나 관공서인 농정기관에서 발행한 속담집만 보더라도 전문가의 자문을 거치지 않으므로 해서 속담일 수 없는 것이 상당수가 수록돼 있다. 개인의 편저인 제주도속담집 역시 수정보완 되어야 할 사항이 적지 않은 형편이다.

그럼 어떤 것이 제대로운 속담일까. 그 한계를 분명히 하기 위해 〈속담일 수 없는 것〉과 〈속담일 수 있는 것〉으로 구분해서 살펴보면 다음과 같다.

(1) 속담일 수 없는 것

① 놀켕(킹)이ᄀ치.
(날게같이.)

② 귀에 피도 안 가둔 놈
(귀에 피도 안 멎은 놈.)

③ 놀껠 먹으민 니 궨다.
(날깨를 먹으면 이 끓은다.)

④ 꿈에 가맬 탕 동남방더레 가붸민 좋다.
(꿈에 가마를 타고 동남방으로 가보이면 좋다.)

위 ①②③④와 같은 것은 속담이 될 수 없다. 왜냐하면 속담의 요소로 내세울 수 있는 3가지 중에, 형태적 기능요소인 간명성(簡明性)만 갖췄을 뿐 의미기능의 요소인 교훈성(敎訓性), 비유성(比喩性), 통속성(通俗性), 공감성(共感性)은 갖추지 못하고 있기 때문이다.

좀 더 구체적으로 지적하면, ①의 경우 외형적으로는 간명성과 비유성이 갖춰져 있는 것처럼 보인다. 하지만 형태의 간명성도 그 의미의 작용력이 살아날 때 유효하고, 그렇지 못하면 무의미하다. 이 말은 속담을 구성하고 있는 형태도 중요하지만, 보다 더 중요한 것은 그 속에 담겨 있는 의미기능의 요소에 달려 있음을 뜻한다. 그러고 볼 때 ①에 나타난 비유성은 주술(主術) 관계도 없이 그저 잽싸게 움직이는 행동을 드러내는 단순비유일 뿐이다. 이와 같은 단순비유에 해당하는 직유(直喩)를 속담으로 수용한다면 '떡 먹듯 한다.', '돌덩이 같다.', '귀신처럼 잘 안다.'와 같은 말들이 다 속담이 될 수 있으므로 웬만한 사람이면 대화현장에서 마구 꾸며낼 수가 있다. 이와 같은 단순비유는 간명성에 관계없이 속담일 수가 없다.

②는 아직 어린애티를 벗지 못함을 나무라는 뜻으로 쓰인 말이다. ①과 비교하면 간명성에서는 같지만, 직유로 된 단순비유가 아닌 간접비유인 풍유(諷諭)다. 그러나 문제는 의미기능상 어린애티를 벗지 못했다는 비아냥의 재담(才談)일 뿐 언중(言衆)을 일깨우는 교훈성이 없다. 속담의 생명은 무엇인가를 일깨우는 교훈성이 내포돼 있을 때 통속적 공감대가 형성된다. 그러니 ②는 나이가 어리다는 것을 드러내는 말의 재치일 수는 있어도 속담일 수는 없다.

③은 금기담(禁忌談)의 일종이다. 그 내용의 근거야 어떻든 간에 이들 금기담류는 속담학에서 광의인 넓은 의미에서는 속담으로 수용할 수도 있지만, 협의인 좁은 의미로는 속담으로 분류하지 않는다. 단 이들 중에서도 속담으로 수용시킬 수 있는 것이 꽤 있다. 이를테면 도량형(度量衡)의 준엄성을 일깨우기 위한 "되 속여 팔면 제 자손에 재앙 간다."와 같은 금기담은 도량형을 속여서 파는 상도의는 죄악일 수 있다는 권선징악(勸善懲惡)에 대한 훌륭한 속담이 될 수 있다. 하지만 보편적으로 금기담류는 속담과 별도로 분류하는 것이 일반적인 경향이다. 속담으로 분류할 때는 얼마만큼 통속성과 공감성을 가질 수 있는 의미기능을 내포하고 것인가를 판단한 뒤에 속담으로

다뤄야 한다. 그러고 보면 ③과 같은 것은 속담으로 내세울 수는 없다.

④는 해몽(解夢)인 예조담(豫兆談)이나 징조담(徵兆談)에 속한다. 이들 예조담이나 징조담은 앞으로 있을 일에 대한 예측에 바탕을 두고 있는데, 과학적인 합리성을 띠고 있는 것도 있고, 전연 수긍이 안 가는 것도 있다. 수긍할 수 있는 것 중에는 기상관계의 것이 많은 편인데, 이에 대한 언급은 다음 항목인 〈속담일 수 있는 것〉에서 다루기로 한다. 그러고 보면 ④는 긍정적 신빙성이 희박해서 속담으로서 아무런 의미가 없는 것이 되고 만다. 굳이 의의를 찾는다면 '동(東)은 부자', '서(西)는 가난', '남(南)은 장수', '북(北)은 단명'이라고 해서, 옛분들은 동·남쪽을 선호했다. 그래서 잠잘 때도 서·북쪽으로 머리하는 것을 피했던 습속을 반영시킨 해몽법에 불과하므로 기상관계의 예조담과 징조담이 아닌 것은 속담일 수가 없다고 봐야 한다.

(2) 속담일 수 있는 것

⑤ 늙은 놈이 젊은 첩ᄒᆞ민 불 본 나비 놉드듯 ᄒᆞᆫ다.
(늙은 놈이 젊은 첩하면 불 본 나비 들뛰듯 한다.)

⑥ 영장밧디 떡.
(영장밭/장밭에 떡.)

⑦ 먹는 물에 돌 대끼민 저싱 강 눈썹으로 건저사 ᄒᆞᆫ다.
(먹는 물에 돌 던지면 저승에 가서 눈썹으로 건져야 한다.)

⑧ 물 알이 어둑으민 날 궂곡, ᄇᆞᆰ으민 날 좋나.
(물 아래가 어두우면 날씨가 궂고, 맑으면 날씨가 좋다.)

위 ⑤⑥⑦⑧은 앞에서 언급한 〈속담일 수 없는 것〉 ①②③④와 같은 부류의 것과는 사뭇 다르다. 속담의 요소적 특성인 간명성, 교훈성, 비유성, 통속성, 공감성이 잘 반영돼 있다. 우선 ⑤를 보면 직유로 된 비유지만 주술관계가 분명하게 늦바람 난 노인의 처신을 해학적으로 꼬집음으로써 몸가짐에 대한 자중성을 의식케 하는 의미 기능이 살아나고 있어 속담이 되고도 남는다.

⑥은 겉으로 보면 ②와 같아 보이지만 현격한 차이가 있다. ②가 어리다는 것을 풍유적으로 드러낸 화술상(話術上)의 재담(才談)일 뿐이지만 ⑥은 그 이상의 숨은 뜻이 있다. 영장밭[葬地]에서 분배되는 떡은 현장에 있는 사람이면 누구나 쉬 먹을 수 있다. 그런데도 그 떡을 못 얻어먹는다면 이만저만의 바보가 아니다. 결국 이 말의 본뜻은 절호의 기회와 상황이 주어져 있음을 암시하고 있는 바, 힘 안들이고 쉽게 이루고도 남을 일을 놓치고 마는 사람을 나무랄 때 '영장밭의 떡도 못 얻어먹는다.'는 의미기능을 가진 속담으로 곧잘 떠올렸다.

⑦은 ③과 같이 금기담류에 해당한다. 먹는 물에 돌멩이를 던지면 웅덩이가 매워져 물이 빠져 나가버리거나 고여 있는 물의 양이 줄게 마련이다. 그렇게 되면 식수난이 가중되므로 생계에 타격을 주는 작죄행위(作罪行爲)가 되고 만다. 그 죄과로 죽어서 저승에 가면 돌멩이를 눈썹으로 다 건져내야 하는 사후의 고충으로 이어진다. 이는 토속신앙관에 의한 속신(俗信)과 연계되고 있는 것으로서 인과응보적 내세관(來世觀)의 일면을 드러낸 희귀한 속담이 아닐 수 없다.

⑧은 얼핏 보면 ④와 같은 예조담이나 징조담의 성격을 띠고 있지만, 사실적 신빙성에서 엄청난 차이가 생긴다. 어・잠업(漁・蠶業)을 생업으로 살아가는 어촌에서는 기상관계는 생사문제와 직결된다. 바다 속에 들어가서 잠수질을 하다가 보면 물속에 가라앉아 있던 자잘한 찌꺼기들이 뿌옇게 떠돌아 혼탁해 질 때가 있다. 그것은 분명 기상변화의 징조가 됐으므로 어부나 잠수들은 그 징조를 보고 날씨를 예측했는데, 그 정확도가 측후소보다 낫다고 했다. ⑧의 예조담과 징조담인 경우는 ④의 확률성과 동떨어진 추상적 관념과는 다르다. 실생활인 바다를 무대로 한 생생한 체험을 통해 터득한 삶의 지혜가 생활훈(生活訓)으로 굳어짐으로써 지금도 좀 ᄂᆞ/좀녀/

좀네(潛女)들이나 어부들 간에는 유용한 속담이 되고 있다.

3) 기능

속담을 일컬어 '주인 없는 화폐', '날개 달린 말', '한약방에 감초', '말의 보배' 등 다양하다. 결국 이 말의 초점은 속담의 구실이 무엇이냐에 대한 단답(短答)일 수 있다. 현대인들은 속담 대신에 서적의 구절이나 위인들의 명언을 떠올리지만, 선인들은 속담을 언어생활의 윤활유로 알고 대화중에 즐겨 썼다. 상대방의 자잘못을 일깨우고 꼬집는 것을 비롯해서 해학과 풍자는 물론 습속과 내력을 불문율화(不文律化)시킨 어록의 구실을 했다. 그 가운데도 사람을 일깨우는 교시성(敎示性)과 풍자성(諷刺性)은 속담의 갖는 기능 중 최대 강점이다.

여기서는 속담의 여러 기능 중 최대의 강점으로 꼽을 수 있는 교시성과 풍자성을 중심으로 살펴보겠다.

(1) 교시성(敎示性)

① 가마귀도 어멍아 ᄒᆞᆫ다.
(가마귀도 어머니야 한다.)
② 눈 수실 막댕인 지저큼 ᄀᆞ즹(정) 댕긴다.
(눈 찌를 막대기는 제만큼 가지고 다닌다.)
③ ᄄᆞᆯ은 어멍 필 물엉 난다.
(딸은 어머니 피를 물고 낳는다.)
④ 비바리광 생부룽인 쓸 듸 써 바사 안다.
(처녀와 부룩송아지는 쓸 데 써 보아야 안다.)

위 속담 ①은 볼 품 없는 날짐승에 불과한 가바귀도 제 어미를 알아보고 '어머니야'하고 부르는 정겨움이 있는데, 하물며 만물의 영장이라고 자처하는 사람인 자식이 되고서 그만도 못하겠느냐는 다그침이다. 한마디로 어버이에 대한 애착과 공경심을 일깨워 주고자 하는 교시성을 중시하고 있다.

②의 속담은 지렁이도 밟으면 꿈틀거리고, 굼벵이도 둥그는 재주가 있다고 했듯이 사람은 누구나 남을 위해할 수 있는 막대기에 해당하는 비장의 무기와 술책을 가지고 있음을 뜻한다. 그러니 평소 대인관계에서 적대시하거나 방심하는 것은 경계할 필요가 있음을 일깨워 주고 있다.

③의 속담은 딸인 경우 그 어머니의 성품을 타고 난다는 말이다. 생후 성장과정의 여건에 따라 변신할 수 있지만, 본래 타고난 바탕은 무시할 수 없다는, 모녀간의 상관관계를 통해 됨됨이를 살피도록 하고 있다.

④의 속담은 겉으로 아무리 그럴싸해 보여도 그것을 실제 적재적소에서 활용해 보아야 비로소 그 진가가 판명될 수 밖에 없지 않겠느냐다. 혼인을 하지 않은 처녀나 부룩송아지는 아직 길들여지지 않은 미지의 존재이나, 내일을 기약할 수 있는 장래성이 촉망된다. 그러나 중요한 것은 빛 좋은 개살구가 아닌 꼭 있어야만 할 존재가치의 진모를 파악하기 전의 섣부른 속단은 금물임을 알아야 한다는 경고다.

(2) 풍자성(諷刺性)

⑤ 기시린 도새기가 ᄃᆞ라맨 도새기 타령ᄒᆞᆫ다.
(그슬린 돼지가 달아맨 돼지 타령한다.)

⑥ 동세간엔 산 쉐 다리 빈다.
(동서간에는 산 소 다리 벤다.)

⑦ 글 베우렌 ᄒᆞ난 개 잡는 걸 뱁나.
(글 배우라고 하니까 개 잡는 것을 배운다.)

⑧ 이그러진 방맹이 서울 남대문에 강 팩ᄒᆞᆫ다.
(이그러진 방망이 서울 남대문에 가서 팩한다.)

위 ⑤의 속담은 찌 묻은 개가 겨 묻은 개를 나무라는 것과 같이 자기가 더 곤경에 빠져 있으면서 남의 처지를 비웃는 것을 꼬집고 있다. 민가에서 이뤄지는 재래식 돼지의 도살법은 밧줄로 목을 매달아 죽인 다음 짚불로 털을 그슬리는 단계를 거친다. 여기서 매달린 돼지와 그슬린 돼지를 비교할 때 그슬린 쪽이 한 단계 더 심한 처지에 놓여 있는데도 매달린 쪽의 처지를 나무라는 어리석음에 대한 풍자 즉 비아냥인 것이다.

⑥의 속담은 자칫하면 티격태격 동서들 간의 갈등이 일기 쉽다. 살아 있는 소의 다리를 베어내어 연회를 베풀 정도면 정의가 돈독한 사이일 수도 있지만, 그 반대일 때 문제가 된다. 재산을 분배할 때 똑 같지 않고 어느 한 쪽이 많고 적을 때 불화가 생긴다. 이때 나눠야 할 재산이 소였을 때 양보하는 쪽이 없는 한은 그 소의 다리를 베어 가지는 수밖에 없다. 만약 그렇게 되면 지탄을 받는 추한 꼴이 되고 만다. 바로 이런 물욕 때문에 동서 지간은 가까우면서도 빗나가기 쉬운 인간관계의 미묘함을 풍자하고 있다.

⑦의 속담은 해야 할 것은 안하고 하지 말아야 할 엉뚱한 짓을 하는 작태(作態)를 비꼬는 힐책이다. 공부를 하라고 글방에 보냈더니 글방에는 안 가고 개를 잡는 천한 일에 손을 붙였으니 빗나감도 이만저만이 아니다. 세상만사가 제 스스로 하려고 의욕과 다짐이 없이는 아무리 좋은 일도 하지 않게 된다. 더구나 억지로 시키려고 강요하면 더욱 반항적인 기괴망칙한 역반응의 나타날 수 있음을 역설적으로 풍자하고 있다.

⑧의 속담에서 '이그러진 방망이'는 똑똑하고 잘난 체하는 사람을 빈정대는 말이고, '팩한다'는 깨지거나 부서진다는 뜻이지만, 여기서는 기죽어 주늑든 꼴불견을 드러낸다. 범 없는 고을에 승냥이가 호랑이 노릇한다는 말과 같이 제가 사는 마을에서는 으스대고 뽐내다가도 내로라는 사람들이 다 모여드는 번화환 서울에 당도하면 어리둥절해서 쩔쩔매는 시골뜨기의 생태를 조롱하고 있다.

4) 도민의식(島民意識)

도민의식이라 함은 제주도를 일구고 지켜온 선인들의 전통적 생활신조와 생태의 구심력(求心力)을 의미한다. 달리 말하면 탐라정신 내지는 제주정신의 뿌리로 내세울 수 있는 기층의식도 된다. 이에 대한 논의는 1979년 10월 제주도가 주최하고 제주대학 탐라문화연구소가 주관하는 「탐라정신 탐구세미나」를 통해 여러 측면에서 주제발표가 있었다. 그 후 대충 집약된 내용을 보면 불패의지(不敗意志)인 강인성, 자립의 금건성을 주축으로 하고 있는 것 외에 '선비정신', 'ᄌᆞ냥정신'을 들고 있고, 근간에는 삼무정신(三無精神)도 내세우고 있는 실정이다. 그럼 어느 것이 타당하느냐의 문제를 떠나서 필자 나름대로 그간 채록한 속담들을 토대로 추출해 본 결과 물질적 충족을 위한 자활의 의지인 자립심과 정신적 극복의 의지인 극기심(克己心)이 전통적 도민의식으로 집약시킬 수 있는 이대공약수(二大公約數)가 되고 있다. 이들 이대공약수에 해당하는 골격은 자립심에서 근검(勤儉)과 강인(强靭)이, 극기심에서 운명(運命)과 속신(俗信)이 주축을 이루고 있다.

(1) 자립심(自立心)

<근검(勤儉)>

① 눈썹에 불붙어도 ᄁᆞᆯ 저를 읏(엇)나.
(눈썹에 불붙어도 끌 겨를 없다.)

② 삼년 ᄀᆞ믈아도 ᄒᆞᆯ 일 다 못ᄒᆞᆫ다.
(삼년 가물아도 할 일 다 못한다.)

③ 생이 ᄒᆞᆫ ᄆᆞ리로 ᄌᆞᆯ막 상뒤 다 멕인다.
(새 한 마리로 ᄌᆞᆯ막 상둣군 다 먹인다.)

④ ᄒᆞᆫ ᄃᆞᆯ에 개역 시 번, ᄌᆞ베기 시 번 ᄒᆞ민 집안 망ᄒᆞᆫ다.
(한 달에 미숫가루 세 번, 수제비 세 번하면 집안 망한다.)

위 속담 중 ①②는 근면성을, ③④는 검약성을 드러내고 있다. 해설을 덧붙여 보면, ①은 해야 할 일이 마구 쌓여 일손이 딸릴 때는 눈썹에 불이 달라붙어도 끌 겨를이 없다면 일하기 위해 산다는 말이나 다름없다. "손이 놀면, 입도 논다."는 말 그대로 척박한 농토에 의존해서 살려면 부지런 이외의 별다른 방법이 있을 수가 없다. ② 역시 일에 묻혀 살았던 근농(勤農)의 생태다. 날씨가 궂으면 바깥일은 못하게 된다. 농사는 더구나 밭일이 중심이므로 비가 내리면 일을 못하게 될 뿐더러 일이 자꾸 불어난다. 설령 가뭄이 삼년이나 계속되더라도 농가에서는 놀 날이 없을 정도로 일에 골몰하지 않고는 자립생계가 불가능했던 역사적 현실을 되비쳐 주고 있다.

③의 'ᄀᆞᆯ막'은 지금의 제주시 조천읍에 속한 '동복리'의 속칭(俗稱)인데, 왜 이 곳이 지적되었는지는 모른다. 하지만 새(참새) 한 마리로 이 마을의 상듯군을 다 먹인다고 했음은 씀씀이가 헤프지 않고 절약하는 알뜰한 생활 습성이 몸에 배어 있음을 강조한 것이다. ④도 마찬가지로 낭비에 대한 경계다. 실제로야 한 달에 미숫가루나 수제비를 세 번쯤 해 먹었다고 집안이 망할 리는 없다. 하루 세 끼 이외에 간식으로 먹는 기호식(嗜好食)은 식생활의 낭비로 여겼지만, 오뉴월 장마철에는 보리를 볶아 맷돌에 갈아서 만든 미숫가루를 별식으로 즐겼다. 그것이 한 달에 세 번이나 되면 지나친 소비가 되므로 식량비축에 차질이 생길 요인이 되고 만다. 그러니 평소에 절약을 위한 낭비행위는 철저히 배격했던 삶의 기풍을 엿볼 수 있다.

<강인(强靭)>

⑤ 삼ᄉᆞ월 애기어멍 돌이라도 니 아니 들엉 못 먹나.
(삼사월 애기어머니 돌이라도 이빨 아니 들어서 못 먹는다.)

⑥ 침떡 니만이 먹으민 시참은 더 걷나.
(침떡 이만큼 먹으면 시오리는 더 걷는다.)

⑦ 물 아래 삼 년, 물 우이 삼 년.
(물 아래 삼 년, 물 위에 삼 년.)

⑧ 한쉐깃날 물에 일곱 번 들엇당 집에 오민 살랫지둥 심엉 흥근다.
(한조금날 물에 일곱 번 들었다가 집에 오면 살강기둥 잡고 흔든다.)

위 속담 ⑤는 삼사월 춘궁기(春窮期)에 어린애를 데리고 살아가는 여인네의 기상이다. 어린애에게 젖을 빨리고 나면 허기는 더욱 가중된다. 가뜩이나 보릿고개를 넘어야 하는 긴긴 음력 삼사월의 굶주린 경황에서는 돌맹이라도 이빨이 들기만 하면 깨물어 먹겠다는 생각을 하게 된다. 그런 극한 상황에서도 좌절하지 않은 돌덩이 같은 삶의 의욕과 애착은 강인함 그대로다. ⑥도 식생활의 어려움을 극복해 나가는 강인한 기질이 반영돼 있다. 침떡(시루떡)을 이만큼만 먹어도 시오리(十五里)는 더 걸어갈 수 있다는 그 말만으로 더 설명이 필요치 않은 매서운 의욕이 넘치고 있다.

⑦은 좀ᄂᆞ/좀녀/좀네(潛女)가 그들의 작업장인 바다를 뭍이나 다름없이 활동하는 놀라운 체력과 몰입(沒入)을 드러낸 것이다. 해산물을 채취하다가 물 위에 떠올라서 3년, 물 속에 들어가 잠긴 체 3년이면 숨을 돌려 쉬는 기간과 자맥질하는 기간이 같다는 말이다. 여인의 몸으로 바다를 생계의 장으로 누벼야 하는 결행(決行)에 소름이 끼치지 않을 수 없다. ⑧도 사력을 다해 직능을 불태우는 강인한 의욕과 집념이 역력하다. 아다시피 조금은 음력으로 매월 8일과 23일로 이 날은 조수의 간만의 차가 드러나지 않은 때다. 이 때는 잠수질해야하는 작업장의 수심이 더욱 깊어져 숨이 더 가빠진다. 그런데 한번도 아닌 무려 일곱 차례나 물질을 하려 바다에 드나들었으니 집에 돌아와 살강기둥을 붙잡을 기력이 남아 있는 것 자체가 초인적이다.

(2) 극기심(克己心)

<운명(運命)>

① 먹곡 스렌 ᄒᆞ민 가지낭에도 ᄆᆞ람 욘다.
(먹고 쓰라고 하면 가지나무에도 모람이 열린다.)

② 이른 이도 복, 늦인 이도 복.
(이른 이도 복, 늦은 이도 복.)
③ 싸는 물 시민, 드는 물 싯나.
(썰 물이 있으면, 들물이 있다.)
④ ᄌᆞ드는 사름은 산지물에 가도 궁근 팡에 안나.
(걱정 많은 사람은 산지물에 가도 흔들거리는 돌판에 앉는다.)

위 속담 ①은 사람이면 누구를 막론하고 타고난 운명에 의해 잘 살 수도 있고 못 살 수도 있다는 뜻을 담고 있다. 가지나무에 모람이 열린다는 것은 신이(神異)한 병종(兵種)에 해당한다. 그와 같이 사람도 천운을 타고나야 천혜의 복락을 누릴 수 있다고 봄으로써 억지나 무리한 처신으로는 삶의 위상이 달라질 수 없다고 믿었다. 바로 그 운명에의 의존이 영욕(榮辱)의 희비를 정신적으로 극복할 수 있는 극기(克己)의 원천이 됐다.

②는 복불복이라고 했듯이 무슨 일의 결과가 잘 되고 못 되는 인과관계도 그 사람의 운수와 결부시켰다. 이를테면 농사의 경우만 해도 어떤 사람은 일찍 지어서 이득을 얻지만, 어떤 사람은 늦게 지어서 오히려 이득을 얻게 된다. 결국 이들은 다 그들대로의 타고난 복력으로 알았다.

③인 경우만 해도 썰물과 밀물의 현상이 자연의 섭리인 것처럼 사람이 살아가는데 있어 길흉화복(吉凶禍福)이 오갈 수 있음에 대한 시사(示唆)다. 고진감래(苦盡甘來), 흥진비래(興盡悲來)가 운명에 귀결된 순환적 의미로 받아들임으로써 웬만한 고충은 이겨냈다. 그런가하면 곤경에 빠진 사람은 설상가상(雪上加霜)으로 묘하게 안될 쪽으로만 몰리는 불운을 맞게 된다. 그것이 곧 ④의 속담이다. 하는 일이 잘 풀리지 않아서 걱정이 태산인데 빨래터에 가서 자리를 잡아도 흔들거리는 돌판 위에 앉게 됐으니 우연으로만 돌려버릴 수 없다. 무엇인가 작용하고 있다는 생각을 갖게 마련인데 팔자소관인 운수를 적용시킨다. 여기서 주목할 것은 불운을 타고난 운수로 수용하는 자세다. 운명에 대한 부정적 반발이 아닌, 긍정적으로 그 후유증

을 치유하는 극기의 의지로 가다듬었다는 사실이다.

<속신(俗信)>

⑤ 죽은 사름 질쳐사 존 고단 간다.
(죽은 사람 길쳐야 좋은 곳에 간다.)

⑥ 뒈 속영 풀앗당 저싱가민 대코쟁이로 눈 찔렁 챈다.
(되 속여서 팔았다가 저승에 가면 대꼬챙이로 눈 찔러서 짼다.)

⑦ 선이원 사름 죽이곡, 선무당 사름 살린다.
(서투른 의원 사람 죽이고, 서투른 무당 사람 살린다.)

⑧ 어린 아이 벌러진 그릇에 밥 주민 죽영 강 꼿밧디 물 줘도 유운다.
(어린 아이 깨어진 그릇에 밥을 주면 저승 가서 꽃밭에 물 줘도 이운다.)

위 속담 ⑤는 속신에 따라 사자(死者)가 좋은 곳(극락・천당)에서 영생을 누리기 위해서는 그 영혼이 가는 길이 무사할 수 있도록 공덕을 닦아야 한다는 말이다. 불교에서 망인을 위해 지내는 사십구제(四十九祭)와 상통한다. 무속신앙에서 장례(葬禮)를 지내고 돌아온 날 밤 저승사자와 같이 따라왔던 잡귀를 몰아내고 죽은 사람의 내세를 위해 '귀양풀이'가 행해지는 것은 그 대표적인 의식이다.

⑥은 도량형(度量衡)을 어겼을 때 당하게 되는 죄가를 내세관(來世觀)에 연계시키고 있다. 되를 속여서 파는 상해위는 사후에 염라대왕 앞에 가면 대꼬챙이로 눈을 질려 찢기는 혹독한 벌을 받게 되는, 사리사욕의 부도덕성을 토속신앙관에 바탕을 두고 경계하여 깨우치고 있다.

⑦은 의술보다 무속신앙의 우위성을 드러내고 있다. 무당은 남의 공밥 거저 먹는 것 아니다라고 해서 선인들은 동티가 나거나 질병이 걸리면 으레 무당의 주술력(呪術力)에 기대를 걸었다. 그 의존도가 지나쳐 폐단도 컸지만, 그나마 정신적으로 기댈 수 있는 속신이라는 점에서 주목된다.

⑧은 ⑥에서처럼 생존시의 처신이 사후의 세계인 내세에 영향이 미치고 있음을 반영하고 있다. 어린아이라고 나무라서 깨진 그릇에 밥을 준다는

것은 두 가지 잘못을 저지르는 부덕함이 되고 만다. 하나는 어린 아이지만 인간존엄성에 대한 멸시요, 다른 하나는 신성한 음식을 아무데나 담는 몰상식이다. 속신에서 공은 드린 만큼 나타난다고 하면서도 평소에 덕을 쌓지 않으면 공은 드린 만큼 보람이 나타나지 않는다고 한다. 꽃에 물을 주는 것은 덕을 베푸는 일인데 살아 있을 때 부덕했으니 저승에 가서도 어쩔 수 없는 악의 화신으로 전락할 수밖에 없지 않겠느냐다.

5) 부언(附言)

지금까지 언급한 것은 서두의 전제에서도 밝혔듯이 속담은 어떤 것이며 어떤 기능을 갖는가. 또 거기에 드러난 선인들의 기층의식(基層意識)은 어떤가를 대충 살폈다. 예정은 한국 속담학에서 여성자존(女性自尊)의 기상이 드러나고 있는 제주도 여성속담의 독자적 위상을 비롯해서 농·축·어·잠업에 대한 생업속담과 쾌미의 해학속담류를 소개하려고 했으나, 원고분량 관계로 다음 기회로 미룰 수 밖에 없다.

차제에 밝혀야 할 것은 향토어인 제주도 토속어(土俗語)에 대한 보전이다. 현재 50대 이상의 연령층이 세상을 뜨고 말 30년 이후를 생각해 보게 된다. 토속어는 제주도 선인들의 삶과 문화의 맥박으로서 끈끈한 정감과 넋이 서려 있다. 아무리 제주도에서 태어나고 산다고 하더라도 제주도적인 것을 간직하지 못할 경우 몸뚱이만 제주도 사람일 뿐 고향을 잃어버린 사람이나 다를 바가 없다.

이 말은 표준어를 사용하지 말라는 말은 결코 아니다. 적어도 향토문화의 뿌리를 잇는 보전적 차원에서 아끼고 지켜야 한다는 뜻이다. 갈수록 그 심각성을 절감케 하는 것은 강단에서 학생들과 대화를 나눌 때 의도적으로 제주도 고유의 토박이 말을 꺼내면 그것이 무슨 말인지를 모르는 학생이 전부라고 할 만큼 너무도 모르고 있는 실정이다. 언어는 일상생활에서 자연스럽게 체득되어야 하므로 가정이나 학교에서 향토어인 토속어를 일깨우는 시간이 마련되어야 할 것이다.

한때 지방색 타파를 위한 화합이란 명목 아래 표준어 사용만을 강조한 것도 사실이나, 향토문화의 보전적 차원에서는 그와는 관계없이 토속어 교육은 별도로 이뤄져야 할 과제다. 그래도 다행스러운 것은 금년부터는 한라문화제 행사로 제주어 경연을 가질 계획이 세워져 있고, 또 교육당국에서도 뒤늦게나마 권장하고 있는 것은 제주어를 통한 향토교육에 이바지할 수 있는 계기가 될 것이다.

어떻게 해서든지 고유의 향토어인 토속어 전승을 위한 붐을 조장시켜 활력을 불어넣는 것은 바람직하다고 보고, 그 중에 속담분야에 대해 몇 마디 부언해 둔다. 속담은 대화현장에서 언제나 활용할 수 있는 교육적 장점을 가지고 있다. 구체적으로 말하면, 첫째는 향토어를 직접 대하면서 그대로 익힐 수 있고, 둘째는 적재적소에 인용함으로써 언어생활의 윤활유 구실을 하고, 셋째는 선인들의 생활상과 내력을 알 수 있다는 점이다.

끝으로 한 마디 더하면 자료의 확보를 위한 전문인력의 집중적 동원이다. 유형문제는 다소 시간을 미루더라도 복원이 가능하지만, 구비전승(口碑傳承)만은 연만한 분들이 생존해 있을 때 채록되어야 하므로 시각을 다투는 문제다. 속담은 다른 구비전승의 채록보다 더 어렵다. 한 마을에서 네댓 분의 노인들을 상대로 두서너 시간을 일일이 예시해 가면서 부대껴도 수확은 몇 편이 안 된다. 개인의 능력만으로는 힘에 부칠 때가 적지 않다. 유관기관의 지원이 이뤄져서 정선된 자료집이 나올 수 있도록 하는 적극적인 배려가 있었으면 한다.

-『제주도』 통권 제92호, 제주도, 1992.

2. 제주속담의 윤리의식[2)]

1) 형성배경

제주인의 윤리의식은 생활환경이 주요 형성배경으로 작용하고 있다. 즉, 환해천험(環海天險)과 지척민빈(地瘠民貧)에 따른 의식주 해결이 선결과제였다. 그러니 학문이나 예절교육은 호강에 겨운 일이다. 어쩌다 한문서당에 2-3년 다녀 글눈이나 뜰 정도면 여간한 행운이 아니다. 더구나 관존민비의 사회체제에서는 서민들은 무식한 노동자로 천대받기 일쑤다. 거기에다 생계해결이 급선무인 선업후학(先業後學)의 멍에가 지워져 있으니, 예의범절인들 입신양명(立身揚名)을 추구하는 수학자(修學者)에 비해 뒤질 수밖에 없다. 그러나 사람이 지켜야 할 원초적 도덕관념과 자립생계(自立生計)의 결의는 유식한 사람에 못지않게 강했다. 이들을 요약하면 아래와 같다.

(1) 자연여건

고립무원(孤立無援) → 곤궁

· 환해천험(環海天險)

· 지척민빈(地瘠民貧)

(2) 사회여건

피압침탈(被壓侵奪) → 굴욕

· 관존민비(官尊民卑)

· 이민족침탈(異民族侵奪)

(3) 교육여건

입신양명(立身揚名) → 출세

---

2) 이 글은 제주특별자치도 민속자연사박물관 아카데미 <제주학강좌>에 실린, 개조식 강의자료를 부분 첨삭해서 옮긴 것이다.

· 선업후학(先業後學)
· 자립생계(自立生計)

2) 윤리의식

의식주의 해결을 위한 생계의욕이 강하다보면, 본위 아니게 인간성 상실을 경계해야 할 제동장치로서의 윤리의식이 필요하기 마련이다. 그 실상을 감지할 수 있는 윤리의식이 어떤 것인지 속담을 통해 엿볼 수 있다.

(1) 예도(禮度)

《주역(周易)》에 있는, 천도(天道)의 네 원리인 만물의 시초로서의 봄인 '원(元)', 만물이 자라는 여름인 '형(亨)', 만물이 완성되는 가을인 '이(利)', 만물을 거둬들여 간수하는 겨울인 '정(貞)'을 일컫는 '원형이정(元亨利貞)'과 모든 행동의 근본을 이룬다는 '만행지본(萬行之本)' 그대로다.

· 물도 치팔춘을 ᄀᆞᆯ린다.
(말도 칠팔촌은 가린다.)
· 법 ᄆᆞᄉᆞ운 중 몰른 놈 관장 매로 다스린다.
(법 무서운 줄 모른 놈 관장 매로 다스린다.)
· 사돈ᄒᆞᆯ 땐 근본을 봐사 ᄒᆞᆫ다.
(사돈할 때는 근본을 봐야 한다.)
· 안 배리는 듸서도 배리는 듸서추룩 ᄒᆞ라.
(안 보는 데서도 보는 데서처럼 하라.)
· 웃댓산 비숙 안 세우민 알댓산도 안 셉나.
(윗댓묘 비석 안 세우면 알댓묘도 안 세운다.)

(2) 경로/효친(敬老/孝親)

물을 마셔도 그 물이 어디에서 나오는 가를 알고 마시는 근원의식을 빗대는 '음수사원(飮水思源)'과 사람으로서 지켜야 할 인간관계의 도덕률에 어긋나지 않은 '인륜지도(人倫之道)'를 중시했다.

- 늙은이 목둥인 구둘구석에 세와 뒁 간다.
  (늙은이 지팡이는 방구석에 세워 두고 간다.)
- 부모 박대ᄒᆞ는 놈 지도 ᄌᆞ식안티 박대 받나.
  (부모 박대하는 놈 자기도 자식한테 박대 받는다.)
- 소도ᄒᆞ는 집이 소재 낳나.
  (효도하는 집에 효자 낳는다.)
- 가마귀도 석 둘 올을이 지나민 부모 공을 가픈다.
  (까마귀도 석 달 열흘이 지나면 부모의 공을 갚는다.)
- 부모신디 눈꿀ᄒᆞ민 저싱가민 꿰우는 지름통에 ᄃᆞ근다.
  (부모한테 눈흘기면 저승가면 끓은 기름통에 담근다.)

(3) 봉제(奉祭)

사람은 조상의 은덕을 추모하여 제사를 지내고, 자기가 태어난 근본을 알고 그 은공을 갚는 '추원보본(追遠報本)'과 조상을 숭배하고 종문을 위하여야 하는 '숭조상문(崇祖尙門)'의 인성(人性)을 중히 여겼다.

- 양반의 졸거리가 식개멩질ᄒᆞᆫ다.
  (양방의 졸개가 제사명절한다.)
- 조상 물 기리게 ᄒᆞ는 집 안뒌다.
  (조상 물 그립게 하는 집 안된다.)
- 제물 출린 건 몬저 덜어놔 뒁 먹나.)
  (제물 차린 것은 먼저 덜어놔 두고 먹는다.)
- 몸 궂히민 제관 안ᄒᆞᆫ다.
  (몸 더럽히면 제관 안한다.)
- 식개멩질날 ᄃᆞ투는 집 망ᄒᆞᆫ다.
  (제사명절날 다투는 집 망한다.)

(4) 분수(分數)

편한 마음으로 제 분수를 지키며 만족함을 아는 '안분지족(安分知足)'과 신중하게 처신함으로써 제 몸을 아낄 줄 아는 '자중자애(自重自愛)'를 권장했다.

- ᄌᆞ신 엇은 놈이 통천관을 쓰민 데가리가 아은아옵 개로 벌러진다.
  (자신 없는 놈이 통천관을 쓰면 머리가 아흔아홉 개로 쪼개진다.)
- ᄉᆞᆼ에 튀민 복쟁이도 튀당 원담에 배 걸룽 죽나.
  (숭어 뛰면 복어도 뛰다가 원담에 배 걸려서 죽는다.)
- 떡 진 사름 춤추난 몰똥 진 사름도 ᄀᆞ치 춘다.
  (떡 진 사람 춤추니 말똥 진 사람도 같이 춘다.)
- 야개제운 짓ᄒᆞ민 들어온 복도 나가분다.
  (호강겨운 짓하면 들어온 복도 나가버린다.)
- 갠 첼 나무리곡, 첸 갤 나무리곡.
  (개는 겨를 나무라고, 겨는 개를 나무란다.)

(5) 과욕(過慾)

《명심보감(明心寶鑑)》에 생을 보전하기 위해서 욕심을 부리지 말아야 한다는 '보생자과욕(保生者寡慾)'과 《논어(論語)》의 정도가 지나침은 미치지 못한 것과 같다고 하는 중용의 도를 일컫는 '과유불급(過猶不及)'을 종용하기도 했다.

- 욕심이 쎄민 도독이 반인다.
  (욕심이 세면 도둑이 반이다.)
- 공거앵 ᄒᆞ민 코도 벌겅 눈도 벌겅.
  (공짜라고 하면 코도 벌겋고 눈도 벌겋고.)
- 신칙이 노픈 거, 사돈 노픈 거.
  (신뒤축 높은 것, 사돈 높은 것.)

· ᄀ늘게 먹곡, ᄀ늘게 싸라.
(가늘게 먹고, 가늘게 싸라.)
· 심은 꿩 놔뒁 ᄂ는 꿩 심젱 ᄒ다.
(잡은 꿩 놔두고 나는 꿩 잡자고 한다.)

(6) 순리(順理)

《명심보감(明心寶鑑)》에 하늘에 순종하는 자는 홍하고, 하늘을 거슬리는 자는 망한다는 '순천자홍(順天者興) / 역천자망(逆天者亡)'을 중시했다.

· 숫아방 생경 숫어멍 나 준 대로 살라.
(숫아버지 생겨서 숫어머니 낳아 준 대로 살라.)
· 서방질은 거꾸로 ᄒ여도 물질은 거꾸로 못ᄒ다.
(서방질은 거꾸러 하여도 물질은 거꾸로 못한다.)
· 싸는 물 시민 드는 물 싯나.
(써는 물 있으면 드는 물이 있다.)
· 물콘 안 막나.
(물꼬는 안 막는다.)
· 콩 싱근 듸 콩 나곡, 풋 싱근 듸 풋 난다.
(콩 심은 데 콩 나고, 팥 심은 데 팥 난다.)

(7) 내세(來世)

영혼은 없는 것이 아니라 있다고 하는 기독교적인 영혼불멸(靈魂不滅)이나 돈독한 불자의 '극락왕생(極樂往生)'을 바라듯 사후의 세계가 있음을 믿었다.

· 시집 장개 안 강 살민 죽엉 저싱가민 망대기 쓴다.
(시집 장가 안 가서 살면 죽어서 저승가면 중두리 쓴다.)

· 산 때 안 문 빗, 죽엉 저싱가도 물어사 흔다.
(산 때 안 갚은 빚, 죽어서 저승가도 갚아야 한다.)
· 눛 씻을 때 물 하영 쓰민 죽엉 저싱가민 그 물 다 들이싸사 흔다.
(낯 싯을 때 물 많이 쓰면 죽어서 저승가면 그 물 다 들이켜야 한다.)
· 뒈 속이곡 저울눈 속영 폴앗당 저싱가민 눈 빠진다.
(되 속이고 저울눈 속여서 팔았다가 저승가면 눈 빠진다.)
· 늙신이 일 도웨민 저싱강 공덕 받나.
(늙신이 일 도우면 저승가면 공덕 받는다.)

이렇듯 제주속담에 담긴 제주인의 윤리의식은, 비록 생계해결에 시달려 글눈을 뜨지 못한 무학자들이 거의였으나 인간으로서의 본연만은 소중히 여겼음을 알 수 있다. 특히 선학들은 한국의 속담에는 내세관을 드러낸 것은 없다고 했지만, 제주도속담에는 위에 제시된 것 외에 더 있다.

-『제주학강좌』, 제주자연사박물관.

3. 한라산과 속담

1) 한라산의 명칭

조선 효종 때 제주목사 이원진이 편수한 《탐라지(耽羅志)》의 〈산천〉에 보면, 한라산(漢拏山)은 진산(鎭山)으로서, 그 명칭을 '한라(漢拏)'라고 하는 것은 '운한(雲漢)'을 끌어 잡아당길 수 있을 만큼 높고 크다는 데서 비롯된 것이라 했다. 그 밖에도 봉우리가 평평하다고 해서 '두무악(頭無岳)', 둥그스름하다고 해서 '원악(圓惡)', 꼭대기에 못이 있어 물을 담은 저수기(貯水器)를 닮았다고 해서 '부악(釜岳)'이라고 했는가 하면, 그 정상의 분화구인 산봉우리에 있는 못(지금의 백록담)은 지름이 수백 보가 되어, 그 산세가 거세다고 했다. 그러나 실제 제주도민들이 항간에서 두루 일컫던 속칭은 '한락산'과 '한로산'이다.

또한 《동국세기(東國世紀)》에 "금강산을 봉래산(蓬萊山), 지리산을 방장산(方丈山), 한라산을 영주산(瀛州山)"이라고 했는데, 중국에서는 영주산을 선약(仙藥)이 있는 삼신산의 으뜸으로 치고 진시황제가 불로초를 얻기 위해 동남동녀(童男童女) 오백 명을 보냈다는 서시과차(徐市過此)의 고사가 전해지고 있다. 바로 그 글이 서귀포시 정방폭포의 절벽에 새겨져 있는 것으로 돼 있다. 그래서 현재 서복연구회(徐福硏究會)가 결성돼서 중국 · 일본과 함께 그 연구가 이뤄지고 있는 실정이다. 《신증동국여지승람(新增東國輿地勝覽)》에도 한라산을 신선이 사는 영주산(瀛州山)이라고 해서, 제주도를 '영주(瀛州) · 동영주(東瀛州)'라는 이름으로 불리기도 했다.

그런데 박기봉 옮김 『조선상고사(朝鮮上古史)』(비봉출판사, 2007, 147-148쪽)에 보면, '한라산(漢拏山)'이 '한라'가 고대 몽골어라고 소개돼 있다. 즉, '한라'라는 말은 몽골어로 "저 멀리 구름 위로 우뚝 솟아 있는 검푸른 산"을 가리키는 뜻이라는 것이다. 그러고 보면 이원진(李元鎭) 목사가 말했던 '한라(漢拏)'의 뜻과 같은 맥락임을 알 수 있다.

2) 한라산의 위상

한라산은 영산(靈山)으로서만이 아닌, 자원의 보고로서 명실상부한 명산으로 그 위상을 드높이고 있다. 1950m의 남한 제일의 고봉이란 명성에 걸맞게 중턱에는 온대림인 낙엽수 잡목들이 뒤덮여 있고, 정상이 가까워지면서부터는 한대림인 주목과 구상나무, 줄향나무가 군락을 이루고 있어 다양한 수목의 자원을 형성하고 있다. 특히 이들 수목의 군락지대에는 약초를 비롯하여 한란등 1,800여 종의 귀중한 식물들이 자생하고 있음은 이미 식물학계에 널리 알려진 지 오래다. 거기에다가 한라산 중턱 숲 속에서 재배되는 표고버섯은 향기와 맛이 뛰어나 요리의 고장인 중국인과 일본인의 선호하는, 부가가치가 높은 특산물로 꼽힌다. 그뿐만 아니라, 한라산 440m 고지의 지하 현무암층 442m에서 뽑아 올려 국내에서 시판되고 있는 '삼다수(三多水)'는 그 수질이 세계적 브랜드로 명성을 날리고 있는 프랑스의 '에비앙'에 못지않은 것으로 평가되고 있다. 이는 단순히 산으로서 이미지를 뛰어넘는 자연자원의 보고로서 그 위상을 자리매김하고 있는 것이다. 또한 제주를 대표하는 명승지로 내세우는 영주십경(瀛州十景) 중에 네 곳이 한라산과 밀착돼 있다. 즉 5월 백록담의 눈을 구경할 수 있다고 해서 녹담만설(鹿潭晩雪), 기암절벽으로 이뤄진 속칭 오백장군이라고 일컫는 영실기암(靈室奇巖), 봄철 진달래꽃이 절경을 이뤄 신선이 방문했다는 언덕의 영구춘화(瀛邱春花), 한라산 기슭에 우마들이 한가롭게 풀을 뜯으며 노니는 고수목마(古藪牧馬) 등이 한라산 국립공원의 진가를 드러내고 있다. 또 특이한 것은 조선시대 김정(金淨)의 『제주풍토록(濟州風土錄)』에 의하면, 한라산의 정상에서 남극의 노인성(老人星)을 볼 수가 있는데, 이는 오직 한라산과 중국의 남악(南嶽)에서만 볼 수 있는 현상으로서, 제주에 장수하는 노인이 많은 것도 이 때문이라고 했다.

여기서 또 빠뜨릴 수 없는 중요한 것은 태평양에서 불어오는 태풍을 막아주는 파수꾼이 구실을 단단히 하고 있다는 사실이다. 한라산이 없었다면 전국 제일의 곡창지대인 호남평야가 무사할 수가 없다. 한라산이 바람막이가 돼서 그 태풍의 통로를 동서로 분산시켜 방향을 외딴 데로 돌리거나 약화시킴으로써 내륙지방의 피해를 최소화시키는 데 기여하고 있다.

3) 관련 속담

제주 속담은 제주인의 삶의 내력과 실상이 그대로 묻어나고 있는 언어유산이다. 그들 가운데 한라산과 직접적으로 연관이 있는 것을 골라보니, 10여 편에 불과하지만, 편의상 다음 3가지 내용으로 나눠 해설을 덧붙이기로 한다.

(1) 신성성

예전에는 한라산만이 아니라, 모든 산, 특히 명산일수록 신성시해서 경건한 마음으로 대했다. 그러니 산행을 나설 때는 행여 불길한 일이 생기지 않을까 조심했는데, 그를 뒷받침하는 옛 문헌기록이 눈에 띈다. 앞에서 제시했던 이원진의 《탐라지(耽羅志)》에 한라산 정상에서 큰 소리를 치면, 구름과 안개가 사방을 둘러싸서 지척을 분간할 수 없다고 한 것이 그것이다. 그래서 옛분들은 산에 가서 허튼 말을 하거나 쓸데없는 소리를 치면 날씨가 나빠지고 안개가 껴서 길을 잃는다고 해서 부정한 언행을 금기시했고, 음식을 먹을 때도 반드시 고수레를 하고 먹었다. 그렇지 않으면 산신이 노여움을 사서 재해를 입을 수 있다고 생각했기 때문이다. 조정의 명을 받고 부임하는 제주목사도 길일을 택해서 직접 백록담에 올라 산신제를 올리고 국태민안과 제주도민의 안녕을 기원했을 정도면 얼마나 한라산을 신성시했는지 알 수가 있는데, 속담에 그 실상을 엿볼 수 있다.

· 한로산은 영산인다.
(한라산은 영산이다.)
· 백록담에 강 부정혼 소리ᄒ민 어남 쪙 질 일른다.
(백록담에 가서 부정한 소리하면 안개 껴서 길 잃는다.)
· 엉장 알르레 돌 데끼민 저싱강 벌받나.
(절벽 아래로 돌 던지면 저승가서 벌받는다.)

필자가 한라산 백록담을 구경한 것은 고등학교 2학년인 1955년 여름방학 때이다. 그때만 해도 한라산 정상에는 인적이 드물었고, 백록담 주변에는 구상나무와 주목, 줄향나무, 시러미줄이 엉클어져서 꽉 차 있었다. 정말 백록담의 전설처럼 신선이 흰 사슴을 타고 내려와 노닐고 갈 것만 같아, 불현듯이 떠올랐던 것이 바로 위에 제시한 속담이다. 할 말도 제대로 못하고 그저 눈으로만 보고 느끼는 숭엄과 적요에 빨려들어 울렁거리는 가슴을 억누를 수밖에 없었던 것이, 아직도 잊혀지지 않은다. 그러면서도 막상 높은 산이나 절벽 위에 올라서면 고함을 치고 싶고 밑을 향해 돌덩이를 굴리거나 던지고 싶은 것이 사람의 마음이다. 옛분들은 그런 행위를 죄악시해서 성스러운 자연을 모독하고 산신을 거슬리게 하는 나쁜 짓거리로 경계했다. 지금의 자연보호와는 다른 차원의 영적인 위엄의 존재하고 있는 대상으로 여겼던 것이다.

(2) 예조성(豫兆性)

높은 산일수록 기압의 영향을 받아 날씨의 징후가 잘 드러나기 마련이다. 한라산도 마찬가지로 어떤 구름이 어떤 상태로 끼느냐에 따라 날씨의 변화의 징조를 감지하게 된다. 그래서 지금처럼 기상관측소의 일기예보가 없던 옛날에는 바다를 텃밭 삼아 생계를 유지했던 어부나 좀녀/좀녀/좀네들은 파도소리를 듣고 기상을 예측했고, 산간지대에 자리를 잡고 농축업을 하는 농민들은 한라산의 모습을 보고 날씨 관계를 예측했던 것이다.

- 한락산/한로산에 번구름 내치민 마 갇나.
  (한라산에 뭉게구름 내치면 장마 멎는다.)
- 한락산/한로산 목 줄르민 날 우친다.
  (구름이 한라산의 목을 자르면 비 온다.)

비과학적이지만, 옛날은 자연현상이나 야생동물들의 생태를 보고 기후의 변화를 예측해서 감지하는 것이 상례이다. 오랜 경험을 바탕으로 해서 터득한 것이어서, 거의 맞아떨어지는 확률이 많았으므로 신빙성이 높은 것으로 인식됐다. 농작물을 가꾸거나 걷어 들일 때도 으레 한라산에 낀 구름의 형태나 해지기 때 하늘의 모습을 보고 농사일을 서둘러 일찍 끝내기도 하고 늦추기도 했다.

(3) 생계성(生計性)

한라산은 제주도민의 상징이면서 생계의 현장이고 역사이다. 그러나 외지에서 보는 제주도에 대한 과거의 인식은 "우마는 나면 제주로 보내고, 사람은 나면 서울로 보내라."고 했듯이, 절해고도의 악천후(惡天候)와 지척민빈(地瘠民貧)의 열악한 환경에서 땅파먹기에 이골이 났던 것이 삶의 현주소였다. 그나마 축산의 최적지여서 고려 충렬왕 때는 여몽연합군(麗蒙聯合軍)의 삼별초군 정벌을 계기로 목마장이 형성된 이후, 조선시대에는 조정에서 국책으로 감목관을 배정할 정도로 한라산 기슭에 15개소의 목장을 설치하여 우마 사육장으로 활용했다. 그것이 당시 제주도민들에게 혜택이 없었던 것은 아니지만, 그 관리상의 문제로 엄청난 고초를 겪게 하는 민폐가 컸다. 지금도 5·16도로를 건너가다가 보면 한라산 기슭의 목장에서 관광객을 위해 방목하고 있는, 천연기념물 347호로 지정된 제주마(濟州馬)를 볼 수가 있는데, 그것은 옛날 목마장을 연상케 하려는 의도에서 설치된 것이다. 이와 같은 말들이 수십 마리에서부터 백여 마리 이상 떼를 지어 풀을 뜯는 모습은 이미 앞에서 언급했던 대로 고수목마(古藪牧馬)라는 진풍경을 낳았다.

- 제주산은 험산이난 악찬 사름 잘뒌다.
  (제주산은 험산이니 악착스러운 사람 잘된다.)
- 상산에 논 ᄆᆞ쉬도 ᄒᆞᆫ두 번은 돌아본다.
  (산에 놓은 우마도 한두 번은 돌아본다.)
- ᄂᆞᄅᆢ올 땐 하르바님 하르바님 ᄒᆞ당, 올라갈 땐 나 아돌놈 나 아돌놈 ᄒᆞᆫ다.
  (내려갈 때는 할아버님 할아버님 하다가, 올라갈 때는 내 아들놈 내 아들놈 한다.)

제주도의 지질은 거의가 화산회토(火山灰土)로 척박해서 논농사는 극히 일부이고 밭농사가 전부라고 해도 과언이 아니다. 그러니 노동력이 배가되고 일손이 달리니 억척스럽게 밤을 낮 삼아 일을 해야 의식주 해결이 가능했다. 한라산이 험한 만큼이나 제주도의 선인들은 강인한 정신력을 바탕으로 악착 같이 일을 하지 않고는 가난의 멍에를 벗을 수가 없었던 것이다. 한라산을 무대로 한 축산업도 그렇다. 소와 말을 얼마나 가지고 있느냐는 빈부와 직결된다. 왜냐하면 소와 말을 가지고 있지 못하면 농사를 제대로 지을 수가 없으므로, 먹고사는 생계가 막막하다. 그러니 남의 소와 말, 특히 소를 중히 여겨 삯을 내거나 대리 사육해주는 대가로 농사를 지을 때 부리기 일쑤이다. 그 사육장은 겨울철을 제외하고는 주로 한라산 기슭의 목초지에 풀어 놓는다. 그러니 그 방목 중인 우마가 잘못되지 않았는지 자주 돌아보는 것은 당연한 소임이 아닐 수 없다.

참고로 조선 숙종 때 제주목사 이형상(李衡祥)의 주도로 제작된《탐라순력도(耽羅巡歷圖)》의 '공마봉진(貢馬封進)'에 보면, 진상에 필요한 말과 소를 목장에서 징발하여 제주목사가 최종 확인했는데, 진상마가 433필, 흑우(黑牛)가 20필로 기재돼 있다. 이처럼 한라산을 중심으로 형성된 목장에서 국우마(國牛馬)의 사육이 성행했음도 알 수가 있다.

그럼 한라산을 무대로 행해지는 사냥은 어떠했을까. 제주도에 서식하는 사냥감은 주로 노루, 사슴, 멧돼지, 오소리, 꿩이다. 앞의《탐라순력도(耽羅巡歷圖)》〈교래대렵(橋來大獵)〉에 다음과 같은 내용이 기록돼 있다. 진상을 위한 수렵대회를 제주삼읍 수령들이 주관하에 대대적으로 행해졌는데 그 규모를 보면, 마군(馬軍) 200명, 보졸(步卒) 400여 명, 포수 120명의 관군을 동원해서 사슴 177마리, 노루 101마리, 멧돼지 11마리, 꿩 22마리를 포획했다는 것이다. 현재는 사슴, 멧돼지는 없어졌다가 다시 서식하기 시작했지만, 1950년대까지만 해도 산촌의 사냥꾼들은 노루와 오소리를 선호해서 사냥개와 올가미, 덫을 이용한 원시적 포획이 이뤄졌다. 그런 경우 노루는 앞다리가 짧고 뒷다리가 길어서 산 위에서 비탈을 내려올 때는 개보다 잘 달리지 못해서 그 속도가 느리다. 반대로 산 밑에서 비탈과 동산을 향해 뛸 때는 개보다 훨씬 빠르다. 그러나 사냥개에게 쫓기는 노루의 입장에서는 불리할 때는 개한테 할아버님이라고 애원하면서 살려주십사 하고 빌 수밖에 없다. 하지만 유리해서 아쉬운 것이 없으면, 언제 그랬느냐는 듯이, 내 아들놈이라고 빈정거리며 내뺀다는 것이다.

이렇듯 한라산의 명칭과 위상, 관련 속담에 나타난 내용은 극히 일부이지만, 바로 제주도민의 정체성과 직결된 삶의 모습이자 역사의 현장이다. 미흡한 대로 제주도와 한라산을 이해하는데 조금이나마 도움이 되었으면 한다.

–『산서(山書)』 제14호, 한국산서회

4. 속담을 통한 제주어 학습[3)]

여기에 다뤄지는 속담들은 제주도 고유의 토속어를 되살린 구술형태 그대로다. 그러다 보니 현대국어에 익숙해 버린 표준어세대들은 제2외국어를 대하는 것이나 다름없는 생소한 것들이 있기 마련이다. 하지만 제주어를 제대로 터득하기 위해서는 거쳐야 할 과정이다. 그것도 어휘표기가 학자에 따라 문법이론의 견해가 달라서 혼선을 빚을 수 있는 것들이 한두 개가 아니고 보면, 그에 따른 심적 갈등도 만만치 않을 수 있다. 그것도 용언의 활용형태에 이르러서는 더 그렇다. 이런 점을 해소하기 위해 2013년 마련한 〈제주어표기법〉(제주발전연구원)에 이어 그 해설서가 출간됐지만, 〈한글맞춤법〉처럼 완성된 것이 아니라, 앞으로 더 보완해야 할 것들이 많다.

이 〈속담을 통한 제주어 학습〉은 필자가 제주교육대학교 초등국어교육

3) 이 원고는 (사)제주어보전회가 초・중등교사들의 제주어교육을 위한 심화과정연수용 교재에 있는 것을 옮긴 것이다. 대상 속담들은 앞에서 이미 예시했던 것이 중복되는 것도 있다.

을 전공하는 대학원생들에게 강의했던 〈제주어특강〉의 교수내용을 접합시킨 제주어 바로 알기 심화과정의 일부를, 속담의 기본요소에 따른 표현기법과 내용별로 구분해서 다뤘다.

1) 속담이란?

선인들의 언술형태와 삶의 철학/지혜가 응축된 생활훈(生活訓).

언술형태 ↓	철학/지혜 ↓
토속어	생 계
고 어	처 세
외래어	골 계
표준어	신 앙

※ 속담의 요소

- 3요소 : 간결[shortness], 의미[sense], 함미[salt] -제임스·포엘(J. Howell-)
- 4요소 : 간결[shortness], 의미[sense], 함미[salt], 통속성[popularity] -이은상-

2) 속담의 명칭

△ 언(諺)/언어(諺語)/이어(俚語)/이언(俚諺)/속언(俗諺)/방언(方言)/상언(常言)/상말/상소리

△ 속담(俗談) : ① 조선 광해군 13년(1621) 유몽인(柳夢寅)의 『어우야담(於于野談)』에, "속담조선공사삼일(俗談朝鮮工事三日)". ② 조선 효종 때 홍만종(洪萬宗)의 『순오지(旬五志) 하권』에, '노랫말'을 '속담'이라고. ③ 조선 영조 24년(1748) 『동문유해(同文類解)』와 정조 원년(1777) 『명의록언해(明義錄諺解)』에 한글로 '쇽담'으로 기재.

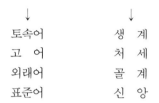

3) 기법별

<간결>

- 개 깝.[4]

(개 값.)

- 돈에 돈 부튼다/부뜬다.[5]

(돈에 돈 붙는다.)

- 눈 풍ᄂᆢᆫ/풍년, 입 숭ᄂᆢᆫ/숭년.[6]

(눈 풍년, 입 흉년.)

- 밥이 인숨인다.[7]

(밥이 인삼이다.)

---

4) 깝(값) : '갑'·'깝'을 병용(倂用)하지만, '깝'을 선호함. 겹소리[重子音] 'ㅄ'은 안 씀.

5) 부튼다/부뜬다(붙는다) : '붙다'에 대응하는 '부트다/부뜨다'의 어간 '부트/부뜨'에 붙어 현재를 나타내는 평서형종결아미 '-ㄴ다'가 결합된 꼴.
※ <제주어표기법>에는 '붙으다'로 표기. 예) ᄀᆞᇀ으다(같다), 맡으다(맡다), 붙이다(붙이다), 얕으다(얕다), 짙으다(짙다), 흩으다(흩다) …. 필자는 선학들처럼 'ᄀᆞ트다/ᄀᆞ뜨다, 마트다, 부치다/부찌다, 야트다, 지트다, 흐트다'로 표기.

6) 숭ᄂᆢᆫ/숭년(凶年:흉년) : '숭ᄂᆢᆫ'은 '숭년'의 고형(古形). 숭ᄂᆢᆫ>숭년>흉년. 방언학에서 'ㅎ'이 'ㅅ'으로 되는 것은 구개음화.
※ **햐〉사** : 향교(鄕校)>상조, 향(香)가지>상가지, 향회(鄕會)>상웨, 향긋하다>상긋ᄒᆞ다 …. **혀**[吉]〉**세** : 형제(兄弟)>성제, 현미경(顯微鏡)>선미ᄀᆢᆼ/선미ᄌᆢᆼ//선미경>선미정, 현대생활>선대생왈, 현명(賢明)하다>선멩ᄒᆞ다, 형편없다>성펜엇다 …. **효〉소** : 효과(效果)>소과, 효력(效力)>소ᄅᆢᆨ/소력, 효자효녀(孝子孝女)>소ᄌᆞ소ᄂᆢ/소ᄌᆞ소녀, 효도(孝道)하다>소도ᄒᆞ다 …. **휴〉수** : 휴게실(休憩室)>수게실, 휴전선(休戰線)>수전선, 흉내>숭내, 흉(凶)보다>숭보다, 흉악(凶惡)하다>숭악ᄒᆞ다 …. **히〉시** : 힘>심, 힘줄>심줄, 힘껏>심껏, 힌두교>신두조, 힐끗힐끗>실끗실끗, 히뜩히뜩>시뜩시뜩, 힘겹다>심ᄀᆢᆸ다/심ᄌᆢᆸ다//심겹다/심접다, 힘들다>심들다 ….

7) 인다(이다) : '이다'에 대응하는 '이'에 종결어미'-ㄴ다'가 결합된 꼴. '지정·확인' 등의 자리매김.

<비유>

- 족은 고치라[8] 맵나.

  (작은 고추가 맵다.)

- 줴이고냥이도/고망이도[9] 벳[10] 들 날 싯나.[11]

  (쥐구멍에도 볕 들 날 있다.)

- 도독놈광/응/영[12] 샛뭇은 무끄민[13] 닮나.

  (도둑놈과/하고 떳뭇/샛뭇은 묶으면 같다/닮다.)

- 일ᄒᆞ당/단[14] 죽은 밧갈쉐나,[15] 놀당/단 죽은 읍송애기/염송애기나.

  (일하다가 죽은 황소나, 놀다가 죽은 염송아지/염소나.)

---

8) 라(가) : 주격격조사 '가'의 다른 꼴. 보어격조사로도 쓰임. 예) 는 그럴 수라 엇나(너는 그럴 수가 없다.)

9) 고냥이도/고망이도(구멍에도) : '구멍'의 대응어 '고냥/고망'에 처격조사 '이'와 보조사 '도'가 결합된 꼴. <큰> 구녕/구멍. <거> 코냥/코망. 그 밖에 구녁. 구먹. '굼'·'굼기'·'궁기…'.

10) 벳(볕) : '볕'에 대응하는 '볏''의 '벳'으로 전이(轉移)된 꼴. 'ㅊ/ㅌ'은 체언의 받침인 종성으로 안 쓰고, 'ㅅ'이 쓰임.

※ 꽃>꼿, 낯빛>늣빗, 닻줄>닷줄, 몇>멧, 몇몇>멧멧, 밭>밧, 빛깔>빗깔, 숯구덩이>숫구뎅이, 팥밥>풋밥, ….

11) 싯나(있다) : '있다'에 대응하는 '싯다'의 어간 '싯'에, '-다'애 대응하는 종결어미 '-나'가 결합된 꼴. '싯다'는 'ㅅ-불규칙용언'임. 예) 시어/셔(있어), 시엉(언)/셩(션)(있어서), 싯곡(있고), 시난(있으니), 시민(있으면), 싯지(있지), 싯저(있다), 시엄구낭(있고 있구나/있는구나) ….

※ 제주어에 'ㅅ-불규칙용언'은 없는 것으로 돼 있다. 그것은 '싯다'의 활용을 생각지 않는 결과임.

12) 광/응/영(과/와/하고) : 앞의 말을 뒤로 이어주는 '과'·'하고'에 대응하는 공동격조사. '광'은 그 앞말에 받침의 유무(有無)에 상관없이 붙고, 받침이 없는 말 다음에는 주로 '왕'이 붙음. '응'은 '영'의 고형으로 그 앞말의 받침 유무에 관계없이 쓰임.

13) 무끄민(묶으면) : '묶다'에 대응하는 '무끄다'의 어간 '무끄'에 연결어미 '-민(면)'의 결합된 꼴. <제주어표기법>에는 'ㄲ' 받침을 그대로 살려서, '깎으다(깎다), 꺾으다(꺾다), 낚으다(낚다), 닦으다(닦다), 볶으다(볶다), 섞으다(섞다)'로 표기. 필자는 선학들처럼 '가끄다, 거끄다, 나끄다, 다끄다, 보끄다, 서끄다'로 표기.

14) -당/-단(-다가) : 용언의 어간에 붙어, 계속을 나타내는 '-다가'에 대응하는 연결어미. 그 쓰임은 '-당'은 현재나 미래를, '-단'은 과거를 나타낼 때 주로 쓰이지만, '과거/현재/미래' 구분 없이 공통으로 쓰이기도 한다. 즉, 일반적 통속성을 나타낼 때는 시제구분

<풍자>

- ᄌᆞ신 엇인/읏인16) 놈 통천관 쓰민 데가리가 아은아옵17) 개로 벌러진다.
  (자신 없는 놈 통천관을 쓰면 머리가 아흔아홉 개로 쪼개진다.)
- 지 이름재/일름재도18) 모르멍/몰르멍19) 놈/놈의 이름재/일름재 아는 책ᄒᆞᆫ다.
  (자기 이름자도 모르면서 남의 이름자 아는 척한다.)

없이 '-당/-단' 어느 것도 가능.

15) 밧갈쉐(황소) : '밭(田)+갈(耕)+소(牛)'에 대응하는 '밧+갈+쉐'가 결합된 합성어. '밧(밭)'은 '주 9)'의 '벳(볕)'과 같이, 'ㅌ' 받침 대신 'ㅅ'이 쓰임. 또 '쇠'를 '쉐'로 한 것은, 'ㅙ/ㅚ'가 'ㅞ'로 소리 나기 때문. <제주어표기법>에는 한자어가 아닌 고유어일 경우만 'ㅞ'로 표기할 것으로 돼 있다. 필자는 통일을 기하기 위해 구분 없이 'ㅞ'로 표기. ※ 왜국(倭國)>웨국, 외국(外國)>웨국, 외삼촌(外三寸)>웨삼춘, 외면(外面)하다>웨멘ᄒᆞ다, 괴롭다>궤롭다, 되다>뒈다, 외롭다>웨롭다, 왜냐하면>웨냐ᄒᆞ민 ….

16) 엇인/읏인(없는) : '없다'에 대응하는 '엇다/읏다'의 어간 '엇/읏'에 연결어미 '-인(-는)'의 결합된 꼴.
※ '주 3)'과 같이, 겹자음 받침 'ㅄ'은 안 씀.

17) 아은아옵(아흔아홉) : 모음과 유성자음(ㄱ/ㄴ/ㄹ/ㅁ/ㅇ) 다음의 'ㅎ'은 'ㅇ'으로 표기.
※ 비행기(飛行機)>비앵기), 은행(銀行)>은앵, 전화(電話)>전와, 간호학(看護學)>간오ᄋᆞᆨ, 결혼(結婚)>ᄀᆞᆯ혼/ᄌᆞᆯ온//결온/절온, 보호(保護)하다>보오ᄒᆞ다, 감화(感化)하다>감와ᄒᆞ다 ….

18) 이름재/일름재(이름자) : 제주어의 특성상 '이름자(--字)'가 '일름재'로 된 것은 '이'에 'ㄹ'이, '자'에 'ㅣ' 가 덧붙은 꼴.
※ ㅏ〉ㅐ : 가마>가매, 글자>글재, 식가(式暇)>식개, 고가(高家)>고개, 현가(玄家)>선개, 부자(富者)>부재, 웅마(雄馬)>웅매, 자마(雌馬)>ᄌᆞ매, 휴가(休暇)>수개, 가볍다>개벱다, 바라다>배래다, 장가가다>장개가다 ….

19) 모르멍/몰르멍(모르면서) : '모르다'에 대응하는 '모르다/몰르다'의 어간 '모르/몰르'에 상태나 동작이 연이어짐을 나타내는 연결어미 '-멍(-면서)'이 결합된 꼴. '르다'로 끝나는 기본형은 그 앞 음절에 받침이 없으면 'ㄹ'이 덧붙은 'ㄹ르다'가 돼서 쌍형어가 됨.
※ 가르다/갈르다(가르다), 구르다/굴르다(구르다), 나르다/날르다(나르다), 너르다/널르다(넓다), 다르다/달르다(다르다), ᄆᆞ르다/ᄆᆞᆯ르다(乾/裁:마르다), ᄇᆞ르다/ᄇᆞᆯ르다(着:바르다), ᄍᆞ르다/ᄍᆞᆯ르다(短/斷:짧다/짜르다), ᄐᆞ르다/ᄐᆞᆯ르다(뜯다) ….

· 비바리[20] 늙어가민 ᄀᆞ레착/짝[21] 지엉 산더레/드레/디레[22] 오른다/올른다.[23]

(처녀 늙어 가면 매돌짝 지고 산으로 오른다.)

· 양반은 돗 ᄑᆞᆯ앙/안[24] ᄒᆞᆫ 냥, 개 ᄑᆞᆯ앙/안 반 냥.

(양반은 돼지 팔아서 한 냥, 개 팔아서 반 냥.)

<과장>

· 곤침떡 니만이[25] 먹으민 시참[26] 더 걷나.

(백설기 이만큼 먹으면 시오리 더 걷는다.)

---

20) 비바리(소녀/처녀) : 시집을 가지 않은 여성을 일컬음. 그 어원은 전복 따는 여자에서 유래한 것으로 전해지기도 하였다. '빗/핏'에 여자를 나타내는 '바리'가 결합된 꼴로 보는 게 그것임.

※ '냉바리'를 시집간 여자라고 함은 잘못된 것.

21) 짝/착(짝) : '맷돌짝'에 대응하는 'ᄀᆞ래짝/착(맷돌짝)'의 '짝/착(짝)'은 둘이 서로 어울려 한 벌이나 한 쌍을 이룬다는 명사가 앞의 'ᄀᆞ래(맷돌)'와 결합된 합성어. 표준어의 '짝'은 '착'이라고도 하는데, 'ㅉ ⇌ ㅊ'은 상호교류됨.

※ 문짝 ⇌ 문착, 신짝 ⇌ 신착, 첫째 ⇌ 첫차 ⇌ 첫채, 통째 ⇌ 통차 ⇌통채, 째지다 ⇌ 채지다, 찢다 ⇌ 칮다 ….

22) 더레/드레/디레(으로) : 자음으로 끝나는 체언 다음에 붙는 '으로'에 대응하는 부사격조사. 예) 논[畓]더레/드레/디레(논으로), 밧[田]더레/드레/디레(밭으로), ᄌᆞᆺ[側]더레/드레/디레(곁으로), ᄋᆢᇁ[側]더레/드레/디레(옆으로) ….

※ 밋더레/드레/디레=밋터레/트레/티레, 알더레/드레/디레=알터레/트레/티레, 웃더레/드레/리레=웃터레/트레/티레.

23) 오른다/올른다(오른다) : '오르다/올르다'의 어간 '오르/올르'에 현재를 나타내는 평서형 종결어미 '-ㄴ다'가 결합된 꼴임. '르다'로 끝나는 기본형은 그 앞음절에 받침이 없는 모음일 경우, 'ㄹ'이 덧붙은 'ㄹㄹ다'가 되어 쌍형어가 됨. ※ 주 19) 참조.

24) ᄑᆞᆯ앙/안(팔아서) : 양성모음어간에 붙어 뒷말로 이어주는 '-아서'에 대응하는 연결어미. 일반적으로 현재/미래의 상태나 동작을 나타낼 때는 '-앙'이, 과거일 때는 '-안'이 주로 쓰임. 하지만 여기서처럼 일반적인 통속성을 나타낼 경우는 시제구분 없이, 주 13)의 '-당/-단'과 같이 어느 것을 써도 됨.

※ 음성모음어간 다음에는 '-엉/-언'이 붙고, 'ᄒᆞ다(하다)'의 어간 'ᄒᆞ' 다음에는 '-ᄋᆢᆼ/-영//-ᄋᆢᆫ/-연'이 붙음.

25) 니만이(이만큼) : '니(齒:이)'에 비교격조사 '만큼'애 대응하는 '만이'가 결합된 꼴. <제주어표기법>에서, '치아(齒牙)'는 '니/니빨'로, 수량 · 차례를 나타내는 수사(數詞)는 '닛' · '닛째/닛차/닛채'로 표기.

- 글 배우랭/랜[27] ᄒᆞ난[28] 개 잡는 걸[29] 뱁나.[30]
  (글 배우라고 하니/니까 개 잡는 것을 배운다.)
- 미운 메노리/메누리 시아방 정갱이서[31] 놈삐 썬다.
  (미운 며느리 시아바지 정강이에서 무 썬다.)
- 생이 ᄒᆞᆫ ᄆᆞ리로 일뤳잔치ᄒᆞ단도 다리 ᄒᆞᆫ 착/짝 남앙/안 사돈집/사돈칩이 ᄌᆞᆫ/젼[32] 들어가난 이문이 걸린다.
  (새 한 마리로 이레잔치하다가도 다리 한 짝 남아서 사돈집에 지어서 들어가니 대문에 걸린다.)

---

26) 시참(三站:시오리) : '시오리'의 대응어(對應語). <제주어표기법>에 수사(數詞)의 '셋'은 '싯'으로, 관형사 '세'는 '시'로 표기. ※ **수사** : 싯이/싯은/싯을 …. **관형사** : 시 개(세 개), 시 사름(세 사람) ….

27) 배우랭/랭(배우라고) : '배우다'의 어간 '배우'에 명령형어미 '-라'와 부사격조사 '고'가 덧붙은 '-라고'에 대응하는 연결어미. 이것들 역시 '주 13) · 23)'과 같은 맥락에서, 현재나 미래의 사실을 나타낼 때는 '-랭'을, 과거를 나타낼 때는 '-랜'을 쓰기도 하지만, 일반적 통속성을 나타내는 운위형(云謂形)일 때는 시제구분 없이 어느 것을 써도 됨.

28) ᄒᆞ난(하니/하니까) : 모음으로 끝나는 어간에 붙어, 원인이나 근거를 나타내는 '-니/-니까'에 대응하는 연결어미.

29) 걸(것을) : 형식명사 '것'의 준말 '거'와 목적격조사 '을'의 축약된 꼴. 특히 체언의 끝음절에 받침이 없을 때는 목적격조사 '를'의 축약됨.
※ 갈중이를>갈중일, 고기를>궤길, 다리를>다릴, 젖먹이를>젯멕이를>젯멕일, 학교를>혹조를>혹졸 ….

30) 뱁나(배운다) : '배우다'의 어간 '배우'에 대응하는 '뱁'과 종결어미 '-ㄴ다'에 대응하는 '-나'가 결합된 꼴. 이런 형태의 'ㅂ종성어간'을 가진 기본형의 쌍형어(雙形語)들이 흔히 쓰임. ※ 게우다>겝다, 비우다/빕다, 데우다>뎁다, 메우다>멥다, 세우다/셉다, 재우다>잽다, 채우다/챕다, 캐우다/캡다, 태우다/탭다, 피우다>핍다 ….

31) 정갱이서(정강이에서) : '정강이'이가 'ㅣ 모음역행동화'에 따른 '정갱이'에, 조사 '에서'가 준 '서'가 결합된 꼴. 제주어인 경우, 동화된 꼴을 선호함. ※ ᄀᆢ드랑이/겨드랑이>ᄀᆢ드랭이/겨드랭이>ᄌᆢ드랭이/저드랭이, 껄렁이>껄렝이, 두드러기>두두레기/두드레기, 멍텅이>멍텡이, 밥덩이>밥뎅이, 젖먹이>젯멕이, 넘기다>넹기다, 벗기다>벳기다 ….

32) ᄌᆞᆫ/젼(지어서/져서) : '지다(負)'의 어간 '지'에 동작을 나타내는 연결어미 '-언'이 결합된 '지+언'이 준꼴. 'ᄌᆞᆫ'은 '젼'의 고형(古形). 옛 분들은 'ㅕ'는 말하기에서 '‥(ᆢ)'를 주로 사용함.
※ 고구려(高句麗)>고구ᄅᆢ, 열매(果/實)>ᄋᆢᆯ매, 여름(夏)>ᄋᆢ름, 옆(側)>ᄋᆢᇁ, 여섯>ᄋᆢ숫, 여덟>ᄋᆢ답, 열셋>ᄋᆢᆯ싯>열싯, 가렵다>ᄀᆞᄅᆢᆸ다>ᄀᆞ렵다, 견디다>ᄀᆢᆫ디다>ᄌᆢᆫ디다>전디다, 마렵다>ᄆᆞᄅᆢᆸ다>ᄆᆞ렵다, 데려오다>ᄃᆞᄅᆢ오다>ᄃᆞ려오다 ….

4) 내용별

<생계>

· 좀ᄂᆞ/좀녀/좀녜[33] 늙엉/언 죽은 건 걸름도 안 뒌다.
(좀ᄂᆞ/좀녀/좀녜 늙어서 죽은 것은 거름도 안 된다.)

· 집 물린 부잰 엇곡/웃곡, 밧 물린 부잰 잇저/싯저.[34]
(집 물린 부자는 없고, 밭 물린 부자는 있다.)

· 밧디서[35] 해 트곡/뜨곡,[36] 밧디서 해 진다.
(밭에서 해 뜨고, 밭에서 해 진다.)

· ᄒᆞᆫ ᄃᆞᆯ에 개욱/개역 시 번 ᄌᆞ배기 시 번ᄒᆞ으/여[36] 먹으민 집안 망ᄒᆞᆫ다.
(한 달에 미숫가루 세 번 수재비 세 번하여 먹으면 집안 망한다.)

---

33) 좀ᄂᆞ/좀녀/좀녜(潛女) : 해산물 채취를 위하여 물질을 생업으로 하는 여자를 일컫는 한자어다. 이들 명칭은 한자어지만 그대로 살려 고유명사화해야 할 민중어(民衆語). 해녀(海女:アマ)는 일제잔재어(日帝殘在語)임. 구좌읍 하도리에 세워진 '濟州海女抗日運動記念塔'의 '海女'는 부끄러운 것!
※ 1953년 행정용어로 '좀수/잠수(潛嫂)'로 사용하도록 됐었음. 세계문화유산으로 정통성의 문제가 있는 해녀(海女)로 등재됐을 때, 제주도 고유의 '좀ᄂᆞ/점녀/좀녜'가 일본의 아류로 전락하는 수모를 겪을 수도! 또 '해녀박물관'도 '좀ᄂᆞ/좀녀/좀녜박물관'이나 '좀수박물관'으로 했어야!

34) 잇저/싯저(있다) : '잇다/싯다'의 어간 '잇/싯'에 종결어미 '-다'에 대응하는 활용형종결어미 '-저'가 결합된 꼴. 그러니 '잇저/싯저'는 기본형이 될 수는 없고, 오직 활용형일 뿐.
※ '잇저'의 기본형 '잇다'는 규칙동사이고, '싯다'는 불규칙동사다. <제주어표기법> 제30항 (5) 참조.

35) 밧디서(밭에서) : 어떤 처지를 나타내는 '에서'에 대응하는 부사격조사. 이 밖에도 눌왓디서(가리터에서), 머리맛디서(머리맡에서), 밋디서(밑에서), 솟디서(솥에서) ….

36) 뜨곡/트곡(뜨고) : '뜨다'의 어간에 연결어미 '-곡(-고)'이 결합된 꼴. 'ㄸ⇌ㅌ' 상호교류됨.
※ ᄀᆞ뜨다⇌ᄀᆞ트다(같다), 부뜨다⇌부트다(붙다), 떨어뜨리다⇌털어트리다(떨어뜨리다/떨어트리다), 멍떵ᄒᆞ다⇌멍텅ᄒᆞ다(멍텅하다), 떨떠름ᄒᆞ다⇌털터름ᄒᆞ다(떨떠름하다), 똥똥ᄒᆞ다⇌통통ᄒᆞ다(똥똥하다), 뜨나다⇌트나다(다르다), 헐뜯다⇌헐튿다(헐뜯다) …

37) 번ᄒᆞ으/여(번하여서) : 'ᄒᆞ다(하다)'의 어간 'ᄒᆞ'에 연결어미 '-으/-여'가 결합된 꼴. '-으'는 '-여'의 고형(古形). ※ 모음조화와 관계없이 'ᄒᆞ'를 어간으로 가진 용언에는 '-으/-여'가 붙는다. 특히 유념해야 할 점은, 'ᄒᆞ으'의 꼴이 되면 '으-불규칙'이 되고, 'ᄒᆞ여'가 되면 '여-불규칙'이 됨. 'ᄒᆞ으'는 'ᄒᆞ여'의 고형(古形). ᄒᆞ응(은)>ᄒᆞ영(연)>하여서, ᄒᆞ웃이난>ᄒᆞ엿이난>하였으니, ᄒᆞ웃이민>ᄒᆞ엿이민/하였으면, ᄒᆞ웃저>ᄒᆞ엿저>하였다, ᄒᆞ

<처세>

- 곧은 남근/낭근[38] 가운듸[38] 산다.
 (곧은 나무는 가운데 선다.)
- 이녹네/이녁네[40] 집 식개[41] 모르는/몰르는 놈이 놈/놈의 집 식개 알카.[42]
 (자기네 집 제사 모르는 놈이 남의 집 제사 알까.)
- ᄒᆞ룻굿 보쟁/잰[43] 코 가끈다/까끈다.[44]
 (하룻굿 보려고/보자고 코 깎는다.)

웃수다>ᄒᆞ엿수다>하였습니다, ᄒᆞ음수가(과)>ᄒᆞ염수가(과)>하고 있습니까, ᄒᆞ웃어라>ᄒᆞ엿어라>하였더라, ᄒᆞ웃구나(낭)>ᄒᆞ엿구나(낭)>하였구나 ….

38) 남근/낭근(나무는) : '나무(木)'의 대응어 '남/낭'에 '근'의 결합된 꼴. 이런 꼴을 고어문법에서는 'ㄱ곡용형(-曲用形)'이라고 해서, 'ㅁㄱ'을 받침자로 하는 '낡'을 어근으로 해서 곡용할 때 격조사 '이/은/을/에/으로…' 대신에 'ㄱ조사'를 취하는 것과 같은, '기/근/글/게/그로' 표기했던 것이 그대로 이어진 것임. 그렇다고 '나모/나무'의 곡용형인 '낡'은 단독체로는 안 씀.

39) 가운듸(가운데) : 명사 '가운데'의 '데'에 대응하는 표기. <제주어표기법>에는 어미 '-데'를 포함해서 장소를 나타내는 '데'도 '디'로 표기. 필자는 곳을 나타내는 형식명사 '데'인 경우는, 고어를 그냥 살려 '듸'로 표기. ※ 놀 듸(놀 데/곳), 먼 듸(먼 데/곳), ᄏᆞᆯ훈 듸(깨끗한 데/곳), 존 듸(좋은 데/곳) ….

40) 이녹네/이녁네(자기의) : '-네'는 복수를 나타내는 접미사이지만, 예외적으로 속격조사(屬格助詞) '의'와 같이 쓰임. ※ 느네 집(너의 집), 가이네 집(그 아이의 집), 놈네/놈네 집(남의 집), 자네 집(저 아이의 집), 지네 집(자기의 집) ….

41) 식개[式暇:식가] : 조선시대 조정의 환관들에게 기제사나 장사가 났을 때 주는 정기휴가인 '식가(式暇)'의 '가(假)'에 모음 'ㅣ'가 덧붙어서 '개'로 변한 것임. ※ '주 17)' 참조.

42) 알카(알까) : '알다'의 어간 '알'에 의문형종결어미 '-까'에 대응하는 '-카'가 결합된 꼴. ※ 가카(갈까), 뒈카(될까), 말카(말까), 좋카(좋을까), 믿으카(믿을까), 춤으카(참을까), 주카말카(줄까말까), ᄒᆞ카말카(할까말까) ….

43) 보쟁/잰(보려고/보자고) : '보다'의 어간 '보'에 의도형연결어미 '-려고/-자고'에 대응하는 '-쟁/-쟁'이 결합된 꼴. 이 경우의 '-쟁/-잰'은 시제에 구애받지 않음.

44) 가끈다/까끈다(깎는다) : '깎다'에 대응하는 '가끄다/까끄다'의 어간 '가끄/까끄'에 현재의 사실이나 동작을 나타내는 종결어미 '-ㄴ다'가 결합된 꼴. <제주어표기법>에는 '깎으다'를 기본형으로 한, 꺾으다(꺾다), '낚으다(낚다), 닦으다(닦다), 묶으다(묶다), 볶으다(볶다), 섞으다(섞다)로 표기. 필자는 선학들처럼 '가끄다'를 기본형으로 표기.
※ '거끄다, '나끄다, 다끄다), 무끄다, 보끄다), 서끄다' … 또 '갓그다, 낫그다, 닷그다, 뭇그다, 붓그다, 섯그다'로도 가능함.

· 난시꿋/난시고장[45] 필 땐 이ᄌᆞ속 저ᄌᆞ속 ᄒᆞ당 삼가지 거리곡 보리 곱을 땐 요레 앚순/앚심[46] 저레 앚순/앚심 ᄒᆞᆫ다.
(냉이꽃 필 때는 이자식 저자식 하다가 삼가지 벌어지고 보리 굽을 때는 이리 앉게 저리 앉게 한다.)

<골계>

· 글도 초멘,[47] 나도 초멘.
(글도 초면, 나도 초면.)

· 조쟁이 ᄍᆞ른/ᄍᆞᆯ른[48] 건 써도 글 ᄍᆞ른/ᄍᆞᆯ른 건 못 쓴다.
(자지 짧은 것은 써도 글 짧은 것은 못 쓴다.)

· 떡진 사ᄅᆞᆷ/사름[49] 춤추난, 몰똥 진 사ᄅᆞᆷ/사름도 ᄀᆞ치/ᄀᆞ찌[50] 춘다.
(떡 진 사람 춤추니, 말똥 진 사람도 같이 춘다.)

· ᄋᆞᆯ니/열니 술에 애기 나민 도고리 어펴[51] 뒁 배뛸락ᄒᆞ멍/배튈락ᄒᆞ멍 논다.
(열네 살에 아기 낳으면 함지박 엎어 두고 줄뛰기/줄넘기하면서 논다.)

---

45) 난시꿋/난시고장(냉이꽃) : '냉이+꽃'에 대응하는 '난시+꿋/고장'이 결합된 합성어. 체언 끝소리 받침 'ㅊ'은 'ㅅ'을 써야.
※ 빛깔>빗깔, 및>밋, 몇>멧, 몇몇>멧멧 …. 주 9) · 34)' 참조.

46) 앚순/앚심(앉게/앉으오) : '앉다'에 대응하는 '앚다'의 어간 '앚'에 동료나 후배, 아랫사람한테 점잖게 대할 때 쓰는 반존대형(半尊待形)의 종결어미 '-순/-심'이 붙은 꼴.
※ 여성전용어.

47) 초멘(初面:초면) : '초면'의 '면'이 '멘'으로 전이(轉移)된 꼴. ※ **며〉메/미** : 면도(面刀)>멘도/민도, 면장(面長)>멘장/민장, 표선면(表善面)>페선멘, 냉면(冷麪)>냉멘, 몇몇>멧멧, 명랑ᄒᆞ다>멩랑ᄒᆞ다, 분명하다>분멩ᄒᆞ다, 증명하다>징멩ᄒᆞ다 ….

48) ᄍᆞ른/ᄍᆞᆯ른(짧은) : '짧다'에 대응하는 'ᄍᆞ르다/ᄍᆞᆯ르다'의 어간 'ᄍᆞ르/ᄍᆞᆯ르'에 관형형어미 '-ㄴ'이 결합된 꼴. ※ '짧다'의 'ㄼ'은 안 쓰는 대신 'ᄍᆞ르다/ᄍᆞᆯ르다' · 'ᄌᆞ르다/ᄌᆞᆯ르다'가 기본형.

49) 사ᄅᆞᆷ/사름(사람) : '사ᄅᆞᆷ'은 중세국어이고, '사름'은 조선 후기로 접어들면서 아래아 'ㆍ(ᄋᆞ)'가 'ㅡ(으)'로 바뀐 꼴. ※ 사ᄅᆞᆷ>사름>사람. ᄇᆞᄅᆞᆷ>ᄇᆞ름>바람(風), ᄀᆞᄋᆞᆯ>ᄀᆞ을>가을, ᄆᆞᄋᆞᆷ>ᄆᆞ음>마음 ….

50) ᄀᆞ치/ᄀᆞ찌(같이) : '같다'에 대응하는 'ᄀᆞ트다'의 어간 'ᄀᆞ트'에 부사형접미사 '-이'각 결합해서 구개음 화한 꼴. 'ᄀᆞ찌'는 'ᄀᆞ치'의 이형동어(異形同語).

<내세>

- 죽은 사ᄅᆞᆷ/사름 질[52] 쳐사 존[53] 고단 간다.
  (죽은 사람 길 쳐야 좋은 곳에 간다.)
- 산 때 안 문 빗, 죽엉[54] 저싱가도 물어사 ᄒᆞᆫ다.
  (산 때 안 갚은 빚, 죽어서 저승가도 물어야 한다.)
- 뒈 속이곡 저울눈 속이민 죽엉 저싱가민 대꼬쟁이로/대코쟁이로[55] 눈 찔렁쩬다/챈다.
  (되 속이고 저울눈 속이면 죽어서 저승가면 대꼬챙이로 눈 찔러서 짼다.)

---

51) 어퍼(엎어) : '엎다'에 대응하는 '어프다'의 어간 '어프'에 음성모음어간에 붙는 연결어미 '-어'가 결합된 꼴. ※ <제주어표기법>에는 '갚으다(갚다), 높으다(높다), 덮으다(덮다), 싶으다(싶다), 지프다(깊다/짚다)'로 표기. 필자는 선학들처럼 '가프다, 노프다, 더프다, 시프다, 지프다'로 표기.

52) 질(路:길) : '길'의 '질'로 구개음화된 꼴. 방언(方言)에서 대개 '기'가 '지'로 쓰임. ※ **기〉지** : 기름>지름, 김치>짐치, 길이>지럭시/지레기, 기둥>지둥, 기차>지차, 기저기>지성귀, 김씨(金氏)>짐씨, 기르다>지루다/질루다, 기다리다>지드리다, 기침하다>지침ᄒᆞ다, 기특ᄒᆞ다>지특ᄒᆞ다 …. **갸〉자** : 갸웃갸웃>자웃자웃, 갸울어지다/자울아지다/자울어지다, 갸륵하다>자륵ᄒᆞ다, 갸우뚱하다>자우뚱ᄒᆞ다 …. **겨〉ᄀᆞ/ᄌᆞ/저** : 겨를>ᄀᆞ를/ᄌᆞ를/저를, 겨드랑이>ᄀᆞ드랑이/ᄀᆞ드랭이//ᄌᆞ드랑이/ᄌᆞ드랭이//저드랑이/저드랭이, 겨울>ᄀᆞ을/ᄌᆞ을/저을, 견본(見本)>ᄀᆞᆫ본/ᄌᆞᆫ본/전본, 결승전>ᄀᆞᆯ승전/ᄌᆞᆯ승전/절승전, 경마장(競馬場)>ᄀᆞᆼ매장/ᄌᆞ매장/정매장, 격돌(激突)하다>ᄀᆞᆨ돌ᄒᆞ다/ᄌᆞᆨ돌ᄒᆞ다/적돌ᄒᆞ다, 공격하다>공ᄀᆞᆨᄒᆞ다/공ᄌᆞᆨᄒᆞ다/공적ᄒᆞ다, 결석하다>ᄀᆞᆯ속ᄒᆞ다/ᄌᆞᆯ속ᄒᆞ다/절속ᄒᆞ다, 해결하다>해ᄀᆞᆯᄒᆞ다/해ᄌᆞᆯᄒᆞ다/해절ᄒᆞ다 …. **교〉조** : 교실>조실, 교육자>조육ᄌᆞ, 교장선생>조자선싱, 기독교>지독조, 학교 교육>ᄒᆞᆨ조조육, 교류하다>조류ᄒᆞ다, 교섭하다>조섭ᄒᆞ다, 비교하다>비조ᄒᆞ다, 공교롭다>공조ᄅᆞᆸ다 …. **규〉주** : 규율>주율, 규칙>주칙, 법규>법주, 병귤(瓶橘)>벵줄, 평균점수>펭준좀수, 규정하다>주정ᄒᆞ다, 규합하다>주압ᄒᆞ다, 균등ᄒᆞ다>준등ᄒᆞ다 …. **계〉제** : 계단>제단, 곗돈(契ㅅ-)돈>젯돈, 계모(繼母)>제모, 계산>제산, 계획하다>제웩ᄒᆞ다 ….

53) 존(좋은) : '좋다'의 어간 '좋'에 관형형어미 '-은'이 결합된 '좋+은'이 줄어진 꼴. ※ 좋을>졸, 좋으니>조난, 좋으면>조민.

54) 죽엉(죽어서) : 여기서 '-엉'은 장차 있을 미래에 관한 사실을 나타내는 것이므로, '-언'이 아닌 '-엉'이 라야.

55) 대꼬쟁이로/대코쟁이로(대꼬챙이로) : 합성어 '대꼬챙이'에 대응하는 '대+꼬쟁이/대+코쟁이'에 도구격조사 '로'가 결합된 꼴. '꼬쟁이/코쟁이'의 '꼬⇌코'는 상호교류됨. ※ 까마귀⇌카마귀, 이러궁저러궁⇌이러쿵저러쿵, 깜깜ᄒᆞ다⇌캄캄ᄒᆞ다, 꺼멍ᄒᆞ다⇌커멍ᄒᆞ다, ᄒᆞᆫ까⇌ᄒᆞᆫ카 ….

· 시집 장개[56]안 강 살민 죽엉 저싱가민 망데기 쓴다.
(시집 장가 안 가서 살면 죽어서 저승가면 중두리 쓴다.)

<속신>

· ᄂᆞᆷ이위뒌/놈이위뒌[57] 예펜[58] ᄆᆞᆯ숙/ᄆᆞᆯ석 안 넘나.
(임신된 여자 말줄/말석 안 넘는다.)

· 밤중이[59] ᄂᆞᆯ궤기/생궤기 안 ᄋᆞᆺ앙/앗엉[60] 댕긴다.
(밤중에 날고기/생고기 안 가져서 다닌다.)

· 백록담이 강 부정ᄒᆞᆫ 말ᄒᆞ민 어남 ᄍᆞᆼ/쪙[61] 질 이른다/일른다.[62]
(백록담에 가서 부정한 말하면 안개 껴서 길 잃는다.)

---

56) 장개(丈家:장가) : '장가'에 모음 'ㅣ'가 덧붙은 꼴. ※ 주 17) · 40) 참조.

57) ᄂᆞᆷ이위뒌/놈이위뒌(임신된) : '임신되다'의 어간 '임신되'에 대응하는 'ᄂᆞᆷ이위뒈/놈이위뒈'에 관형형어미 '-ㄴ'이 붙는 <ᄂᆞᆷ/놈+이+위+뒈+ㄴ>의 결합된 꼴. ※ 잉태의 성스러움을 우회적으로 일컫는 금기어(禁忌語).

58) 예펜(女便:여편) : 혼인한 여인. '여편'에 대응하는 '예편'의 '예'는 '주 18) · 40)'과 같은 맥락에서, 여(女)에 모음 'ㅣ'가 덧붙은 꼴이고, '펜'은 '편(便)'이 변한 꼴임.
※ **펴〉페** : 평생>펭생/펭싱, 평화>펭와, 편지>펜지, 평안도>펭안도, 편리하다>펜리ᄒᆞ다, 편집하다>펜집ᄒᆞ다, 평평ᄒᆞ다>펭펭ᄒᆞ다, 형편없다>성펜엇다 …. **표〉페** : 표적(標的)>페적, 표말(標抹)>페말, 표지(表紙)>페지, 이름표>이름페/일름페, 투표(投票)>투페, 표선면(表善面)>페선멘, 표류(漂流)하다>페류ᄒᆞ다, 표시(表示)ᄒᆞ다>페시ᄒᆞ다 ….

59) 밤중이(밤중에) : 때를 나타내는 '에'에 대응하는 부사격조사. ※ 격조사 '에' · '이'는 공용.

60) ᄋᆞᆺ앙/앗엉(가져서) : '가지다'에 대응하는 'ᄀᆞ지다'의 이형동어(異形同語)인 'ᄋᆞᆺ다/앗다'의 어간 'ᄋᆞᆺ/앗'에 연결어미 '-앙(아서)/-엉(어서)'이 결합된 꼴.

61) ᄍᆞᆼ/쪙(껴서) : '끼다'에 대응하는 '찌다'의 어간 '찌'에 연결어미 '-엉'이 결합된 '찌+엉'이 준꼴. 'ᄍᆞᆼ'은 '쪙'의 고형(古形). 'ㄲ'이 'ㅉ'으로 된 것은 구개음화.
※ 끼다>찌다, 끼리>찌리, 끼리끼리>찌리찌리, 끼치다>찌치다, 껴안다>쪄안다, 끼어들다>찌어들다, 끼우다>찌우다 ….

62) 이른다/일른다(잃는다) : '잃다'의 활용형 '잃는다'에 대응하는 '이른다/일른다'의 어간 '이르/일르'에 현재시제를 나타내는 선어말어미 '-ㄴ-'과 종결어미 '-다'가 결합된 꼴.
※ '르다'로 끝나는 용언의 기본형은 그 바로 앞이 음절이 받침이 없는 모음일 때는 'ㄹ'이 덧붙어서 'ㄹ르다'의 꼴로도 쓰임. ※ 주 19) 참조.

· 신구간인[63] 날 안 봐그네/근[64] 이ᄉᆞᄒᆞᆫ다.
(신구간에는 날 안 봐서 이사한다.)

이상에서 보듯이, 제주도속담은 옛 분들이 직접 체득(體得)한 삶의 철학을 간명하게 표현한 생활훈(生活訓)이자 민중의 시(詩)다. 비록 '속신형(俗信形)'인 경우, 현대인들에게는 비과학적인 허황한 미신(迷信)으로 매도되기 쉽다. 하지만 이들 '속신'의 갖는 비과학의 과학성을, 예전에는 현대신앙의 계율(戒律)에 못지않은 잠언(箴言)으로 삼았다. 더구나 속담은 오늘의 제주도를 있게 만든 옛 분들의 숨결과 삶의 지혜가 끈끈히 묻어 있는, 가장 제주도적인 말의 보배로서 제주인의 정체성과 직결돼 있다. 대화가 있는 곳이면 어디서나 떠올릴 수 있는 〈날개 달린 말〉·〈임자 없는 화폐〉와 같이, 다양하게 활용할 수 있는 간명(簡明)한 제주어 학습지도 자료의 제1순위로 꼽을 수 있다.

-『제주어의 이해와 표현』, (사)제주어보전회.

---

63) 신구간인(신구간에는) : 겹조사 '에는'에 대응하는 '이+는'의 준 꼴. ※ 장소나 때 따위를 나타내는 부사격조사 '에'는 제주어에서 '에/이'가 공용됨.

64) 봐그네/근(보아서) : 연결어미 '-아' 다음에 붙는 '-아서'에 대응하는 보조사. '근'은 '그네'의 준 꼴.

5. 제주의 계절속담[65)]

1) 봄철

· **삼ᄉᆞ월에 난 애기 저냑이 인ᄉᆞᄒᆞᆫ다.**
(삼사월에 낳은 아기 저녁에 인사한다.)

예나 지금이나 삼사월 달은 추운 겨울이 말끔히 가시고 다사로운 햇살이 비치는 시기다. 거기에다 낮이 길이가 길어져서 지상의 만물이 생동감이 넘치기 시작한다. 그러니 이 시기에 낳은 아기는 그 성장이 빠를 수밖에 없다. 아침에 났는데 저녁때가 되니 인사를 할 정도니까. 그럼 그게 사실일까? 아니다. 있을 수 없는 거짓말이다. 눈발이 내리고 차디찬 칼바람이 몰아쳐서 오금을 못 펴고 사는 겨울철에 비하면 천국이나 다름없기에 하는 말이다. 그럴 정도로 봄철에는 어린애 키우는 기후조건이 좋다는 것이다.

그것이 유아들에게만 한정된 것이 아니다. 짐승인 말도 마찬가지다. 그 대표적인 예가 "**삼ᄉᆞ월 웅매.**(삼사월 웅마.)"라고 해서, 봄철의 웅마(雄馬)는 힘이 넘쳐 억세어 진다. 그럴 수밖에 없는 것이, 겨우내 웅크리고 지내다가 널따란 들판에서 파랗게 돋아난 풀을 포식하고 보니 저절로 힘이 솟구친다. 타고난 본능인 야성까지 발동이 걸려 사방에서 말들이 울부짖는 소리가 메아리친다. 이때는 주인도 가까이 가면 콧소리를 흐르릉거리며 앞발로 땅을 찍어대기 일쑤다. 짝짓기의 절정기를 맞았으니, 어찌 짐승인들 기개를 맘껏 펴고 싶은 성깔이 없겠는가.

식물도 예외는 아니다. "**삼ᄉᆞ월엔 부지깽일 땅에 꼽아도 순 돋나.**(삼사월에는 부지깽이를 땅에 꽂아도 순이 돋는다.)"고 한 것이 그것이다. 그렇다면 마른 나뭇가지를 땅에 꽂아도 뿌리가 돋아서 싹이 튼다는 말과 같다. 그게

65) 여기 게재된 속담들은 제주과학연구원에서 발간하는 『제주교육』에 연재했던 것을 옮긴 것이다.

어디 있을 법이나 한 말인가. 엄지손가락 귀구멍에 안 들어갈 소리다. 그럴 정도로 봄에는 식물도 생명력의 강렬하다는 것이다. 요즘은 국가 지정 공휴일에서 제외됐지만, 매해 4월 5일은 '식목일'로 돼 있다. 그것도 이 무렵이 그 어느 때보다 심은 나무가 잘살아서 자라기 때문이다. 하긴 요즘은 사시사철 가리지 않고 옮겨 심는 경우도 있지만, 아차하면 몇 십년 자란 귀한 것을 말려 죽여 버리는 예가 적지 않다.

그러나 요즘의 봄철은 예전 같지 않아 탈이다. 맑고 푸르러야 할 하늘에는 황사가 몰려오고, 밤하늘엔 별빛이 영롱치가 않다. 청정환경(清淨環境)을 외치지만 그게 남의 탓이란 말인가. 자업자득(自業自得) 다 자기가 저지른 죄과를 받고 있으니, 입이 열이라도 할 말이 없어져 버렸다.

· 삼ᄉᆞ월 애기 어멍 돌이라도 니 안 들엉 못 먹나.

(삼사월 아기 어머니 돌이라도 이가 아니 들어서 못 먹는다.)

옛날의 삼사월은 천자문(千字文)에 있는, 가을에 거둬들여 겨울에 저장한다는 추수동장(秋收冬藏)이 끝난 지 삼사 개월이 넘은 때다. 한해에 수십 석을 거둬들여 식량이 남아도는 부잣집이면 모를까, 겨울이나 빠듯이 넘길 정도의 식량을 가지고는 봄이 되면 목구멍이 포도청이라서 별생각을 다하기 마련이다. 돌멩이라도 입에 물었을 때 치아가 들어가서 씹을 수만 있다면 아삭아삭 깨물어먹겠다는 것이다. 배고픈 서러움이 어떤 것인지, '보릿고개'의 아픈 세월을 절감케 한다.

아니나 다를까, 설령 '보릿고개'가 아니더라도 식량난에 허덕이기는 매한가지다. 오죽했으면 "**곤침떡 니만이 먹으민 시참은 더 걷나.**(백설기 이빨만큼 먹으면 시오리는 더 걷는다)" · "**쉐기떡 혼착 빵 종달리 간다.**(지게밋떡 반쪽 보고 종달리에 간다.)"는 말이 나왔겠는가. 쌀이 귀해서 늘 잡곡밥도 제대로 못 먹는 사람에게는 쌀가루를 시루에 담고 찐 '설귀(백설기)'는 여간 귀한 음식이 아니다. 특별히 제를 올릴 때면 모를까 예사 때는 좀처럼 만들지 않는 귀한 떡이다. 그런 떡을 이빨만큼 떼어먹으면 시오리(十五里)인 6㎞를 더 걸어갈 수 있는 힘이 생긴다는 것이다. 또한 술지게미와 보리나 밀알에서 벗겨낸 겨를 함께 버무려서 손으로 꾹꾹 쥐어서 만든 '쉐기떡'을 하나도 아닌, 반쪽을 먹기 위해 '종달리'까지 간다면, 그 간고(艱苦)한 삶의 아픔을 어떻게 이해해야 할까? 그것만이 아니다. "**애기 설 땐 벡ㅂ름에 흑도 테어먹구정 혼다.**(아기 설 때는 벽에 바른 흙도 떼어먹고자 한다.)"고 했으니, 수염이 대자라도 먹어야 양반이란 말 그대로다.

아마 현대인들에게는 허풍선이로 비쳐질 수밖에 없다. 과장된 것은 사실이지만, 그 속에 머금고 있는 가난의 극한치(極限値)는 그 이상이다. 식량난은 전국적이어서 "**쏠 흔 방울 봥 굿인물 흔 도고리 다 들이쓴다.**(쌀 한 방울 보고 구정물 한 함지박 다 들이켠다.)"고 한 것만 봐도 식량은 삶의 노른자였다. 지금은 빵의 본능만 해결하고는 못 산다고 아우성이다. 그래도 그렇지, 그토록 '곤밥(쌀밥)' 향수증에 걸렸던 시절을 까맣게 잊었으니 말이다. 그 먹다 남은 귀한 '곤밥'이 수체구멍에 마구 버려지고 있지 않는가. 그러고도 못먹고 못산다는 말랑 제발 떠올리지 말았으면 좋겠다.

· 삼월 보름 물찌에 뜬 살림 낸다.
(삼월 보름 무수기에 딴 살림을 낸다.)

일 년 중 간만의 차가 가장 심해서 물이 잘 썰 때가 음력 3월 15일과 7월 15일이다. 이때는 해산물을 채취하는 '바릇잡이'의 최적기다. 특히 물질하는 줌ᄂᆞ/줌녀/줌네(潛女)·줌수(潛嫂)들에게는 더욱 신바람이 난다. 채취한 해산물의 수확량이 많으니 그 수익도 는다. 그러니 혼인해서 더부살이하는 자식에게 따로 살림을 낼 밑천이 마련된다.

지금이야 대부분 자식들이 제 밥벌이는 제가 알아서 하니 별문제가 안 되지만, 옛날은 그게 아니다. 땅 파먹는 게 천직처럼 돼 있으니, 혼인 전까지는 부모 슬하에서 농사에 붙매어 살아야 한다. 그것도 부잣집이면 모르나 겨우 입에 풀칠이나 하는 처지에선 만날 쪼들리기 마련이다. 그러다 삼월이 들면 바다는 구세주(救世主)가 된다. 비록 고생해서 번 돈이지만 그것으로 솥단지랑 그릇을 마련해서 물려주는 그 기쁨이 오죽할까. 부모가 자식에게 베푸는 즐거움은 부모가 돼서 살아보지 않으면 모른다.

또 이때는 해변의 어촌사람만이 아니다. 중산간 농촌에서는 물론이고, 좀처럼 어려워도 내색하지 않는 선빗댁 마나님까지 '바릇잡이'를 나선다. **"삼월 보름 물찌엔 하우장 각씨도 구덕창 돋나.**(삼월 보름 무수기에는 선비의 부인도 바구니 차고 뛴다.)" 그저 재밌다고 웃을 수만 없는 옛 분들의 진한 삶의 내력이 콧잔등을 찡하게 만든다. 어디 그뿐인가. **"ᄀ슬그르에 가도 못 줏는 이석 바당에 가민 줏나.**(곡식그루에 가도 못 줍는 이삭 바다에 가면 줍는다.)" · **"가난ᄒᆞᆫ 친정보단 쌀물 날 바당이 더 낫나.**(가난한 친정보다는 썰물 날 바다가 더 낫다.)" · **"숭년에 친정인 가도 엇은 양숙, 바당인 가민 싯나.**(흉년에 친정에는 가도 없는 양식, 바다에는 가면 있다.)" 이처럼 바다는 제주인(濟州人)에게 생계의 텃밭인 바다농장으로 자리잡은 지 오래다.

그래서일까? 요즘 바다는 내가 임자라고 소유욕이 대단하다. 어촌마다 '깅이(게)'와 '보말(고둥류 총칭)'도 외지의 낯선 사람은 제대로 못 잡는다. '구젱기(소라)'와 '오분재기(떡조개)'는 어림도 없다. 잡았다가 혼쭐이 난다. 하기야 종자를 뿌려 키우는 것을 보호하기 위함도 있지만, 마구 개방했다가는 해산물의 씨가 다 없어지는 '씨멜족[種滅族]'의 현상이 일어날 판이니 말이다. 그러니 나쁘게 볼 수만 없다. 그럴 때면 옛 분들의 말이 되살아난다. **"바당은 임재 엇이난 바릇도 임재 엇나.**(바다는 임자가 없으니 해산물도 임자가 없다.)" 가난하게 살아도 바다와 같은 너그러움의 도량은 왜 현대인들에겐 없는 걸까.

· **봄 닌 새왓ᄁᆞ장 간다.**
(봄 이는 띠밭까지 간다.)

이 속담은 표면 그대로 받아들이면 말도 안 되는 소리다. 아무런들 옷 속에 숨었던 이가 옷 밖으로 기어나와 우글거리기로서니 띠밭까지 갈 수가 있단 말인가. 그건 아니다. 그처럼 겨우내 옷에 들어박혀 지내다가 봄철이 되니, 그 활동반경이 옷 밖으로 확대돼서 마치 이들의 운동대회를 방불케 하기 때문이다.

옛날은 겨울철 내의인 셔츠는 일년에 두세 벌을 장만해두고 갈아입을 여유가 있는 생활이 아니다. 한 벌로 겨울을 나야 할 수밖에. 잠을 잘 때마저도 입었으니, 이가 득시글거리지 않을 리가 없다. 그러면 벗어서 화롯불에 쪼인다. 뜨거우니 실밥 틈에 숨었던 놈들까지 다 기어 나와서 나 살려라 요동을 친다. 그뿐이 아니다. 손으로 다 잡아내기에는 한계가 있으니, 뜨거운 물에 담가서 몰살시킨다. 그야말로 이와의 전쟁이다. 8·15 광복 직후는 미군들의 제공하는 독한 살충제인 디디티(DDT)가 한몫을 단단히 했다. 입어 있는 옷 안에 마구 뿌려졌고, 심하면 머리에도 하얗게 뿌렸다. 그게 엇그제 같은데, 지금은 언제 그랬냐는 듯이 세상이 변했다. 상대적 빈곤은 있지만, 절대적 빈곤의 멍에에 짓눌렸던 예전에 비할 바가 못 된다. 갈옷 신세를 면치 못했던 시대는 오간데 없고, 쓰레기로 내쳐지는 말짱한 옷들이 얼마나 많은가. 더 안타까운 것은 유행에 뒤진다고 사서 몇 번 안 입었던 것들이 그대로 장롱 속에 처박히거나 심하면 버려진다. 가진 집 마나님들의 유행병을 지켜보고 있노라면 어안이 벙벙해지지 않을 수 없다. 아무리 옷이 날개라지만, 유행은 오래가지 못한다. 빠르면 그 유효기간이 한해살이로 끝나고 만다.

이런 때 "**시 이ᄄᆞᆯ이 소중이가 ᄒᆞ나인다.**(세 모녀가 고쟁이가 하나다.)"고 한 말을 곱씹어 봄이 어떨까? 지금이니 팬티를 입지, 옛날은 거의 바지만이다. 여인네인 경우는 그래도 고쟁이가 아니면, 그 속에 껴입는 호신용(護身用)의 '소중의'가 있다. 그것도 평소에는 아껴서 입지 않다가 외출할 때 입는데 단벌이다. 그걸 세 명의 모녀가 번갈아가며 입었다면 그 당시의 의생활이 어땠는지 알고도 남는다. 오늘의 양말은 20세기에 들어와서 등장한 것이고, 그전에는 주로 한국식 전통양말에 해당하는 버선이다. 떨어지면 기워 신지 버리는 법이 없다. 양말도 헐면 천을 대고 깁고 또 깁고 이중삼중으로 기워서 신다보면, 발목 위로 올라오는 부분만 양말일 뿐, 그 밑은 버선인지 양말인지 구분이 안 될 정도다. 신발도 예외가 아니다. 농어촌 백성들은 짚신이 고작이다. 비가 오거나 땅이 진 날이면 맨발이거나 나막신이 고작이다. 어쩌다 운동화쯤 신게 되면, 애들은 사람이 안 보이는 곳에서는 벗어서 들고 간다. 아껴서 오래오래 신고 싶어서다.

그에 비하면 현대인들은 엄청나게 달라진 풍요를 누리고 있는 셈이다. 그래도 노력한 만큼의 대가에 못 미친다고 곳곳에서 야단이다. 언제쯤 우리 모두의 삶이 봄기운처럼 화창해질지 세상 돌아가는 꼴이 쌈투성이 먹통들이니 탈이다.

–『제주교육』 제145호, 제주과학교육연구원

2) 여름철

· 다ᄉᆞᄒᆞᆫ 보릿ᄀᆞ슬 땐 가시아방 봐도 조롬으로 절ᄒᆞᆫ다.

(다사한 보리 수확 때는 장인어른 보아도 궁둥이로 절한다.)

예전의 곡식농사는 생계수단의 제일순위다. 특히 보리 수확은 시기를 놓치면 한두 사람으로 될 일이 대여섯 명의 일꾼이 모여들어도 수월치 않다. 이런 바쁜 농번기 때는 모처럼 찾아온 장인어른을 뵈도 궁둥이로 절을 해야 할 판이다. 아무런들 그렇게까지 결례를 범하지는 않지만, 그럴 정도로 눈코 뜰 새가 없이 바쁘다는 것이다.

아니나 다를까 농사꾼은 밭에서 해가 뜨고 밭에서 해가 지는 삶일 수밖에 없다. 특히 음력 5월 달인 여름철로 접어들기 시작하면 보리수확에 온 식구가 매달려야 한다. 수확의 시기를 놓치면 익은 보릿대가 굽으러지고 만다. 거기다 바람이라도 부는 날이면 꺾이고 헝클어져서 손으로 일일이 주워 모으느라 애를 먹는다. 그래서 농부들은 보리이삭에 노란 빛이 들기 시작하면 서둘기 마련이다. 특히 보리수확은 타작해서 알곡을 떨어내는 과정이 여간 고되지 않다. 이삭을 잘라 내거나 틀로 훑어서 볕에 말린 다음 '도깨(도리깨)'를 쳐들고 "하야도홍! 하야도홍아!" 목청을 높여가며 타작질에 비지땀을 흘려야 한다. 그것만이 아니다.

까끄라기가 묻어 껄끄럽고 근질거리는 몸통을 잔디밭에 누어 뒹굴면서 이겨내야 한다. "**보리마당질 끗딘 테역왓디 누엉 둥글멍 존딘다.**(보리마당질 끝에는 잔디밭에 누어 뒹굴면서 견딘다.)"가 그것이다. 이쯤이면 옛 분들의 삶의 어떠했는지 알고도 남는다.

그에 비하면 요즘의 농촌생활은 별천지다. '검질(잡초)'을 매는 것도 제초제를 뿌리면 되고, 거둬들이는 과정도 기계가 대신해주니 예전에 비하면 눠서 기름떡 먹기다. 하지만 요즘은 곡식농사로는 살길이 막히고 마는 안타까움의 울부짖음을 어쩌겠는가. 어찌된 것이 주식이던 알곡은 바깥자리로 밀려나고 푸성귀와 과일이 윗자리를 차지하는 판국이다. 그래도 같은 농산물이니 채소와 과일이라도 빛을 보는 것은 농가의 체면을 세우고 있지만, 농자천하지대본(農者天下之大本)은 시대에 뒤진 골동품의 신세가 돼 버렸다.

이제 생각해보면 지난날의 농촌은 설령 고달팠어도 삶의 희망을 버리지 않는 보금자리였다. 좁다란 '오랫질(골목길)'마다 애들이 왁자지껄 뛰놀았으니 농촌공동화(農村空洞化)란 말이 없었는데….

· 봄빈 좀 비, ᄋᆞ름빈 미숫가ᄅᆞ 비.
(봄비는 잠 비, 여름비는 미숫사루 비.)

사람은 계절에 따른 생리적 현상이 나타나기 마련이다. 그 중에 하나가 추적추적 비가 내리는 봄에는 집에 머물러 있을 수밖에 없으니 졸음이 쏟아진다. 또 여름철은 장마라도 지고나면 출출해서 먹을 것 생각이 간절하다. 그러니 봄철에는 낮잠 자는 게 꿀맛처럼 달고, 여름철에는 보리를 볶아서 만든 미숫가루인 '개역'을 해먹는 게 농촌의 식도락(食道樂)이다.

사실 낮잠은 봄철만이 아니다. 사시사철 일에 시달려 피로가 쌓이고 보면 눈꺼풀이 저절로 덮인다. 오죽했으면 "**봄좀은 가시자왈에 걸어져도 잔다.**(봄잠은 가시덤불에 걸어져도 잔다.)"고 했을까. 추운 겨울을 지내고 난 다음의 봄철은 춘곤증을 몰고 와서 더욱 나른케 만든다. 요즘도 점심을 먹고 나면 노근해서 한잠 흐드러지게 자고픈 것이나 다름이 없다.

그럼 먹는 것은 어떤가? 지금처럼 식성 따라 골라 먹는 식생활은 엄두도 못 낸다. 그렇다고 간식거리가 없었던 것은 아니다. 공력이 들어서 그렇지 보리를 볶아서 만든 미숫가루는 여름에 한두 번은 해 먹는다. 좀 여유가 있는 집안에서는 콩도 볶아서 함께 갈면 그 맛이 더 고소하다. 그것도 마구 해 먹지 않는다. "**ᄒᆞᆫ 둘에 개역 시 번 ᄌᆞ베기 시 번ᄒᆞᄋᆞ 먹으민 집안 망ᄒᆞᆫ다.**(한 달에 개역 세 번 수제비 세 번해 먹으면 집안 망한다.)"고 해서 여러 번 해 먹는 것을 경계했으니까. 하루 세 끼도 빠듯할 판에 간식거리는 낭비라는 것이다. 그 시절 우리네 어머니는 비가 내려 밭일을 못하게 되는 날이면 부엌에 쪼그리고 앉아 무쇠솥에 보리를 볶는다. 그리고는 맷돌에 갈아 체로 쳐낸다. 철부지 어린 녀석들은 그게 마냥 좋아서 볶은 보리를 호주머니에 담고 뛰쳐나가 동네 애들에게 자랑한다. 요즘 애들은 보릿가루라고 먹기는커녕 거들떠보지도 않는다. 하지만 옛 분들은 남녀노소 할 것 없이 한여름철 별미로 즐기는 청량음식이다.

그런 시절을 겪고 살아온 사람은 그 당시의 먹거리 섭생(攝生)에 향수를 곧잘 느낀다. 그것이 바로 청정자연의 건강식(健康食)이었구나! 고기와 빵을 선호하며 남의 식생활문화를 좋아했던 현대인들에게 주어진 것은 뭘까? 영양과잉의 후유증인 비만과 싸워야 하는 고충을 낳고 만 것이다.

· 칠팔월 양두새 짐녕 사름 애기 생긴다.

(칠팔월 샛바람은 김녕 사람 아기 생긴다.)

이 속담은 지금의 구좌읍 김녕리에 전해지고 있다. 이 곳에서 '양두새'는 북쪽과 남쪽 사이에서 불어오는 동풍인 샛바람이다. 구 제주시에서 보면 동북풍인 샛바람에 해당한다. 특히 이 '양두새' 는 음력 칠팔월에는 거세어서 파도가 높이 인다. 그러니 어부들은 출어(出漁)를 못하고 집에 머물러 있게 되므로, 부부가 잠자리를 같이 하는 시간이 많아진다. 그 결과 여인네는 임신해서 애가 생겨날 수밖에.

어쩌면 우스갯소리로 들릴지 모르지만 참말이다. 해변에 자리 잡고 있는 어촌 가운데 김녕리는 농토가 척박하고 부족하다. 그 불리한 생계여건을 바다를 텃밭으로 삼아야 한다. 밭일은 밭일대로 하면서, 여성은 물질하는 '좀ㄴ/좀녀/좀네(潛女)' · 좀수(潛嫂)'의 멍에를 이어야 하고, 남성은 낚배를 타고 고기잡이에 나서야 한다. 말 그대로 반농반어(半農半漁)의 전형적인 농어촌이다. 그러다가 보니 남자는 남자대로 여자는 여자대로 각기 생계현장에 뛰어들지 않고는 살길이 막막해진다. 그 실상이 "**짐녕 사름 새벡일 나가당 거미줄 터젓이민 퉤돌아산다.**(김녕 사람 새벽일 나가다가 거미줄 뚫렸으면 되돌아선다.)" · "**짐녕 예펜 동새벡이 둠북 혼 짐 안ᄒ민 조반 안 먹나.**(김녕 여자 새벽에 둠북 한 짐 안하면 조반 안 먹는다.)"와 같이, 속담에 그대로 나타나 있다. 여기서 눈여겨보아야 할 것은 선인들의 근면과 강인함이다. 그 놀라운 근력이야말로 지척민빈(地瘠民貧)의 불우한 자연적 생계여건을, 바다를 텃밭으로 삼아 활로를 개척해낼 수가 있었던 것이다. 심지어 낯선 일본으로

진출해서 '조센진'이라는 멸시를 무릅쓰고 가난의 멍에를 벗어던진 재일동포의 삶의 의욕도 마찬가지다. 5·16혁명 이후 새마을운동이 한창일 때 고향의 발전을 위한답시고 재일동포의 호주머니를 금고로 알고 손을 벌릴 수가 있었다. 그들은 지금도 이국땅에서 일에 손을 놓지 않고 있다. 그 대표적인 것이 오사카[大阪]의 쓰루하시[鶴橋]와 도쿄[東京] 인근의 아라카와현[荒川縣]에 자리 잡은 제주인들의 삶이다. 그들의 이국땅에서 자수성가할 수 있었던 것은 제주인의 억척스러움이 몸에 배었기 때문이다.

하지만 요즘의 자라나는 세대들은 너무 편하게 살려고 해서 탈이다. 걸어서 5분이면 될 거리도 버스를 타야 하고, 새 것이나 다름없는 옷도 유행에 뒤진다고 팽개치고 맘에 든 것을 사서 입어야 직성이 풀린다. 더 걱정스러운 것은 겉으로만 우람하고 훤칠한 체격을 가졌을 뿐, 체력은 말이 아니다. 10분도 못 달려서 헐레벌떡 주저앉아 죽겠다고 야단이다. 그렇게 나약하고서야 큰일을 어떻게 할 수 있을 건지, 옛 분들의 삶을 되새겨봤으면 한다.

· 백중에 마농 싱그민 백 개로 거린다.

(백중에 마늘 심으면 백 개로 갈라진다.)

이 속담은 파종의 적시적기(適時適期)를 알리는 농사상식이다. 배중(百中)은 음력 7월 15일인데, 이날 농촌에서는 일년 간의 일들이 잘되기 바라는 고사(告祀)를 지내기도 한다. 특히 마늘[大蒜]은 이때 심어야 그 뿌리가 백 쪽으로 벌어질 만큼 잘된다는 것이다.

마늘만이 아니다. 우마를 가진 사람도 그들이 번성하고 튼실하게 자라기를 기원하는 제를 지낸다. 그 장소는 우마를 방목하는 목장일 수도 있고 외양간일 수 있다. 또 민간신앙으로 뿌리내렸던 무속에서는 백중굿을 했고, 불교에서는 지금도 백중맞이 불공을 드리는 염불의 목탁소리가 절간에 울려 퍼진다. 그래서 옛날은 명일(名日)로 여기고 그에 따른 풍습들이 전해져 오다가 근간에는 거의 살아지고 말았다. 하지만 지금도 나이가 많은 노인네들은 기후와 관련해서 "**처서에 비 오민 천 가지 곡속이 해롭곡, 백중에 비 오민 백 가지 곡속이 해롭나.**(처서에 비 오면 천 가지 곡식이 해롭고, 백중에 비 오면 백 가지 곡식이 해롭다.)"고 한다. 그 말은 이 무렵에는 곡식의 이삭이 막 패어 일광을 잘 받아야 하는데, 비가 많이 내릴 때가 있다. 그러면 결실이 부실해져서 풍년을 기약할 수 없게 된다. 요즘은 기후의 변화에 따라 종잡을 수 없이 불규칙한 물폭탄을 맞고 있지만, 예전에는 그 시기를 예상할 수가 있다. 그러니 으레 백중을 전후해서 큰 비가 내릴 것이라는 예상이 가능했던 것이다.

또 이 백중 무렵은 농가에서 망중한(忙中閑)의 여가선용의 시기다. 그간 불볕에 웅크리고 앉아 '검질매기(김매기)'에 지친 몸을 잠시나마 쉴 수 있다. '백중물-맞기'가 그것이다. 그것도 이삼일 간인데, 산물이 솟아나거나 흘러내리는 산골짝에 야영을 하는 것이 고작이다. 민간요법은 이때 물을 맞으면 신경통이 없어지고 쌓인 피로가 풀린다고 해서 웬만하면 집을 나선다. 그 대표적인 곳이 한라산 북쪽 제주시 지역은 봉개동에 속해 있는 '절물'과 어승생 수원지가 있는 계곡이다. 서귀포시 쪽은 '돈내코'와 '강정천'이 꼽힌다. 아마 요즘이 여름휴가 때 해수욕장을 찾거나 계곡을 찾아 나서는 것과 다를 것이 없다.

–『제주교육』 제146호, 제주과학교육연구원

3) 가을철

· **ᄀ슬 하늘광 지새어멍은 검어도 곱다.**
(가을 하늘과 본부인은 검어도 곱다.)

가을철은 "**오뉴월 흘린 뚬이 구시월에 율매 뒌다.**(칠팔월 흘린 땀이 구시월에 열매가 된다.)"가 현실로 나타난 시기다. 그러니 이따금 날씨가 음산

하고 검은 구름이 껴서 흐리는 날이 있을망정 별것 아니다. 한여름 불볕 아래 허리가 휘도록 김매기에 부대꼈던 대가를 만끽할 수확의 기쁨에 마냥 즐거울 수밖에 없다.

그럼 가정생활은 어떤가? 뭐니 뭐니 하도 부모가 고람해서 정해준 **"둠빗물에 손댄 메노리.**(두붓물에 손 댄 며느리.)"인 조강지처(糟糠之妻)가 최고다. 설령 얼굴이 거무죽죽해서 곱게 보이지 않지만, 골갱잇ᄌᆞ록(호밋자루) 놓을 줄 모른 채 집안 살림 늘리기에 열불이 가시지 않은 얼굴이다. 그런 얼굴을 누가 밉다고 나무랄 수가 있단 말인가. 그릇에 비하면 오지그릇인 '지새그릇'에 해당하다. 겉으로야 투박해서 윤기가 번지는 사기그릇만 못해 보인다. 하지만 장맛보다 뚝배기 맛이라고 했듯이, 실속 있고 오붓하기는 빛 좋은 사기그릇이 저리 가라다. **"ᄆᆞ음씨 곤 사름은 개똥밧디 앚아도 곱나.**(마음씨 고운 사람은 개똥밭에 앉아도 곱다.)"는 속담 그대로다. 또 민요의 노랫말에 **"첩광 소낭잇ᄇᆞ름은 소린 나도 살매 엇나.**(첩과 소나무의 바람은 소리는 나도 쓸모가 없다.)"고 해서, 정식 혼인으로 맞은 아내를 높이 쳤던 것이다.

이런 삶의 본연과 맘가짐! 옛분들은 결코 화려한 것을 탐내지 않았다. 고진감래(苦盡甘來)와 안분지족(安分知足)의 순리에 둥지를 틀었던 것이 바로 우리네 할머니와 할아버지들의 삶의 철학이었다.

· ᄀᆞ슬해 작시로 못 받훈다.
(가을해 작대기로 못 받친다.)

추석이 지나고 10월 23일 상강(霜降)을 고비로 해서 추수의 손길이 바빠지기 시작한다. **"눈썹에 불부터도 끌 저를 엇나.**(눈썹에 불붙어도 끌 겨를이 없다)"는 속담이 거저 생겨난 말이 아니다. 할 일은 많은데 일손이 바쁘니, 밭에서 해가 뜨고 해가 지는 나날을 보내야 했으니까. 그래도 모자라 밭에서 노숙을 하며 일에 매달려야 한다. 떨어지는 해를 작대기로 받칠 수만 있다면 받쳐 두고 싶을 정도로 일복이 터진다.

요즘이야 농사일도 기계가 대신해 주니 예전에 비할 바가 못 된다. 하지만 노동일은 언제나 인고(忍苦)의 과정이 연속일 수밖에 없다. 육지부의 속담에도 **"가을철엔 죽은 송장도 꿈지럭거린다."**고 해서, 농사일에 명운을 건 농사꾼들에게는 삶의 책무다. 그렇지 않고는 목구멍에 거미줄이 칠 판이니 어찌겠는가. 살기 위해 세상에 태어난 것이 아니라 일하기 위해 태어난 것이다. 이에 비하면 오늘날 하루 8~10시간은 약과다. 하긴 일이 밀리면 밤샘 철야 작업도 마다하지 않지만, 그래도 거기엔 특근수당이란 당근이 매달려 있다. 아마 그런 노동이라면 옛분들은 눠서 기름떡 먹기다. 하지만 땅을 파먹고 사는 농촌생활은 함포고복(含哺鼓腹) 배부른 게 제일이다. 부지런근[勤] 자를 이마에 써 붙인 것이나 다름없이 가을에 거둬 들이고 겨울에 저장한다는 천자문(千字文)의 추수동장(秋收冬藏) 그대로였던 것이다.

· 시월 초ᄒᆞ를 볼민 휘양장시 때 굶나.
(시월 초하루 맑으면 감투장사 끼니 굶는다.)

음력 10월 1일은 가을철 마지막 달의 첫째 날이다. 이 날 햇볕이 나고 맑게 개면, 옛분들은 그해 겨울이 따뜻할 징조로 여겼다. 그러니 추운 겨울에 쓸 방한모를 팔려고 벼르던 사람에게는 악재가 돼 버린다.

통상적으로 10월로 접어들면 아침저녁으로 싸늘한 공기가 감도는 것은 물론이고, 들판이 누런빛으로 물들어 을씨년스러워진다. 한데 이례적으로 유난히 햇빛이 비치고 봄날처럼 포근해질 때가 있다. 그러면 방한모인 감투를 만들어 파는 사람은 먹고 살아갈 길이 막막해지기 마련이다. 비가 오느냐 안 오느냐에 따라 희비가 엇갈리는 짚신장수와 나막신장수의 처지를 방불케 한다. 지금은 겨울철 산행을 하거나 한대지방에 사는 사람이면 모를까 방한모는 있으나 마나다. 하기야 삼사월 따뜻한 봄철인데도 감투를 눌러 쓴 채 움추려 지내는 사람이 없었던 것은 아니다. 그런 때면 **"삼ᄉ월 휘양 쓴 놈 뒷해이 다시 봐지카 부댕 말라.**(삼사월 감투 쓴 사람 뒷해에 다시 봐질까 보다고 하지 마라.)"고 해서, 건강상태와 방한모의 상관성을 떠올리기도 했다. 어떻든 예전에는 겨울철 나들이 때는 필요한 생활필수품이면서 남자용 호사품이 하나다.

지금은 그것도 호랑이 담배 피던 옛말이다. 오존층을 파괴하기 시작한 대기오염의 죄과를 치르기 시작했다. 온 누리가 지구온난화의 재앙에 시달리기 시작했으니 말이다. 그러보면 자연의 섭리에 적응하면서, 그 이치를 터득할 줄 알고 자연을 거슬리지 않았던 삶의 지혜를 부럽게 느끼게 돼 버렸다.

– 『제주교육』 第143호, 제주과학교육연구원

4) 겨울철

· ᄒᆞᆫ두 땐 굶엉은 살아도 뼨 곳앙 못 산다.

(한두 끼니 굶어서는 살아도 뼈는 얼어서 못 산다.)

옛 분들은 겨울을 엄동설한(嚴冬雪寒)이라고 해서 추위가 경계대상의 제일순위다. 하루 세 번 먹는 식생활 중 한두 끼니는 굶어도 견딜 수 있다. 하지만 추위에 노출돼서 뼛속에 얼음이 박혀 동상이 걸리고는 살 수가 없다.

그래서 겨울나기 월동준비는 식량 못지않게 '굴묵 짇을컷(방고래 땔감)'을 확보해 놓는 일이다. 그 주된 내용물이 보리의 까끄라기인 'ᄀᆞ시락'이다. 그러니 집집마다 이들 까끄라기를 보관하는 창고에 해당하는 'ᄀᆞ시락막'이 있다. 거기에다가 들판에 가서 주어온 말똥과 소똥은 농가의 난방용 석탄이다. 동지섣달 긴긴 밤에 바깥에는 눈보라가 휘몰아치고 문틈을 파고드는 아린 바람살에 문풍지가 울어댄다. 그렇지만 따뜻한 아랫목 이불속에 발을 벗고 앉으면, 호롱불에 비치는 가족의 얼굴은 혈색이 감돈다. 어디 하루

세 끼 다 먹고 냉방에 오그리라져서 추위에 시달리고서야 그런 오붓함이 있겠는가. 배고픈 서러움이 크다고는 하지만, 그보다 더한 것은 가족끼리 체온을 느끼며 사는 정겨움이다. 그런 보금자리의 구실을 따뜻한 방구들이 해냈던 것이다.

현대인들도 마찬가지다. 아무리 문명의 이기를 활용하고 있지만, 연료인 석유수입에 이상이 생기는 날은 아우성이다. 난방용만이 아닌, 여름철 냉방도 어림없다. 그만큼 옛날은 겨울 따습게 살기가 가난을 녹이고 내년을 위한 삶의 활력을 불어넣는 송구영신(送舊迎新)의 비결이었다.

· 눈 묻은 산 우트레랑 올르지 말라.
(눈 덮인 산 위로는 오르지 마라.)

겨울철의 눈은 고지대인 산에 더 많이 쌓인다. 그런 곳에 함부로 올랐다가는 동사할 위험부담이 크다. 특히 사냥꾼들은 들짐승을 쫓다가 보면 눈 덮인 산골짝에 나동그라져 헤어나지 못할 수 있다. 그러니 제발 눈 덮인 고산지대의 산행은 삼가라는 것이다.

그럴 수밖에 없는 것이, 옛 분들은 요즘 사람들처럼 등반을 즐기거나 만년설산(萬年雪山)을 정복하는 알피니스트는 별 의미가 없다. 입에 풀칠하기에 아득바득 부대껴야 하는 절박함 앞에 실리실득(實利實得)이 최우선 과제였으니까. 그러니 겨울철 눈이 덮인 산행은 사냥꾼이 아니면 좀처럼 없다. 노루 사냥을 나서거나 들소가 돼 버린 '워립쉐'를 포획할 때는 예외다. 이들 짐승들은 쌓인 눈이 가랑이에 걸려 꼼짝달싹 못할 때일수록 좋다. 그 외는 집안에서 봄갈이를 위한 농기구를 챙기는 손질이 가장 의미 있는 여가선용이다. 이제 그런 시대는 사라진 지 오래다. 또 근간에는 어찌된 영문이지 산과 평야의 구분이 없다. 아무리 이상난동(異常暖冬)이라 하지만, 어쩌다 눈발이 거세지는 날이면, 낮은 지대의 농장에도 눈폭탄을 맞고 만다.

그래도 웬걸 도심을 누비는 사람들에게는 고공무용(高空舞踊)의 백설부(白雪賦)는 겨울철 서정의 으뜸이다. 그뿐이 아니다. 정복의 깃발을 꼽기 위해 목숨과 맞바꾸는 도전도 불사하고 있다. 그저 안전제일주의는 퇴행(退行)의 주범처럼 되고 말았으니, 격세지감이 이만저만이 아니다.

· 대소한 추위 쉬염발에 동곳 산다.
(대소한 추위 수염발에 고드름 생긴다.)

예전에는 일년 중 가장 추운 때는 으레 대한과 소한 무렵을 꼽기 마련이다. 그 추위가 노인네의 수염발에 고드름이 달려서 빳빳해질 정도다. 차마 그럴 리가 있겠느냐고 되물을지 모르지만, 크게 부풀려진 말이 아니다. 흔히 볼 수 있는 현상이다.

지금은 실감이 안 가는 말이지만, 옛날은 겨울철 추위가 만만치가 않은 것이 사실이다. 매해 양력 1월 6일께인 대한(大寒)과 1월 20일께인 소한(小寒)은 추위가 최고조에 달한다. 그래서 하는 말이, "**대소한 집 나간 사름 지드지 말라.**(대소한 집 떠난 사람 기다리지 마라.)" · "**대한이 소한 집이 갓당 매맞앙 죽나.**(대한이 소한 집에 갔다가 매맞아서 죽는다.)" · "**초정월 ᄇᆞ름쌀에 거문암쉐 뿔 오고라진다.**(초정월 바람살에 검은 암소 뿔 오그라진다.)" 진담 반 우스갯소리 반 떠올리기 일쑤였다. 그래서 먼 길을 떠날 때는 되도록 이 시기는 피한다. 나들이만이 아니다. 무슨 일을 계획할 때도 마찬가지다. 그것도 삼한사온이 뚜렷해서 냉해의 고충을 피부로 느낄 수 있을 때 일이다. 요마적에 이르러서는 대·소한 추위를 비웃는 모기의 공세를 걱정해야 하는 해괴한 현상이 벌어지고 있다.

그보다 더한 것은 상하(常夏)의 나라로 바뀌어서 열기에 시달려야 할 아열대화(亞熱帶化)의 가속도다. 사시사철 계절이 뚜렷했던 온대지역의 종말이 가까워지고 있는 것은 아닐까. 이대로라면 수염발에 고드름은 고사하고, 처마 끝에 매달린 고드름도 보기가 어려워질 게 뻔하다.

이것으로 계절별 제주속담의 연재를 끝마치면서 하고 싶은 말이 있다. 제주고유의 언어유산은 제주인의 정체성과 직결된 문화자존의 결정체임을 잊지 말았으면 한다. 정체성을 잃어버린 물질적 풍요만으로는 결코 행복한 삶이 이뤄질 수 없기 때문이다.

–『제주교육』 제144호, 제주과학교육연구원

6. 제주속담 산책

1) 여성속담[66]

· 홀아방은 웨문에 웨돌처귀, 홀어멍은 청동화리가 아옵.

(홀아비는 외문에 외돌쩌귀, 홀어미는 청동화로가 아홉.)

여기서 말하는 '외문에 웨돌쩌귀'와 '청동화로'는 빈부의 격차를 들어내는 삶의 질을 대변하고 있는 말이다. 남자는 사내랍시고 우쭐대지만, 아내가 없는 홀아비 생활은 여간 초라하고 궁색한 것이 아니다. 오죽했으면 돌쩌귀 하나로 움직이는 반쪽짜리 문만 달랑거리는 오두막살이가 고작이라고 나무라서 비웃었겠는가. 그처럼 남자는 홀아비 신세가 되면 부양가족이 없으므로 경제적 여유가 있어서 잘살 것 같지만 실제로는 그와 정반대다. 누추하고 꾀죄죄해질 뿐만 아니라 궁색한 삶을 면할 수 없게 된다.

그러나 여자인 경우는 다르다. 비록 남편 없이 홀로 살아도 더 알뜰하고 실속 있게 생계를 꾸러나감으로써 그 삶이 튼실해진다. 예전의 청동화로는

66) 이들 <여성속담>은 제주도여성특별위원에서 발행한 회보『제주여성광장』에 연재됐던 것 중 컴퓨터에 입력돼 있는 것만 실었다.

부의 상징물로써 부잣집 안방이 아니면 좀처럼 보기 힘든 귀한 재산목록에 들어가는 호사품에 해당한다. 그런 귀한 물건을 하나도 아닌 아홉 개를 마련할 정도로 재산을 많이 모아서 부자로 변신할 수가 있다는 것은 참으로 놀라운 일이다. 그렇다고 그 변신이 거저 된 것이 아니다. 밤을 낮 삼아서 아득바득 일인 이삼역의 고된 일을 마다하지 않았던 치열한 삶이 결과인 것이다. 이처럼 남성에게 의존하지 않고도 튼실한 생활기반을 다져나갈 수 있다는 자립도생(自立圖生)의 역동적인 생활상이야말로 제주여성의 자랑이 아닐 수 없다. 바로 그런 삶의 실상이, 오늘의 제주도를 있게 한 원동력이 된 것이다. 다음의 속담들도 그를 뒷받침하고 있다.

- 홀아방은 니가 닷 말, 홀어멍은 궤가 닷 말.
  (홀아비는 이가 닷 말, 홀어미는 참깨가 닷 말.)
- 홀아방은 삼 눈에 쉬가 시 말, 홀어멍은 삼 눈에 돈이 시 말.
  (홀아비는 삼 년에 서캐가 세 말, 홀어미는 삼 년에 돈이 세 말.)
- 홀아방은 산섭이 가도 억욱문이 ᄒᆞ나이곡, 홀어멍은 물섭이 가도 지게문이 아옵인다.
  (홀아비는 산기슭에 가도 억새문이 하나이고, 홀어미는 물기슭에 가도 지게문이 아홉이다.)

이렇듯 제주도의 여성속담에는 제주도가 아니면 찾아보기 힘든 특이한 내용의 것들이 상당수가 있다. 그중 하나가 여성이 남성을 능가하는 가정경제의 구세주로서 항금알을 쌓는 존재였다는 점이다. 일찍이 선학들은 한국의 여성속담은 봉건사상에 의한 남존여비의 여자비하가 전부인 것처럼 말했지만, 그것은 제주도의 속담자료를 미처 챙기지 못한 상태에서 육지부의 속담자료만 대상으로 한 데서 오는 오류인 것이다.

–『제주여성광장』 통권 제3호

· **질쏨밧 늙은인 죽언 보난 미녕소중이가 아옵이곡, 좀ᄂᆞ 늙은인 죽언 보난 일곱 애비아둘이 들르는 도곰수건이 ᄒᆞ나인다.**
(길쌈밭 늙은이는 죽어서 보니 무명고쟁이가 아홉이고, 좀ᄂᆞ 늙은이는 죽어서 보니 일곱 아비아들이 드는 물옷이 하나이다.)

이 속담은 생업의 종류에 따른 여성이 생활상이 어떠했는지를 비교하고 있다. 뭍에서 길쌈을 하는 여인네는 나이가 들었어도 속옷을 여러 벌 해놓고 갈아입을 정도로 의생활이 풍족했고, 바다를 텃밭 삼아 물질을 하는 좀ᄂᆞ/좀녀/좀네는 물옷 하나도 제대로 마련하지 못한 채 찌들인 생활을 했다는 것이 그것이다. 더구나 신분적인 위계의식마저 길쌈하는 쪽을 높게 보고, 좀ᄂᆞ/좀녀/좀네를 천시하는 차별성도 삶의 질과 수준을 갈라놓는 요인으로 작용했다.

지금은 속옷을 겹겹이 껴 입지만, 예전에는 거의가 속옷 없이 겉옷만 입고 지내기 일쑤다. 그런데도 아홉 개씩(많은 수량을 뜻함)이나 속옷을 만들어 갈아입을 수 있다는 것은, 그 당시로서는 여간 사치스럽고 호강에 겨운 삶이 아니다. 그 비결은 어디에 있었던 것일까. 한마디로 여성 특유의 생업이 갖는 직능의 우월성에서 비롯된 것이다.

그럼 해산물을 채취하는 좀ᄂᆞ/좀녀/좀네의 생활상은 어떠했을까. 사시사철 바닷속에 뛰어들어 허우적거려야 하는 자맥질의 고충은 이루 형언할 수가 없다. 문제는 그렇게 힘든 물질을 했으면 소득이 짭짤할 법한데, 왜 빈궁한 생활을 했을까. 시대를 잘못 만난 탓도 크지만, 해써 채취한 해산물의 판로가 순조롭지 못한데다가 탐관오리에게 탈취당하고 보니, 찢어지게 가난의 멍에가 덧씌워질 수밖에. 더욱이 황당한 것은 바다에 들어갈 때 입는 물옷인 '도곰수건'이, 하나 있는 게 낡아서 꿰맨 위에 자꾸 겹쳐 더덕더덕 기워 입어야 한다. 그러니 일곱 아비아들인 칠부자(七父子)가 함께 들어야 할 정도다. 그럴 정도로 엄청난 가난의 무게를 이겨내야 했다. 극근극기(克勤克己)·파란만장(波瀾萬丈), 말 그대로의 삶이다.

돌이켜 보면 길쌈업이나 잠수업이 꼭 같은 여성의 직업이지만, 어느 것을 택하느냐에 따라 빈부의 차이는 물론이고 신분도 달랐음을 알 수 있다. 여기서 놓치지 말아야 할 것은 자기에게 주어진 일은 좋던 궂던 간에 천직으로 알고 포기하지 않았다는 것! 잘사느냐 못사느냐 그 결과도 중요하지만, 포기하지 않는 여성으로서의 외곬수의 뚝심은 현대인들에게 시사하는 바가 크다.

–『제주여성광장』 통권 제4호

2) 의료속담[67]

· 벤 짐은 갈랑 져도 빙은 못 갈랑 진다.
(무거운 짐은 나눠서 져도 병은 못 나눠서 진다.)

짐이란 것은 무거우면 언제든지 나눠서 질 수가 있다. 하지만 병은 들면, 그 병은 환자가 감당해야지 다른 사람이 대신 나눠서 대신 앓아 줄 수는 없다. 그래서 옛분들도 건강했을 때 건강을 생각하고 지키는 몸 관리가 중요하다는 것을 일깨웠던 것이다. 그렇다고 병마는 환자만이 떠맡고 괴로워해야 한다는 것은 아니다. 나도 언젠가는 그 이상의 중병에 걸려 고생할 수 있다는 것을 알아야 한다는 경고가, 바로 이 속담이 우리게 던지는 메시지다.

어느 누가 병상(病床)의 신세가 되기를 바라겠는가. 맘대로 안 되는 것이 건강이다. 그걸 잘 알면서도 설마 나야 괜찮겠지, 자만과 방심이 되돌이킬 수 없는 악재가 되고 만다. 건강에 대한 자신감은 절대 금물이다. 하긴 '골롱 팔십'이란 말이 있다. 그도록 허약한 몸이지만, 그 병이 정체를 잘 알고 대처하고 있기에, 평소 무리하지 않고 적절히 대응함으로써 천수를 누리고도 남는다는 것이다.

---

67) 이들 <의료속담>은 민간종합병원인 한마음병원보 『한올래』에 연재됐던 원고를 모은 것이다.

아니나 다를까, 건강을 잃으면 삶의 모든 것을 빼앗겨 버린다. 하지만 요즘의 의술은 조기진단과 치유가 가능하다. 그러니 건강관리도 유비무환(有備無患) 그대로다. 그렇게 하면 "**벤 짐도 갈랑 지곡, 빙도 갈랑 진다.**(무거운 짐도 나눠서 지고, 병도 나눠서 진다.)"는 현대의료 속담으로 바꿀 수 있을 것 같다.

-『ᄒᆞᆫ올래』 통권 제32호

·눈 아픈 부름씨랑 말곡, 니 아픈 부름씨랑 ᄒᆞ라.

(눈 아픈 심부름은 말고, 이 아픈 심부름은 하라.)

결론부터 말하면, 이 속담은 손해를 볼 일은 하지 말고, 이득을 볼 일만 골라서 하라는 것이다. 실속 차리기의 실리실득(實利實得)치고는 어디에다 내놓아도 만점감이다. 아무리 그런들 전염성이 강한 눈병인 결막염이 옮긴다고 마땅히 해야 할 시중을 꺼려서 피한다면 야박할 수밖에 없다. 그것도 그렇지만 너무 약아빠지게 이속만 챙겨도 얄밉다. 하기야 치아가 아픈 사람의 심부름을 하면 전염도 안 될 뿐더러 인심도 얻고 깨물지 못해서 남겨 두었던 음식마저 얻어먹을 수 있으니 일거양득(一擧兩得)이다. 이쯤이면 이기주의도 너무 지나치다.

그렇다면 옛분들은 실제 그렇게 살았을까? 아니다. 너무 찌들려 수염이 대자라도 먹어야 양반이고 보니, 얻는 것과 잃는 것을 꼼꼼히 헤아려 처신하라는 일깨움이다. 남을 위하는 것도 중요하지만 자기에게 닥칠 불이익을 생각지 않을 수가 없어서 그렇다. 요즘은 더하다. 걸핏하면 내뱉는 부익부 빈익빈(富益富 貧益貧)의 양극화를 꼬집는 볼멘소리가 만만치 않으니 말이다. 그럼에도 행여 온정의 샘물을 떠올리는 두레박줄이 끊길세라, 노심초사 내 일처럼 소매를 걷어붙이고 나서는 이들이 있다. 특히 병상에서 힘든 나날을 보내는 환자들을 돕는 헌신의 고마움 앞엔 콧마루가 찡-하다.

그러고 보면 "**눈 아픈 부름씨랑 말곡, 니 아픈 부름씨랑 ᄒᆞ라.**"는 말은, 그저 이기주이를 부추기는 것만이 결코 아니다. 이 세상에는 이해득실에 따라 처신하는 해바라기성 사고방식이, 과연 제대로운 것인지를 되돌아야 봐야 한다는 경고장일 수도 있다.

-『ᄒᆞᆫ올래』 통권 제33호

· 빙은 곱지지 말앙 자랑ᄒᆞ라.

(병은 숨기지 말고 자랑하라.)

사람들은 예나 지금이나 자기의 병세를 남한테 알리거나 알려지는 것을 탐탁히 여기지 않는다. 알려지는 날이면 아무게는 무슨 병에 걸려서 어떻게 될 거라는 입방아를 찧는 것이 달갑지 않아서다. 그렇지만 병은 숨기려 하지 말고 자랑하듯이 알려야 좋다는 것이다. 그래야 그런 병을 앓았던 사람들로부터 치유방법이나 처방을 얻는 데 도움이 되기 때문이다.

말이 그렇지 실제 병이 걸렸을 때 선뜻 남에게 알려지기를 바라는 사람이 몇이나 있겠는가. 남은 고사하고 자기 가족들에게도 시치미를 떼고 태연한 채 만용을 부리기 일쑤다. 그러다가 어느 날 병세가 악화돼서야 실토하는 어리석음을 범하고 만다. 호미로 막을 수 있는 것을, 가래로 못 막는 것 그대로다. 하기야 너무 병에 대한 신경질적인 소심증도 바람직한 것은 아니다. 그렇다고 될 대로 되라는 식의 몸 관리는 더더욱 위험천만한 일이 아닐 수 없다. 옛날과는 달리 요즘의 의술은 웬만한 병집은 쉬 찾아내서 조기치료가 가능하다. 그럼에도 병의원을 기피하는 공포증이 조기치유의 기회를 놓치는 경우가 꽤 많다. 막 다다라서 동분서주한들 무슨 소용이 있단 말인가. 천수를 누리지 못하고 도중에 일찍 끝나버리는 삶은 그 본인만이 불행이 아니다. 그를 하늘처럼 믿고 의지해서 살아갈 가족과 이웃들까지 실의에 빠지게 만드는 죄인이나 다름없다.

사람은 세상에 태어나면 누구나 늙고 병들어 죽는 생로병사(生老病死)의 네 가지 고통을 겪기 마련이다. 그렇듯 죽음의 전단계인 병고(病苦)는 수명과 직결돼 있어, 치유의 과정이 만만치가 않다. 문제는 그런 위중한 병이 갑작스럽게 나타나기보다 본인의 부주의와 무관심이다. 평소 정기검진을 통해서 건강을 확인해야 한다. 두 번 다시 태어날 수 없는 단일회성(單一回性)의 고귀한 생명이지 않는가. 삶의 본분을 다하고 임종을 맞을 수 있다면 얼마나 좋을까.

—『ᄒᆞᆫ올래』 통권 제34호

· 이원광 약방은 ᄇᆞ디닥지 좋나.
(의원과 약방은 가까울수록 좋다.)

예나 지금이나 병원과 약방(국)은 환자한테 없어서 안 될 재활을 위한 보건편익시절이다. 그러니 그 시설을 활용하는 사람들에게는 가까워야 좋다. 멀리 있으면 그만큼 시간적으로 접근이 늦어진다. 어쩌다 촌각을 다투는 위급한 일이 생겼을 때 더욱 그렇다. 가까운 거리에 있었기에 천만다행이지, 거리가 멀어서 구명(救命)의 기회를 놓치고 마는 경우가 얼마나 많은가.

하기야 요즘은 다리를 만년자가용으로 삼았던 예전과는 사뭇 다르다. 기동성만 빠르면 된다. 그래서인지 일각에서는 일부러 의료시설 가까이 사는 것을 꺼리는 경우도 있다. 문 밖에 나서면 마주치는 사람의 얼굴이 밝지 않아서다. 약봉지를 들었거나 기가 죽은 걸음걸이를 대하는 순간, 마치 자신도 환자가 된 기분이어서 우울해지니까. 그건 건강에 탈이 없을 때다. 몸에 이상이 생겨 병원의 처방전(處方箋)을 들고 약국을 드나드는 신세가 되고 보면 그게 아니다. 왜 병원과 약국이 가까워서 좋은지를 알게 된다.

더구나 요즘은 환자들에게만 의료시설이 중요한 게 아니다. 그 인근의 상권에도 영향을 미친다. 이를테면 제주대종합병원이 '아라동'으로 옮겨감에 따라 나타난 결과가 그를 입증하고 있다. 병원이 옮겨가버린 뒤 인근 상가가 문을 닫은 것은 물론이고 인적(人跡)마저 끊겼다고 야단이다. 하긴 멀리 떨어져 있어야 좋은 것도 있다. "**칙간광 사돈집은 멀어사 좋나.**(뒷간과 사돈집은 멀어야 좋다.)"가 그것이다. 옛날의 뒷간은 요즘의 수세식 화장실이 아니다. 그러니 가까이 있을수록 역한 냄새가 풍길 수밖에 없다. 사돈집 역시 가까이 있으면 된말 안된말 시시콜콜 귀에 들리니 심기가 불편해질 수밖에. 그러니 멀어서 좋다는 말에 부정적인 토를 달지 않는다.

이렇듯 사람의 생활환경은 각기 제 나름의 상반된 상황논리가 있기 마련이다. 문제는 어느 것이 자기에게 유익하냐가 아닌, 모두를 위해 진정성이 있느냐에 무게가 실려야 하지 않을까.

–『ᄒᆞᆫ올래』 제35호

· 애깃배 맞출 땐 서방 탓ᄒᆞᆫ다.

(진통할 때는 남편 탓한다.)

혼인한 여성은 출산의 고통을 겪기 마련이다. 그것도 초산(初産)인 경우는 더 심하다. 진통의 순간순간들이 오죽이나 괴로웠으면 남편을 탓했을까. 남편이 없었으면 임신도 없을 것이고, 출산의 고통도 없었을 테니까. 어디 애를 배고 낳는 것이 어느 한쪽의 책임이 아님을 어찌 모르랴만, 고통에 겨워 해보는 원망이다.

하지만 어린애를 낳는 일은 천부적인 본분이고 숙명인 걸 어쩌랴. 그래도 그 고통이 순간들이 너무도 크기에 잠자리를 같이한 남편을, 임신의 원인제공자로 원망할 수밖에 없다. 지금이야 산부인과가 있으니 진통이야 어쩔 수 없지만, 출산도중 생명을 잃는 경우는 극히 드물다. 예전에는 제왕절

개수술은 생각도 못했고 거의 자연분만이다. 그러니 잘못돼서 불행해지는 경우가 적지 않다. 그 출산의 위험을, "**뱃질 애깃질.**(뱃길 아깃길)"이라고 해서, 풍랑을 만나 사선을 넘어야 하는 항애에 빗대기 일쑤다. 또한 산모에게는 출산의 시간이 왜 그리 길게만 느껴지는지 "**애기 날 땐 훈 올이 새롭나.**(아기 낳을 때는 한 올이 새롭다.)"고까지 했으니까.

이처럼 출산의 고통은 예사롭지 않았지만, 그토록 고초를 무릅쓰고 난 애들을 기르기도 여간 어렵지 않다. "**열 애기 낭 ᄒᆞ나도 지탱 못ᄒᆞᆫ다.**(열 아기를 낳아서 하나도 지탱 못한다.)"라고 한 말이 그것이다. 그렇게 고생하면서 열 명의 애를 낳았어도 단 한 명도 길러내지 못했다면, 그 부모의 속이 어땠을까. 그러니 "**열 아이 낭 뱅작ᄒᆞ민 ᄌᆞ식용시 잘뒌 거여.**(열 아기 낳아서 반작하면 애농사 잘된 것이다.)"라는 말이, 그저 나온 말이 아님을 알 수 있다. 요즘이야 낳지 않아서 그렇지, 세네 쌍둥이를 낳고도 길러내는 판에, 한 명씩 열 명을 낳더라도 길러내고도 남는다. 그럴 수밖에 없었던 것이, 옛날의 의술이라고는 침이 고작이고 주로 민간요법이나 '심방(무당)의 주술(呪術)에 의존했으므로 명이 길게 타고나야 살아남을 수 있다.

하지만 요즘 사람들은 한둘만 낳으면 끝내버린다. 그건 천만다행한 일이고, 아예 낳지 않으려 든다. 애를 양육하려면 고달파진다는 자기편의주의에 사로잡혀서다. 글쎄 나만 편히 살다 가면 되는 것인지, 곰곰 생각해 볼 일이다.

–『ᄒᆞᆫ올래』 통권 제36호

· 약 사레 간 놈 초우젯날사 온다.

(약 사러 간 사람 초우젯날에야 온다.)

초우젯날이라 함은 사람이 죽어서 장사를 끝내고 지내는 제삿날을 말한다. 그렇다면 약을 사러간 사람은 도대체 어떻게 됐기에, 그 약을 먹었어야 할 환자가 죽어서 묻은 날에야 나타났을까. 후안무치(厚顔無恥)도 유만부동이지 천부당만부당 기가 막힐 노릇이다.

예전에는 지금처럼 의료기관인 병의원이 많지 않다. 설령 있다고 해도 가뭄에 콩 나기다. 그러니 환자가 생겨도 진료를 받고 그에 상응하는 처방전을 받는다는 것이 여간 어려운 일이 아니다. 고작해야 한약방에 가서 증상을 말하면 진맥이나 하고 지어 주는 초약(草藥)을 달려먹는 것으로 족해야 한다. 그런데 문제는 허약한 환자인 경우 그것마저 자기대로 할 수 없으니 누구를 시켜야 한다. 또 모처럼 그 부탁을 받았으면 서둘렀어야 하는데 외딴 일에 정신이 팔려 사후의 약방문격이 됐으니 말문이 막힐 수밖에. 차라리 못하겠으면 매정하지만 애초 거절하는 것이 훨씬 낫다. 괜히 앞에서는 인정 있는 척하고 뒤돌아서면 함흥차사가 돼 버린 그 채신머리없는 처신은 천벌을 받고도 남을 일이다. 그럼 현대인들은 어떤가. 그 이상이다. 못된 짓을 한 성범죄자들한테 전자발지를 채우듯, 빗나간 심보를 꿰뚫어보는 영상감시기(映像監視器)인 시시티부이(CCTV)를 만들어내야 할 판이니까. 더불어 살아야 할 사람끼리 신뢰가 허물어질 때 금고가 넘쳐난들 무슨 소용이 있단 말인가.

요즘 우리들 주변에는 막 잡은 사람들이 있다. 내가 빛을 못 보니 너도 거꾸러져야 한다는 악바리들의 이빨 가는 소리가 삭으라들지 않으니 탈이다. 이런 풍토가 바뀌지 않은 한은 믿고 살 공간은 자꾸 황폐해질 수밖에 없다. 세상물정을 모르는 판무식이면 모를까, 다 제 앞가림하고 사는 식자층이 더 그러니 딱하다. 기원 전 어느 철학자가 대낮에 등불을 켜들고 대로를 두리번거리며 배회했다는 일화에서, 정말 그의 눈에는 믿고 쓸 만한 사람이 없었기에 그렇게 찾아 나섰는지 생각해 볼 일이다.

–『흔올래』 통권 제37호

· 서툰 침바치 침통부떠 흥근다.
(서툰 침바치 침통부터 흔든다.)

서툰 침바치라함은 침술(鍼術)이 설익은 사람을 일컫는다. 그런 돌파리 의원이 얼마나 용한 침술가인 것처럼 보란 듯이 침통을 흔들어 댄다면 여간 웃음거리가 아니다. 제 분수를 모르고 으스대는 자기과시욕이야말로 뭇 사람들의 비웃음의 대상인 얼간망둥이가 되고 만다.

예로부터 '-바치'라는 접미사가 붙으면, 어떤 일에 일가견을 이룬 전문직을 나타내는 사람에 해당한다. 그러니 그 직종에 숙련자로서 남의 넘볼 수 없는 장인(匠人)과 같은 기능을 갖고 있어야 된다. 지금처럼 의술이 발달하기 전의 환자들은 민간요법이나 한방의학에 바탕을 둔 침술에 의존하는 것이 전부였다. 지금의 의사(醫師)에 해당하는 의료인을 의원(醫員)이라고 해서 우대했다. 그 하는 일도 청진기 대신 혈맥을 손을 짚고 예측하는 진맥(診脈)이다. 그 결과에 따르는 침은 현대의학의 주사이고, 처방은 한약인 초약(草藥)이다. 그런데 문제는 먹고 살아가기가 아득바득했던 지난날은 오늘날과 같은 병원급 의료기관이 없으니, 동네 무면허 의원을 찾는 것이 고작이다. 그것도 말이 의원이지 알고 보면 돌파리가 대부분이다. 말 그대로 허세를 부리느라 침통을 흔들어대며 의원 흉내나 낼 정도면 가관일 수밖에. 마치 범 없는 곳에 여우가 호랑이 노릇한다는 말 그대로다. 낫 놓고 기역자도 모르는, 그저 땅 파먹는 기능밖에 없는 그걸 어찌 알겠는가. 의원한테 침을 맞았으니 효험이 있을 것이라는 자위감(自慰感)으로 만족해야 한다. 오죽했으면 "**선이원은 사름을 죽이곡, 선심방은 사람을 살린다.**(선의원은 사람을 죽이고, 선무당은 사람을 살리다.)"고 했을까. 하기야 특출한 의원이 없었던 것이 아니다. 춘추전국시대의 명의인 편작(扁鵲)은 인체내부의 오장을 투시하는 경지에 이르렀다고 했고, 《동의보감(東醫寶鑑)》으로 널리 알려진 허준(許浚)의 의술은 놀라운 것으로 전해지고 있다. 특히 제주인으로서 명의로 꼽히는 월계진좌수(月桂秦座首)와 같은 출중한 의원에 대한 이야기는 현대의술을 능가할 정도다. 그게 사실인지는 고증할 길이 없다. 그렇지만 죽는 순간까지 찾아올 사람을 알고 처방전을 작성해 놓고 황천길을 향했다는 일화는 인술이 어떤 것인지를 곱씹게 한다.

–『ᄒᆞᆫ올래』 통권 제38호

· **언징에 천징 얻나.**
(오한증에 천식을 얻는다.)

여기서 '언징'이라고 함은 몸에 오한의 생기는 증세를 일컫는 제주어다. 이런 오한증(惡寒症)은 남녀노소 가리지 않고 누구에게나 생길 수 있다. 그러니 대수롭지 않는 몸살감기 정도로 가볍게 여기기 쉽다. 하지만 가소롭게 알고 그냥 놔두면 천식(喘息)으로 전이된다는 것이다.

요즘처럼 환절기에는 그 증상이 잘 나타나기 마련이다. 성인도 그렇지만 노약자인 경우는 기관지에 경련을 일으켜서 숨이 가빠지고 기침과 가래가 심해진다. 특히 어린애인 경우는 숨이 차서 할딱거리는 천명(喘鳴)과 기관지염을 일으키는 원인이 되므로 각별한 주의가 필요하다. 이런 의학상식을 옛 분들은 어떻게 알고 '언징'인 오한증세를 경계했을까. 경험의 축적이다. 예로부터 겪었던 치병과정에서 얻은 결과는 그 후세로 이어져서 날개 달린 말이 될 수밖에. 그만큼 신병에 대한 통찰력이 컸음이다. 그처럼 일상생활에서 체득한 병수발의 내력은 임상실험을 거친 것이나 다름없다.

그럼 내로라는 현대인들은 어떤가. 자기과신에 빠졌다가 기회를 놓치고서야 당황하기 일쑤다. 가벼운 천식 정도야 치료를 받으면 그만인데 걱정할 것 없다는 것이다. 하기야 치료를 하면 되지만, 자칫 그 기간이 길어질 수가 있다. 그럴 때 시간적으로 정신적으로 당하는 고충은 만만치가 않다. 아차 잘못되는 날이면, 호미로 막을 것 가래로도 못 막는 절박한 경지에 이를 수가 있다. 꼭 병만이 아니다. 모든 일이 그렇다. 심상치 않은 빌미가 생기면 조기에 수습을 서둘러야 한다. 괜찮겠지 한만히 여겼다가는 큰코다치고 만다.

이제 화창한 봄철이다. 화창한 만큼 병원체(病原體)도 기지개를 켜고 활동이 왕성해질 때다. 어쩌다 몸에 오슬오슬 찬 기운이 감돌고 신열이 엄습할 수 있다. 병마(病魔)에게는 결코 사정이 통하지 않으니, 유명세가 붙는 전관예우(前官禮遇)가 있을 수 없고, 잘 봐 달라는 떡값도 통하지 않는다. 평소의 건강관리는 너나가 따로 없다. 하찮다고 여긴 것이 큰 결과를 가져올 수 있으므로, "**언징에 천징 얻나.**"고 한 속담을 귀담아 들었으면 한다.

-『혼올래』 통권 제39호

· **상ᄉᆞ빙광 수심빙은 약방 약도 소용엇나.**
(상사병과 수심병은 약방의 약도 소용없다.)

상사병(相思病)과 수심병(愁心病)은 가슴앓이다. 너무 그리움이 사무치거나 근심으로 나날을 드새다보면 신경쇠약증에 걸릴 수밖에 없다. 그렇게 되면 신체적으로는 말짱한데 웬걸 식욕마저 잃고 골골거리기 마련이다. 그래서 백약이무효(百藥而無效)라는 말을 곧잘했다.

그것이 어디 사람뿐일까. 여우도 죽을 때는 정들여 살던 굴 쪽으로 향해 머리를 돌린다는 수구초심(首丘初心)이나, 연어가 알을 낳고 생을 마감하기 위해 제가 태어난 하천을 찾아 되돌아오는 것은 누가 가르치고 배워줘서가 아니다. 주어진 삶의 본연을 잊지 못하는 그리움의 촉수가 꿈틀거리는 회귀본능(回歸本能)이 늘 작동되고 있기 때문이 아닐까. 그러고 보면 사람은 누구를 그리워하고 걱정하는 맘가짐은 너무나도 당연한 인지상정(人之常情)일 수밖에 없다. 그토록 정겹게 지냈던 사람들끼리 못 만나는 그리움의 가슴앓이가 오죽하겠는가. 신라의 박제상이 일본의 볼모가 됐을 때 그 아내가 끝내 돌아오지 못한 낭군님을 그리다가 바위로 굳어져버렸다는 망부석(望夫石)

은 우리네 할머니와 어머니들의 표상이다. 그것이 일시적이면 모를까 영영 못 만나게 됐을 때의 억장이 무너짐이야말로 필설로 다할 수가 없다. 겉으로야 태연한 척하지만, 그 가슴에 고이는 눈물은 설문대할망이 빠져서 죽었다는 '물장오리' 그 이상이다. 그러기에 옛 분들도 "**귀신은 정문에 멕히곡, 사름은 인정에 멕힌다.**(귀신은 경문(經文)에 막히고, 사람은 인정에 막힌다.)"고 해서, 정에 끌려가기 쉬운 것이 사람이라고 했다.

그렇다고 그 정겨움이 이해상반된 속셈이 깔린 술수로 악용할 때면 엄청난 비리의 온상이 되고 만다. 우리 편만 좋으면 다른 편이야 어떻게 되던 막무가내식의 행태는 결국 함께 죽는 공멸을 자초하게 된다. 요즘 들통이 난 친분관계의 뒤얽힘의 잘못된 관행만 해도 그렇다. 주고받기가 당연한 공식처럼 돼 버렸으니까. 제발 선량한 서민을 낚아서 내동이치는 자기네끼리만 배불리면 그만이라는 잘못된 인맥의 사슬부터 끊겼으면 한다.

–『혼올래』 통권 제40호

· 어멍 손은 약손인다.
(어머니 손은 약손이다.)

어째서 어머니의 손은 약손이라고 했을까? 그건 약을 바르는 손이라서가 아니다. 아픔을 쓰다듬고 갈아 앉히는 숨결이 촉촉이 묻어 있기 때문이다. 더구나 환자일 경우, 그런 포근하고 정겨운 손길이 아픈 데를 어루만질 때 투약(投藥)이나 다름없는 치유제(治癒劑)의 구실을 한다. 그래서 어머니의 손은 약손이라는 말이, 뭇 사람들의 입에 오르내린다.

아니나 다를까, 어린애들은 배가 쓰려서 징징거릴 때면, 어머니는 그 아픈 배를 손바닥으로 살살 문지르며 달랜다. 그러면 신통하게도 낫는다. 하기야 순간적으로 소화상태가 좋지 않아 생긴 불편함이었겠지만. 그래도 어머니의 정겨운 손의 열기가 약손 구실을 톡톡히 한 것이다. 그렇다고 어머니의 극진

한 정은 어린애한테만 한정된 것이 아니다. 낫살에 관계없이 부모한테는 자식들이 다 어린애로 보인다. 설령 그 자녀들이 환갑이 지났어도 어릴 적의 '큰놈'이고 '족은년(작은년)'일 수밖에 없다. 더구나 세상이 뒤숭숭할 때면 무엇이 잘못될세라 걱정이 태산 같다. 돌보고 거들려는 생각에 엎치락뒤치락 밤잠을 못 이룬다. 그런 어머니를 어찌 싫어할 수가 있단 말인가. 이 세상에서 제일 거부감 없이 받아들일 수 있는 말들을 서열화하면 '어머니'가 단연 제일순위다. 신뢰와 안도감을 주는 헌신의 열기가 배인 사랑의 극치어서 그렇다. 그러나 요즘 공부만 잘하면 되는 것으로 아는, 우유를 먹고 자란 세대들은 만고풍상(萬古風霜)을 이겨낸 우리네 어머니들의 기막힌 손의 내력을 제대로 모른다. 지나친 말일지는 모르나 사람의 젖이 아닌 소젖을 먹고 자란 탓인지, 뿔이 달린 송아지의 생리를 닮아 가슴에 출렁이는 정겨움의 박동(搏動)이 미약해서 탈이다. 그저 괴로울 때 쓰다듬어 줄 '약손'이기만 바랄 뿐, '일손'으로써 가정을 일궈온 손임을 까맣게 잊고 살기 일쑤다. 일에 부대껴 옹이가 겹겹이 박히고, 멍이 들다 못해 갈고리처럼 휘어져버린 손마디의 진가를 모른다. 바로 그 손이 오늘의 나와 풍요를 있게 만든 '황금손'인 것을, 우린 그걸 모른 채 거들거리고 사는 게 아닌지 되돌아 볼 일이다.

– 『혼올래』 통권 제41호

· 늙으민 오곰도 저리곡 허리도 오고라진다.
(늙으면 오금도 결리고 허리도 오그라진다.)

사람은 누구나 늙는다. 이때 흔히 나타나는 증상 중에 하나가 오금이 결리고, 몸통을 떠받쳐주는 척추마저 어긋나서 허리가 굽으러진다. 그걸 옛 분들은 노화현상으로 알고 누구도 막을 수 없는 자연의 섭리로 인식된 지 오래다. 그래서 옛 분들은 나이가 들면 으레 그런 걸로 알아버린다. 육신의 근력만 믿고 노동에 삶의 승부를 걸어야 했던 고달픈 역정을 탓하지 않는다.

"유월 발창 사을 지저우민 누엉 먹나.(유월 발바닥 사홀 뜨거우면 누어서 먹는다.)"고 해서 한평생 곡식밭에 쪼그리고 앉아서 온종일 김을 매야 한다. 무거운 짐도 마다 않고 져서 나르고 달밤을 낮 삼아 일을 해야 하니, 그 후유증이 어찌 없겠는가. 나이가 들면 앉았다 일어서려고 해도 오금이 결려서 제대로 펴지지 않는다. 그 통증을 '아이고!' 소리 한마디로 삭혀버린다. 굽으러진 허리는 지팡이가 대신 받쳐 준다. **"목둥인 큰아돌보단도 낫나.**(지팡이는 큰아들보다도 낫다.)"고 해서 지나온 삶의 무게를 지팡이에 매단다. 그처럼 우리네 할아버지·할머니·아버지·어머니의 치열한 삶의 인고(忍苦)는 결코 예사로운 게 아니다. 몸이 으스러지도록 일에 부대끼면서도 생을 포기하거나 울분에 빠지기보다는 고진감래(苦盡甘來)의 불꽃을 꺼트리지 않았으니까.

하지만 현대인들은 옛 분들이 감당해야 했던 간고(艱苦)의 지겨움을 떠올리려 하지 않는다. 그저 과거에 있었던 생활사의 한 부분일 뿐, 자랑해서 내세울 것이 못 된다는 것이다. 그만큼 세태가 달라졌다. 오금이 결리고 허리가 굽으러지는 것을 노화의 순리로 알고 질병으로 여기지 않았던 옛 분들이 생각은 무지의 탓으로 비쳐지고 만다. 의술이 취약했던 그 당시야 무릎관절염이 무엇인지, 척추가 어긋나는 디스크가 어떤 병인지 모르고 참고 견디면 되는 것으로 알기 일쑤였으니까. 눈으로 보이지 않는 오장 속에 생기는 병집이 아닌 것은 대수롭게 생각지 않았다. 그렇다면 옛 분들의 건강관리는 무지의 탓으로만 봐야 할지, 하고많은 것을 생각게 한다.

－『혼올래』 통권 제42호

3) 속담 한마디[68]

· 사름광 ᄆᆞ쉰 둔 갈라지민 안 뒌다.
(사람과 마소는 무리에서 갈라지면 안된다.)

사람은 사회적 동물이라고 했듯이, 혼자서만 살아갈 수는 없다. 한데 어울려 서로 돕고 의지해서 살기 마련이다. 그것이 싫으면 그 소속에서 뒤쳐나갈 수밖에 없는데, 그렇게 되면 평생 고립을 면치 못하는 불운을 자초하게 된다. 사람만이 아니다. 들판에서 뛰노는 소와 말도 그들이 속하고 있는 무리에서 좀처럼 떨어지지 않는다. 그래야 안전하게 살아갈 수 있다는 것을 본능적으로 터득했기 때문이다.

해서 옛 분들은 가문의 결속을 중히 여겼을 뿐만 아니라, 마을 사람들끼리도 돈독한 정분을 쌓으면서 생사고락을 함께 하는 것을 금과옥조(金科玉條)로 여겼다. 호칭도 나이가 엇비슷하면 형님 아우이고, 웃어른이면 가까운 친족처럼 삼촌으로 통한다. 오죽했으면 "**테 손땅 못 버린다.**(태반 사른 땅 못 버린다.)"다고 해서 애향의 뜨거운 열기는 식을 줄 몰랐던 것이다.

여기서 되새겨 봐야 할 것은, 다 함께 더불어 살아가야 하는 공동체의식의 소중함이다. 내가 맘에 들지 않으니, 너도 나와 같이 갈라서기를 바란다면, 분열과 불화의 골만 깊어질 뿐이다. 그렇게 되면 제 무리를 지키고 사는 마소의 생태만 못한 것이 아닐까. 똘똘 뭉쳐 하나가 되는 대화합의 지평을 열어 가는 일이야말로 예나 지금이나 다름이 없다.

– 《제주MBC》 제96호

---

68) 이들 <속담한마디>는 제주문화방송사보 《제주MBC》에 실었던 칼럼을 옮긴 것이다.

· 새해 낭 못홀 용시 엇곡, 못홀 식개 엇나.
(새해 나서 못할 농사 없고, 못할 제사 없다)

예로부터 일년지계재어춘(一年之計在於春)이요, 일일지계재어인(一日之計在於寅)이라고 해서, 일년의 계획은 봄에 세우고, 하루의 계획은 새벽녘인 인시(寅時)에 세운다고 했다. 그 주요 계획 중에 빼놓을 수 없는 내용은 계층에 따라 다르지만, 농사짓는 일과 조상의 기제사를 제대로 모시는 일이다. 지난해에는 기대에 어긋났으니, 올해에는 열심히 농사를 지어 부농의 꿈을 이루고 그간 못했던 기제사도 잘 해 보겠다고 다짐하기 일쑤이다. 그렇게 다짐해 놓고도 막상 닥치면 실천하지 못하고 망설이다가 다시 내년으로 미루게 된다. 그렇지 않으면 안 될 부득이한 경우도 있지만, 그 중에는 귀찮고 힘드니 그럴듯한 핑계를 내세워 합리화시키는 쪽으로 머리를 굴리기 때문이다. 그러다 보면 시기를 놓치지 말고 서둘러야 할 급박한 일도 자꾸 뒤로 미루는 습성이 몸에 배고 만다. 요즘도 마찬가지다. 생활방식과 수준이 달라졌을 뿐, 해야 할 일은 괴롭지만 제때에 찾아서 하는 용의주도함까지 갖춰야 한다. 그렇지 않으면 현상 유지는커녕 뒤쳐져서 바닥을 헤맬 수밖에 없다.

그것만이 아니다. 말만 앞세우고 해놓은 것이 없는 허풍선이라는 꼬리표를 달고 다니는 못난이의 불도장이 찍혀 버린다. 시작이 반이라고 했듯이, 설령 시행착오가 있더라도 마음먹은 일을 실천에 옮기면 그만큼 성장의 마디가 굵어진다. 완벽을 바라다가는 아무것도 이루지 못한 채 아까운 시간만 죽여댈 뿐이니까.

－《제주MBC》 第97号

· 노리궤기 ᄒᆞᆫ 점 먹쟁 ᄒᆞ당 지 궤기 열 점 일른다.

(노루고기 한 점 먹으려다가 제 고기 열 점 잃는다.)

옛날은 산야에 눈이 쌓이는 겨울철로 접어들면 노루 사냥에 나선다. 이들 노루는 워낙 빨라서 정면으로 맞대결해서는 어림도 없다. 하루종일 개를 앞세우고 눈 덮인 산야와 계곡을 누비고 돌아다녀도 빈 채로 돌아오기 일쑤이다.

그런데 문제는 이처럼 고생하면서 잡은 사냥감이 다 제 것일 수 없다는 데 있다. 그 포획 현장을 목격한 사람이 있을 경우는 잡아서 똑같이 공평하게 분배해야 한다. 야생동물은 모든 사람이 다 주인이므로 어느 한 사람이 독차지할 권한이 없는 풍습이 불문율로 정해져 있기 때문이다. 다섯 사람이면 5등분할 수밖에. 실제 사냥을 하느라 애써 고생한 사람은 개의 몫을 합해야 두사람 분에 해당하는 것이 고작이다. 더 주어지는 것이 있다면 목덜미인 항정과 머리빡, 털가죽이 얹어질 뿐이다. 설령 전부가 자기 것이 된다고 하더라도, 그간에 소모된 체력과 누적된 피로의 대가에 비하면 엄청난 손실이 아닐 수 없다. 말 그대로 노루고기 한 점을 먹으려다 제 고기 열 점을 잃는 것이 되고 만다.

이 말은 사냥에 한정된 말이 아니다. 세상사람들은 분별 없이 손에 잡히는 눈앞의 작은 이익에 집착하다가 보면, 그보다 더 큰 것을 잃고 만다. 바로 이와 같은 소탐대실(小貪大失)의 어리석음을 범하지 말아야 한다는 경고의 메시지인 것이다.

- 《제주MBC》 제98호

· 돈ᄃᆞ리 말앙 글ᄃᆞ리ᄒᆞ라.
(돈다리 말고 글다리하라.)

여기서 말하는 '돈다리'는 돈으로 만든 다리[橋]이고, '글다리'는 실력의 척도인 학식을 발판으로 하는 다리[橋]이다. 그러고 보면 재력을 득세의 수단으로 삼는 가진 자의 비행이 적지 않았음을 알 수 있다. 심하면 벼슬자리까지 사고 팔았다는 일화가 심심치 않게 전해지는 것도 그 한 예이다.

이와 같은 배금주의(拜金主義)의 세상살이가 일시적으로는 그 위력을 떨칠지 모르지만, 결국은 얼마 안 가서 몰락의 수모를 당하는 화를 입고 만다는 것이 결론이다. 그러니 재력보다는, 어디에 내세워도 함량미달이라는 뒷말이 없도록 실력을 처신의 버팀목으로 삼아야 떳떳해질 수가 있다는 것이다. 그러다 보니 오늘날은 고학력을 선호하게 되고, 급기야는 어디에서 어떤 대학을 나왔느냐에 따라 서열화가 돼 버린 부작용도 만만치가 않다. 실력은 달리지만 부잣집에 태어났으니 기부입학의 제도화를 바라는 등 크고 작은 뒷거래가 이뤄졌다가 들통나고도 으쓱거리는 세상이다.

어디 학원가(學園街)의 문제이겠는가? 정치가(政治家)에서도 마찬가지이다. 먹고 살만 해지면 평상시야 어떻게 지냈던 간에 민초의 대변자가 되겠다고 얼굴 알리기에 바쁘다. 잘 나가는 정당만 업으면 머릿속에 든 것이 있건 없건 상관할 것이 아니다. 그 보다 더 딱한 것은 유권자의 표심이다. 잘못 찍어 놓고 남의 탓처럼 이러쿵저러쿵 해코지하는 판국이고 보면, "**돈다리 말고 글다리하라.**"라는 한마디가 새삼 가슴에 와 닿는다.

–《제주MBC》 第99號

· 장개강 석 돌 씨집강 석 돌 닮으민 못살 사름 엇나.
(장가가서 석 달 시집가서 석 달 닮으면 못살 사람 없다.)

혼인해서 석 달간은 깨가 쏟아진다는 신호초기에 해당한다. 나에게도 평생 살을 맞대고 고락을 함께 할 배필이 있다는 것, 그것만으로도 행복하다. 더구나 떳떳한 어른의 반열에 들어선, 한 가정의 주역으로 성장했다는 자부심은 더욱 용기를 불어넣는다. 이때의 기분 같으면 어떤 어려움도 아랑곳없이 다 감싸 안고 이겨낼 수 있을 것처럼 마냥 즐겁다.

하지만 시간이 흐를수록 달라진다. 뜻하지 않았던 크고 작은 일들에 짓눌려 끙끙 앓아야 하는 때도 적지 않다. 그러다가 보면 대범하게 넘길 수 있는 일도 대단한 문젯거리로 부풀려져서 생트집을 잡고 서로 삐치기 쉽다. 삐치는 정도는 약과이고 금새 갈라설 것처럼 노발대발 분위기가 험악해진다. 지나고 보면 웃어넘길 수 있는 꾀죄죄한 일인 것을, 왜 그토록 열을 올리며 격렬하게 다투어야 했는지 후회막심하다. 더 안타까운 것은, 그 후유증을 치유하는데 심신이 더 고달파진다는 사실이다. 부부간의 다툼은 칼로 물 베기와 같다고 했지만, 그 뒤처리가 만만치 않다.

그렇다고 백년해로해야 할 부부생활이, 갈수록 괴롭고 버거운 멍에가 된다는 말은 결코 아니다. 세상살이가 구절양장(九折羊腸)처럼 순탄치 않으니, 좌절하지 말고 신혼기 때 가다듬은 마음가짐 그대로 활기차게 살아야 한다는 것이다. 인생은 눈물과 미소 사이를 왕복하는 시계추라고 한 말을 되새기면서.

－《제주MBC》 제100호

· 글 깨득(독)혼 놈 대왓더레 몬저 절혼다.

(글 깨우친 놈 대밭으로 먼저 절한다.)

여기서 '글 깨득 혼 놈'은 글을 깨친 사람을 말한다. 즉 학문의 뜻을 이룬 사람을 가리킨다. 그럼 왜 스승도 아닌, 대밭을 향해 먼저 절을 했을까? 이유는 간단하다. 대막대기 회초리인 달초(撻楚)로 종아리를 아리도록 맞아가며 공부를 했기에, 학문을 터득하고 성공할 수가 있었기 때문이다.

이처럼 옛 분들은 매를 맞아가며 공부하는 것을 당연시했다. 스승한테 맞는 매는 체벌로 알기보다 자신의 잘못을 깨우치는 채찍으로 알고 탓하지 않는다. 어쩌다 스승한테 종아리에 피멍이 들도록 맞고도 집에 와서 감히 입을 열지 못한다. 했다가는 부모님한테 동정은커녕 되레 불호령이 떨어진다. 오죽했으면 그랬겠느냐고 호되게 욕을 얻어먹기 일쑤였으니까. 옛 스승의 때리는 매는 공부만이 아니다. 몸가짐이나 말버릇에 이르기까지 사리에 어긋난 것에 대한 질책은 엄격하고 추상같다. 덕행을 저버린 학문은 오만해지기 쉽다고 하여, 학과 덕을 갖춘 사람을 높이샀던 것이다.

그럼 요즘은 어떤가? 학교란 곳을 지식만 얻으면 그만이다는 듯이, 잘못된 버릇을 바로잡는 것과 상관이 없는 것이 돼 버렸다. 상급학교 진학에서부터 취직에 이르기까지 시험점수로 우열이 정해지므로, 문제 맞추기 선수가 되면 그만이다. 그러니 선생은 있어도 스승은 없다는 말이 나오지 않을 수 없다. 말이 애정훈도(愛情薰陶)이지 자칫 매를 들었다가는 폭력교사의 꼬리표가 달리기 마련이니, 오직 교과지도에만 충실해서 상급학교 합격의 발판만 놓아주면 일류교사가 된다.

학교라는 곳이 체벌을 당연시해도 안 되지만, 너무 풀어놓고 공부만 하면 되는 곳도 아니다. 머리만 뜨겁고 가슴은 차디찬 사람을 양산해내야 하는 현실을 어떻게 봐야 할 것인가.

- 《제주MBC》 제102호

· 정월 초ᄒᆞ를 날 먹어나민 이월 초ᄒᆞ를 날도 먹쟁 ᄒᆞᆫ다.
(정월 초하룻날 먹어나면 이월 초하룻날도 먹으려 한다.)

음력 정월 초하룻날은 민족의 대명절로 꼽는 설날이다. 이 날만은 일가친족이 한데 어우러져 차례를 지낸 다음, 세배를 하고 차린 음식을 나눠 먹으며 덕담을 주고받는다. 그런데 문제는 2월 초하룻날도 설날처럼 배를 북 삼아 두드리는 함포고복(含哺鼓腹)의 흐뭇함을 만끽하려는 어리석음이다. 초하룻날이면 명절인 줄 아는 철딱서니 없음도, 이 정도면 박장대소(拍掌大笑)할 웃음거리가 아닐 수 없다.

하지만 여기서 눈여겨보아야 할 것은, 그저 우스갯소리가 아니라는 점이다. 사리판단을 못하는 단세포적인 발상과 우둔하게 살지 말라는 일깨움이다. 지나치게 머리를 굴리는 약삭빠른 처신도 경계해야 하지만, 너무나 세상물정을 모르고 답답하고 멍청하게 살아선 안 된다는 메시지가 숨겨져 있다. 자칫 호의호식의 단맛에 길들고 나면, 거기에 안주하고 싶어 안달이 나기 마련이다. 그래서인지 현대인들은 너무 당차고 똑똑해서 탈이다. 아예 타협과 양보는 굴욕이고 패배인 것으로 알기 일쑤이다. 정면으로 맞닥뜨려 파열음을 쏟아 판을 깨야만 직성이 풀리는 세태가 돼 버렸다. 하긴 난세의 명인들은 일부러 제 정신이 아닌 것처럼 묻힌 삶을 현철보신(賢哲保身)의 비법으로 삼고 은둔을 마다하지 않았던 것은 아니지만….

이제 설을 며칠 앞두고 섣달 세밑을 달구는 부산한 움직임이 꿈틀거리기 시작하고 있다. 비록 귀성객들의 행렬로 북새통을 이룰망정 고향은 역시 좋은 곳이다. 설을 쇠는 풍경도 정겹지만, 혈육의 뿌듯함과 그 근본을 확인하고 다지는 추원보본(追遠報本)의 도량으로써 그 이상이 없어서다. 그래서일까? 2월 초하룻날도 명절날인 줄 알고 먹으려 드는 바보짓을 나무라기보다 곰살갑게 느껴진다.

– 《제주MBC》 제103호

· 금승몽생이 갈기 웨우 질지 ᄂᆞ다 질지 몰른다.
(금승망아지 갈기 왼쪽으로 기울지 오른쪽으로 기울지 모른다.)

제주어 '금승몽생이' 는 소나 말의 한 살을 뜻하는 '금승'과 망아지인 '몽생이'의 합성어이다. 이들 어린 망아지는 아직 목 윗부분에 달린 갈기가 채 자라지 않아서 어느 쪽으로 구부러질지 모른다. 두 살인 '이수'로 접어들어야만 비로소 그 갈기가 좌우 어느 한쪽으로 완연히 구부러진다. 그래서 무슨 일의 결과가 어떻게 판가름 날지 모른 불확실성을 빗댈 때 옛 분들은 이 속담을 곧잘 떠올렸다.

아니나 다를까, 요즘 나라 돌아가는 꼴이 바로 금승망아지의 갈기처럼 예측할 수 없는 의문투성이다. 어제의 동지가 적수(敵手)가 아닌, 적으로 변하고 마는 요지경이 바로 그것이다. 그저 잇속만 챙기면 그만일 뿐, 서로 돕고 살아가자는 상생의 모습은 말잔치로 끝나고 만다. 걸핏하면 상대방의 약점만 들춰 헐뜯고 궁지로 몰아넣지 않으면 못 배긴다. 그러니 백성들은 갈피를 못 잡고 하는 말이, 너나 없이 꼭 같은 놈이라고 야유와 욕지거리이다. 그것은 정치판 이야기라기보다 그를 뒷받침하고 있는 우리 모두의 자화상이다. 드러누운 자세로 자꾸 하늘을 향해 침을 뱉어대고 있으니 말이다. 남의 결함을 교묘히 꼬집고 탓해서 나무라는 쪽은 예리해 보이고 유능해 보이는 법이다. 누가 누구를 탓할 수 있다는 말인가? 외쳐대는 것이 이기는 목소리가 아니라는 것을 잘 알면서도 더 앙칼스럽다.

이제 절실한 것은 새 것을 새 부대에 담아야 한다는 사실이다. 그 싱그러운 목소리가 점차 높아지고 있다는 것은 고무적이다. 글쎄 과연 그 목소리가 어떤 결실을 맺을지는 미지수다. 금승망아지의 갈기가 어느 쪽으로 휘어질지 모르는 것처럼, 그 결과는 두고 볼 수밖에 없다.

－《제주MBC》 제104호

· 삼ᄉ월엔 부지깽일 땅에 꾲아도 순 난다.
(삼사월에는 부지깽이를 땅에 꽂아도 싹이 난다.)

삼사월은 말 그대로 만물이 소생하는 봄철이다. 특히 식물은 겨우내 움츠렸던 성장의 기지개를 다시 켜기 시작한다. 부지깽이를 땅에 꽂아도 싹이 돋아날 정도라면, 그 발육의 생명력이 얼마나 왕성한 때인지를 알 수 있다. 그래서 옛 분들은 일년 24절기 중 다섯 번째인 청명(淸明)이 가까우면 치산치수(治山治水)의 본연인 나무 심는 일을 연중기획행사로 여겼다. 그런데 아쉬운 것은, 그 유풍(遺風)을 제대로 살리고 있지 못 하는 데 있다. 식목일인 4월 5일은 생색내기 위한 일회성의 것은 아닌지, 어안이 벙벙해질 때가 적지 않다. 시책 따로 실천 따로 아귀가 맞지 않아서다. 어떤 것을 심어야 황금 나무가 될 것인지에 대한 고민을 덜 하고 있다. 적재적소성은 아랑곳 않는 채, 그저 심으면 된다는 무딘 발상은 먹통일 수밖에 없다. 그보다 더한 먹통짓거리는 훼손시키는 일이다. 보고 즐겼으면 그만이지, 그걸 기어코 꺾거나 뽑고 와야 산행(山行)의 맛이 난다. 그 정도는 약과다. 불조심은 구호일 뿐, 울창한 산림을 순식간에 잿더미로 만들어 버리는가 하면, 땅값 냄새를 맡아 무참히 베어 내고 만다. 어디 그 뿐인가. 차량통행이 불편하다고 해서 아름드리 곰솔을 잘라내려다가 제동이 걸리니, 그 둥치에 구멍을 뚫고 농약까지 부어가며 말려 죽이려는 어처구니없는 심술도 예외가 아니다. 식목의 계절을 맞은 요즘, 심는 것만이 능사일 수 없다. 우선 심고 보자는 임시방편의 눈가림은 더 금물이다. 앞날을 내다보는 식목의 의미를 곱씹으면서, 내 정원수를 심고 가꾸는 것과 같은 마음가짐이 절실한 때다.

– 《제주MBC》 제105호

· 탕간 올광 아이 행실은 그 자리에서 발롸사 혼다.
(탕건 올과 아이 행실은 그 자리에서 바로잡아야 한다.)

탕건(宕巾)은 갓을 받쳐 쓰기 위해 말총으로 짜서 만든 관이다. 그 관을 짤 때 올이 굽으러지지 않고 곧게 뻗어서 간격이 일정해야 한다. 비틀어진 채로 짜면 볼품없이 되고 만다. 어린아이 행실도 마찬가지다. 철없는 애라고 멋대로 내버려두면 "세 살적 버릇 여든까지 간다."고 해서, 어릴 적부터 잘잘못이 어떤 것인지를 헤아릴 수 있도록 가르치는 것을 중히 여겼던 것이다. 옛 분들을 가난의 무게를 이겨내느라 등이 휘었지만 몸가짐만은 올곧았다. 남의 손가락질을 받지 않는 선량(善良)을 덕목으로 삼았으니까. 아무리 어린애라도 잘못이 있으면 그 자리에서 타일러서 바로 잡는 것이 상례다. 청장년이 괘씸한 짓을 하면 몰매를 맞는다. 심하면 온 마을 사람들이 지켜보는 가운데 멍석말이를 당하는 수모까지 당해야 한다. 오늘날 같으면 인권유린으로 처벌을 받고도 남을 일이다. 그렇지만 옛 분들께는 도덕적인 가치가 인권에 선행하는 성문율(成文律)이나 다름없다. 지금은 공부만 잘하면 행동거지는 좀 빗나가도 아무렇지 않는 듯 태연하다. 그러다가는 올곧지 못한 인성(人性)에 지식이 오만함까지 접합될 때 그 위험천만함을 어떻게 가눌 수 있을지 의문이다.

5월은 '어린이날 · 어버이날 · 스승의 날' 이 겹쳐 있다. 어린이라고 마냥 귀여워하고 떠받쳐 주기만 하는 심부름꾼이 돼서는 안 된다. 질책이 따르지 않는 사랑은 아이를 그르치고 만다. 남을 생각할 줄 아는 공중의식이 몸에 배이도록 길러내야 한다. 그렇게 되면 굳이 날짜를 정해놓고 옆구리를 찔러야 하는 도덕불감증이 치유될 것이 아니겠는가.

– 《제주MBC》 제106호

· 지슴엣 꿩은 개가 내물곡, 가슴엣 말은 술이 내문다.
(덤불에 꿩은 개가 내몰고, 가슴에 말은 술이 내몬다.)

들판의 꿩은 먹이를 찾아 나설 때를 제외하고는 거의가 덤불속에 숨어 버린다. 그러니 그 꿩의 생김새를 제대로 확인하려면 개로 하여금 덤불 밖으로 몰아내야 한다. 사람의 말인 경우도 그렇다. 가슴에 뭉쳐져 있는 속사연을 털어놓게 만드는 것이 술인 것이다. 그래서일까? 예로부터 술은 회포를 풀고 우의와 교분을 다지는데 빠뜨릴 수 없는 기호품으로 꼽힌다. 여염집 아녀자도 손님이 찾아오면 으레 주안상을 마련하는 것을 부도(婦道)로 여겼으니까. "한 잔 술에 인심나고, 반 잔 술에 한숨난다."던가, "밥 안준 흉은 없어도, 술 안준 흉은 있다."는 속담이 그 경황을 잘 드러내고 있다. 문제는 자칫 과음이라도 하는 날이면 인사불성이 돼서 낭패를 당하기 일쑤다. 수주 변영로의 『명정40년』과 같은 문단의 일화거리도 따지고 보면, 술을 즐기다가 저지른 실례행각(失禮行脚)에 대한 자괴감을 털어 놓은 것이다. 하긴 아무리 상다리가 부러지게 잘 차린 산해진미(山海珍味)의 성찬도 술잔이 오가야 큰 웃음이 난다. 또 말수가 적은 무뚝뚝한 사람도 호기가 넘쳐서 속에 숨은 말들이 실타래처럼 마구 풀려나온다.

그렇다고 술의 미학을 내세울 것은 못 된다. 유순한 사람도 술이 들어가면 공격형으로 돌변하고 만다. 사람이 술을 마시는 것이 아니라, 술이 사람을 마셔 버리는 진풍경이 그것이다. 비록 술주정에 대한 용서는 너그러운 편이지만, 그 남긴 뒤끝이 여간 곤혹스러운 것이 아니다. 주도(酒道)는 술자리를 오래 끌지 않아야 지켜진다. 취중진담이라지만, 술의 힘을 빌면 떳떳치 못할뿐더러 말발이 안 선다. 그저 약자의 푸념일 따름이다.

–《제주MBC》 第107호

· 생부룽이광 비바린 쓸 듸 써봐사 안다.
(부룩송아지와 처녀는 쓸 데 써봐야 안다.)

부룩송아지는 어미젖을 뗀 지 일이년 남짓한 이삼수(두세 살)짜리 수소를 일컫는다. 사람에 비하면 초등학생에서 중학생으로 접어든 정도다. 그러니 아직 쓸모 있는 부림소가 될 것이지 알 수 가 없다. 그저 황소감이 될 것이라는 기대뿐이다. 처녀 역시 아직 혼인을 해서 가정주부로서 삶이 어떤 것인지를 경험해보지 않았으니, 세상물정에 어두울 수밖에 없다. 이렇듯 진가를 검증해보지 않고 내리는 섣부른 속단은 금물이라는 것이다.

요즘 세상 돌아가는 것을 보고 있노라면 이 속담이 주는 의미를 더욱 실감케 된다. 못났다는 사람은 없고 다 잘난 사람 일색이다. 뭔가 빗나간 것 같으면 날을 곧추 세우고 다그쳐야 똑똑하다는 판명이 난다. 언제 잘못된 사람이 꽃방석에 앉았던가. 다들 내로라고 꼽히는 사람들이었음에도 걸핏하면 마구 입방아에 찍히기 일쑤다. 뒤늦은 검증의 결과다. 그래도 줄서기만 잘하면 승승장구할 수 있으니, 편 가르기에 열불이 난다. 어우러지기는커녕 모래알처럼 더 흩어지게 만들고도 죄의식을 못 느낀다. 자기편의 뜻이 이뤄지면 그만이니까. 그래서 옛 분들도 검증되지 않은 것에 대한 장래성에 의구심을 가질 수밖에 없었던 것이다.

지금 우리들 주변에는 암팡진 슬기와 기량을 검증 받아야 할 젊은이들이 방황하고 있다. 그들에게 활로를 터주고 그 존재가치를 확인할 수 있는 문턱은 높기만 하다. 그 문턱을 허물어 버릴 '큰 바위 얼굴'과 같은 거인은 정말 없는 것일까.

–《제주MBC》 제109호

· 우는 사름 입 고우멍 화난 사름 말 고우랴.
(우는 사람 입 고우며 화난 사람 말 고우랴.)

말 그대로 우는 사람의 입모습과 속이 뒤틀려서 울화통이 터진 사람의 말씨가 고울 리가 없다. 그 이치는 천둥번개가 치는데 날씨가 맑을 리가 없고, 바람이 부는데 물결이 잔잔할 리가 없는 것과 같다. 인과관계의 후유증이 필연적일 수밖에 없다는 것이다.

여기서 눈여겨볼 것은, 왜 울게 만들었고 욕설을 퍼붓게 만들었느냐다. 이성이 감정을 억제할 수도 있지만, 되레 감정의 동물로 만들어 버리기 때문이다. "귀신은 본을 풀면 좋아하고, 생인은 본을 풀면 칼과 불이다." 는 말 그대로다. 누구나 감추고 싶은 치부를 들춰내면 수긍은커녕 당장 역공의 칼을 빼 든다. 경쟁의 성패(成敗)가 걸린 경우는 더욱 볼꼴이 아니다. 상처뿐인 영광일망정 우선은 선점하고 보자는 것이다. 요즘의 세태도 그렇다. 민심을 흔들고 여론몰이의 선두에 서야 쾌재를 부른다. 그 틈바구니에서 죽기 아니면 살기로 찍고 찍히는 비정함도 막무가내다. 당사자보다 옆에서 거드는 사람이 더 한다. 모여 앉으면 양두구육(羊頭狗肉)이라고 인물품평 경연장으로 변하기 일쑤다. 비방과 욕지거리, 어느 하나 애국자 아닌 사람이 없다. 그러다 보니 탐욕으로 일그러진 입모습들은 모두가 닮아져 버리고 있다.

아무리 그렇더라도 극한적인 막말은 자기 살점을 저며 내는 것밖에 안 된다. 낡은 얘기 같지만 "피를 물고 남에게 뿜으면 그 입이 먼저 더러워진다.(含血噴人 先汚其口)"는 옛글의 수신론(修身論)을 되새겨 볼 일이다.

－《제주MBC》 제110호

· 떡진 사름 춤추난 물똥 진 사름도 ᄀᆞ찌 춘다.

(떡 진 사람 춤추니 말똥 진 사람도 같이 춘다.)

떡은 식량난에 부대꼈던 옛 분들에게 밥 다음 꼽는 요깃거리다. 떡 본 김에 제사를 지낸다고 했듯이, 떡을 걸머진 사람의 기분은 여간 아니다. 저절로 어깨춤이 나온다. 그것을 부럽게 여긴 나머지, 말똥을 걸머진 사람이 덩달아 춤을 추고 나선다면 얼마나 우스꽝스러운 일인가. 제 주제파악을 못한 채 남이 하니 따라서 하는 꼴불견을 풍자하고 있다.

그러고 보면 옛 분들도 경쟁심이 만만치 않았던 것 같다. 낸들 왜 너만 못하겠느냐고 허세를 부렸음이 분명하다. 요즘은 국책으로 경쟁을 부추기고 보니, 경쟁이 삶의 수단처럼 돼 버렸다. 갈치가 갈치꼬리를 잘라먹는 식의 몰인정과 배신도 서슴지 않는다. 그러니 걸핏하면 뛰어들고 나서지 않는 것이 되레 이상하다. 특히 선거철이 되면 더 달아오른다. 아직 꼭지가 덜 떨어졌는데도 잘 익었다고 덤비는 당돌하고 당차기는 그만이다. 자기실현을 위해 행동으로 옮기는 용단을 누가 막겠는가. 문제는 뜻대로 되지 않는데서 오는 앙금들이 피차의 마음을 찢어놓고 만다는 사실이다. 이웃 간의 끈끈했던 친분이 끊기게 되고, 심하면 친구와 동기간끼리도 시큰둥해지고 만다. 잘산다는 잣대가 부귀영화에 맞춰지는 한은, 재력과 명예를 위한 출세욕은 더 강해질 수밖에 없다.

그렇다고 지나친 자기비하(自己卑下)가 능사가 아니지만, 근간에는 난세를 방불케 하는 인물들이 너무 많아서 탈이다. 그래도 그렇지 '떡을 진 사람이 춤을 추니, 말똥을 진 사람도 덩달아 춤을 추는 것' 과 같은 처신은 양민(良民)들을 우롱하는 것이 돼 버린다.

– 《제주MBC》 제111호

· 좀눈/좀녀/좀녠 애기 낭 사을이민 물에 든다.
(좀녀/좀녀/좀녜는 아기 낳고 사흘이면 물에 든다.)

과연 '좀녀(潛女)'가 어린애를 낳고 사흘이 되면 물질하러 바다에 들어갔을까? 사실이다. 거짓말 같은 참말이다. 가난에 허덕이던 옛날은 먹고 살기 위해서라면 분골쇄신(粉骨碎身) 몸을 사리지 않았다. 그만큼 가난의 멍에가 여성들에게까지 혹독한 시련을 겪게 만들었다는 것이다.

한데 짚고 넘어가야 할 것이 있다. 요즘 사람들은 '좀녀' 라는 명칭 대신 '해녀(海女)' 라는 말을 즐겨 쓰고 있다는 사실이다. 따지고 보면 해녀라는 명칭은 일제잔재어(日帝殘在語)다. 우리말과 글을 없애고 창씨개명까지 강요했던 36년간의 아픈 내력이 묻어 있는 부끄러운 이름이다. 지금도 일본에서는 해녀(海女:アマ)를 그대로 쓰고 있다. 원래 우리 고유의 정통성 있는 민중어는 한자어이긴 하지만 '좀녀(潛女)/좀수(潛嫂)'이다. 옛 기록에 '해녀'가 없는 것이 아니지만, 떳떳한 제주인의 정감이 서려 있는 말을 버리고 있으니 답답하다. 혹자는 이미 일반화돼 버린 것을 꼬집을 것이 뭐냐고 되레 나무랄지 모른다. 그냥 외래어로 보면 되지 않겠느냐고. 그렇지 않다. 세계문화유산으로 등록돼야 한다는 마당에 정통성 있는 제주어 고유의 명칭은 응당 되살려져야 옳다.

그나마 학술적인 용어는 '좀녀/잠녀'로 쓰는 것으로 돼 있다니 다행이다. 기왕이면 '해녀' 라는 말은 이제 그만 쓰고, 옛 분들이 즐겨 썼던 본래의 명칭으로 되돌리면 얼마나 좋을까.

－《제주MBC》 제112호

· 미운 이를 궤운 이로 삼아사 훈다.
(미운 사람을 사랑하는 사람으로 삼아야 한다.)

사람은 누구나 이해득실(利害得失)을 염두에 두기 마련이다. 그러다 보면 제 마음에 든 사람도 있지만, 뒤틀려서 비위에 거슬린 사람도 적지 않다. 심하면 앙심을 품기까지 한다. 바로 이럴 때 어느 한쪽이 상대방을 끌어안는 아량의 배포가 있어야 한다는 것이다.

요즘처럼 선거의 열풍이 불고 나면, 한동안 크고 작은 후유증이 만만치 않다. 그 후유증은 세상살이를 더 고달프고 삭막하게 만들고 만다. 모두들 잘 살자고 치르는 일인데, 내 편에 안 섰다고 따돌려져서야 되겠는가. 또한 결과가 좋지 않았다고 발톱을 벌리는 앙칼진 처신을, 그 누구도 바라지 않는다. 무엇이든 겨루기는 대결의 상대인 적수(敵手)가 있는 법이다. 그 적수는 무찔러야 할 원수인 괴수(魁首)가 아니다. 한데 부둥켜안고 뒹굴어야 할 맞상대인 라이벌일 뿐이다. 더 딱한 것은 표를 얻으려는 인맥(人脈)들끼리 행태다. 야유와 시새움으로 백성들까지 토라지게 만들어 버린다. 눌러 이겨야 한다는 것만 알았지, 내 이웃끼리 눈을 흘기고 있다는 것은 모른다. 선택권이 자기만을 위해 있는 것이 아니지 않는가. 설령 그 과정은 껄끄럽고 못마땅했어도 뒤처리만은 앙금이 없어야 한다. 살벌해진 민심을 나 몰라라 그대로 두면, 자꾸 미운 사람들이 늘어나는 악의 꽃이 돼 버린다.

이젠 다 쓸어 엎고 서로를 이해하고 다독거려야 할 때다. 미운 사람이 따로 없다. 보듬어 안고 상생의 체온을 나누면 다 한데 어우러질 수 있다. 그런 화해의 큰 목소리가 울려 퍼지는 정해년(丁亥年)의 세모를 맞았으면 좋겠다.

– 《제주MBC》 第113호

· 열을 들어사 홀 일 ᄒᆞ를에 ᄒᆞ쟁 ᄒᆞ당 숭시 난다.
(열흘 들어야 할 일 하루에 하려고 하다가 흉사 난다.)

여기서 말하는 열흘과 하루는 시간의 소요량일 뿐, 과학적 수치개념과는 별개다. 오랜 기간이 걸려서 해야 탈이 없는 것을, 짧은 기간에 했다가 낭패를 당하고 만다는 메시지다. 근간에는 속도가 첨단시대를 가늠하는 우열의 척도처럼 돼 버렸다. 그러고 보면 이 속담의 메시지는 시대착오적인 망발일 수 있다. 정말 그럴까? 그런데 묘한 것은 급진은 싫고, 보수편이나 중도편이 더 많다는 사실이다. 상황이 성급한 욕구를 충족시켜 주지 못하는 한계성을 체득했기 때문이다. 바로 그 점을 옛 분들도 잘 알고 있었기에, 서두는 것을 능사로 여기지 않았던 것이다.

특히 삶의 질서는 변칙이 통하지 않는 옹고집 그대로다. 대만의 고궁박물관에 가면 무려 3대에 거쳐 완성한 조각품이 진열돼 있다. 작품도 그렇지만, 세월의 무게를 담보로 삼아서 완성해낸 장인정신에 탄성이 터져 나올 수밖에 없다. 더구나 요즘은 정권교체에 따른 물갈이가 임박했다. 거국적인 나라 살림의 새로운 판을 짜려 몰두하고 있지만, 비교우위에 서고 싶어 급조(急造)된 생색내기식 불량품이 재생되지 않을지 의문이다. 자기시대에 일을 결판내겠다고 덤비면 역기능의 거센 도전에 몸살을 앓고 만다. 좀 더디더라도 다음 세대의 수확을 보장하는 비옥한 토양을 차분히 일구어 나가는, 일신우일신(日新又日新)을 되새겨 봐야 할 때다. 무자년(戊子年) 쥐띠 해를 맞아 적지만 쥐처럼 물어 들여 가계부의 적자를 메울 수 있을지 기대와 우려가 엇갈린다. 지난날 음침했던 구석구석에 낭랑한 웃음소리가 쏟아지는 세상이기를 바랄 따름이다.

－《제주MBC》 제114호

· 물 코 푸는 소린 다 잘혼다.
(말 코 푸는 소리는 다 잘한다.)

동물인 말은 코 푸는 소리를 곧잘 낸다. 그것도 제 비위에 못마땅할 땐 머리빡까지 흔들어대며 흐르렁거린다. 그럴 때는 그 말을 부리는 주인도 조심해야 한다. 무턱대고 다루려 들다가는 낭패를 낭하기 쉽기 때문이다. 그렇듯 사람도 무슨 일이 제 맘에 거슬리면 토라져서 각을 세우고 불평불만의 소리를 터트리기 잘한다는 것이다.

세상살이가 제 뜻대로 된다면야 좀 좋으랴만, 어긋나서 부아통이 터지는 경우가 적지 않다. 하지만 전체 속에 나를 생각다보니, 속으로 삭이며 따라갈 수밖에 없는 가슴앓이를 이겨내야 한다. 그럴 때마다 성장의 마디는 굵어져 가는 것이니까. 딱한 것은 발상의 틀을 깨지 못하는 앉은뱅이의 굳어버린 관념이다. 가치관은 자기의 때 묻은 잣대에 맞춰진 것이 아니다. 남의 잣대가 더 정확할 수가 있다. 그러니 그들 잣대를 서로 바꿔 가질 수 있어야 한다. 그럴 때 웃음과 고통이 형제인 것을 알게 되고, 칭찬과 비방은 당근과 채찍임을 알게 된다. 훼방을 놓고 비꼬는 것이 아닌, 정곡을 꿰뚫는 독설은 영약일 수 있다. 유리한 쪽에 달라붙어 행세하는 곡학아세(曲學阿世)보다 훨씬 값지다. 어느 이웃나라의 여행 때 들었던 말이 생각난다. 한국인은 혼자서는 똑똑하고 천재적인 두뇌를 가졌지만, 둘 이상이 모이면 분파를 일삼고 상대를 헐뜯는 데는 세계적이라고. 그저 지나가는 이야기로 받아 넘기기엔 부끄러운 일이 아닐 수 없다.

침묵은 금이라고 한 서양의 금언(金言)은 그 속에 폭발적인 힘이 응축돼 있음을 무서워하라는 충고다. 말은 함부로 하면 경박해지기 쉽다. 아꼈다가 해야 할 때 떳떳하게 할 수 있어야 힘이 실리고 먹혀든다.

– 《제주MBC》 第115호

· 삼ᄉ월 난시꼿 필 땐 얘야자야 ᄒ당, 보리 곱곡 삼가지 거릴 땐 이리 앚심 저리 앚심 ᄒ다.

(삼사월 냉이꽃 필 때는 얘야자야 하다가, 보리가 굽고 삼가지 벌어질 때는 이리 앉게 저리 앉게 한다.)

음력 삼사월은 한창 봄기운이 무르녹는 화창한 때다. 그러니 춘홍에 겨워 아쉬울 것이 없으니, 오만해져서 '얘야, 자야' 하면서 막대하기 일쑤다. 그러다가 보리가 익어서 굽으러지고 삼가지마저 벌어져서 일손이 달리기 시작하면 양상이 달라진다. 다시 안 볼 것처럼 마구 대하던 것과는 달리, '이리 앉으십쇼, 저리 앉으십쇼.' 모시기에 쩔쩔맨다는 것이다.

이처럼 자기가 편히 지낼 때는 이웃을 대수롭지 않는 존재로 알기 쉽다. 무슨 일이 생겨야 언제 그랬느냐는 듯이 굽어들어 도움을 청하는 것이 상례다. 이제 곧 국회의원 선거일이 눈앞에 다닥치고 보니, 이 속담이 겨냥하고 있는 풍자의 강도가 메가톤급이다. 평소에는 눈맞춤도 없이 그저 건둥건둥 지나쳐 버린다. 그러다가 표를 얻어야 할 때가 되면, 손까지 붙들어 잡으며 열불이 난다. 하기야 발등에 불이 떨어졌으니, 지난 일을 뉘우칠 겨를이 없다. 우선 되고 봐야 하니까 눈 딱 감고 통사정하면 그만이다.

그보다 더한 것은 표를 찍는 쪽이다. 아직도 막걸리통과 고무신짝으로 홍정했던 지난날의 향수(?)를 떨쳐버리지 못하는 세대가 있으니까. 그래 놓고 나중에 정치가 '잘 되네, 안 되네' 남의 탓으로 돌린다. 다시는 표를 잘 찍겠다고 다짐하지만, 냄비뚜껑처럼 달달거리다가 곧 가라앉고 만다. 제발 선심공세에 끌려 표를 물고 다니는 개미군단은 없어졌으면 한다.

– 《제주MBC》 제116호

· 늙신이 목둥인 구들구석에 세와 뒁 간다.
(늙은이 지팡이는 방구석에 세워 두고 간다.)

여기서 '목둥이'는 노년이 되면 짚고 다니는 지팡이다. 그런데 그 지팡이는 죽을 때 가지고 갈 수는 없다. 그러니 방구석에 세워 두고 가는 것이 되고 만다. 이 말은 누구나 나이가 들면 늙음의 지팡이를 짚기 마련이니, 노인네를 괄시하고 막대하지 말라는 것이다.

속담치고 그 표현기교가 놀랍다. 마치 한 편의 시를 읽는 기분이다. 운치 만점의 화술로 경로효친의 정곡을 찌르고 있으니 말이다. 그것도 직설법이 아닌, 은유법을 통해 우회적으로 변죽만 울리고 있다. 이런 표현기법은 농익은 삶의 바닥을 체득한 심안(心眼)을 굴릴 때만 가능하다. 그러고 보면 옛 분들의 생각의 깊이와 무게가, 요즘 입만 살아서 하늘의 별을 따올 것 같은 말쟁이의 수사법과는 사뭇 다르다. 옛 분들은 할 말을 무턱대고 퍼붓지 않는다. 요즘 사람 같으면 대놓고 노인네는 잘 모시라고 외쳐댈 것이다. 어디 경로효친이 입으로 외쳐서 되는 일인가. 윤리적 이론이나 명분의 문제가 아닌, 실천의 문제다. 자기는 안하면서 자식더러 부모님 섬기기를 바란다면 받아들일까. 효자 집안에 효자를 낳는다던가, 내리사랑은 있어도 치사랑은 없다고 한 것은, 그저 나온 말이 아니다. 내가 늙었을 때의 자화상을 생각하면 된다. 젊었을 때는 패기에 넘친 치열한 삶을 불사르며 오늘의 터전을 다진 개척자였다.

그런데 지금은 해가 서산에 기울고 보니, "죽는 게 서럽지 않고, 늙는 게 더 서럽다."고 이구동성(異口同聲)이다. 이 말을 어떻게 받아들여야 할까? 5월은 가정의 달, 어버이날이 헛되지 않았으면 한다.

– 《제주MBC》 第118호

· ᄒᆞᆫ 자리가 펜안ᄒᆞ민 열 자리가 펜안ᄒᆞ다.
(한 자리가 편안하면 열 자리가 편안하다.)

여기서 말하는 '한자리'는 수량적인 단위가 아니다. 전체를 이루고 있는 어느 한 부분이면서, 그 전체를 감싸고 있는 총체적 개념치(概念値)다. 그런 핵심체의 어느 한 부분이 흔들려서 평상심을 잃어버리게 되면, 모두가 위기를 맞게 된다는 것이다.

그런데도 실제는 그 이치를 깜빡해서 생기는 후유증이 도처에 도사리고 있다. 요즘 불붙고 있는 쇠고기 수입문제만 해도 그렇다. 꼼꼼치 못해 서두른 협상이, 그토록 엄청난 불화를 폭발시키고 만 것이다. 쑥스러운 이야기지만, 봐주기식 안이한 외교가 벌집을 쑤셔놓은 격이 되고 말았으니까. 이젠 빵 문제로 헉헉거렸던 보릿고갯적 상황이 아니다. 제13위권 경제대국의 반열에 들어섰다고 자평하는 마당에, 그만한 자존상(自尊象)을 지켜내지 못하는 국력의 나약함에 분통을 터뜨린 것이다. 어느 시대를 막론하고 민심에 금이 가면, 그 회복이 여간 힘들지 않다. 정치는 서민을 편안히 살게 만들어야 함에도, 웬걸 돌아가는 세태는 그렇지 않다. 치솟는 물가가 민심을 불안케 하는 판국에, 국운이 걸린 불확실성의 일들을 자신하고 있으니 말이다. 만에 하나 잘못되면 돌이킬 수 없는 철천지한(徹天之恨)이 되고 만다. "쉬파리 무서워서 장 못 담그느냐."와는 사뭇 다르다.

나랏일은 밑져도 본전이라는 상행위가 아니다. 아차 하는 날이면 나라가 거덜나는 곤혹을 치를 수 있다. 국태민안(國泰民安)은 거저 나온 말이 아니지 않는가. 민심이 천심임을 헤아리는 위민행정은 책상 위에서 하는 것이 아님을, 몇 번이고 곱씹어 봐야 한다.

－《제주MBC》 제119호

· 추석 전이 소본 안ᄒ민 가시자왈 썽 멩질 먹으레 온다.
(추석 전에 벌초 안하면 가시덤불 쓰고 명절 먹으로 온다.)

매해 음력 8월로 접어들면, 조상의 묘에 벌초를 시작해서 추석 전에 끝마친다. 어쩌다 추석을 넘기게 되면 주윗사람들이 되게 욕한다. 아무데 누구의 무덤에는 아직도 벌초를 안했더라고. 심하면 그 집안 내력까지 들추어가며 나무란다. 그것도 그렇지만 추석명절 전에 벌초를 안하면, 명절제를 지낼 때 그 조상신이, 온몸에 가시덤불을 둘러 쓴 채 흠향(歆饗)하러 온다는 것이다.

요즘도 이와 같은 옛 벌초풍습을 거의 따르고 있지만, 그 시기는 별문제가 안 된다. 예전에 시기를 정했던 것은, 생업에 부대끼다보니 벌초를 여러 번 할 수가 없다. 8월절이 든 후에 해야 다시 풀이 자라지 않아 효율적이고, 추석을 맞을 성묘철의 도리를 지키는 것이 된다. 그런데 지금은 벌초하는 것도 기계를 사용하므로 편해졌다. 더구나 돈만 주면 도맡아서 해주는 대리업소까지 생겼으니까. 그래서인지 자손들 수는 늘었는데도, 벌초 때는 주름살 수가 많은 사람만 동원시킨 꼴이 돼버린다. "미련한 자손이 조상 지킨다."는 말 그대로다. 공직에 몸담고 있는 사람과 학생은 벌초하는 날만 되면, 왜 그리 바쁘고 공부가 열심인지, 나오는 사람은 만날 그때 그 사람이다.

벌초는 풀을 베는 강제노역이 아니다. 가족과 친족이 한데 어우러져 숭조상문(崇祖尙門)의 활력을 다지고, 그 근본을 확인하는 수련이다. 그럼에도 일년 단 한번, 자기를 있게 만든 선영(先塋)에 벌초를 하는 것이 괴롭다고 야단들이다. 하루 이틀 편해지려고 속 보이는 꼼수를 부려서야 되겠는가.

– 《제주MBC》 第121호

· 유월 쐬낙만 돋는 노리 흔착 귄 젖곡 흔착 귄 안 젖나.
(유월 소나기는 뛰는 노루 한쪽 귀는 젖고 한쪽 귀는 안 젖는다)

옛 분들은 "오월 장마는 꿔다가도 한다."고 했고, 육칠월로 접어들면 으레 소나기가 자주 내릴 것으로 알고 대비했다. 그런데 소나기는 매우 불규칙하다. 같은 집 울타리 안에서도 마당에는 물이 흥건히 고이게 굵은 빗줄기가 세차게 쏟아지는데, 뒤꼍 장독대에는 한두 줄기 정도로 끝나고 마는 경우가 있다. 그래서 그 고루 내리지 않는 특이한 현상을 우스개 삼아 해학적으로 하는 말이, 달리는 노루의 한쪽 귀는 젖고 한쪽 귀는 젖지 않는다고 한 것이다.

근간 쏟아지는 소나기는 예전과 같지 않다. 여름철 무더위를 식혀주고 마른 땅을 축여주는 빗줄기가 아니다. 삶의 터전을 휩쓸어버리는 예측불허의 물폭탄으로 변해가고 있다. 지난해 9월 엄청난 재해를 안겨준 '나리' 의 피해가 바로 그것이다. 그것은 어쩌다 일어난 기상이변이 아니다. 지구촌 곳곳에서 가뭄과 물난리의 재앙에, 어쩔 바를 모르고 있는 것과 다르지 않다. 이례적으로 한번 겪는 일과성(一過性)의 변고가 아닌 것이다. 그럼에도 올해 7월 초순 일본 홋카이도에서 열린 G8 정상회의에서, 온실가스 배출량의 위해성(危害性)만 의견을 같이 했을 뿐이다. 이렇다할 각론은 제시해 보지도 않은 채 끝나고 만 것이다. 대기오염의 죄과를 치러야 하는 기후온난화의 재앙이, 정치와 경제환경 못지않게 막중한 것임을 절감치 못하고 있음이다.

지금처럼 굴뚝산업과 자연을 파괴하는 개발이 판을 치는 한은, 자연재해인 악천후(惡天候)로 이어질 것이 뻔하다. 제2 · 제3의 '노아의 홍수' 가, 옛말이 아닌 실제 현실로 다가오리라는 것을 모르고 있지 않을 텐데.

– 《제주MBC》 제122호

· 몰퀘기 숣는 듸랑 댕기지 말라.
(말고기 삶는 데는 다니지 마라.)

말고기는 날것인 때는 분량이 많아 보이지만, 삶으면 거의 그 반으로 줄어들고 만다. 그러니 말고기 삶는 곳에 쓸데없이 어정거리고 다녔다가는 의심받게 된다. 몰래 끊어서 훔쳐가 버린 것으로 알기 쉬우니 말이다. 그러니 괜히 의혹을 살 만한 데는 아예 드나들지 말라는 것이다.

그렇다면 제주인은 말고기를 그토록 좋아했다는 말일까? 그것은 미국의 서부활극에 등장하는 목동인 '카우보이'가 그들이 길러낸 소고기를 좋아했듯이, 말을 키우고 길들이는 '몰테우리'의 후예들이 말고기를 싫어할 리가 없다. 농촌에서는 가을철로 접어들면 "**구시월 몰퀘기**(구시월 말고기.)"라고 해서, 기회가 있으면 잡아먹기 마련이다. 그렇다고 터놓고 마음대로 잡아먹지는 못한다. 그 이유는 관가에서 알면 암도살(暗屠殺)로 처벌을 받을 수가 있기 때문이다. 그것도 그렇지만, 먹으면 '머정벗어진다.(재수가 없다.)'고 하는 금기성(禁忌性) 속설도 한 몫을 했다. 또 그 시기도 아무 때나 마구 잡지 않는다. 정월달에는 개고기를 먹지 않고, 이월달에는 말고기를 먹지 않는 다는 '정구불식(正狗不食), 이마불식(二馬不食)'이라는 문구를 떠올리기도 했으니까. 지금은 그 시기를 가리지 않고, 안 줘서 못 먹는다. 맛이야 소고기만 못할지 모르나, 지방기가 적고 소화가 잘돼서 맛을 들인 사람은 즐겨 먹게 돼 있다. 특히 아삭아삭 씹히는 날간과 삶아낸 '검은지름'인 막창자는 소주라도 한잔 곁들이면, 그 진미가 일품이다.

그러고 보니, 요즘이 바로 말고기가 제 맛이 나는 때다. 그 맛깔에만 홀리지 말고 "말고기 삶는 데는 다니지 말라."고 한, 숨은 뜻을 더 맛깔 있게 되새겨볼 일이다.

– 《제주MBC》 第123호

· 여즈 홀릴 땐 밧도 하곡 ᄆ쉬도 한다.
(여자 유혹할 때는 밭도 많고 마소도 많다)

남자는 엉뚱한 행세로 여자를 꼬이려 든다. 재산이라고는 집 없는 달팽이처럼 알몸이나 다름없는 빈털터리면서, 고단수를 작동시켜 허세부리기 일쑤다. 그것이 바로 허물어진 남의 밭담을 올려 쌓거나, 길가에 매어있는 남의 소와 말을 딴 곳으로 옮겨 매는 어처구니없는 속임수다. 그래야 정말 밭이 많고 마소도 많이 가진 부자인 줄 알고, 솔깃해서 속아 넘을 수가 있기 때문이다.

예나 지금이나 주부들에게는 경제적인 여유가 있어야 삶이 편하다. 그러니 여자의 입장에서는 낭군감의 재산이 어느 정도인지 궁금하기 마련이다. 있을 법한 일이다. 현대 내로라하는 여성들도 돈에 눈 밝힌 나머지 잘못되는 경우도 적지 않으니, 타산지석이 돼야 함은 물론이다. 약은 고양이가 밤눈 어둡다는 격으로, 카멜레온이나 다름없는 뻔질난 행세만 보고 판단하는 것은 절대 금물이다. 말로는 금고열쇠가 행복을 여는 조건일 뿐, 충분조건일 수 있겠느냐고 곧잘 한다. 시쳇말로 사람 낳고 돈 났다고. 그러면서도 내 마음 나도 몰라가 돼 버리는 안타까운 일들이 비일비재다. 하긴 "**돈 나무리당 돈에 울곡, 사름 나무리당 사름에 운다.**(돈 나무라다가 돈에 울고, 사람 나무라다가 사람에 운다.")고 했지만, 돈으로 용의 간을 살 수가 없는 것처럼, 행복 역시 살 수가 없으니까.

요즘 지구촌에 휘몰아 닥친 경제난국의 아린 칼바람은, 부익부 빈익빈의 갈등구조를 더욱 심화시키고 있다. 이러다가는 수전노(守錢奴)의 좀팽이로 전락돼 버리는 것은 아닌지 오싹해진다.

– 《제주MBC》 제124호

· 궨당집 과센 걸러도, 사돈집 과센 안 걸른다.
(친척집 세배는 걸러도, 사돈집 세배는 안 거른다.)

예나 지금이나 설날은 차례를 지내고 나면 으레 세배다. 그것도 항렬에 따라 서열이 있다. 조부모 다음에 부모다. 그러고 나면 가까운 친척과 친지들을 찾아뵙는다. 이때 빠뜨려서는 안 되는 곳이 있다. 신부 쪽 사돈댁이다. 친척은 걸러도, 그럴 수 있으려니 하고 괘념치 않는다. 하지만 사돈댁은 다르다. 만사를 무릅쓰고 가는 것이 당연한 도리였으니까. 그것이 바로 옛날의 풍속도다.

그럼 왜 옛 분들은 그토록 사돈집 세배를 중히 여겼을까? 백년해로의 피를 나누는 자식들의 어버이라는 거멀못이, 두가문의 기둥에 박혔기 때문이다. 아무도 그 거멀못을 뽑아버릴 수 없으니, 사돈의 존재는 요지부동의 귀빈목록 제일순위다. 그러니 어찌 해거린들 할 수 있겠는가. 그렇다고 아무 날이나 불쑥 가는 게 아니다. 어느 때 간다고 기별을 띄운다. 그래야 일년에 한번 있는 '사돈맞이' 기획행사가 순조로워진다. 지금이야 차량을 이용하면 몇 십분이면 된다. 옛날은 만년자가용인 다리품을 팔아야 한다. 시오리 길은 예사이니 반나절은 걸어야 하는데, 동구 밖에 나와서 동동 기다리는 정겨움에 훈훈한 화색이 돈다. 데리고 간 천자문짜리 아들녀석마저 깍듯이 맞는다. 농담 삼아 하는 말이었지만, "창구멍 막을 사돈도 손님이다."고 해서 귀빈대접을 받는다.

그것도 옛말, 지금은 그런 풍습의 맥이 끊기고 있다. 줌 안에 든 전화기면 그만이다. 그것도 생각이 내켰을 때고, 아쉽다고 흉잡는 게 되레 세상물정에 뒤진 못난이가 돼 버린다. 그토록 정겨워야 할 사람들이, 만남의 문턱이 날로 높아져 가는 것 같아 안타깝다.

– 《제주MBC》 제125호

· 익엇인가 ᄒᆞᆫ 점, 설엇인가 ᄒᆞᆫ 점.
(익었는가 한 점, 설었는가 한 점.)

예나 지금이나 불잉걸에 고기를 구워 먹게 되면 익었는지 설었는지 맛을 보게 된다. 그러다 보면 그게 한두 점으로 끝나지 않고, 굽는 족족 다 먹어버릴 수가 있다. 아예 맛을 안 보면 모를까, 입맛을 들이고 나면 어쩔 수가 없다. 이처럼 무엇을 핑계 삼아 조금씩 축내다가는 결국 그 전부를 탕진케 된다는 말이다.

그 한 예로, 옛날은 동지섣달로 접어들면 산간마을에서는 노루사냥을 나선다. 그렇다고 쉬 잡힐 리가 없다. "노루고기 한 점 먹으려다 제 고기 열점 잃는다."는 말 그대로다. 어쩌다 한 마리 걸려드는 날이면, 그날 운수대통했다고 싱글벙글이다. 그것도 잠깐이다. 행여 남의 눈에 띌세라, 서둘러 부위별로 도려낸 고기토막들을 억새풀로 둘러싸서 걸머져야 한다. 그러고는 오솔길을 택해서 부리나케 집으로 향한다. 그러지 않다가는 들짐승은 임자가 따로 없다고 해서, 사냥현장을 본 사람이면 공동분배를 해야 하는 풍습 때문이다. 한참 동안 걸음을 재촉하고 보니, 다리도 아프고 피로가 몰려든다. 잠시 쉬어 가려고 바람막이 돌담을 의지해서 앉는 순간 허기가 엄습한다. 우선 요기나 할 양으로 불을 피워 네댓 점을 베어내어 굽는다. 그걸 옆에서 지켜보며 군침을 흘려대는 일등공신 사냥개가 안쓰러워질 수밖에. 애라 모르겠다! 우선 먹고 보자. 나도 먹고 개도 먹고, 그러다 보니 한두 부위는 온데간데없이 사라지고 만다. 그게 두세 사람이었다면 거반이 불고기로 없어져 버릴 것이 뻔하다.

어디 사냥꾼에게만 한정된 우스갯소리겠는가. 한번 단맛을 보면 그 끝을 봐야 하는 우리들의 행태(行態)가 그렇다는 것이다. 한번만으로는 직성이 안 풀린다. 그럴 듯한 구실을 내세워 할 수 있는 데까지 막 가야 하니 탈이다.

– 《제주MBC》 제126호

4) 속담 캠페인[69]

270) 손콥에 비접 나는 중은 알곡, 옴통에 쉬 쓰는 중은 몰른다.

(손톱에 종기 나는 것은 알고, 염동에 서캐 이는 줄은 모른다.)

말 그대로 손톱 밑에 난 종기는 곧 알 수가 있고, 심장인 염통에 난 종기는 모르기 일쑤입니다. 이 말은 작은 결함은 알면서도 근본적으로 고쳐야 할 큰 결함은 모른 채 살아가는 우리들의 모습입니다. 〈손콥에 비접 나는 중은 알곡, 옴통에 쉬 쓰는 중은 몰른다.〉 그저 겉으로 드러난 작은 결함에만 눈 밝히고, 마음속에 자라고 있는 음흉한 화근을 치유하지 않는다면, 어찌 건전한 삶이 이뤄지겠습니까.

271) 웨삼춘 산에 소분ᄒᆞ듯ᄒᆞᆫ다.

(외삼촌 묘에 벌초하듯한다.)

외삼촌은 어머니의 동기간이니 외갓집에서는 제일 가까운 친족입니다. 어쩌다 그 외삼촌의 집안에 대가 끊겨 벌초할 사람이 없으면, 외삼촌묘에 벌초를 해야 하는 경우가 있습니다. 이때 그 벌초는 대충대충 부실하게 이뤄지므로 〈웨삼춘 산에 소본ᄒᆞ듯 ᄒᆞᆫ다.〉고 했지만, 그 참뜻은 무슨 일에 성의를 다하지 않고, 마지못해서 하는 식의 무성의를 빗대고 있습니다.

---

69) 이들 '속담 캠페인'은《제주MBC 라디오》에서 <속담으로 알아보는 제주사람들은 어떻게 살았을까>에 방송되었던 것임. 앞에 붙은 번호는 방송했던 횟수를 나타낸 것인데, 컴퓨터에 입력돼 있는 것만 옮겼으므로 누락된 것도 있어 실제 횟수와는 일치하지 않음. 270) 이전의 것은『賢五五十年』(오현고등학교 제5회 동창회, 2007.)에 게재되어 있음.

272) 늙으민 배도 줄곡, 각도 ㅂ뜬다.

(늙으면 배도 줄어들고, 다리도 줄어든다.)

사람은 나이가 들어서 늙으면 기력뿐만 아니라 몸의 모든 기관이 제 기능을 다하지 못합니다. 그토록 왕성했던 청장년기의 식욕과 체력도 쇠퇴해서 노화돼 버립니다. 그러니 먹는 양도 줄고 걸을 때 보폭도 짧아져서 종종걸음을 치기 마련입니다. 더 심각한 것은 날로 늘어나는 노년층에 대한 제도적 부양책을 걱정해야 할 처지고보면, 〈늙으민 배도 줄곡, 각도 ㅂ뜬다.〉는 말이 예사롭지 않아 보입니다.

273) 엇은 집 성젠 이 좋곡, 신 집 성젠 이 궂나.

(가난한 집 형제는 의리가 좋고, 부잣집 형제는 의리가 나쁘다.)

재산이 없어서 가난한 집안의 형제간에는 재산 다툼이 있을 수 없으니, 얼굴을 붉히며 의리가 나빠질 이유가 없습니다. 하지만 부잣집은 재산분배를 놓고 누구는 많고 적네, 누구의 몫은 알자배기고 나는 그렇지 못하다는 둥, 그것도 여동서끼리가 더하고 보니, 집안 꼴이 말이 아닙니다. 어디 다 그렇겠습니까마는, 옛 분들은 〈엇은 집 성젠 이 좋곡, 신 집 성젠 이 궂나.〉는 말을 곧잘 했던 것입니다.

274) 새벡 이슬 잘 ᄂ리는 해 풍년 든다.

(새벽 이슬 잘 내리는 해 풍년 든다.)

예전의 농촌에서는 무더운 여름의 열대야를 풍년의 징조로 알고 좋아했습니다. 무더워야 곡식종자가 무럭무럭 자라날 뿐만 아니라, 새벽녘에는 이슬을 많이 내리게 해서 농작물을 촉촉이 적셔주므로, 발육에 도움을 줬기 때문입니다. 〈새벡 이슬 잘 누리는 해 풍년 든다.〉 요즘이야 농사를 짓는 사람을 제외하고는, 새벽 이슬이 되레 산책길에 아랫도리가 젖는다고, 탐탁지 않은 것이 돼 버렸습니다.

275) 어룬 노리갠 아이가 질인다.

(어른의 노리갯감은 아이가 제일이다.)

아이들이 놀 때 장난감을 가지고 즐기는 것처럼, 어른들은 바로 그런 어린애가 시름을 잊게 만드는 노리갯감입니다. 더욱이 노년이 되면 어린애가 그저 놀이의 대상이 아닌, 다정한 친구이자 보물입니다. 그러니 어린 손자녀석이 수염을 뽑아도 마구 귀여워 허허 웃고 맙니다. 어린애의 천진난만함과 노인네의 순박함이 궁합이 맞는다고 해서 〈어룬 놀이갠 아이가 질인다.〉는 말을 했던 것입니다.

276) 돗 좀에 개꿈꾼다.

(돼지 잠에 개꿈을 꾼다.)

옛 분들은 잠꾸러기의 우둔한 잠을 돼지의 잠인 '돗좀'이라고 해서 탐탁히 여기지 않았습니다. 그런데다가 쓸데없는 꿈까지 대중없이 꾸어대니 누가 보더라도 나무랄 수밖에 없습니다. 그래서 사람들은 우둔한 처신이나 알아주지 않은 허무맹랑한 사실을 꼬집을 때면 "좀 무충훈 놈 둔훈다."는 말과 함께 〈돗좀에 개꿈꾼다.〉는 말을 심심치 않게 되뇌었던 것입니다.

277) 쎈 놈신딘 쎄사 ᄒᆞ곡, 약ᄒᆞᆫ 놈신딘 약ᄒᆞᄋᆞ사 ᄒᆞᆫ다.

(센 놈한테는 세어야 하고, 약한 놈한테는 약하여야 한다.)

여기서 센 놈이라 함은 완력이나 권력이 센 사람을 말합니다. 이 말의 참뜻은 센 사람은 그 세력을 견제하는 제동장치가 돼야 하고, 약한 사람에게는 아량을 베풀 수 있어야 한다는 것입니다. 자칫 센 사람한테는 솜방망이가 되고, 약한 사람한테는 쇠뭉치가 된다면, 유전무죄라던가 무전유죄란 말을 탓할 수가 없습니다. 〈쎈 놈신딘 쎄사 ᄒᆞ곡, 약ᄒᆞᆫ 놈신딘 약ᄒᆞᄋᆞ사 ᄒᆞᆫ다.〉 되새겨 들어야 할 속담입니다.

278) 새침데긴 비곡 ᄁᆞᆯ곡, 허위대긴 그령 죽나.

(새침데기는 베고 깔고, 허우대는 그려서 죽는다.)

새침데기는 말 그대로 새침해서 겉으로는 얌전해보이지만, 뭇 남정네를 베고 누울 정도로 바람을 피우고, 풍채와 미모를 갖춘 허우대는 되레 사귀는 상대가 없어서 외롭다는 것입니다. 〈새침데긴 비곡 ᄁᆞᆯ곡, 허위대긴 그령 죽나.〉 이 말은 직접적으로는 이성간의 문제를 소재로 하고 있지만, 그 숨은 뜻은 겉 보습만 보고 그 본연의 정체를 어찌 알 수가 있겠느냐는 것입니다.

279) 양ᄉᆞᆨ은 빗져도 촐은 안 빗진다.

(양식은 꿔도 꼴은 안 꾼다.)

옛 분들은 양식이 떨어지면 남에게 꿔야 하는 것을 흉잡지 않았습니다. 하지만 풀을 베어서 말린, 우마의 겨울철 먹잇감인 꼴만은, 남한테 꾸는 것을 큰 수치로 알았습니다. 그럴 수밖에 없는 것이, 양식이야 흉년이 들면 어쩔 수 없지만, 꼴만은 부지런만 하면 얼마든지 넉넉히 준비했다가 먹일 수가 있었으니까요. 그래서 〈양숙은 빗져도 촐은 안 빗진다.〉는 말을 했던 것입니다.

280) 바당에 개지름 피민 큰 날우친다.

(바다에 개기름 번지면 큰 비바람이 몰아친다.)

바다에 개기름이 버진다는 것은, 바다 표면이 마치 기름을 부어 논 것처럼, 유난히 윤기가 돌면서 잔잔한 것을 일컫는 말입니다. 그렇게 되면 십중팔구는 큰 태풍우가 몰아칠 것으로 알고, 어부들은 고기잡이 떠나던 뱃머리를 돌렸다고 합니다. 〈바당에 개지름 피민 큰 날우친다.〉 이처럼 바다의 생태는 옛 분들에게 날씨를 알려주는 기상관측소의 구실을 했던 것입니다.

281) ᄆᆞ쉰 부려봐사 알곡, 사름은 저꺼봐사 안다.

(소와 말은 부려봐야 알고, 사람은 겪어봐야 안다.)

예전에 농촌에서 기르는 우마는 농사일에 없어서는 안 되는 일꾼의 구실을 톡톡히 했습니다. 그러니 그들 우마가 일을 잘할 수 있을지 없을지는 실제로 부려봐야 압니다. 사람도 마찬가지로 같이 지내면서 겪어보지 않으면, 그 사람됨을 제대로 알 수가 없습니다. 그래서 〈ᄆᆞ쉰 부려봐사 알곡, 사름은 저꺼봐사 안다.〉는 말을 심심치 않게 떠올렸던 것입니다.

282) 집 부잰 엇곡, 밧 부잰 싯나.

(집 부자는 없고, 밭 부자는 있다.)

요즘이야 목 좋은 곳에, 수십층짜리 고급빌딩을 가지면 수백억대의 부자가 되고도 남습니다. 그러나 옛날은 그런 건물은 생각지도 못했거니와 필요가 없었습니다. 오직 식생활 해결을 위한 밭을 많이 가져야 천석꾼·만석꾼이라는 부자소리를 들었습니다. 〈집 부잰 엇곡, 밧 부잰 싯나.〉 요즘도 돈에 돈 붙는다고 해서, 개발을 노린 땅 투기가 있고 보면, 토지에 대한 미련은 여전합니다.

283) 아방신딘 본 말ᄒᆞ곡, 어멍신딘 들은 말ᄒᆞᆫ다.

(아버지한테는 보았던 말을 하고, 어머니한테는 들은 말을 한다.)

예전에는 채통이 있는 가문일수록 아버지는 엄격해서 무슨 말을 할 때도 직접 제 눈으로 똑똑히 본 것이 아닌 한, 함부로 이야기를 못했습니다. 하지만 어머니는 다릅니다. 된말 안된 말, 누구는 어떻다는 둥 남한테 들은 뜬소문까지 터놓고 할 수가 있습니다. 〈아방신딘 본 말ᄒᆞ곡, 어멍신딘 들은 말ᄒᆞᆫ다.〉 이젠 그런 아버지의 위엄은 오간데 없고, 되레 자식들의 목소리가 더 커지고 말았습니다.

284) ᄃᆞᆨ 올르는 거 보멍 때 가늠ᄒᆞᆫ다.

(닭 오르는 것 보면서 시간 가늠한다.)

시계가 없던 옛날은 닭의 우는 소리를 듣거나 거동을 보고 때를 가늠했습니다. 특히 구름이 껴서 해가 보이지 않는 흐린 날씨에는, 저물녘의 시간을 확인할 수 없습니다. 그러나 닭은 알아서 닭장인 'ᄃᆞᆨ막'에 오르기 시작합니다. 그러면 날이 저물었음을 알고, 저녁준비를 했던 것입니다. 〈ᄃᆞᆨ 올르는 거 보멍 때 가늠ᄒᆞᆫ다.〉 그처럼 자연의 운행을 감지하는 능력은 짐승이 사람을 앞섭니다.

285) 새 집 짓엉 성주 안 ᄂᆞ리우민 본양당이 못 간다.

(새 집 지어서 성주굿 안하면 신당에도 못 간다.)

옛 분들은 새 집을 짓고 나면 무당인 '심방'을 데려다가 성주굿을 하는 것이 관행이었습니다. 그렇지 않으면 가정의 안녕을 기원하는 신당(神堂)에 갈 수가 없습니다. 현대인들에게는 천부당만부당한 미신으로 여기지만, 그 당시는 절대적 무속신앙이었으니까요. 〈새 집 짓엉 성주 안 ᄂᆞ리우민 본향당이 못 간다.〉 어쩌면 카톨릭의 축성(祝聖)을 방불케 하는 것이 바로 성주굿입니다.

291) 잘사는 아ᄃᆞᆯ보단 못사는 ᄄᆞᆯ이 소ᄌᆞ 노릇ᄒᆞᆫ다.

(잘사는 아들보다 못사는 딸이 효자 노릇한다.)

부모의 입장이 되고 보면, 딸은 잘 키워서 혼인을 시키고 나면 그 도리를 다한 것이 되지만, 아들은 혼인을 시키고 난 다음에도 늘 보살펴야 합니다. 그런데 막상 늙어서 자리에 누운 신세가 되고 보면, 효자 노릇을 하는 것은 잘사는 아들보다는 어렵게 살아가는 딸이 그 친정부모의 수발을 임종 때까지 듭니다. 그래서 옛 분들은 〈잘사는 아ᄃᆞᆯ보단 못사는 ᄄᆞᆯ이 소ᄌᆞ 노릇ᄒᆞᆫ다.〉는 말을 했던 것입니다.

292) 먹어 볼 거 엇은 식개에 절ᄒᆞᆫ다.

(먹어 볼 것 없는 제사에 절한다.)

예전에 먹고살아가기가 빠듯할 때는 제삿날을 손꼽아 기다렸습니다. 참례한 사람에게는 그 제사가 끝난 다음에, 퇴물을 나눠주면 먹을 수 있는 즐거움이 있었으니까요. 그런데 먹어 볼 퇴물도 없는 제사에 절만한다면 괜히 헛수고만 한 격이 되고 맙니다. 이처럼 무슨 일을 하고도 소득이 없는 행위를 빗댈 때면, 〈먹어 볼 거 엇은 식개에 절혼다.〉고 나무랐던 것입니다.

293) 대한이 소한 집이 갓당 얼엉 죽나.

(대한이 소한 집에 갔다가 얼어서 죽는다.)

겨울철 추위가 절정을 이루는 시기는 소한과 대한을 전후한 땝니다. 그래서 "대 · 소한에 길 나간 사람 기다리지 말라."고 할 정도였으니까요. 재미있는 것은 대한이 소한네 집에 갔다가 얼어서 죽을 정도면, 추위의 대장격인 대한이 그만 못한 소한한테 당하고 만다는 데 있습니다. 〈대한이 소한 집이 갓당 얼엉 죽나.〉 자기만 제일인 것처럼 처신하는 독불장군의 생태를 생각게 합니다.

294) 물이 엇으난 흔물을 먹곡, 질이 엇으난 흔질을 걷나.

(물이 없으니 한물을 먹고, 길이 없으니 한길을 걷는다.)

옛날은 온 마을 사람들이, 어느 한 곳의 물을 길어다 먹어야 했습니다. 그러니 늘 오가는 같은 길에서 마주칠 수밖에 없습니다. 문제는 늘 마주치면 친숙해져서 좋을 것 같지만, 그렇지 못하는 경우가 있습니다. 대인관계가 매끄럽지 못해서 등치고 간 내는 격의 사람을 상대해야 될 때면, 〈물이 엇으난 흔물을 먹곡, 질이 엇으난 흔질을 걷나.〉 되새겨 볼 속담입니다.

295) 각시 엇은 홀아방은 거죽문만 돌랑ᄒᆞ곡, 서방 엇은 홀어멍은 부재만 뒌다.

(아내 없는 홀아비는 거적문만 달랑하고, 남편 없는 홀어미는 부자만 된다.)

남자와 여자는 타고난 생활습성이 다릅니다. 남자는 그저 웬만한 일에 흔들리지 않고 덤덤하고 진득한 뚝심을 빼면, 여자만 못한 게 많습니다. 자상함이며 꼼꼼히 살림을 챙기는 알뜰함은 남자는 저리 가랍니다. 요즘 여성들의 수입이 남자를 앞지르는 추세이고 보면, 〈각씨 엇은 홀아방은 거죽문만 돌랑ᄒᆞ곡, 서방 엇은 홀어멍은 부재만 뒌다.〉는 말이, 우스갯소리만은 아닙니다.

296) ᄉᆞ름 팔ᄌᆞ 독무릅에 코 쓸 때 봐사 안다.

(사람 팔자는 무릎에 코 닦을 때 보아야 안다.)

사람의 일생은 남부러울 것 없이 편한 세월만 있는 것이 아니라, 살아도 죽음이나 다름없는 경우가 얼마나 많습니까. 그래서 옛 분들도 사람의 팔자는 무릎에 코를 닦을 정도의 노년기를 봐야, 그 사람의 행복한지 불행한지를 알 수 있다고 했습니다. 〈ᄉᆞ름 팔ᄌᆞ 독무릅에 코 쓸 때 봐사 안다.〉 어디 그게 뜻대로 되겠습니까만, 말년복이 나쁘면 그간의 영화가 허황한 것이 되고 맙니다.

297) 성제가 산터 보레 가민, 지 뒐 생각부떠 몬저 ᄒᆞᆫ다.

(형제가 묏자리 보러 가면, 자기 될 생각부터 먼저 한다.)

예전에는 명당자리를 골라서 장사를 지내면, 그 자손이 발복한다고 해서 꽤나 고심했습니다. 그런데 묘한 것은 그 발복이 주인공이 자기가 되고 싫은 나머지, 묫터를 고르러 가면 형제끼리도 생각이 다르다는 것입니다. 〈성제가 산터 보레 가민, 지 뒐 생각부떠 몬저 흔다.〉 그것도 옛말, 요즘은 화장해서 놓이는 납골당이 어떤 데냐가 명당자리를 대신하고 있습니다.

298) ᄌᆞ식용신 일르닥지 좋나.

(자식농사는 빠를수록 좋다.)

옛 분들은 자식을 낳고 기르는 것을 농사짓는 일에 비유했습니다. 기왕 혼인을 해서 자식을 낳을 바에는 일찍 나서 키우는 것이 삶의 짐을 덜고, 남보다 앞서 가는 처세의 수순으로 여기기 일쑤였습니다. 〈ᄌᆞ식 용신 일르닥지 좋나.〉 그렇다고 요즘처럼 미혼모의 무분별한 출산은 섬뜩한 생각이 듭니다. 앞서 간다는 것은 정도에 어긋나지 않을 때 축복을 받을 수 있는 게 아니겠습니까.

299) 사름은 ᄌᆞᆷ자도 돈은 ᄌᆞᆷ 안 잔다.

(사람은 잠을 자도 돈은 잠을 안 잔다.)

사람은 아무리 활동력이 강해도 잠은 자야 합니다. 하지만 돈은 숨을 안 쉬는 종잇장에 불과하지만, 활용할수록 불어나게 되니, 잠을 자는 게 아닙니다. 그래서 하는 말이, 돈을 가진 사람들에게는 돈에 돈 붙는 금송아지가 되지만, 없는 사람에게는 시간이 흐를수록 빚이 줄기는커녕 자꾸 눈덩이처럼 커지므로, 옛 분들은 〈사름은 ᄌᆞᆷ자도 돈은 ᄌᆞᆷ 안 잔다.〉는 말을 심심치 않게 떠올렸던 것입니다.

300) 선이원이 침통부떠 홍글곡, 글 못 쓰는 놈이 붓 타량혼다.

(돌파리 의원이 침통부터 흔들어대고, 글씨 못 쓰는 놈이 붓 타령한다.)

진맥도 제대로 못하는 돌파리의원이 침통부터 흔들어댄다면 얼마나 무모한 일이겠습니까. 글씨도 마찬가집니다. 자기의 노력과 재능이 황당한 것은 생각지 않고 붓을 탓한다면 남이 곧이듣겠습니까? 이렇듯 엉뚱한 권위의식이나 핑계 대기는 남의 알아주기는커녕 비웃음거리밖에 안 됩니다. 〈선의원이 침통부떠 홍글곡, 글 못 쓰는 놈이 붓 타량혼다.〉 요즘 입학기를 맞아 되새겨 들을 속담입니다.

301) 골 멕인 가죽 보드랍나.

(골을 문지른 가죽 부드럽다.)

동물의 뼈 속에 들어있는 골수는 빳빳한 가죽에 문지르면, 그 가죽이 누글누글해서 부드러워집니다. 이 말은 사람도 좀처럼 완강해서 통하지 않을 때 뭔가를 건네줘야 대인관계가 원만해져서 어려운 청탁의 뜻도 이뤄질 수 있다는 것입니다. 그러고 보면 예나 지금이나 떡 값의 효력은 마찬가지였나 봅니다. 〈골 맥인 가죽 보드랍나.〉 글쎕니다. 그게 순수한 정을 나누는 것이라면야 좀 좋겠습니까만, 뇌물이라면 독약이 아니겠습니까.

302) 양반의 벗은 사귀민 펭풍을 둘른 간혼곡, 쌍놈의 벗은 사귀민 가시자왈을 둘른 간혼다.

(양반의 벗을 사귀면 병풍을 두른 듯하고, 쌍놈의 벗을 사귀면 가시덤불을 둘른 듯혼다.)

옛날은 쌍놈의 벗은 오늘의 나쁜 벗이고, 양반의 벗은 좋은 벗을 말합니다. 그러니 벗을 사귈 때 무작정 사귈 것이 아니라, 한평생 더불어 살

수 있는 진실한 벗이라야 한다는 것입니다. 〈양반이 벗은 사귀민 펭풍을 둘른 간ᄒᆞ곡, 쌍놈이 벗을 사귀민 가시자왈을 둘른 간ᄒᆞᆫ다.〉 그렇다고 잇속따라 사귀는 해바라기성 벗은 결코 오래가지 않습니다.

303) 영등ᄃᆞᆯ 초ᄒᆞ를 ᄇᆞᆯ민 ᄇᆞ재기 각시 우금 들렁 춤춘다.

(영등달 초하루 맑으면 어부 마누라 밥주걱 들고 춤춘다.)

음력 2월인 영등달 초하루부터 15일 보름까지는 비바람의 여신인 영등할망이 들어와 머무는 시기로 돼 있습니다. 그 첫날인 초하루 날씨가 맑고 쾌청하면 그 해 날씨가 좋아서 고기잡이 수익을 올릴 수 있는 징조로 알고, 어촌의 여인네들이 좋아서 밥주걱을 들고 춤을 춘다는 것입니다. 〈영등 ᄃᆞᆯ 초ᄒᆞ를 ᄇᆞᆯ민 ᄇᆞ재기 각씨 우금 들렁 춤춘다.〉 어디 그렇게 했겠습니까만, 그처럼 기뻐했다는 것입니다.

304) 주멩기 ᄋᆞᆯ지 안ᄒᆞ는 궨당집이 과세 가젱 안ᄒᆞᆫ다.

(주머니 열지 안하는 집에 세배 갈려고 안한다.)

예전의 세배 풍속은 설날 하루에 끝나지 않고, 보름날까지 계속됐습니다. 특히 어린애들인 경우는 세뱃돈 받는 즐거움에 어른들을 따라 나서기 일쑵니다. 가봐야 절만 하는 집에는 가려고 않습니다. 〈주멩기 ᄋᆞᆯ지 안ᄒᆞ는 궨당집이 과세 가젱 안ᄒᆞᆫ다.〉 그것도 그렇지만 요즘은 번거롭고 귀찮다고, 제 집만씩 차례를 지내는 것으로 끝나고 있으니, 친족관념은 물론이고 세시풍속도 많이 변했습니다.

305) 열 서방 사귀지 말앙 훈 서방 사귀라.

(열 남편 사귀지 말고 한 남편을 사귀라.)

한 아내는 모름지기 한 남편을 섬겨야 한다는 것은 현재도 도리에 어긋난 것이 아닙니다. 아무런들 한 여인네가 열 명의 낭군을 사귀고 섬길 수가 있겠습니까만, 옛 분들도 살짝궁 바람을 피는 난봉기가 있었기에 나온 말입니다. 〈열 서방 사귀지 말앙 훈 서방 사귀라.〉 남자도 마찬가집니다. 괜히 외도를 하다가는 집안이 쑥대밭이 되고 말므로 부부간의 처신이 그토록 중요합니다.

306) 새끼 한 암쉐 질매 벗을 날 엇나.

(새끼 많은 암소 길마 벗을 날 없다.)

이 말은 암소에 관한 것이 아니고, 자식을 많이 거느리고 있는 부모님을 빗대고 있는 말입니다. 자식을 많이 낳고 성장시키려면, 그 뒷바라지가 오죽하겠습니까. 늘 일손을 놓을 겨를이 없으니, 길마를 벗지 못하고 사는 소나 다름이 없습니다. 〈새끼 한 암쉐 질매 벗을 날 엇나.〉 그래서 요즘은 살아가기도 빠듯한데, 자식들 교육에 시달릴 것이 두려워 한두 명 낳는 것도 꺼리는 게 아니겠습니까.

| 찾아보기 |

ㄱ

ㄴ

ㄷ

ㄹ

ㅇ

ㅈ

ㅎ

속담[가나다순]

저자 약력

고 재 환

1937년 제주시 오라동 출생
성균관대학교 국문학과 동 대학원 문학석사/박사
오현고/제주일고/제주여상고/제주도교육연구원 연구사
제주교육대학교 교수/명예교수
제5차교육과정 초등학교 국어교과서 제작연구협의위원
제주도무형문화재위원/2012탐라대전추진위원
제주어표기법 연구협의위원/제주어육성보전위원회 위원장
제주도지/제주어사전 편집/집필위원
제주도문화상(학술부문)/대통령표창/황조근정훈장

저서

『제주도속담연구』(집문당, 1993), 『제주속담총론』(민속원, 2001)
『제주속담사전』(민속원, 2002), 『제주속담사전(개증판)』(민속원, 2013)
『제주어개론 상』(보고사, 2011), 『제주어개론 하』(보고사, 2011)

『제주의 민속 Ⅲ』(공저, 제주도, 1995)
『제주의 전통문화』(공저, 제주도교육청, 1996)
『제주도지(제7권)』(공저, 제주도, 2006)
『제주인의 혼불』(공저, 도서출판 각, 2006)
『제주어사전』(공편, 제주특별자치도, 2009)

제주어 나들이

2017년 8월 8일 초판 1쇄 펴냄
2018년 4월 30일 초판 2쇄 펴냄

지은이 고재환
펴낸이 김흥국
펴낸곳 도서출판 보고사

책임편집 이순민
표지디자인 손정자

등록 1990년 12월 13일 제6-0429호
주소 경기도 파주시 회동길 337-15 보고사 2층
전화 031-955-9797(대표)
02-922-5120~1(편집), 02-922-2246(영업)
팩스 02-922-6990
메일 kanapub3@naver.com / bogosabooks@naver.com
http://www.bogosabooks.co.kr

ISBN 979-11-5516-706-9 03710

정가 20,000원